D1985626

DAS ENNEAGRAMM

Die 9 Gesichter der Seele

Dem Andenken unserer Mütter

ELEANORE DREILING-ROHR † 1994
RENATE APFELGRÜN-MAYR † 1998

Wir sind schon Gottes Kinder;
aber es ist noch nicht erschienen,
was wir sein werden.
Wir wissen aber: Wenn es offenbar wird,
werden wir ihm gleich sein;
denn wir werden ihn sehen, wie er ist.

1. Johannes 3,2*

Ein Affe sah durch das klare Glas einer Flasche eine Kirsche und wollte sie stehlen. Er streckte seine Hand durch den Flaschenhals und schloss die Faust um die Kirsche, aber nun konnte er die Hand nicht mehr zurückziehen. Da tauchte der Jäger auf, der die Falle gestellt hatte. Der Affe war von der Flasche so behindert, dass er nicht davonlaufen konnte, und so wurde er gefangen. „Wenigstens habe ich noch die Kirsche in der Hand", dachte er. Aber im gleichen Moment gab ihm der Jäger einen festen Klaps auf den Ellenbogen, die Hand des Affen öffnete sich und fuhr aus der Flasche. So hatte der Jäger nun die Frucht, die Flasche und den Affen.

Aus dem Buch vom Amu darja (Sufismus)

Wenn nicht mehr Zahlen und Figuren
Sind Schlüssel aller Kreaturen,
Wenn die, so singen oder küssen
Mehr als die Tiefgelehrten wissen,
Wenn sich die Welt ins freie Leben
Und in die Welt wird zurückbegeben,
Wenn dann sich wieder Licht und Schatten
Zu echter Klarheit wieder gatten
Und man in Märchen und Gedichten
Erkennt die wahren Weltgeschichten,
Dann fliegt vor einem geheimen Wort
Das ganze verkehrte Wesen fort.

Novalis

* Die Bibelzitate des Buches wurden in der Regel von Andreas Ebert ins Deutsche übertragen.

Bildnachweis:
Andreas Caspari (S. 61, S. 79, S. 99, S. 117, S. 135, S. 153, S. 171, S. 189, S. 207)
Photo: AKG Berlin (S. 24, S. 92, S. 127 links, S. 149, S. 203, S. 221), © King Features Syndicate Inc./Distr. Bulls (S. 47), KNA-Bild, Frankfurt (S. 114, S. 168), Marion Schweitzer Photoagentur (S. 127 rechts), © Stefan Siegert (S. 183), Lagois, Nürnberg (S. 276)

Für die folgenden Sprachen wurden bisher Lizenzrechte vergeben:
Englisch, Holländisch, Italienisch, Koreanisch, Norwegisch, Portugiesisch, Schwedisch, Slowenisch, Spanisch, Thai, Tschechisch und Ungarisch.

Bibliografische Information Der Deutschen Bibliothek
Die Deutsche Bibliothek verzeichnet diese Publikation in der Deutschen Nationalbibliografie;
detaillierte bibliografische Daten sind im Internet über http://dnb.ddb.de abrufbar.

© Claudius Verlag München 2004
Birkerstr. 22, 80636 München
www.claudius.de
Alle Rechte, auch die des auszugsweisen Nachdrucks, der photomechanischen und elektronischen Wiedergabe und der Übersetzung, vorbehalten.
Umschlaggestaltung: Werner Richter
Satz: Utesch GmbH, Hamburg
Druck: Freiburger Graphische Betriebe, Freiburg i. Br.

ISBN 3-532-62310-2

Richard Rohr · Andreas Ebert

DAS ENNEAGRAMM

Die 9 Gesichter der Seele

Claudius

INHALT

Vorwort: EIN SPIEGEL DER SEELE 9

Erster Teil: DER SCHLAFENDE RIESE 15
Eine dynamische Typologie 17
Das Geheimnis der Zahl 153 20
Durchbruch zum *Ganz Anderen* 35
Ein Kardinal wacht auf 37
Ernüchterndes Aha-Erlebnis 38
Begabte Sünder 40
Die Wahrheit ist einfach und schön 43
Der Mensch ist ein Gewohnheitstier 44
Obsessionen 45
Der Weg zur eigenen Würde 46
Irrwege und Auswege 47
Die drei Zentren: Bauch – Herz – Kopf 50
Die neun Gesichter der Seele 54

Zweiter Teil: DIE NEUN TYPEN 59
Typ EINS 61
Typ ZWEI 79
Typ DREI 99
Typ VIER 117
Typ FÜNF 135
Typ SECHS 153
Typ SIEBEN 171
Typ ACHT 189
Typ NEUN 207

Dritter Teil: TIEFENDIMENSIONEN 227
Umkehr und Neuorientierung 229
Fallen und Einladungen 229
Wurzelsünden und Geistesfrüchte 231
Untertypen: sexuell – sozial – selbst erhaltend 232
Idealisiertes Selbstbild und Schuldgefühle 240
Versuchung – Vermeidung – Abwehr 242
Unreif – „normal“ – gereift 243
Die Flügel 245
Die Pfeile („Misstrost“ und echter Trost) 248
Wachsen mit dem Enneagramm 258

Selbststudium 258
Partnerschaft 259
Autoritätsbeziehungen und Familie 261
Exerzitien und geistliche Begleitung 262
Gemeindearbeit und Gemeindewachstum 262
Gesprächsgruppen 262
Jesus und das Enneagramm 263
Enneagramm und Gebet 277
Das Ende der Determination 277
Eine enneagrammatische Weihnachtspredigt 280

„Die Reue, die keinen gereut" – Meditation von
Dieter Koller................................. 284

Anhang: Anmerkungen 295
Namensregister 304
Bibelstellenregister 306
Enneagramm-Merkheft zum Heraustrennen 309

Vorwort

EIN SPIEGEL DER SEELE

Vor genau zehn Jahren – im Spätsommer 1989 – erschienen auf dem deutschsprachigen Buchmarkt innerhalb weniger Wochen drei Enneagrammbücher. Eines davon war die erste Auflage dieses Buches. Inzwischen ist es mehr als 300000-mal über den Ladentisch gegangen und wurde in zahlreiche andere Sprachen übersetzt. Richard Rohr und ich haben seither viele Vorträge und Tagungen zum Enneagramm gehalten, der deutsche „Ökumenische Arbeitskreis Enneagramm" (Celle) mit mehr als 500 Mitgliedern hat ein reges Vereinsleben entfaltet, wir hatten Gelegenheit, andere bedeutende EnneagrammlehrerInnen kennen zu lernen und von ihnen zu lernen. Deswegen war es höchste Zeit, unser Buch zu überarbeiten und auf den Stand unserer heutigen Erkenntnisse zu bringen. Auf eine „ganz große" Lösung haben wir verzichtet. Das hätte geheißen, das Buch neu zu schreiben und die Flut der Literatur einzuarbeiten, die es seither gibt. Wir haben uns zur „kleinen" Lösung entschlossen, da sich die LeserInnen über andere Zugänge und Sichtweisen zum Enneagramm selbst einen Überblick verschaffen können. Unser Buch ist in der Substanz das alte geblieben. Wir haben nur diejenigen neuen Erkenntnisse eingefügt, die wir selbst gewonnen haben und die uns besonders wichtig geworden sind. Das betrifft insbesondere die Entstehungsgeschichte des Enneagramms. Wir sind inzwischen überzeugt, dass das Enneagramm nicht aus mittelalterlichen islamisch-sufistischen Quellen stammt, sondern im Wesentlichen auf den christlichen Wüstenmönch *Evagrius Ponticus* (gestorben 399) zurückgeht. Darüber hinaus wurden einige sprachliche Glättungen vorgenommen.

Der Urtext dieses Buches hat eine ungewöhnliche Vorgeschichte. Als ich 1985 Richard Rohr besuchte, der damals noch Leiter der Familienkommunität *New Jerusalem* in Cincinnati/Ohio (USA) war, führte er mich erstmals in das Enneagramm ein. Er benutzte es damals im Rahmen der Seelsorge seiner Gemeinschaft. Literatur zum Enneagramm war zu diesem Zeitpunkt kaum erschienen.

Im Sommer 1988 hatte ich Gelegenheit, an Richard Rohrs neuer Wirkungsstätte, dem *Zentrum für Aktion und Kontemplation* in Albuquerque/New Mexico, an einem mehrtägigen Workshop über das Enneagramm teilzunehmen. Inzwischen hatte sich die Lage in den USA verändert. Seit Mitte der 80er Jahre war eine ganze Reihe von Enneagrammbüchern erschienen; zahlreiche PsychologInnen und TheologInnen waren jetzt der Ansicht, dass das Enneagramm ein ausgezeichnetes Werkzeug ist, um Menschen auf ihrem Weg zu geistlichem und seelischem Wachstum zu helfen.

Nach meiner Rückkehr aus den USA schwankte ich, ob ich eines der in den USA erschienenen Bücher übersetzen oder lieber Richard Rohrs in freier Rede gehaltenen und auf Band mitgeschnittenen Workshop in ein Buch umwandeln sollte. Ich entschied mich damals aus mehreren Gründen für den zweiten Weg: Richard Rohr war dem deutschsprachigen Publikum durch seine Bücher „Der wilde Mann" und „Der nackte Gott" bereits bekannt. Seine zwar nicht immer systematische, aber desto lebendigere Art des mündlichen Vortrags vermittelte das Enneagramm meines Erachtens angemessener als eine Darstellung mit wissenschaftlichem Anspruch.

Zusätzlich habe ich mich seinerzeit bemüht, die bereits erschienene Literatur mit zu verarbeiten. Das betraf vor allem den ersten und dritten Teil des vorliegenden Buches. Darüber hinaus hatte ich bereits eine Reihe von eigenen Erfahrungen mit dem Enneagramm gesammelt. Auch sie sind eingeflossen.

Während der Arbeit an diesem Buch erfuhr ich, dass auch in unserem Sprachraum bereits hier und dort ganz im Verborgenen mit dem Enneagramm gearbeitet worden war. Einige Jesuiten und die katholischen „Gemeinschaften christlichen Lebens" (GCL) verwendeten das Enneagramm bei Exerzitien und für die Ausbildung von geistlichen BegleiterInnen. Vor allem der Begegnung mit *Hildegard Ehrtmann,* die an dieser Arbeit maßgeblich beteiligt war, hatte das „Endprodukt" wesentliche Impulse zu verdanken.

Schließlich ist das Feedback einer ersten deutschen Enneagramm-Tagung in das Buch eingeflossen, die vom 1989 in Schloss Craheim/Unterfranken stattfand. Fast siebzig TeilnehmerInnen, darunter eine Reihe von PfarrerInnen und TherapeutInnen, unterzogen das Konzept einer kritischen Sichtung und gaben mir wertvolle Rückmeldungen.

Besonderen Dank verdient *Marion Küstenmacher,* die damalige Lektorin des Claudius Verlages. Sie hat die Entstehung des Buches von Anfang an begleitet und mich mit ihrem Enthusiasmus immer wieder angespornt. Inzwischen ist sie selbst eine international geachtete Enneagrammautorin und -lehrerin.

Ich wünsche dem Buch heute wie damals LeserInnen, die bereit sind, den aufregenden und auch mühevollen Weg der Selbsterkenntnis und Umkehr zu wagen. Ich sehe nach wie vor die Gefahr, dass ein typologisches Modell wie das Enneagramm dazu missbraucht werden kann, sich und andere auf platte Art in ein Schema zu zwängen und so gerade nicht zu wachsen, sondern zu erstarren. Missbräuchlich angewandt kann das Enneagramm mehr Fluch als Segen bewirken.

Selbsterkenntnis hat etwas mit innerer Arbeit zu tun, die anspruchsvoll und schmerzhaft ist; Veränderung vollzieht sich unter Geburtswehen. Es gehört Mut dazu, solch einen Weg zu beschreiten. Viele vermeiden den Weg der Selbsterkenntnis, weil sie Angst haben, die eigenen Abgründe könnten sie verschlingen. ChristInnen vertrauen darauf, dass Christus alle Abgründe des Menschseins durchlebt hat und mit uns geht, wenn wir die ehrliche Auseinandersetzung mit uns selbst wagen. Weil Gott uns bedingungslos liebt – samt unserer dunklen Seiten –, brauchen wir uns selbst nicht auszuweichen. Im Licht dieser Liebe kann der Schmerz der Selbsterkenntnis zugleich der Beginn unserer Heilung sein.

Die MeisterInnen und SeelenführerInnen aller echten geistlichen Traditionen des Westens und des Ostens haben gewusst, dass wirkliche Selbsterkenntnis die Voraussetzung der „inneren Reise" ist. *Teresa von Avila,* die große christliche Mystikerin, schreibt in ihrem Hauptwerk „Die innere Burg":

„Nicht wenig Elend und Verwirrung kommen daher, dass wir durch eigene Schuld uns selber nicht verstehen und nicht wissen, wer wir sind. Erschiene es nicht als eine schreckliche Unwissenheit, wenn jemand keine Antwort wüsste auf die Frage, wer er ist, wer seine Eltern sind und aus welchem Lande er stammt? Wäre dies ein Zeichen viehischen Unverstands, so herrschte in uns ein noch unvergleichlich schlimmerer Stumpfsinn, wenn wir uns nicht darum kümmerten zu erfahren, was wir sind, sondern uns mit diesen Leibern zufrieden gäben und folglich nur so obenhin, vom Hörensagen, weil der Glaube es uns lehrt, davon wüssten, dass wir eine Seele haben. Aber welche Güter diese Seele in sich bergen mag, wer in ihr wohnt und welch großen Wert sie hat, das bedenken wir selten, und darum ist man so wenig darauf bedacht, ihre Schönheit mit aller Sorgfalt zu bewahren."[1]

Das Enneagramm entspringt einer Sichtweise der menschlichen Seelenstrebungen, deren Wurzeln zumindest bis ins frühe Mönchtum der „Wüstenväter" zurück reichen, vielleicht sogar in vorchristliche Zeit (*Pythagoras*). Vermutlich wurde es später durch die islamische Weisheitstradition des Sufismus mündlich weiter tradiert. Obwohl es also genuin christlich sein dürfte, speist es sich auch aus vorchristlichen Quellen und hat seinerseits außerchristliche mystische Traditionen beeinflusst. Gerade die so genannten mystischen Strömungen der großen Religionen kommen sich im Blick auf die religiösen Erfahrungen, die sie vermitteln, als auch im Blick auf das Weltbild, das sie formulieren, erstaunlich nah. Das ist einer der Gründe, weshalb es heute Enneagramm-AnhängerInnen mit dem unterschiedlichsten weltanschaulich-religiösen Hintergrund gibt. Ja, das Enneagramm scheint ein Instrument zu sein, das eine Verständigungssprache zur Verfügung stellt, die nicht vorbelastet ist. Es kann eine Brücke sein, die man von unterschiedlichen Seiten aus begehen und in deren Mitte man sich begegnen kann. Zahlreiche internationale Enneagrammtagungen mit VertreterInnen unterschiedlichster psychologischer und weltanschaulicher Schulen haben das in den letzten zehn Jahren eindrücklich bestätigt. So dient es dem interkulturellen und interreligiösen Dialog.

Das mystische Menschenbild lässt sich in etwa so formulieren: Der Mensch baut vor allem in seiner ersten Lebenshälfte sein „empirisches Ich" auf, das auch als die Summe seiner Einstellungen und Verhaltensmechanismen verstanden werden kann. Die Überidentifikation mit solchen Rollen, Angewohnheiten und Charakterzügen ist das Haupthindernis bei der Suche des Menschen nach seinem (wahren) „Selbst".

Alle mystischen Wege bieten Methoden an, dieses illusionäre, falsche Ich zu entlarven und sich von ihm zu lösen – sei es durch Erkenntnis, Askese, gute Werke oder Meditation. Ein Text des deutschen Mystikers *Johannes Tauler* bringt es auf den Punkt:

> „Wenn der Mensch in der Übung der inneren Einkehr steht, hat das menschliche Ich für sich selbst nichts. Das Ich hätte gerne etwas und es wüsste gerne etwas und es wollte gerne etwas. Bis dieses dreifache ‚etwas' in ihm stirbt, kommt es den Menschen gar sauer an. Das geht nicht an einem Tag und auch nicht in kurzer Zeit. Sondern man muss sich hineinzwängen und sich daran gewöhnen mit emsigem Fleiß. Man muss dabei aushalten, dann wird es zuletzt leicht und lustvoll."

Das Neue Testament ruft ChristInnen zur *„Prüfung der Geister"* (1. Johannes 4,1) auf. *„Prüfet alles und das Gute behaltet"* sagt auch Paulus (1. Thessalonicher 5,21). Er traut seiner Gemeinde die Fähigkeit zu, zu entscheiden, was sie sich kritisch aneignen kann und was nicht. ChristInnen steht prinzipiell die ganze Welt und alles, was in ihr gut, wahr und schön ist, zur Verfügung: *„Alles gehört euch – ihr aber gehört Christus!"* (1. Korinther 3,21 ff.).

Paulus selbst und der Evangelist Johannes haben in ihren Schriften Vorstellungen und Bilder der gängigen griechischen Religionsphilosophie übernommen und „getauft".[2] So beschreibt Johannes Christus als den inkarnierten *Logos* (Johannes 1). Die Vorstellung vom Logos besagte, dass es eine Art Weltvernunft gibt, die hinter allem Sichtbaren steht und in allem waltet. Logos bezeichnet ziemlich genau das, was „Esoteriker" heute „höchstes Bewusstsein" nennen. Johannes scheut sich nicht, diesen „esoterisch vorbelasteten" Begriff zu übernehmen. Er besetzt ihn neu und erklärt so seinen ZeitgenossInnen das Evangelium in sprachlichen Kategorien, die sie verstehen.

Im Christentum wird die Erlösung vom falschen Ich als Gnadengeschenk Gottes verstanden; umstritten ist, inwieweit der Mensch sich selbst vorbereiten, disponieren, öffnen oder auf diese Gnade einstellen kann. Dieses Problem wird meist so gelöst, dass gesagt wird: Der Mensch soll so tun, als hinge alles von ihm ab. Im Nachhinein wird er verstehen, dass Gottes Geist es war und nicht er selbst, der ihn motiviert und befähigt hat zu suchen, zu kämpfen, zu beten („vorlaufende Gnade"). Schon Paulus hat dieses unauflösbare Paradox von eigenem Kampf und Gottes Gnade formuliert: *„Arbeitet an eurer Erlösung mit Furcht und Zittern! Denn Gott ist es, der in seiner Gnade beides in euch bewirkt: Das Wollen und das Vollbringen."* (Philipper 2,12f.).

In den östlichen Religionen wird der Anteil des Menschen an seiner Erlösung stärker betont, obwohl der Aspekt der Gnade – zum Beispiel im Buddhismus – durchaus vorhanden ist. Die pauschale Behauptung vieler ChristInnen, die östlichen Wege seien nichts als Selbsterlösung, zeugt von grober Unkenntnis. ChristInnen neigen dazu, sehr vollmundig von der allein wirksamen Gnade zu reden, suchenden Menschen aber eine Antwort schuldig zu bleiben, wenn sie nach Wegen fragen, wie sie diese lebensverändernde und erlösende Gnade *erfahren* können. Heute berichten viele Menschen davon, dass Wege des Ostens ihnen geholfen haben, ihren verschütteten Glauben neu zu entdecken oder ihr Gebetsleben zu vertiefen. Seriöse spirituelle LehrerInnen des Ostens verweisen ihre Adepten an die eigene christliche Tradition zurück. Viele müssen Umwege machen um dann staunend zu entdecken, dass es auch in der christlichen Tradition all das zu entdecken gibt, was östliche Weisheit lehrt.

Übrigens hat die Kirche zu allen Zeiten außerchristliche Sichtweisen „getauft": In unserem Jahrhundert waren es vor allem humanwissenschaftliche Erkenntnisse, die sich zum Verstehen innerseelischer (und gesellschaftlicher) Vorgänge als hilfreich erwiesen haben. Schon 1927 hat der konservative norwegische Theologe *Ole Hallesby* die Vorstellung des griechischen Arztes und Philosophen *Hippokrates* von den vier Temperamenten aufgegriffen und für die christliche Seelsorge fruchtbar gemacht.[3] In den letzten Jahrzehnten wurden *Fritz Riemanns* „Grundformen der Angst"[4] von der christlichen Seelsorge rezipiert, obwohl Riemanns Beschreibung von vier Angsttypen auf astrologischen Vorstellungen aufbaut. Trotz ihrer nichtchristlichen Herkunft haben sich solche Modelle als hilfreiche Werkzeuge der Seelsorge erwiesen. Umso mehr gilt das für das Enneagramm, das genuin christliche Züge trägt.

Am Ende der Bibel malt der Seher Johannes das Bild des neuen Jerusalems, der zukünftigen Gottesstadt. In diesem Zusammenhang schildert er, wie die Völker der Erde ihre Gaben in diese Stadt bringen (Offenbarung 21,26). Dieses Bild besagt, dass alles, was in den Gedanken und Erfahrungen der Völker und Religionen wertvoll ist, dem einen Gott gehört. Wir können diese Gaben dankbar in Anspruch nehmen.

Der Weisheitstransfer zwischen den Religionen ist meines Erachtens einer der wesentlichsten Beiträge zum Weltfrieden.

Ich glaube, dass uns das Enneagramm helfen kann, zu einer tieferen und echteren Gottesbeziehung zu finden. Wer Augen hat, kann in ihm zugleich das eigene Angesicht, das Angesicht Gottes und – wie auf einer Ikone – das Angesicht Christi entdecken. Paulus schreibt: *„Der Herr ist der Geist; und wo der Geist des Herrn ist, da ist Freiheit. Wir aber schauen mit unverhülltem Angesicht die Herrlichkeit des Herrn wie in einem Spiegel und werden dadurch in sein Bild verwandelt von einer Herrlichkeit zur andern, wie es vom Herrn des Geistes gegeben wird“* (2. Korinther 3,17f.).

Als Spiegel der Seele bleibt das Enneagramm ein Werkzeug, das irgendwann beiseite gelegt werden kann. Das Enneagramm ist nicht die Antwort, sondern ein Wegweiser. Wegweiser zeigen den Weg; gehen aber müssen wir selbst. Es freut mich, dass in den letzten zehn Jahren – soweit mir bekannt ist – niemand der Versuchung erlegen ist, das Enneagramm zu einer neuen absoluten Heilslehre hochzustilisieren oder Enneagrammzirkel mit Sektencharakter ins Leben zu rufen. Denn auch das Enneagramm ist nur ein Erkenntnismodell – wenn auch ein erstaunlich umfassendes. Unser Erkennen aber bleibt zeitlebens „Stückwerk“, wie Paulus sagt (1. Korinther 13). Bis Gott uns und die Welt vollendet, ist es ratsam, das zu erkennen und zu tun, was sich erkennen und tun lässt – und den Rest Gott selbst zu überlassen.

München, Sommer 1999 — Andreas Ebert

Erster Teil

DER SCHLAFENDE RIESE

Eine dynamische Typologie

Das Enneagramm ist eine sehr alte Typenlehre, die neun verschiedene Charaktere beschreibt. Die vergröbernde Reduktion menschlichen Verhaltens auf eine begrenzte Anzahl von Charaktertypen hat es mit vielen anderen Typologien gemeinsam:

Die Astrologie beschreibt zwölf Menschentypen entsprechend dem Tierkreiszeichen, in dem sich die Sonne während der Geburt befindet. Der griechische Arzt *Hippokrates* (gest. 377 v. Chr.) hat seine vier Temperamente (sanguinisch, melancholisch, cholerisch, phlegmatisch) auf verschiedene „Körpersäfte" (Blut, schwarze Galle, Galle, Schleim) zurückgeführt. In unserem Jahrhundert hat *Ernst Kretschmer* (1888–1964) den Zusammenhang zwischen dem Körperbau und der Neigung zu bestimmten seelischen Leiden untersucht. Er unterscheidet 1. pyknische (untersetzte), 2. leptosome (dünne) und 3. athletische Körpertypen und ordnet ihnen 1. zyklotyme (Neigung zu manisch-depressiver Erkrankung), 2. schizothyme (Neigung zur Schizophrenie) und 3. visköse (Neigung zur Epilepsie) Charakterzüge zu. *Carl Gustav Jung* (1875–1961) geht davon aus, dass es drei Funktionspaare gibt, die bei jedem Menschen unterschiedlich akzentuiert sind: Extraversion – Introversion; Empfinden (sinnliche Wahrnehmung) – Intuition; Denken – Fühlen. Jeder Mensch bevorzugt jeweils eine der beiden Möglichkeiten; daraus ergeben sich acht mögliche Kombinationen oder Typen, z. B. der extravertiert-intuitive Denker oder der introvertiert-empfindsame Fühler. Die Amerikanerin *Isabel Briggs Myers* hat ein weiteres Funktionspaar *entdeckt (judging – perceiving)*, das heißt, Neigung zu schnellen, klaren Urteilen und Entscheidungen gegenüber Empfänglichkeit für viele Einflüsse und Informationen) und in Anlehnung an Jung den *Myers-Briggs Type Indicator* entwickelt, einen Test, der 16 Typen unterscheidet und in den USA sehr verbreitet ist[1]. *Karen Horney* (1885–1952) diagnostizierte ursprünglich drei unterschiedliche Arten, wie Menschen ihre Lebensangst zu bewältigen versuchen: Unterwerfung (Hinwendung zu anderen Menschen); Feindseligkeit (Aggression gegen andere); Rückzug (Isolation von anderen). Später entwickelte sie ein Modell, in dem sie vier Hauptweisen aufzeigte, durch die Menschen versuchen, sich gegen ihre Grundangst zu schützen: Liebe, Unterwürfigkeit, Macht und Distanzierung. Dieses letzte Modell entspricht in etwa dem Schema, das der Psychoanalytiker und Astrologe *Fritz Riemann* (1902–1979) formuliert hat. Er geht von vier menschlichen Grundängsten aus: 1. Angst vor Nähe, 2. Angst vor Distanz, 3. Angst vor Veränderung, 4. Angst vor Beständigkeit. Daraus ergeben sich vier Grundtypen: der schizoide, depressive, zwanghafte und hysterische.[2]

Alle diese Modelle versuchen – unter verschiedenen Voraussetzungen – der Erfahrung Rechnung zu tragen, dass die Menschen zwar verschieden sind, dass es aber zugleich Menschen gibt, die sich auffallend ähneln. Jede dieser Typologien lässt sich mit einer Landkarte vergleichen, die das Ziel hat, den Überblick über das Reich der menschlichen Charaktertendenzen und Verhaltensweisen zu erleichtern. Wie es Landkarten mit geologischem, politischem oder verkehrstechnischem Schwerpunkt gibt, so verfolgt auch jede der genannten Typologien ein besonderes Interesse und hat deshalb ihre besonderen Stärken und Schwächen. Keine von ihnen ist allumfassend; keine von ihnen ist die Sache selbst. Das Studium einer Landkarte ersetzt niemals die „Er-Fahrung" des Landes selbst.

Alle Typologien haben den Nachteil, dass sie die Einmaligkeit, Originalität und Besonderheit des Individuums notgedrungen vernachlässigen. Deswegen begegnen ihnen viele PsychologInnen mit Vorbehalten. Die Gefahr, sich und andere in die Schublade eines bestimmten Tierkreiszeichens oder eines Enneagramm-Musters zu zwängen und auf diese Weise festzulegen, ist unübersehbar. Die Entdeckung von „Gesetzmäßigkeiten" im menschlichen Verhalten hat nur dann einen Sinn, wenn zugleich die Möglichkeit der Veränderung und der Befreiung vom Druck der Determiniertheit in den Blick kommt. Diese Möglichkeit eröffnet das Enneagramm in besonderer Weise.

Das Enneagramm ist eine sehr alte Landkarte. Ähnlich wie andere Typologien beschreibt es unterschiedliche Charaktertypen. Aber das ist nur der Anfang. Über die Beschreibung von Zuständen hinaus enthält das Enneagramm eine innere Dynamik, die auf Veränderung zielt. Es ist eine ausgesprochen anspruchsvolle Einladung zum seelisch-spirituellen Wachstum – jedenfalls wenn es so vermittelt wird, wie es ursprünglich gemeint ist. Das Enneagramm ist mehr als ein unterhaltsames Selbsterfahrungsspiel. Es geht um Veränderung und Umkehr, um das, was die religiösen Traditionen *Bekehrung* oder *Buße* nennen. Es konfrontiert uns mit den Festlegungen und Gesetzen, unter denen wir unbewusst leben, um uns zu ihrer Überwindung und zu Schritten in den weiten Raum der Freiheit einzuladen.

Der Ausgangspunkt des Enneagramms sind die Sackgassen, in die wir Menschen bei unserem Versuch geraten, unser Leben vor inneren und äußeren Bedrohungen zu schützen. Der Mensch, so wie ihn Gott geschaffen hat, ist nach biblischer Auffassung seinem Wesen nach *„sehr gut"* (1. Mose/Genesis 1,31). Diese seine Essenz, sein „wahres Selbst", ist schon während der Schwangerschaft und spätestens vom Augenblick seiner Geburt an dem Ansturm bedrohlicher Kräfte ausgesetzt. Die christliche Lehre von der Erbsünde weist auf diese psychologische Tatsache hin, indem sie betont, dass es den unverletzten, freien und „sehr guten" Menschen zu keinem Zeitpunkt seiner Existenz real gibt. Wir sind von Anfang an destruktiven Kräften ausgesetzt und deshalb erlösungsbedürftig. Das genetische Material, aus dem wir zusammengesetzt sind, enthält bereits Programmierungen, die unser Wesen vom Moment der Zeugung an mitbestimmen. Das familiäre System, in das wir hineingeboren werden, legt uns in aller Regel von vornherein Erblasten auf.

Die Außenwelt begegnet dem Kind zunächst vor allem in Gestalt seiner Eltern und Geschwister, später durch Kameraden, Lehrer, die Werte und Normen der Gruppe und Religion und die jeweilige „Großwetterlage" der Gesellschaft, den Zeitgeist. Viele unterschiedliche Faktoren kommen zusammen, prägen unser Inneres und verdichten sich zu dem, was wir „Stimmen" nennen. Diese Stimmen lassen sich meist in kurze und prägnante Sätze zusammenfassen, begleiten uns – oft unbewusst – durchs ganze Leben und wirken sich maßgeblich auf unser Verhalten und unseren Charakter aus. Manchmal wurden uns diese Stimmen verbal übermittelt („Sag immer schön danke!"); manchmal haben sie sich als Reaktion auf das nonverbale Gesamtverhalten der Umwelt herausgebildet („Komm mir nicht zu nahe!").

Der heranwachsende Mensch reagiert auf diese Stimmen, indem er bestimmte Ideale internalisiert („Ich bin gut, wenn ich ..."), Vermeidungsstrategien entwickelt, um Strafen oder anderen unangenehmen Folgen des „Fehlverhaltens" zu entgehen, und spezifische Abwehrmechanismen aufbaut. Schuldgefühle treten immer dann auf, wenn das eigene Ideal nicht erreicht oder erfüllt wird. Die *eigentliche* Fehlhaltung, die sich im Enneagramm in neun „Wurzelsünden" manifestiert, bleibt dagegen meist verborgen. Unsere „Sünden" gehören ja gerade zu den Mitteln, die wir bei der Verfolgung unserer falschen Ideale einsetzen. Das Enneagramm deckt diese illusionären Ideale und falschen Schuldgefühle auf und hilft uns, unserem wahren Dilemma ins Auge zu sehen.

Wir gehen davon aus, dass wir zugleich von „ererbten" Anlagen, von familiären (systemischen) Konstellationen und von Umwelteinflüssen geprägt sind. Wichtiger als die Ursachenforschung (die Frage nach dem „Woher") ist die Frage nach dem Ziel unseres Lebens („Wohin?"). Als Jesus und seine Jünger einem Blindgeborenen begegnen, fragen sie den Meister: *„Wer hat gesündigt, er selbst oder seine Eltern, dass er blind geboren wurde?"*. Er antwortet: *„Weder dieser noch seine Eltern haben gesündigt, sondern die Werke Gottes sollen an ihm sichtbar werden!"* (Johannes 9,1 ff.). Das Enneagramm kann uns helfen, einen Blick für unsere Zukunft und Bestimmung zu bekommen, für jenes wahre Angesicht, das wir noch nicht „haben", das aber bereits in unserer Tiefe schlummert.

Das Enneagramm (von griechisch *ennea* = neun und *gramma* = Zeichen oder Figur) wird als Kreissymbol dargestellt. An der Peripherie des Kreises befinden sich im Abstand von jeweils 40 Grad neun Punkte, die im Uhrzeigersinn von EINS bis NEUN durchnummeriert werden, wobei NEUN der „obere" Ausgangspunkt ist. Die Punkte DREI, SECHS und NEUN sind durch ein Dreieck miteinander verbunden, die Punkte ZWEI, VIER, EINS, SIEBEN, FÜNF, ACHT (und ZWEI) durch einen unregelmäßigen sechseckigen Stern. Jeder der Enneagrammpunkte bezeichnet einen bestimmten Energiezustand, die Übergänge zwischen

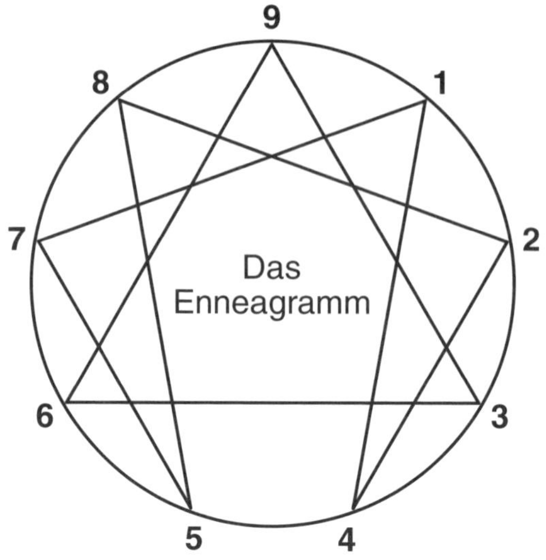

Figur 1: Das Enneagramm

den Zuständen sind fließend. Die Verbindungslinien verweisen auf die Dynamik zwischen bestimmten Energiepunkten. Aber bevor wir uns diesen Energien und ihrer Dynamik detailliert zuwenden, sind noch eine Reihe weiterer Vorinformationen nötig, die insbesondere die Entstehungsgeschichte dieses Symbolsystems betreffen.

Das Geheimnis der Zahl 153

Die Ursprünge des Enneagramms lagen bis vor kurzem wie hinter einem Schleier verborgen. Das machte die Sache einerseits besonders geheimnisvoll – andererseits nährte es Spekulation und Skepsis und trug kaum zur Glaubwürdigkeit oder gar zu einer ernsthaften akademisch-wissenschaftlichen Würdigung des Systems bei. Es waren ja keinerlei schriftliche Quellen bekannt, aus denen man hätte nachvollziehen können, dass es sich tatsächlich um eine „uralte Weisheitslehre" handelt, wie die meisten Anhänger des Enneagramms behaupten. Auch wir mussten 1989, als unser Buch erschien, dieses Manko freimütig bekennen. Man wusste zunächst nur, dass das Enneagramm im Abendland erstmals 1916 von *George Iwanowitsch Gurdjieff* vorgestellt wurde – und zwar als umfassende Symbol der harmonischen Struktur und der inneren Dynamik des Kosmos (und *nicht* als Charaktertypologie). Gurdjieff gab niemals explizit Auskunft über seine Quellen. *J. G. Bennett*, einer der prominentesten Schüler Gurdjieffs, vertrat die Ansicht, Gurdjieff hätte das Enneagramm von asiatischen Sufis gelernt. *Oscar Ichazo*, der in den frühen 70er Jahren das „Enneagramm der Fixierungen" entwickelte, benutzte Gurdjieffs Modell und verwies in mehreren – zum Teil sehr kryptischen – Aussagen ebenfalls auf geheime sufistische Quellen, aber auch auf eigene Engelsvisionen und Ähnliches. Das macht die Sache nicht schlüssiger und seriöser. Auch er verschleiert seine Quellen letztendlich bis heute.

Die gängige Entstehungslegende des Enneagramms lautet in etwa: Die Ursprünge des Enneagramms reichen viele Jahrtausende zurück bis in den Nahen Osten, wo die Wiege der großen Menschheitsreligionen stand. Dieses Wissen, das alle großen Religionen beeinflusst habe, sei im Lauf der Jahrtausende von vielen angereichert und tradiert worden. Bennett nennt in diesem Zusammenhang insbesondere die „Magi", jene morgenländischen Weisen des ersten vorchristlichen Jahrtausends, die zugleich Priester, Philosophen, Astronomen, Astrologen, Psychologen, Theologen und Magier waren. (Nach Auskunft des Matthäusevangeliums kamen solche Magier nach der Geburt Jesu nach Jerusalem, um dem neugeborenen Heiland zu huldigen!)

In die Schule der Magi war auch *Pythagoras* eingeweiht, der große Universalgelehrte, Mathematiker und spirituelle Meister aus Samos (ca. 569 bis 496 vor Christus). Er war als junger Mann Priester geworden und hatte lange Jahre in den großen religiösen Zentren seiner Zeit, insbesondere in Ägypten und Babylonien, zugebracht. Am Ende seines langen Lebens gründete er in Süditalien eine Weisheitsschule, die in eine „exoterische" und eine „esoterische" Abteilung gegliedert war. In der exoterischen Schule wurde Lebensweisheit für jedermann gelehrt; in der esoterischen Abteilung wurden die Adepten in die geheimen Zusammenhänge des Kosmos eingeweiht, über die sie strengstes Stillschweigen bewahren mussten. Eine entscheidende Rolle im Weltbild des Pythagoras spielten – wie in der späteren jüdischen Kabbala – die Zahlen von eins bis neun, während die Zahl zehn den Kosmos als Ganzen bezeichnete. Diese Zahlen hatten für Pythagoras sowohl eine quantitative Bedeutung als auch einen qualitativen, symbolischen Sinn.

Nun klafft in der Legende eine Zeitspanne von 1000 Jahren. Es handelt sich immerhin um jene geschichtlich bedeutenden 1000 Jahre, in denen das römische Reich aufstieg und unterging, und in denen das Christentum entstand, zunächst verfolgt wurde und sich schließlich als Staatsreligion etablierte.

Nach dem Entstehen des Islam (etwa 1000 Jahre nach Pythagoras) – so die bisherige Legende weiter – sei das alte Geheimwissen insbesondere durch eine Sufischule aufbewahrt, entwickelt und tradiert worden. Der

„Sufismus“ bezeichnet die große mystisch-asketische Bewegung innerhalb des Islam. Die Sufimeister hätten das Enneagramm nie als Ganzes weitergegeben, sondern einer/einem Ratsuchenden jeweils nur diejenigen Teile offenbart, die für die spirituelle Entwicklung dieses Menschen nützlich gewesen seien. In der gesamten sufistischen Literatur findet sich allerdings nicht der leiseste Hinweis auf das Enneagramm. Das wird in der Regel damit begründet, dass es sich um Geheimwissen gehandelt habe, das ausschließlich mündlich weitergegeben werden durfte.

1995 stieß ich, Andreas Ebert, auf einen Text des altchristlichen Wüstenvaters *Evagrius Ponticus*, der mich verblüffte. Auch wenn ich nicht alles verstand, hatte ich sofort das Gefühl, dieser Text müsste etwas mit dem Enneagramm zu tun haben. Handelte es sich womöglich um die erste und einzige alte schriftliche Quelle, die auf die Entstehung des Enneagramm-Symbols hindeutete? Im Januar 1996 veröffentlichte ich meine Entdeckung in Heft 11 des „Enneagram Monthly“, einer internationalen Enneagramm-Zeitschrift („Are the Origins of the Ennegram Christian after all?“). Im April und Mai 1996 folgte in derselben Zeitschrift ein großer Aufsatz von *Lynn Quirolo* („Pythagoras, Gurdjieff and the Enneagram“), die unabhängig von mir zur selben Zeit dieselbe Entdeckung gemacht hatte. Lynn Quirolo ist eine Absolventin von *J. G. Bennetts* „International Academy for Continuous Education“ in Sherborne (England). Ihrem Artikel habe ich eine Reihe von zusätzlichen Erkenntnissen zu verdanken, insbesondere die Entschlüsselung der pythagoräischen Zahlensymbolik (siehe unten). Der Text, der uns zugefallen war, enthält allem Anschein nach wesentlich klarere Hinweise auf die Ursprünge des Enneagramms als alle früheren Legenden und Spekulationen.[3]

Sollten die Ursprünge des Enneagramms doch christlich – und nicht sufistisch – sein? Schon der Jesuit *Bob Ochs*, einer der ersten Enneagramm-Schüler *Claudio Naranjos*, „war überzeugt, dass das Enneagramm zutiefst in der christlichen Mystik verwurzelt war … Ochs erkannte die Tradition der Wüstenväter wieder, einer Gruppe von Mönchen des vierten Jahrhunderts, die die christliche Sicht der sieben kapitalen Leidenschaften entwickelt hatten, die die Typen energetisch aufladen …“[4] 1992 hatte auch der deutsche Benediktiner *Anselm Grün* die erstaunlichen Parallelen zwischen dem Enneagramm und der Lehre von den Leidenschaften festgestellt, wie sie Evagrius entwickelt hatte.[5]

Die Wüstenväter oder „Anachoreten“ waren eine Bewegung des vierten nachchristlichen Jahrhunderts. Als die christliche Kirche nach langen Zeiten der Verfolgung im 4. Jahrhundert allmählich toleriert und schließlich sogar privilegiert und zur Staatsreligion erhoben wurde, ließ der Ernst der Christusnachfolge allenthalben nach. Opportunisten drängten zur Taufe. Bald wurden die heidnischen Tempel geschlossen und manche „Unbekehrbare" ebenso grausam verfolgt, wie seinerzeit die Christen durch die Heiden verfolgt worden waren. Die neue Amtskirche hatte große Angst vor heidnischer Unterwanderung ihrer Lehre oder vor „häretischen" (insbesondere gnostischen) Strömungen. Auch mit staatlicher Unterstützung setzte sie ihre Version von „Rechtgläubigkeit" durch. Gleichzeitig bemerkte sie nicht, wie „heidnisch" sie selbst wurde. Anstelle eines schlichten Christusglaubens und einer echten Leidensbereitschaft trat immer mehr der Kampf um ein dogmatisches Monopol und um gesellschaftliche Privilegien und Macht.

Zahllose Menschen, Männer und Frauen, die „mit Ernst" ChristInnen sein wollten, sahen sich zum Rückzug gezwungen. Sie zogen aus den städtischen Zentren in die Wüste, um in kleinen Gemeinschaften oder als Einsiedler zu leben. Sie verzichteten auf die Ehe, auf weltliche Güter und weltliche Betätigung, um zur Ruhe des Herzens (hesychia) zu finden. Die Lebensgeschichte des ersten großen Wüstenvaters *Antonius,* die literarisch übrigens stark an die Lebensgeschichte des Pythagoras angelehnt ist, hat nicht zuletzt die bildende Kunst immer wieder inspiriert. Berühmt ist etwa die Darstellung der Versuchungen des Hl. Antonius, wie sie zum Beispiel *Matthias Grünewald* auf dem Isenheimer Altar dargestellt hat.

Das Leben in der Wüste diente der Auseinandersetzung mit den Leidenschaften, die sich insbesondere in Gestalt von Phantasien und Gedanken des Eremiten bemächtigten. Sie galt es zu besiegen – oder zu „integrieren", wie man in heutiger psychologischer Sprache vielleicht sagen würde.

Evagrius Ponticus wurde im Jahre 345 in Ibora in der Provinz Pontus (im heutigen Georgien) als Sohn eines Bischofs geboren. Mit 34 Jahren wurde er zum Diakon geweiht. 381 ging er nach Konstantinopel, musste aber die Stadt wegen einer Liebesaffäre verlassen. Nach einem Zwischenaufenthalt in Jerusalem begab er sich nach Ägypten, um dort als Mönch zu leben. Bis zu seinem Tode im Jahre 399 blieb er in einer Einsiedelei in der nitrischen Wüste. Dort verfasste er seine wichtigsten Werke. Besonderen geistigen Einfluss übten auf ihn die Werke des Origenes aus, der wiederum von pythagoräischem Denken beeinflusst war und sich für eine allegorische Bibelauslegung einsetzte (das heißt, man suchte zwischen den jedermann zugänglichen Zeilen der biblischen Texte nach einem geheimnisvollen symbolischen Sinn. Dabei spielte die Zahlenspekulation eine wesentliche Rolle). Die Origenisten wurden von den „Anthropomorphisten", die nur die wortwörtliche Bibelauslegung gelten lassen wollten, bekämpft und schließlich verfolgt.

Im Jahre 399, kurz nachdem Evagrius gestorben war, mussten seine Gesinnungsfreunde fliehen. Auf diese Weise fanden seine Werke, die sie mitnahmen, weite Verbreitung. Sie gelangten über die Grenzen des römischen Imperiums hinaus nach Armenien und in die arabische Welt, wo sie später die persischen

Matthias Grünewald: Versuchung des Hl. Antonius, Isenheimer Altar

Sufis beeinflussten. In Armenien genießt Evagrius bis heute große Verehrung; zum Teil wurden seine Schriften überhaupt nur in armenischer Übersetzung aufbewahrt. Die Lehre des Evagrius und der Wüstenväter übte und übt vor allem auf die Mönche der Orthodoxie, etwa auf dem Berg Athos, einen gewaltigen Einfluss aus – trotz der damaligen Verfolgungen und Verurteilungen. Auf dem Konzil von Konstantinopel (553) nämlich wurde neben *Origenes* auch Evagrius verurteilt. Drei spätere Konzilien wiederholten diese Verurteilungen.

Das Werk des Evagrius berührt sich an zwei Punkten eng mit dem Enneagramm: In seiner *Lehre von den Leidenschaften* und in der Beschreibung einer auf pythagoräischer Zahlenspekulation beruhenden *Figur*, die wesentliche Züge des Enneagramm-Symbols zeigt.

1. Evagrius entwickelte eine Liste von acht (bzw. an einer Stelle – in der Schrift „De vitiis quae opposita sunt virtutibus" – sogar neun) Lastern bzw. ablenkenden „Gedanken", die den Weg zu Gott und zu leidenschaftsloser Herzensruhe behindern. Ausgangspunkt war für ihn jenes seltsame Jesuswort Matthäus 12, 43–45: *„Wenn ein böser Geist einen Menschen verlässt, dann schweift er über ödes Land und sucht nach einem Ruheplatz. Wenn es keinen findet, sagt er sich: ‚Ich will in mein Haus zurückkehren, das ich verlassen habe!' Also geht er zurück – und findet das Haus leer, sauber und geordnet vor. Dann geht er und bringt sieben andere böse Geister mit, die noch schlimmer sind als er selbst, und sie kommen und wohnen hier. So befindet sich der Mensch am Ende in einem schlimmeren Zustand als am Anfang."* Nach Evagrius ist der erste böse Geist die „Völlerei", die sich schließlich die sieben weiteren Laster „einverleibt", sodass es zur Achtzahl kommt. Die acht Laster sind: Zorn (EINS im Enneagramm), Hochmut (ZWEI), Eitelkeit bzw. Ruhmsucht (DREI), Traurigkeit (im Sinne von Selbstmitleid) bzw. Neid (VIER), Habsucht (FÜNF), Völlerei (SIEBEN), Wollust (ACHT) und Trägheit bzw. „Akedia" (NEUN). Die „Furcht", die im Enneagramm Typ SECHS zugeordnet wird, fehlt. *Papst Gregor I.* hat diese Liste später auf die bis heute gängige Liste der sieben klassischen Hauptsünden reduziert, bei der Eitelkeit und Traurigkeit wegfallen, sodass Zorn, Hochmut, Neid, Habsucht, Völlerei, Wollust und Trägheit übrig bleiben.

Auch wenn Evagrius an einer Stelle neun Laster nennt, ist doch offenkundig, dass er die Laster noch nicht als jenes „Enneagramm der Fixierungen" systematisiert hat, das *Oscar Ichazo* in den 70er Jahren entwickelt hat. Es scheint vielmehr so zu sein, dass er eine Vorform des Enneagrammsymbols im Sinne Gurdjieffs als Symbol der Ordnung und Dynamik des Kosmos verstanden hat.

Nun aber zum Eigentlichen: Gegen Ende des Johannesevangeliums wird berichtet, wie Jesus nach seiner Auferstehung an Ostern seinen Jüngern gebietet, das Fischernetz im See Genezareth auszuwerfen. Sie gehorchen ihm und fangen 153 große Fische. Warum nennt der Evangelist diese Zahl? Das Johannesevangelium ist voll von hintergründigen und mehrdeutigen Redewendungen mit „doppeltem Boden". Hinter einer platt wörtlichen Bedeutung steckt immer wieder ein tieferer Sinn. Weil die Menschen – einschließlich der Jünger Jesu – seine Worte allzu buchstäblich deuten, kommt es im Johannesevangelium ständig zu kuriosen Missverständnissen. Es ist offenkundig, dass diese Zahlenangabe nicht willkürlich ist, sondern einen symbolischen Sinn hat. *Hieronymus* (um 420) interpretiert die Zahl so: Man hätte seinerzeit angenommen, es gäbe insgesamt 153 Fischarten. Die Zahl sei also ein Hinweis auf die Universalität und Vollständigkeit der Kirche, die alle Völker umfasst. Spekulativer ist bereits Augustinus:

„In der Anzahl der Fische, die unser Herr nach seiner Auferstehung auf der rechten Seite des Schiffes zu fangen befiehlt, um dieses neue Leben zu zeigen, findet sich die Zahl 50 mit drei multipliziert. Wenn man drei hinzuzählt (das Symbol der Trinität) ist das heilige Geheimnis noch offenbarer. Dann (im neuen Leben) soll der neue Mensch, vollendet und zur Ruhe gekommen, durch die lauteren Worte Gottes an Leib und Seele geläutert, die wie entschlacktes Silber sind, das siebenmal gereinigt ist, seinen Lohn erhalten – die Münze. Mit diesem Lohn begegnen sich die Zahlen sieben und zehn in ihm. Denn in dieser Zahl (17) findet sich – wie in anderen Zahlen, die eine Kombination von Symbolen darstellen –, ein wundervolles Geheimnis ... Und wann wird sein (sc. des neuen Menschen) Körper endgültig von allen Feinden befreit sein? Ist es nicht dann, wenn der letzte Feind, der Tod, vernichtet sein wird? Bis zu dieser Zeit also wird die Zahl der 153 Fische reichen. Denn wenn die Zahl 17 als Seite eines gleichseitigen Dreiecks genommen wird ... beträgt die Gesamtsumme der Einheiten 153."[6]

Diese Deutung ist ein Beispiel für die spekulative Art und Weise mit Zahlen umzugehen, wie sie in der Antike und in der Frühzeit der Kirche gang und gäbe war. Das Interesse an Zahlensymbolik war in frühchristlicher Zeit allgegenwärtig und wurzelte in vorchristlichem Denken, das zumindest bis zu Pythagoras zurückreichte – oder noch früher.

Auch Evagrius interpretiert die Zahl 153 – und zwar mit Rückgriff auf die pythagoräische Zahlentheorie. Seine Interpretation findet sich in der Einleitung zu einem Büchlein mit dem Titel „153 Kapitel über das Gebet", einem Leitfaden zur Kontemplation. Diese 153 kurzen Kapitel sind auch Teil der „Philokalia", jener berühmten Sammlung altkirchlicher Anleitungen zum Gebet, die die spirituelle Grundlage ostkirchlicher Mystik schlechthin ist. Leider gibt es keine deutsche Ausgabe. Evagrius schreibt in der Einleitung:

„Ich habe diese Abhandlung über das Gebet in 153 Kapitel eingeteilt. Mit ihnen sende ich dir einen Leckerbissen des Evangeliums, damit du dich an einer symbolischen Zahl erfreuen kannst, die eine dreieckige und ein sechseckige

Figur miteinander verbindet. Das Dreieck steht symbolisch für die Trinität, das Sechseck für die geordnete Erschaffung der Welt in sechs Tagen. Die Zahl 100 bezeichnet ein Quadrat, die Zahl 53 ein Dreieck und zugleich einen Kreis. Weshalb? Weil sie die Summe von 25 und 28 ist. 28 ist das Dreieck und 25 das Quadrat, da 25 fünf mal fünf ist. So stellt diese Summe eine quadratische Figur da, da sie die vierfache Qualität der (sieben) Tugenden symbolisiert. Das Kreis drückt durch seine runde Form den Fluss der Zeit aus und ist zugleich ein angemessenes Symbol für die wahre Welterkenntnis. Im Fluss der Zeit folgt Woche auf Woche, Monat auf Monat, Jahr auf Jahr und Jahreszeit auf Jahreszeit, wie es die Bewegung von Sonne und Mond, Frühling und Sommer und so weiter zeigen. Das Dreieck, das in der Zahl 28 zum Ausdruck kommt, bezeichnet die Erkenntnis der Heiligen Trinität. Oder wir könnten die ganze Summe von 153 als ein Dreieck deuten, das die asketische Praxis, die Kontemplation der Natur und die Betrachtung des spirituellen Wissens von Gott bedeutet – oder Glaube, Hoffnung und Liebe, oder Gold, Silber und Edelsteine. So viel zu dieser Zahl ..." (eigene Übersetzung)

Diese Interpretation des Evagrius macht nur Sinn, wenn man mit der pythagoräischen Zahlensymbolik vertraut ist. Pythagoras unterschied unter anderem Dreieckszahlen, Quadratzahlen, sechseckige Zahlen und Kreiszahlen:

Dreieckszahlen: Die Summe aufeinander folgender Zahlen, beginnend mit 1. Beispiele:
3 = 1 + 2; 6 = 1 + 2 + 3; 10 = 1 + 2 + 3 + 4 etc.

2. **Quadratzahlen:** Die Summe von Zahlen, beginnend mit 1, wobei jeweils eine Zahl ausgelassen wird. Beispiele:
4 = 1 + 3 (2 ausgelassen); 9 = 1 + 3 + 5; 16 = 1 + 3 + 5 + 7 etc.
3. **Sechseckige Zahlen:** Die Summe von Zahlen, beginnend mit 1, wobei jeweils drei Zahlen ausgelassen werden. Beispiele:
6 = 1 + 5 (2, 3 und 4 ausgelassen); 16 = 1 + 5 + 9; 28 = 1 + 5 + 9 + 13 etc.
4. **Kreiszahlen:** Eine Zahl, die Produkt einer Zahl ist, die sich beim Quadrieren an letzter Stelle wiederholt. Beispiele:
25 = 5 x 5; 36 = 6 x 6.

Für die Zahl 153 bedeutet das: Sie ist nach pythagoreischer Interpretation „dreieckig" (1 + 2 + 3 + ... 17) und zugleich „sechseckig" (1 + 5 + 9 ... + 33). Deshalb hat diese Zahl zugleich „dreieckige" (trinitarische) und „sechseckige" Qualität; das Dreieck bezeichnet nach Evagrius die göttliche Wirklichkeit und das Sechseck – wie erwähnt – die sechs Schöpfungstage und somit die geschaffene Welt. Es gäbe mehrere Möglichkeiten, diese Kombination von Dreieck und Sechseck bildlich darzustellen:

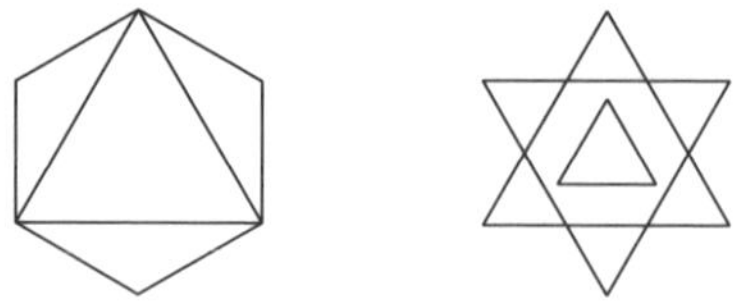

153 lässt sich nach Evagrius aber auch als Summe von 100 + 28 + 25 verstehen. 100 ist eine „Quadratzahl" (1 + 3 + 5 + 7 ... + 19). Evagrius deutet 4 x 7 als Hinweis auf die vierfache Qualität der (sieben) klassischen Tugenden. 28 ist ein „Dreieck" (1 + 2 + 3 + ... 7) und bezeichnet die Heilige Trinität. 25 ist ein „Kreis" (5 x 5). Der Kreis ist für Evagrius ein Hinweis auf den Lauf der Zeit und auf wahre (vollständige) Erkenntnis. Graphisch ließe sich die Kombination von Quadrat, Dreieck und Kreis wiederum auf unterschiedliche Weise darstellen:

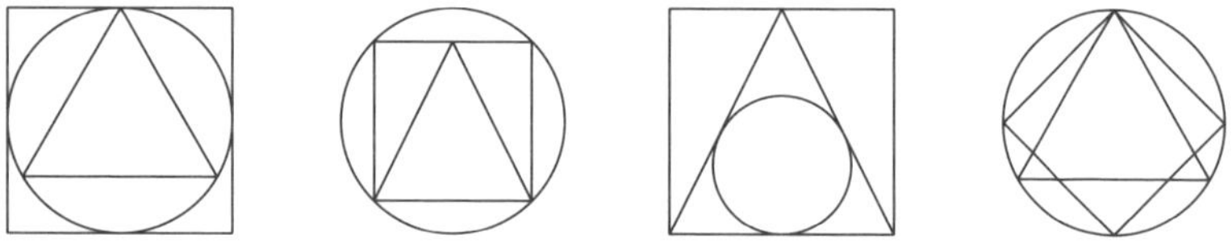

Eine dritte Möglichkeit sieht Evagrius darin, die gesamte Zahl 153 als „Dreieck" zu interpretieren (1 + 2 + 3 + ... 17). Das könnte man graphisch als gleichseitiges Dreieck mit der Seitenlänge 17 (Punkte) darstellen:

Zusammenfassend kann man sagen: Evagrius hat eine Charakterpsychologie entwickelt, die auf acht (und nur in einem Ausnahmefall auf neun!) bösen „Gedanken" oder Leidenschaften basierte. Gleichzeitig hat er eine Kosmologie entworfen, die durch eine Kombination von Kreis, Dreieck, Viereck und Sechseck symbolisch dargestellt werden kann. Es gibt aber keinerlei Hinweis darauf, dass Evagrius selbst seine Lasterlehre und das kosmische Symbol miteinander verquickt hätte. Das Enneagramm der Fixierungen dürfte eine Neuschöpfung *Oscar Ichazos* aus unserem Jahrhundert sein. Es wäre also übertrieben zu behaupten, das Enneagramm, so wie wir es kennen, ginge in Gänze auf die Wüstenväter zurück. Richtig ist jedoch, dass sich die zwei wichtigsten Elemente moderner Enneagrammkunde (kosmisches Symbol, das Dreieck, Kreis und Sechseck enthält plus eine Charakterlehre, die auf den „Hauptsünden" basiert) unmittelbar auf Evagrius, diesen großen frühchristlichen Welt- und Seelenkenner, zurückführen lassen.

Eine zweite große christliche Gestalt, deren Werk verblüffende Aspekte moderner Enneagrammkunde vorwegnimmt, ist der später seliggesprochene *Ramon Lull*, der 1232 in Palma (Mallorca) geboren wurde.

Ramon, dessen Vater 1229 mit Jakob I. auf die Insel gekommen war, um sie von muslimischer Herrschaft zu befreien, wuchs in einer Umgebung auf, die stark maurisch geprägt war. Er heiratete 1253, wurde Hofpage, führte ein sehr „verweltlichtes" Leben und unternahm in seiner politischen Funktion zahlreiche Reisen. Im Juni 1263 erlebt der 34-Jährige aufgrund von fünf Erscheinungen des gekreuzigten Christus eine tief greifende Bekehrung. Er wird Mitglied des 3. Ordens der Franziskaner, der für Verheiratete offen ist. Fortan sieht Lull seine Aufgabe darin, Argumente für das Christentum zu sammeln, um so zur Bekehrung von Juden und Moslems beitragen zu können. Er begibt sich auf Pilgerreisen (Jerusalem und Santiago de Compostela) und entfaltet eine rege literarische Produktivität. Unter anderem regt er die Errichtung von Sprachschulen für das Arabische und Hebräische an, um die Grundlagen zu einem seriösen interreligiösen Dialog zu schaffen.

Im Gegensatz zu früheren missionarischen Ambitionen der Kirche, die letztlich der Zwangsbekehrung der „Heiden" dienten, entwickelt Lull Grundlagen eines freien, respektvollen und rational geführten Dialogs, in dessen Verlauf alle Beteiligten dazulernen. Die eigene Identität kann letztlich nicht in Abgrenzung von anderen gefunden werden, sondern nur im Gespräch mit ihnen. Lull nimmt wesentliche Kriterien moderner Kommunikationstheorien und der Friedens- und Konfliktforschung vorweg und entwickelt das, was man heute eine „Hermeneutik des Anderen" nennen würde: Um mit einem anderen wirklich zu kommunizieren, muss ich seine Sprache und seine Voraussetzungen kennen und respektieren.

„Das Buch vom Heiden und den drei Weisen" schildert das Gespräch eines religiös suchenden Heiden mit einem Juden, einem Christen und einem Moslem. Alle tragen ihre Argumente nacheinander vor, ohne einander zu unterbrechen oder anzugreifen. Nur dem Suchenden sind kritische Nachfragen gestattet. Am Ende geht der „Heide" getröstet davon, und es bleibt – wie in *Lessings* „Ringparabel" – offen, für welchen der drei Wege er sich letztlich entscheidet.

Lulls Leidenschaft gilt der Suche nach einer neuen Sprache der Spiritualität, die von keiner der bestehenden Religionen „besetzt" ist. Denn er ist überzeugt davon, dass die interreligiöse Sprachverwirrung eine der Hauptursachen für Kriege und Konflikte ist. Wie *Hans Küng* in unseren Tagen hält er insbesondere die monotheistischen Religionen für fähig, einen gemeinsamen Weltethos zu entwickeln, der dem Frieden dient. Das setzt aber voraus, dass sie im Umgang miteinander jene gewaltfreien Prinzipien praktizieren, die allein Grundlage des Völkerfriedens sein könnten. Insbesondere für die Kirche gilt: Bevor sie die Welt evangelisieren kann, bedarf sie der eigenen Bekehrung und Erneuerung; sie muss das leben, was sie lehrt, und bleibt in diesem Prozess immer auch Lernende.

Ausgangspunkt für die gemeinsame Wahrheitssuche der großen Religionen sind für Lull die neun (!) Namen oder Eigenschaften Gottes, die er auf der Peripherie seiner Kreisfigur „A“ im Uhrzeigersinn anordnet, wobei „A“ für Gottes Wesen steht, während die neun Eigenschaften die Anfangsbuchstaben von B bis K tragen. Sie sind mit der Mitte, dem unaussprechlichen Geheimnis Gottes, und untereinander vernetzt. (Figur A)

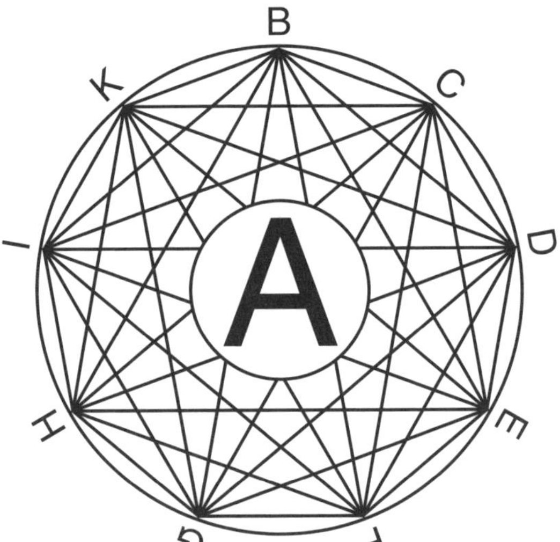

B	Bonitas	Güte
C	Magnitudo	Größe
D	Aeternitas	Ewigkeit
E	Potestas	Macht
F	Sapientia	Weisheit
G	Voluntas	Wille
H	Virtus	Tugend
I	Veritas	Wahrheit
K	Gloria	Herrlichkeit

Lulls Figur A

Daneben entwickelt Lull eine zweite Figur (T), die neben den absoluten Prinzipien der Figur A „relative“ Prinzipien bezeichnet. Sie sollen „sowohl die Nähe als auch den Unterschied zwischen Gott und den Geschöpfen bezeichnen“. „Da sich Güte unserer Erkenntnisweise gemäß voneinander unterscheiden, in Gott selbst jedoch koinzidieren, spricht Lull von Unterschied *(differentia)*, Eintracht *(concordia)*, Gegensätzlichkeit *(contrietas)*. Weil der Vollkommene jenseits eines geschöpflichen Mehr oder Weniger in absoluter Gleichheit existiert, spricht er von Größer-Sein *(maioritas)*, Gleichheit *(aequalitas)*, Kleiner-Sein *(minoritas)*. Und da es nur in der Schöpfung Anfang und Ende gibt, Gott aber die Mitte von allem darstellt, in der Anfang, Mitte und Ende als dreieinige Personen koinzidieren, spricht Lull von Anfang *(principium)*, Mitte *(medium)* und Ende *(finis)*“[7] Figur T ist ein Kreis, der mit drei Dreiecken ausgefüllt ist, die die relativen Prinzipien bezeichnen. (Figur T)

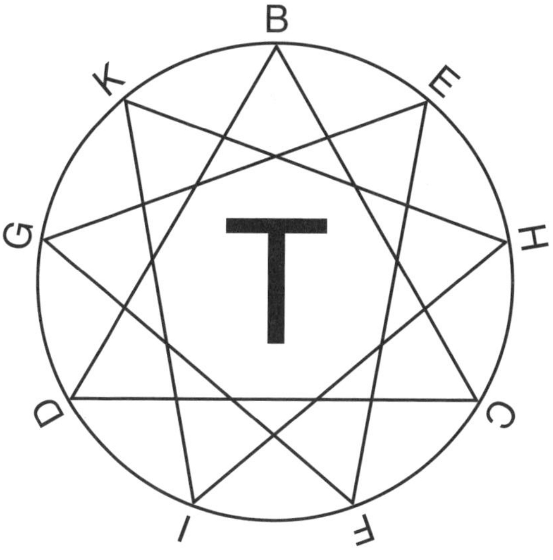

B	Differentia	Unterschied
C	Concordantia	Übereinstimmung
D	Contrarietas	Gegensätzlichkeit
E	Principium	Anfang
F	Medium	Mitte
G	Finis	Ende
H	Minoritas	Minderheit
I	Aequalitas	Gleichheit
K	Maioritas	Mehrheit

Lulls Figur T

Die Nähe dieser beiden Figuren zur Enneagrammfigur sind unverkennbar. Ähnlich wie die Figuren des Evagrius könnte man auch Lulls Schemata als „Vor-Enneagramm" bezeichnen. Lull glaubt ferner, dass nicht nur die Gottesnamen eine gemeinsame Dialoggrundlage zwischen den Religionen sein könnten. Auch das Erkennen der „Tugenden" und „Laster" ist gemeinreligiöses Gut. Er bildet die klassischen sieben Tugenden und Todsünden als Bäume ab und meint, diejenige Religion habe Recht, die die überzeugendsten Tugendfrüchte hervorbringt. Damit verlagert sich der Wettstreit von der dogmatischen auf die spirituelle und ethische Ebene, und die Toleranzfähigkeit innerhalb des Wettstreits wird selbst zu einem Kriterium der Glaubwürdigkeit und des Wertes einer Glaubensgemeinschaft. Wer Recht hat, muss nicht rechthaberisch sein.

Lulls Nähe zur jüdischen Kabbala und zur islamischen Sufimystik ist mit Händen zu greifen. Die Kabbala stellt die Eigenschaften Gottes wie Lull als Lebensbaum dar; der Sufismus meditiert die 99 Namen Gottes, um durch die Meditation dem unaussprechlichen Gott selbst immer näher zu kommen. Lulls besondere Liebe gilt jenen Sufigeschichten, deren Absicht es ist, die Liebe zu Gott anzufachen. Nur eine Philosophie der Liebe, so glaubt Lull, ist allen Menschen zugänglich und ermöglicht eine interreligiöse Ökumene. Kein Geringerer als *Umberto Eco* meint, Lulls Entwürfe seinen neben der jüdischen Kabbala der zweite große europäische Versuch, eine gemeinsame neue Sprache des Glaubens zu finden.

Lull ist zutiefst davon überzeugt, dass selbst schwierigste theologische Behauptungen wie die Lehre vom dreieinigen Gott oder der Glaube an die Auferstehung vernünftig begründbar und daher in Freimut diskutierbar sind. Damit nimmt er die europäische Aufklärung des 18. Jahrhunderts vorweg, die der Vernunft einen Vorrang vor der Autorität einräumte.

Es würde sich lohnen, Lulls Bedeutung für die Enneagrammforschung tiefer zu ergründen. Das kann an dieser Stelle nicht geschehen. Jedenfalls findet sich bei ihm (ebenso wie bei Evagrius) im Kern bereits vieles von dem, was wir im Folgenden entfalten wollen. *Teresa von Avila* und *Johannes vom Kreuz* haben Lull ebenso geschätzt wie *Bartolomé de las Casas*, der leidenschaftliche Anwalt der amerikanischen Ureinwohner angesichts der Schrecken der „christlichen" Eroberung, wie *Nikolaus von Kues* und wie *Schopenhauer*, der Lulls Lebenswende unter die „echten Bekehrungen" einreiht. Es ist damit zu rechnen, dass Lull im Zeitalter des interreligiösen Dialogs ganz neu entdeckt und wertgeschätzt werden wird. Sein franziskanisches Ideal einer demütigen, überzeugenden, machtlosen und lernfähigen Kirche ist bis heute aktuell.[8]

Gurdjieff und seine Schüler waren nachweislich von der Lehre der Wüstenväter und vom Sufismus beeinflusst. Gurdjieff wurde vermutlich 1877 als Sohn einer armenischen Mutter und eines griechischen Vaters im Grenzgebiet zwischen Armenien und Georgien geboren. Zu dieser Zeit lebten in seinem Umfeld AnhängerInnen vieler großer Religionen zusammen. In diesem Landstrich wird Evagrius bis heute verehrt. Die Lehre der Wüstenväter wird in der orthodoxen Spiritualität, insbesondere in der Mönchsrepublik vom Berg Athos, hochgehalten. Das mantrische „Herzensgebet" etwa, das auf die Wüstenväter zurückgeht, hat sich dort über die Jahrhunderte erhalten. Gurdjieff ist von dieser Tradition zweifelsohne nachhaltig beeinflusst worden.

Gurdjieff wollte Arzt werden und ließ sich gleichzeitig zum russisch-orthodoxen Priester ausbilden. Die offizielle kirchliche Lehre konnte jedoch seinen Wissensdrang und seine existentielle Sinnsuche nicht befriedigen. Es ging ihm darum, wie wir Menschen wach werden können für unseren wirklichen Lebenssinn. Lang reiste Gurdjieff von einem spirituellen Zentrum des Ostens zum anderen – bis nach Ägypten, Tibet und Indien. In einem Kloster der sufistischen „Sarmoun"-Bruderschaft soll er dann die Überlieferung kennen gelernt haben, die dem Enneagramm zugrunde liegt. Zeitlebens bezeichnet Gurdjieff sich selbst als „pythagoräischen Griechen" und „esoterischen Christen". Gurdjieff verstand sein Werk als „esoterisches Christentum". Vielleicht war sein Bewusstsein, „hinter den Schleier" geschaut zu haben, der Grund, weshalb er die Ursprünge seines Wissens buchstäblich „verschleiert" hat.

Zusammenfassend zitiere ich Lynn Quirolos Studie:

„In den Schriften des Evagrius Ponticus finden wir eine hoch entwickelte kontemplative Psychologie, wie sie im Westen inzwischen so gut wie ausgelöscht ist. Wir finden ferner eine pythagoräische Interpretation einer wichtigen biblischen Symbolzahl. Fragmente sowohl dieser Psychologie als auch dieser Symbollehre findet man in den Lehren von Gurdjieff und Ouspensky. Da diese Ideen Teil der hellenistischen ‚Kettfäden' im Gewebe der christlichen und islamischen Religionen waren, finden wir erstaunliche Ähnlichkeiten zwischen frühchristlichem Denken und der späteren sufistischen Spiritualität und Kosmologie ... Die Schriften des Evagrius und der Wüstenväter ... sind eine Inspiration für Suchende in einem technologisch intelligenten, aber spirituell dunklen Zeitalter. Sie können unser Herz und unseren Verstand für jene größeren Möglichkeiten öffnen, die in jedem und jeder von uns verborgen sind."

Das mystisch-kontemplative Wissen der Wüstenväter ist offenkundig in die Spiritualität der Sufis eingeflossen. Schon etwa hundert Jahre nach Mohammeds Tod gab es fromme Muslime, die ein einfaches Leben führen wollten. Sie verzichteten oftmals auf jeglichen Besitz und trugen als Zeichen der Askese grobe Wollgewänder (arabisch „suf"). Manche von ihnen zogen als Wanderprediger umher; andere lebten in geistlichen Bruderschaften und Gemeinschaften. Vieles an ihrer Lebensweise erinnerte an die späteren Franziskaner, die vielleicht wiederum unter sufistischem Einfluss standen.[9] Wie an der christlichen Mystik des Mittelalters waren auch an der Bewegung des Sufismus auffallend viele Frauen beteiligt.

Durch Gebet und Meditation wollten die Sufis der Liebe Gottes gewiss werden. Die Gottesliebe war zentrales Thema der Bewegung, wie das Gebet der Sufi-Meisterin *Rabia al-Adawiyya* aus dem 8. Jahrhundert zeigt:

„O Gott, wenn ich Dich aus Furcht vor der Hölle anbete, so verbrenne mich in der Hölle, und wenn ich Dich in Hoffnung auf das Paradies anbete, so gib es mir nicht, doch wenn ich Dich um deiner selbst willen anbete, so enthalte mir deine ewige Schönheit nicht vor!“[10]

Die Sufis wurden vonseiten des offiziellen Islam heftig bekämpft. Beim einfachen Volk wurden sie aber bald als Heilige verehrt. Vielen von ihnen schrieb man Wunderkräfte zu. Legenden rankten sich um das Leben und Wirken großer Sufi-Meister. Zu den sufistischen Bruderschaften gehören auch die Orden der Derwische und die Bewegung der Fakire (faqir = arm). Vor allem in Nordafrika existieren viele von ihnen bis heute.[11]

Bei den Sufis gab es, ähnlich wie bei den Wüstenvätern, eine Tradition der Seelenführung, die das Ziel verfolgte, Menschen auf dem Weg zu Gott behilflich zu sein.

Jene Weisheit, deren Essenz sich auch in heutiger Enneagrammkunde wieder findet, war offenbar eine streng mündliche Tradition, die über die Jahrhunderte hin vom Meister an den Schüler weitergegeben wurde.

Gurdjieff hatte das Enneagramm nach eigenen Angaben in Afghanistan kennen gelernt und beschrieb es als ein *perpetuum mobile*. Ein Teil der Tanz- und Bewegungsformen, die er entwickelte, basierten auf der Dynamik des Enneagramms. Gurdjieff verglich das Enneagramm mit dem legendären „Stein der Weisen“ und betonte, es sei in der Geheimliteratur „nirgends zu finden ... Ihm wurde von Wissenden eine so große Bedeutung verliehen, dass sie es für notwendig erachteten, seine Kenntnis geheim zu halten“.[12] Als psychologische Typenlehre hat das Enneagramm bei Gurdjieff keine Rolle gespielt. Er hat niemals eine Beschreibung von neun Persönlichkeitstypen ausgearbeitet. Die heute bekannteste Form des Enneagramms der Fixierungen geht, wie erwähnt, auf *Oscar Ichazo* zurück. Er behauptet, dieses System von Sufimeistern in Pamir (Afghanistan) gelernt zu haben, und zwar bevor er auf Gurdjieffs Schriften stieß. In den 50er und 60er Jahren lehrte Ichazo in La Paz (Bolivien) und Arica (Chile). 1971 kam er in die USA.[13] Der Psychiater *Claudio Naranjo* vom Esalen-Institut in Big Sur/Kalifornien eignete sich Ichazos Modell an und entwickelte es weiter. Eine Reihe von US-amerikanischen Jesuiten, vor allem Pater *Robert Ochs*, stießen bei

Naranjo auf das Modell. Nach langjähriger Erprobung und theologischer Prüfung entschloss sich der Jesuitenorden, das Enneagramm als ein Mittel der geistlichen Begleitung und als ein Modell für die Exerzitienarbeit zu übernehmen.

Seit Mitte der 80er Jahre ist eine Reihe von Büchern über das Enneagramm erschienen, die zum Teil aus der Arbeit amerikanischer religiöser Orden mit dem Enneagramm erwachsen sind und zum Teil mehr von der Psychoanalyse bzw. der humanistischen Psychologie herkommen.

Es hat sich gezeigt, dass das Enneagramm mit der christlichen Tradition geistlicher Begleitung und Menschenführung ebenso zu vereinbaren ist wie mit diversen psychotherapeutischen Ansätzen. Deshalb kann es eine Brücke zwischen Spiritualität und Psychologie schlagen. Es ist so etwas wie jene „neue Sprache" der interkulturellen und interreligiösen Verständigung, nach der Ramon Lull gesucht hat. Das Enneagramm beansprucht im jetzigen Stadium allerdings nicht, „wissenschaftlich" erhärtet zu sein; klinische Untersuchungen sind in den USA im Gange, aber noch nicht allgemein anerkannt. Immerhin war die renommierte kalifornische Stanford University und ihre psychologische Fakultät Schauplatz der Ersten Internationalen Enneagrammkonferenz im Jahre 1994.

Die Vermischung von Psychologie, Spiritualität und Theologie mag jene stören, die auf eine „methodisch saubere" Trennung dieser scheinbar so unterschiedlichen Zugänge zur Wirklichkeit insistieren. Die Traditionen östlicher und westlicher Weisheit und Seelenführung (die wahren Gurus, Starzen und Meister des Ostens, Ignatius), denen dieses Buch verpflichtet ist, haben dagegen immer die Zusammengehörigkeit seelisch-charakterlicher und religiös-spiritueller Reifung betont. In diesen Traditionen wäre das undenkbar, was bei uns gang und gäbe ist: dass man Leuten begegnet, die analytisch versiert, psychologisch „integriert", aber spirituell total verkümmert sind, und dass man andererseits religiöse Menschen findet, deren Charaktermängel und psychische Instabilität mit den Händen zu greifen sind.

Durchbruch zum *Ganz Anderen*

Beim Enneagramm geht es, vereinfacht gesagt, um die Frage: Weshalb stoßen wir Menschen bei unserer Auseinandersetzung mit dem Leben so häufig immer wieder nur auf unser Ego, anstatt durchzustoßen zu Gott, zum *Ganz Anderen*? In unserer heutigen egozentrischen Gesellschaft neigen wir in besonderem Maße dazu, in unseren eigenen Gedanken oder Gefühlen stecken zu bleiben. Deswegen ist Gott heute für viele Menschen des Westens, wenn sie ihn nicht ohnehin abgeschrieben haben, nichts anderes als ein Projektionsbild ihrer selbst: ein Gott, wie wir ihn brauchen, wollen oder gerne hätten. Die Begegnung mit dem *Ganz Anderen*, mit dem *Nicht-Ich* findet nicht statt.

Die alten Meister und Seelenführer wollten, dass die Menschen ihre Blockaden und Vorurteile, beziehungsweise ihren „Wahrnehmungsstil" erkennen, das heißt ihre Angewohnheit, das Leben aus einem fixierten Blickwinkel zu betrachten und zu gestalten. Im Mittelalter nannte man solche Engführungen Passionen oder Leidenschaften. Sie führen dazu, dass ich jenen Teil des Lebens, den ich erkannt habe oder beherrsche, für das Ganze halte. Es geht darum, diese Leidenschaften zu überwinden und zu lernen, die Wirklichkeit objektiv(er) wahrzunehmen. Es geht darum, zu Gott, dem Ganz Objektiven, durchzudringen, der für ChristInnen zugleich ganz der Unsere ist, indem er sich auf unsere Welt eingelassen hat und Teil von ihr geworden ist. Es geht darum, dass wir fähig werden, auf etwas anderes als auf uns selbst zu stoßen.

Viele Kirchenfunktionäre treten leichtfertig im Namen Gottes auf und meinen, Gott verstanden zu haben. Dabei kann man meist sofort erkennen, dass sie nicht viel mehr ausstrahlen als ihr eigenes Temperament, ihre Vorurteile oder das, was sie sowieso schon wissen. Das ist einer der Gründe, weshalb die christliche Religion so sehr an Glaubwürdigkeit eingebüßt hat. Viele Zeitgenossen können sie nicht mehr ernst nehmen. Sie erleben religiöse Menschen, die nicht authentisch sind und obendrein egozentrisch wirken, weil sie offensichtlich ihre ureigensten Ziele verfolgen, während sie einen frommen Jargon pflegen, als ginge es ihnen um nichts als um Gott und um Gottes Reich.

Das Enneagramm kann uns helfen, unsere Selbstwahrnehmung zu läutern, ehrlicher gegenüber uns selbst zu werden und immer besser zu unterscheiden, wann wir nur unsere eigenen inneren Stimmen und Prägungen hören und Gefangene unserer Vorurteile sind – und wann wir fähig sind, für Neues offen zu sein.

Ignatius von Loyola (1491–1556), der Gründer des Jesuitenordens, entwickelte eine geistlich und psychologisch hochsensible Methodik der geistlichen Menschenführung. Seine Exerzitien führen auf einen Übungsweg. Sie decken die Fallen auf, in denen die Seele gefangen ist, und leiten zur „Unterscheidung der Geister" an, jener inneren und äußeren Stimmen und Impulse, die uns fortwährend beeinflussen. Die Unterscheidung vollzieht sich in drei Schritten: es geht darum, 1. „die verschiedenen Regungen zu verspüren, die in der Seele verursacht werden"; 2. sie „zu erkennen", das heißt ihre Herkunft und Zielrichtung zu verstehen und ein Urteil darüber zu fällen, ob sie mich konstruktiv auf das Sinn-Ziel meines Lebens hinlenken oder destruktiv von ihm wegführen; 3. zu diesen Regungen Stellung zu nehmen, das heißt, sie anzunehmen oder abzuweisen[14]. Ziel der Exerzitien ist es, das eigene Leben zu ordnen und Wege zur christlichen Freiheit zu finden. Sie wird durch eine personale Jesusbeziehung ermöglicht, in der wir fähig sind, den Anruf Christi an unser Leben zu hören, und bereit werden, in seinen Dienst zu treten.

Das Enneagramm ist ein verwandtes Hilfsmittel, um dieses Ziel zu erreichen: Das ist einer der Gründe, weshalb eine Reihe von Exerzitienmeistern begonnen haben, neben den traditionellen ignatianischen Übungen auch das Enneagramm einzusetzen.

Ein Kardinal wacht auf

Ich, Richard Rohr, bin 1970, im Jahr meiner Priesterweihe, durch einen Jesuiten in das System des Enneagramms „eingeweiht" worden. Damals hat man uns eingeschärft, dass wir es nicht schriftlich weitergeben sollten und dass niemand erfahren dürfte, woher wir es hätten. Ich muss gestehen, dass ich mir dabei seinerzeit manchmal etwas unehrlich vorgekommen bin. Es ist ein paar Mal passiert, dass jemand in meine Sprechstunde gekommen ist und ich nach einer Weile – dank des Enneagramms – die Energie oder den „Wahrnehmungsstil" dieses Menschen ziemlich genau erfassen konnte. Während ich meine „Geheimkenntnisse" einsetzte, dachte mein Gegenüber: „Richard Rohr liest in meiner Seele wie in einem offenen Buch und bringt mein Problem genau auf den Punkt! Wo hat er das nur gelernt?" So erschien ich manchen fast wie ein Hellseher oder so, als hätte ich die Gabe der „Herzensschau", die einigen Heiligen nachgesagt wird. Auf diese Art ist das Enneagramm angeblich ursprünglich verwendet worden. Es handelte sich vermutlich um esoterisches Wissen, das die Seelenführer nur innerhalb ihrer Gruppe weitergegeben haben. Die Sufis jedenfalls haben es niemals schriftlich fixiert, aber unter Umständen benutzt, um anderen zu helfen. Als wir Amerikaner es in die Finger bekamen, ist passiert, was passieren musste: wir haben vor ein paar Jahren angefangen, es aufzuschreiben.

Seither ist eine wahre Flut von Büchern erschienen. Vor allem im katholischen Milieu hat es einen wahren Siegeszug angetreten. Vielleicht liegt es daran, dass wir katholischen Ordensleute die Zeit und die Einkehrhäuser haben, um uns intensiv mit solchen Dingen zu befassen. Von dort aus wird es an suchende und interessierte Menschen aus den unterschiedlichsten Schichten weitergegeben. Jetzt, wo es längst nicht mehr geheim ist, möchten wir dazu beitragen, es so darzustellen, dass es angemessen angewendet werden kann und möglichst wenig Schaden anrichtet. Der „schlafende Riese" ist aufgewacht und seine alte Weisheit ist suchenden Menschen zugänglich!

Wir haben das Enneagramm noch nie einer Gruppe weitervermittelt, die es nicht – aus irgendeinem Grund – interessant fand. Das ist erstaunlich, weil sein Ansatz negativ ist. Das Enneagramm hat nicht die Absicht, dem Ego zu schmeicheln. Es will vielmehr eine Hilfestellung dazu geben, das loszulassen oder unnötig zu machen, was Thomas Merton das „falsche Selbst“ genannt hat. Wir kennen kein anderes Hilfsmittel, das diese Aufgabe auf direkterem Wege leisten kann als das Enneagramm.

Ich, Richard Rohr, habe vor Jahren Exerzitien für 20 Bischöfe gehalten. Am ersten Tag habe ich über das kontemplative Gebet referiert. Die Bischöfe saßen da und hörten zu – schließlich waren es Bischöfe und mussten anstandshalber aufpassen, wenn es ums Beten ging. Man konnte sehen, dass sie zwar dabei waren, aber nicht wirklich auf die Sache „angesprungen“ sind. Ich weiß nicht mehr, was ich am zweiten Tag erzählt habe, jedenfalls waren sie schon mehr bei der Sache. Am dritten Tag haben mich zwei Bischöfe beiseite genommen und gesagt: „Sie müssen dieser Gruppe das Enneagramm beibringen!“ Das hatte ich eigentlich nicht vor. Aber die beiden Bischöfe haben darauf bestanden: „Doch! Das brauchen die!“ So habe ich am nächsten Morgen damit angefangen. Bei einigen Teilnehmern, einschließlich einem frisch gebackenen Kardinal, konnte ich miterleben, wie sie plötzlich wach wurden und ganz Ohr waren. Von diesem Zeitpunkt an waren sie bis zum Ende der Exerzitien voll dabei.

Das Enneagramm bringt eine wesentliche Wahrheit unseres Seelenlebens auf den Punkt. Es tut das auf eine Weise, wie es die meisten von uns selten oder nie erlebt haben. Das Enneagramm ist von geradezu bezwingender Weisheit.

Ernüchterndes Aha-Erlebnis

Als ich, Richard Rohr, das Enneagramm 1970 kennen lernte, war das eine der drei großen umwälzenden spirituellen Erfahrungen meines Lebens. Ich konnte buchstäblich miterleben, wie es mir wie Schuppen von den Augen fiel und mir mit einem Schlag klar wurde, was ich bisher getrieben hatte: Ich hatte immer das Richtige gemacht (das ist für uns EINSer ein Hauptanliegen!) – aber aus falschen Beweggründen. Es ist ziemlich beschämend, das zu erkennen und zuzugeben! Deswegen gilt als Faustregel: Wer das Ganze nicht irgendwie als demütigend empfindet, hat seine oder ihre „Nummer“ noch nicht gefunden! Je demütigender es ist, desto mehr sieht man der Sache ins Auge. Wer sagt: „Es ist wunderbar, dass ich eine DREI bin“ – ist entweder keine DREI oder hat nicht wirklich verstanden, wie verhängnisvoll dieses Muster ist. Das Enneagramm deckt die Spiele auf, in die wir verstrickt sind. Wäre ich beispielsweise bei jenen Bischofs-Exerzitien aufgestanden und hätte zu einem der Bischöfe gesagt: „Sie sind rechthaberisch und dogmatisch!“, wäre der Mann wahrscheinlich hochgegangen. Keiner lässt sich gern „rechthaberisch und dogmatisch“ nennen. Wenn ich aber sage: „EINser – wie ich – sind rechthaberisch und dogmatisch“, ziehe ich mir den Schuh erst einmal selbst an und kann dann mein Publikum einladen, dasselbe zu tun. Aus irgendeinem Grund geht es auf diese Weise viel leichter. Wir verfolgen diesen Ansatz, weil er so durchschlagend ist, und wir sind überzeugt, dass das Enneagramm der geistlichen Bereicherung dienen und uns zur höchsten Form des spirituellen Bewusstseins führen kann, die wir kennen: dass wir unser falsches Selbst beiseite räumen (lassen), weil wir es nicht mehr brauchen. Wir hoffen, dass alle, die ihrer „dunklen Seite“ oder „Wurzelsünde“ ins Auge sehen, etwas von jener Freiheit erleben, die wir erlebt haben, als wir begannen, der Tatsache ins Auge zu sehen, dass wir eine EINS (Richard Rohr) bzw. eine ZWEI (Andreas Ebert) sind. Weil wir uns der eigenen Lebenslüge stellen mussten, wagen wir es, dies auch anderen zuzumuten: Wenn andere uns aushalten, dann haben wir eigentlich keinen Grund, sie nicht auch auszuhalten. Wir wissen jedenfalls, dass wir seither nicht mehr so viele und schnelle Urteile über andere fällen. Viele Leute haben Angst, dass solche Systeme dazu führen, sich gegenseitig in Schubladen zu stecken und festzulegen. Um ehrlich zu sein: Genau das geschieht unweigerlich, wenn man das Enneagramm kennen lernt. Wer sich das Enneagramm angeeignet hat, wird eine Weile durch die Welt gehen und alles unter dem Aspekt EINS, ZWEI, DREI, VIER, FÜNF, SECHS, SIEBEN, ACHT, NEUN wahrnehmen. Bei drei Vierteln der Fälle wird man allerdings zunächst daneben tippen, weil einem anfangs nur gewisse äußerliche Merkmale eines Typs ins Auge springen. Man muss eine Weile mit dem Enneagramm leben und umgehen, bis man über diese äußeren Züge zur „Energie“ des Musters vordringt. Ein Hilfsmittel dabei ist der Humor. Über sich selbst lachen zu können, das kann genauso befreiend sein wie über sich selbst zu weinen. Wir haben bei der Arbeit mit dem Enneagramm beides erlebt. Wenn wir zu dieser Tiefe der Selbsterkenntnis gelangt sind, dann können wir ein Werkzeug wie das Enneagramm getrost aus der Hand legen.

Wir hoffen vor allem, dass uns das Enneagramm hilft, liebevoller zu werden. Wenn das geschieht, ist das Ziel erreicht, zu dem wir geschaffen sind. Wir hoffen, es macht uns fähiger, andere Menschen zu lieben, uns selbst zu lieben – und Gott zu lieben. Das war für mich selbst, Richard Rohr, eine ernüchternde und zugleich sehr schöne Erfahrung: Gott hat das alles längst gewusst! Er wusste, dass ich eine EINS bin. Er wusste, dass ich immer wieder das Richtige aus dem falschen Beweggrund oder zumindest aus sehr gemischten Motiven mache. Er wusste, dass ich aus sehr gemischten Motiven Priester geworden bin, mich auf den Zölibat eingelassen habe, die New-Jerusalem-Kommunität gegründet habe, nach Albuquerque gegangen bin – aber das ist in Ordnung! Es ist demütigend und zugleich befreiend zu wissen, dass Gott es weiß und dass Gott sogar unsere Sünde für seine Ziele benutzt. Wer die Kraft und die Wahrheit des Enneagramms entdeckt, kommt unweigerlich an diesen Punkt: Gott benutzt unsere Sünde! (Wir verwenden bewusst das Wort Sünde, obwohl wir wissen, dass dieses Wort für viele Ohren moralisierend und wertend klingt! Wir kommen noch darauf zurück.) Das ist beschämend und befreiend zugleich. Denn es ist eine Erfahrung bedingungsloser Liebe, wie wir sie wahrscheinlich nie zuvor erlebt haben. Es ist vor allem für perfektionistische EINSer wie mich (Richard Rohr) eine umwerfende Erfahrung, wenn uns klar wird: Gott liebt etwas Unvollkommenes – nämlich mich! Wenn Gott fähig ist, etwas Unvollkommenes zu lieben und zu gebrauchen – etwas anderes bekommt Gott sowieso nie, denn es gibt nichts Perfektes auf dieser Welt –, dann eröffnet das einen ungeheuren Freiheitsraum.

Es geht beim Enneagramm um jene innere Arbeit, die unserem geistlichen Weg Echtheit verleihen kann. Zugleich schafft sie neue Schwierigkeiten. Viele unserer unhinterfragten Voraussetzungen und vordergründigen Lösungen werden nicht mehr funktionieren wie bisher. Denn das Enneagramm zeigt uns unter anderem die dunkle Seite unserer Begabung.

Begabte Sünder

Die Wüstenväter und auch die Sufis waren der Ansicht – obwohl das zunächst nicht sehr einleuchtend klingt –, dass Menschen durch ihre Begabungen und Talente zerstört werden. Wir werden von unseren Gaben zerstört, weil wir uns zu sehr mit dem identifizieren, was wir gut können. Man hat uns einst beigebracht, wir würden durch unsere Sünde zerstört. Das stimmt zwar; aber die Sache ist subtiler. In der spirituellen Tradition wird insbesondere vor dem „Verhaftetsein" gewarnt. Wir kleben zu sehr an dem, was uns natürlich zufällt. Wir haben ein „natürliches" Vorurteil und „natürliche" Verhaltensmuster, einen „natürlichen" Blickwinkel, eine „natürliche" Leidenschaft. Das alles entwickeln wir während der ersten dreißig Jahre unseres Lebens. Wir leben es aus und kassieren womöglich Applaus dafür. Deshalb ist es nicht sehr sinnvoll, sich bereits in dieser Zeit mit dem Enneagramm zu beschäftigen. In jungen Jahren spielt man mit bei dem großen Spiel. Das ist richtig und wichtig. Das Enneagramm könnte zu früh zum Spielverderber werden. Jesus sagte einmal – ohne jeden Vorwurf – zu Petrus: *„Als du jünger* *warst, da hast du dir selbst den Gürtel umgeschnallt und bist deine eigenen Wege gegangen!*" (Johannes 21,18). In jungen Jahren muss das Ego aufgebaut und gestärkt werden, man muss sich von jener Energie leiten lassen, die natürlich zu sein scheint.

Aber irgendwann in den Dreißigern, spätestens, wenn man vierzig ist, wird dieses Spiel immer fader. Das alles hat bisher so gut funktioniert, man konnte damit Eindruck machen bei den Leuten, man war „der Coole" oder „die Witzige" oder „der ernste, nachdenkliche Student". Auf dieses Selbstbild hat man sich bisher fixiert und fixieren lassen. Es war eine Hilfe, um das eigene Ich von der Umwelt abzugrenzen. Aber je mehr sich solche Ich-Grenzen verhärten und je mehr sich jemand mit solch einem Selbstbild identifiziert und es um jeden Preis aufrechterhalten will, desto deutlicher zeigt sich auch die Kehrseite der Medaille. Wenn jemand bis zum vierzigsten Lebensjahr damit beschäftigt war, dieses Bild zu kultivieren, wird es sehr schwierig, sich zu verändern. Gleichzeitig wird immer klarer: Das stimmt alles nicht mehr. Was Lust war, wird zur Last. Dieser Zeitpunkt in der Lebensmitte birgt deshalb – so schwierig es ist – die große Chance in sich, das bisher Erreichte kritisch zu reflektieren und sich zu verändern; reifer, weiser und tiefer zu werden. Nun wird die Fortsetzung der Worte Jesu an Petrus aktuell: *„Jetzt wo du älter wirst, wirst du deine Hände ausstrecken und ein anderer wird dich gürten und führen, wohin du nicht willst!"* (ebenda).

Nach vielen Jahren in der Seelsorge sind wir beide davon überzeugt, dass es nichts gibt, worauf Menschen so fixiert sind wie auf ihr Selbstbild. Wir sind buchstäblich bereit, durch die Hölle zu gehen, bloß um das nicht aufgeben zu müssen. Es determiniert das meiste von dem, was wir tun oder lassen, sagen oder verschweigen, mit wem wir uns abgeben und mit wem nicht. Wir alle sind davon betroffen. Die Frage lautet: Habe ich die Freiheit, etwas anderes zu sein als diese Rolle und dieses Bild?

Wenn wir es mit Gott, dem *Großen Liebhaber* zu tun bekommen, dann müssen wir uns verändern. Denn der Große Liebhaber öffnet uns auf seine phantasievolle Weise die Augen dafür, wie reich und vielfältig unser Leben sein könnte und ist, sodass unser bisheriges Spiel plötzlich sehr langweilig wird. Solche Spiele limitieren die Möglichkeiten der Liebe. Sie verhindern, dass die *Große Liebe* uns erreicht. Das Enneagramm kann Menschen helfen, sich von ihrem Selbstbild zu lösen: „Lass los! Du brauchst das nicht! Du musst dich nicht selbst einsperren in das beschränkte Bild, das du von dir hast. Es ist nicht wichtig, ob du dieses bist oder jenes. Du bist Gottes lieber Sohn, Gottes liebe Tochter – das ist entscheidend." Unsere Identität wird primär durch diese Beziehung gestiftet und ist nicht etwas, was wir schützen, definieren und verteidigen müssen.[15] Das Enneagramm kann uns helfen, innerlich abzurüsten, die Verteidigung jenes Selbstbildes aufzugeben, das wir selbst geschaffen haben. In diesem Sinne sind es gerade unsere Gaben, die uns zum Verhängnis werden können. Wir identifizieren uns übermäßig mit dem, was wir gut können. Wir alle spielen diese Rollen; wir können sie genauso fieberhaft daheim in unserer kleinen Welt verteidigen wie auf der öffentlichen Bühne.

So wird jede Gabe, auf die wir uns übermäßig fixieren, paradoxerweise zu unserer Sünde. Unsere Gabe und unsere Sünde sind zwei Seiten derselben Medaille. Um deiner Gabe zu begegnen, musst du deine Sünde gleichsam kauen, essen, dir einverleiben. Iss sie, schmeck sie, fühl sie, lass dich von ihr demütigen! Das ist sehr traditionelle kirchliche Lehre. Jeder Gottesdienst beginnt damit, dass die Sünde beim Namen genannt wird. In der Liturgie heißt das *Confiteor* (Sündenbekenntnis) oder *Allgemeines Schuldbekenntnis* (Bußakt) und wird relativ formalistisch vollzogen. Im Zusammenhang mit dem Enneagramm kommt „Butter an die Fische". Wir werden unsere konkrete Sünde fühlen, erkennen und sehen, wie übertrieben, exzessiv und absurd das alles ist. Wenn wir unsere Dunkelheit schmecken und kauen, wenn wir fühlen, wie sie mich und andere Menschen verletzt hat, wie sie mir erlaubt hat, nicht zu lieben und mich nicht wirklich lieben zu lassen – wenn wir das tun, werden wir wach für die andere Seite, für unsere echte Begabung oder besser: für die eigentliche Tiefe und den Sinn unserer spezifischen Gabe.

Damit das möglich ist, müssen wir geläutert und gereinigt werden. Unser altes Selbst, unser alter Adam, unsere alte Eva muss sterben. Das fühlt sich wirklich wie Tod an. Da gibt es nichts romantisch zu verbrämen, das macht auch keinen Spaß. Es tut weh. Man wird sich fühlen, als ob einen alle anderen auslachen. Man wird das Gefühl haben, viele Beziehungen verhunzt und kaputtgemacht zu haben, wenn einem klar wird, wie viele Menschen man ausschließlich dazu benutzt hat, das eigene Selbstbild aufzubauen und aufrechtzuerhalten.

Das ist der Grund, weshalb im geistlichen Leben unsere Feinde unsere besten Freunde sind. Deswegen ist das Gebot Jesu so wichtig: *„Liebt eure Feinde!"* Wenn wir dem Feind dort draußen vor der Tür, diesem Nicht-Ich, nicht gestatten, unsere Welt zu betreten, werden wir niemals fähig sein, unserer Sünde oder unserer dunklen Seite ins Gesicht zu sehen. Menschen, die mir auf den Wecker gehen, die mich bedrohen und die mir Angst machen, müssen zwar nicht unbedingt meine Busenfreunde werden, aber sie haben eine wichtige Botschaft für mich. Das Enneagramm kann dazu verhelfen, für diese Botschaft empfänglicher zu werden. Wir werden sehen, dass es bestimmte Typen gibt, die von Haus aus bedrohlich für uns sind, weil sie unser Spiel aufdecken – oder weil sie unser Spiel nicht brauchen. Das ist der Grund, warum wir die

Kirche als „Leib Christi“ verstehen. Das bedeutet unter anderem, dass wir die Wahrheit von bestimmten Leuten nur zu bestimmten Zeiten verkraften. Es gibt Leute, für die bin ich mit meiner Art in ihrer momentanen Situation geradezu Gift.

Die Wahrheit ist einfach und schön

Einstein war ständig auf der Suche nach einer universellen Energietheorie. Er war überzeugt, dass die Erklärung der Welt und ihrer Ursachen letztlich einfach und schön sein müsste. Er war ferner der Meinung, dass eine „Weltformel“, die nicht einfach und schön ist, auch nicht wahr sein kann. Das lässt sich aufs Enneagramm übertragen: Es vermittelt eine Erfahrung, die uns erschreckt und herausfordert, die aber zugleich einfach und schön ist. Das Enneagramm ist schön, weil es uns als kleine, partielle und gebrochene Menschen zeigt. Es ist schön, wenn wir endlich nicht mehr so tun müssen, als seien wir mehr als das – und wenn wir merken, dass wir alle im selben Boot sitzen. Wir spielen alle unsere Spiele, kultivieren unsere Vorurteile und unsere unerlöste Sicht der Welt.

Deshalb müssen wir unsere Gabe annehmen, um unsere Sünde zu sehen – und wir müssen unsere Sünde annehmen, um zu erkennen, wie begabt wir sind. Wir müssen unsere Gabe begrenzen, sonst wird unsere Sünde zur Falle – während wir sie „Tugend“ nennen. Auch das ist traditionelle kirchliche Lehre. *Thomas von Aquin* und viele Scholastiker haben bereits gesagt, dass alle Menschen etwas wählen, was gut aussieht. Niemand tut willentlich Böses. Jeder von uns hat sich sein System zurechtgelegt, mit dessen Hilfe wir erklären, weshalb das, was wir tun, richtig und gut ist. Deshalb ist es so nötig, die „Geister zu unterscheiden“, wie es in der Bibel heißt. Wir brauchen eine Hilfestellung, um unser falsches Selbst zu entlarven und uns von unseren Illusionen zu distanzieren. Dazu ist es nötig, dass wir eine Art „inneren Beobachter“ installieren; manche reden auch von einem „fairen Zeugen“. Zunächst klingt das recht kompliziert, aber nach einer Weile wird es ganz natürlich. Es geht im Grunde um jenen Teil von uns selbst, der ehrlich ist – nicht nur im negativen Sinne, sondern auch im positiven. Er sagt uns zum Beispiel: „Du liebst Gott wirklich und sehnst dich nach ihm. Du bist gut. Hör auf, dich selbst so brutal niederzumachen! Du bist eine Tochter Gottes! Du kannst mitfühlen!“ Er hilft uns, Moralismus von echter Moral zu unterscheiden, Schuldgefühle von wirklicher Schuld, falschen Stolz von echter Stärke. Bei der Selbsterkenntnis, die das Enneagramm vermittelt, geht es nicht nur um Sündenerkenntnis. Es geht auch, und am Ende vor allem darum, alles, was nur scheinbar „gut“ ist, loszulassen, damit wir das an uns entdecken, was *wirklich* gut ist.

Vor allem für diejenigen, die in einer religiösen Umgebung aufgewachsen sind, dauert es meist eine Weile, bis sie diese positiven Stimmen hören können. Da sind all die negativen Stimmen im Inneren, die ständig Urteile fällen: „Gut, besser, am besten, richtig, falsch, heilig, Todsünde, lässliche Sünde, verdienstlich, unwürdig, verdammenswert" – und alle Stufen dazwischen. In gewisser Weise gibt es nichts Schwierigeres, als mit religiösen Menschen zu arbeiten. Sie haben solch einen Hang zum Moralisieren, dass sie unfähig sind, die Wirklichkeit anzunehmen und ihr direkt zu begegnen. Deshalb können wir so viel von der Schöpfungsspiritualität, von der indianischen Spiritualität und von echter franziskanischer Spiritualität lernen. Sie alle lassen die Schöpfung, die Natur, die Erde – also all das, was *ist* – zu uns sprechen. Religiöse Menschen hingegen neigen dazu, mit vorgefertigten Schlussfolgerungen, Bibelzitaten und Dogmen daherzukommen, sodass sie es gar nicht mehr nötig haben, die Realität und den gegenwärtigen Augenblick wahrzunehmen. Wir hoffen, dass das Enneagramm dabei hilft, diese moralistischen Werturteile aus dem Weg zu räumen, weil es zeigt, wie übertrieben sie sind. Es zeigt die Vorurteile, die uns daran hindern, die ganze Wirklichkeit zu erfahren.

Der Mensch ist ein Gewohnheitstier

Unsere Sünde und unerlöste Weltwahrnehmung ist paradoxerweise auch die Methode, die uns hilft, an unsere Antriebskraft zu kommen. Wenn wir unsere „Lieblingssünde" begehen, sind wir „voll da". Deswegen können wir sie nicht einfach „aufgeben". Sie gehört ja zur Art und Weise, wie wir unserem Leben Ziel und Richtung geben. Sie gehört zur Überlebensstrategie, die wir uns als Kind zugelegt haben, sie gehört zu dem Raum, in dem wir daheim sind. Wir alle sind Gewohnheitstiere. Wir ziehen uns immer wieder dorthin zurück, wo wir uns zu Hause fühlen. Deshalb ist dort, wo unsere Sünde daheim ist, auch unsere Gabe zu finden.

Ich, Richard Rohr, gehe wieder von mir selbst aus. EINSer beispielsweise sind idealistisch und perfektionistisch. Sie wollen die Welt vervollkommnen. Sie ärgern sich – meist heimlich –, weil die Welt nicht vollkommen ist. Gleichzeitig sind sie Genies der Wahrnehmung: Deutlicher als andere sehen sie, was *tatsächlich* nicht in Ordnung ist. Es kann für sie selbst und andere die Hölle sein, mit dieser Gabe zu leben. Wenn EINSer in ihrer Fixierung bleiben, werden sie hyperkritische Nörgler; Leute, deren Gegenwart anderen mit der Zeit auf den Geist geht. Denn zu viel des Guten wird automatisch etwas Schlechtes. Das gilt für alle neun Typen: das Zuviel des Guten macht jede Gabe zum Fluch. Deshalb geht es um die Frage: Wie können wir unsere jeweilige Energie so freisetzen, dass sie dem Leben und der Wahrheit dient? Als EINSer weiß ich nicht, wie ich an meine eigene Energie herankomme, es sei denn dadurch, dass ich mich darüber aufrege, wie dumm und absurd diese Welt ist. Durch den Zorn (meine Hauptsünde!) zapfe ich tatsächlich meine beste Energiequelle an. Aber gleich im Anschluss muss ich genügend Freiheit besitzen, um mir zu sagen: „Jetzt reichts wieder!" Ich muss mich von mir selbst lösen können: „Ja – aber ... Ja, das alles stimmt schon, aber du übertreibst! Du hast Recht – aber du liegst auch falsch." Das ist die Funktion des „objektiven Beobachters": Ich kann etwas wahrnehmen, aber auch wieder loslassen. Bindung und Freiheit arbeiten auf diese Weise konstruktiv zusammen. Nur wenige Menschen haben diese Freiheit. Vor allem in religiösen Kreisen begegnen einem häufig Ideologen: Rechte, Linke, Liberale, Konservative. Sie alle kontrollieren das Leben von einem imaginären Kontrollturm aus, der sich in ihrem Kopf befindet. Irgendwann wird das ermüdend. Solange alle an ihren Vorurteilen kleben und sich mit ihren vorgefassten Ansichten und Gefühlen identifizieren, ist echte Gemeinschaft unter Menschen unmöglich. Du musst an den Punkt kommen, wo du dich auch von deinen Gefühlen lösen kannst, sonst hast du am Ende keine Gefühle mehr – sondern die Gefühle haben dich. Manchmal begegnet man Menschen, die frei sind von sich selbst: Sie drücken aus, was sie bewegt – und können dann gleichsam einen Schritt zurücktreten. Sie bringen sich ein, aber man merkt ihnen an, dass sie nicht meinen, die Wahrheit gepachtet zu haben. Ohne diese Art von „innerer Arbeit", die darin besteht, dass ich mich zugleich einbringen *und* relativieren kann, ist Gemeinschaft zum Scheitern verurteilt. Wie viele Kirchengemeinden scheitern zum Beispiel an der Unfähigkeit ihrer Kirchenvorstände und Pfarrgemeinderäte, so miteinander umzugehen! Das zu lernen bedeutet harte Arbeit! Das ist weit mehr als ein unterhaltsames Gesellschaftsspiel.

Obsessionen

Wenn wir mit Hilfe des Enneagramms unsere eigene Falle oder Sünde entdecken, werden wir merken, dass sie ähnlich „funktioniert" wie eine sexuelle Obsession. Junge Männer sollen alle zehn Minuten sexuelle Gedanken und Gefühle haben. Mit der Enneagramm-Energie verhält es sich genauso. Sie bestimmt uns mindestens alle zehn Minuten. Sie ist wie eine Sucht. Vielleicht wird sie deshalb Leidenschaft genannt. Ich bin alle zehn Minuten eine EINS oder eine ZWEI, wahrscheinlich sogar alle fünf oder alle drei Minuten. Mein Muster steckt in meinen Gliedern, in meinen Knochen, sie liegt mir im Blut, sie ist meine Haut, mein Atem, meine Denkweise, meine Mimik, meine Gestik.

Manche wollen eine wirkliche Umkehr vermeiden, indem sie sagen: „Ich bin ein bisschen VIER, ein bisschen SECHS und ein bisschen ZWEI." Das stimmt natürlich. Wir haben alle ein bisschen von allem in uns. Wir alle nehmen an den gängigen Gesellschaftsspielen teil und begehen alle neun Hauptsünden. Aber es gibt ein Hauptdilemma, eine Hauptwurzel des Übels, ein Lieblingslaster bei jeder und jedem von uns, das allen Bereichen unseres Lebens Farbe und Geschmack gibt. Diese eine Falle ist so allgegenwärtig in unserem Leben, dass wir sie selbst nicht erkennen. Wir waren schon immer so. Deswegen müssen wir versuchen, sie gleichsam mit List zu fangen. Wenn das gelingt, ist das in der Regel mit einem großen Aha-Erlebnis verbunden. Mit einem Schlag wird klar, warum ich all das gemacht habe, was ich gemacht habe. Ich sehe, dass ich dasselbe Verhaltensmuster schon als kleiner Junge oder als kleines Mädchen „drauf" hatte. Es ist der rote Faden in meinem Leben. Es erklärt alles: warum ich bestimmte Freunde gewählt habe, warum ich eine bestimmte Sportart ausgeübt habe und so weiter. Überall verläuft der rote Faden. Das zu erkennen und zuzugeben ist tatsächlich mehr als ernüchternd.

Wenn wir in der Falle unserer „Nummer" und unserer Energie sitzen, sind wir nicht frei – das ist offensichtlich. Dann erlauben wir äußeren Ereignissen und anderen Menschen, unsere Energie zu determinieren. Sie bestimmen, ob sie uns für unser Verhalten belohnen oder bestrafen. Wir leben nicht wirklich aus uns selbst heraus.

Der Weg zur eigenen Würde

Die bedingungslose Liebe Gottes befreit Menschen dazu, sich selbst als „echt stark" zu erleben. „Stärke" verwenden wir in diesem Zusammenhang im spirituellen Wortsinn. Eine biblische Definition für den Heiligen Geist ist *dynamis*, was so viel heißt wie „Kraft" oder „Stärke". Es geht um jene Kraft, die uns die Gewissheit schenkt, dass Gott uns zu sich zieht und dass wir mit dem heiligen Gott Gemeinschaft haben. Der oder das Böse ist daran interessiert, uns diese Erfahrung unserer Vollmacht und Würde zu nehmen. Vielleicht sollten wir am besten von Würde reden, weil alles, was mit Macht, Stärke und Kraft zusammenhängt, oft missbraucht wurde und deshalb missverständlich ist.

Das Enneagramm kann uns zu dieser inneren Erfahrung von Würde und Kraft führen. Es zeigt uns schonungslos unsere Fehler! Wir machen das Richtige allzu oft aus den falschen Beweggründen! Aber wenn wir uns durch unsere Falle „hindurcharbeiten" und auf der anderen Seite wieder auftauchen, dann stehen wir vor der Tiefe unseres Selbst. Dort finden wir eine gereinigte Leidenschaft, eine geläuterte Kraft, unser bestes und wahres Selbst. Die Tradition hat diesen Ort die „Seele“ genannt, jenen Punkt, wo Mensch und Gott sich begegnen, wo Einheit möglich ist und wo Religion nicht in erster Linie aus Worten, Appellen, Normen, Dogmen, Ritualen und Gottesdienstbesuchen besteht, sondern zur Begegnungserfahrung wird. Wir geben das Enneagramm nach wie vor gerne weiter, weil es zu den wenigen Dingen gehört, bei denen wir mit eigenen Augen gesehen haben, wie sich Menschen in diesem Sinne verändert haben.

Irrwege und Auswege

Das Enneagramm definiert seine neun Menschentypen von neun „Fallen“, „Leidenschaften“ oder „Hauptsünden“ her. Man kann diese Sünden als Notlösungen verstehen, die in der frühkindlichen Entwicklung eines Menschen gebraucht wurden, um mit der Umwelt zurechtzukommen. Sie waren nötig, um zu überleben. Aber je älter wir werden, desto deutlicher werden diese Lösungen ihrerseits zur Not, von der wir erlöst werden müssen, um wirklich wir selbst zu sein.[16] Erstaunlich ist, dass es sich bei den neun Sünden des Enneagramms erstens um die „klassischen“ sieben Hauptsünden der katholischen Tradition handelt (Stolz, Neid, Zorn, Trägheit, Geiz, Maßlosigkeit bzw. „Völlerei“, Unkeuschheit) und dass zweitens zwei weitere „Sünden“ dazukommen (Lüge und Furcht), die in der traditionellen Kirchenlehre fehlen. Auf diese auffällige Fehlanzeige und ihren Hintergrund werden wir weiter unten noch zurückkommen.

„Sie sind allzumal Sünder . . .“ (Römer 3,23)

Die ältesten Listen von „Wurzelsünden“, aus denen die „aktuellen“ Sünden und Laster wie die Äste aus einem Baum entsprießen, gehen – wie erwähnt – auf die Wüstenväter zurück. *Evagrius Ponticus* und sein Schüler *Johannes Cassian* nennen bekanntlich acht „Wurzelsünden": *Gregor der Große* sieht den Stolz als eigentliche Ursünde, der in sieben andere Sünden mündet: Schließlich wurde in der Kirche die „heilige" Siebenzahl verbindlich. In der mittelalterlichen Literatur und Malerei spielten die sieben Hauptsünden eine wichtige Rolle („Purgatorium" in *Dantes* „Göttlicher Komödie"; „Erzählung des Pfarrers" in *Chaucers* „Canterbury Tales"; *Hieronymus Boschs* allegorische Darstellung).

Interessant ist der Begriffswandel von „Wurzelsünde" zu „Todsünde". Die ursprüngliche Vorstellung von „Wurzelsünden" geht davon aus, dass der „Sündenbaum" einige Hauptwurzeln hat, von denen alle anderen Sünden ausgehen. Die scholastische Auffassung von den „Todsünden" befasst sich dagegen mehr mit den Folgen der Sünde. Schon Paulus bezeichnet den Tod als „Sold der Sünde" (Römer 6,23). Im Jakobusbrief wird der Weg von der Versuchung über die Sünde in den Tod nachvollzogen: *„Keiner, der in Versuchung gerät, soll behaupten: Ich werde von Gott versucht. Gott kommt weder selbst in Versuchung, Böses zu tun, noch führt er die Menschen in Versuchung. Die Menschen werden von ihrer eigenen Begehrlichkeit in Versuchung geführt, die sie lockt und schließlich einfängt. Wenn die Begierde schwanger geworden ist, bringt sie die Sünde zur Welt; ist die Sünde reif geworden, bringt sie den Tod hervor"* (Jakobus 1,13–15).

Im 1. Johannesbrief schließlich wird zwischen Sünden unterschieden, die zum Tod führen und solchen, die nicht zum Tod führen: *„Wer sieht, dass sein Bruder eine Sünde begeht, die nicht zum Tode führt, soll für ihn bitten. Gott wird allen denen das Leben schenken, deren Sünde nicht zum Tod führt ..."* (1. Johannes 5,16). Diese Unterscheidung trägt der Tatsache Rechnung, dass es kleinere Charaktermängel und Fehler gibt, die tolerabel sind, und grobe Formen des Fehlverhaltens beziehungsweise einer grundlegenden Zielverfehlung, die für die Seele eines Menschen und für das zwischenmenschliche Zusammenleben hochgradig destruktiv sind.

Die Gefahr dieser Sündenlehre besteht darin, dass nur nachweisliche Normverstöße „Sünde" genannt werden, während die Tiefendimension der Sünde weitgehend unbeachtet bleibt. Die Reformatoren verzichteten deshalb auf die Unterscheidung zwischen „lässlichen" und „tödlichen" Sünden. Das Problem sind ihrer Ansicht nach nicht die Einzelsünden, sondern der sündige Mensch selbst. Die Wurzelsünde ist bei *Luther* der Unglaube. Die aktuellen, konkreten Sünden sind seine Früchte. Die berechtigte Kritik am römisch-katholischen Sündenverständnis hatte in der protestantischen Praxis ihrerseits problematische Folgen: Protestanten verstanden sich zwar ganz allgemein als „Sünder", aber dieser Begriff verlor den konkreten Inhalt. Die persönliche Beichte ging fast völlig verloren. Nicht nur die Tatsache, dass wir Sünder sind, ist tödlich. In unseren aktuellen Fehlhaltungen wird der Tod konkret: sie zerstören unsere Psyche, unsere Gottesbeziehung, unsere zwischenmenschlichen Beziehungen, die Natur und die Welt. Dass die Sünde „den Tod gebiert", wie es im Jakobusbrief heißt, ist mehr als ein Bild. Unsere Maßlosigkeit tötet Tiere und Wälder, unsere Aggressivität und Furcht hat zu riesigen Waffenarsenalen geführt, Neid und Habgier der Industrienationen werden von den Armen mit dem Leben bezahlt. In unser aller Trägheit lassen wir das alles zu, als ginge es uns nichts an. Wir verwenden in diesem Buch den alten Begriff der „Wurzelsünde“, um zu betonen, dass wir eine radikale Erneuerung nötig haben (*radikal* kommt von lat. *radix* = Wurzel).

Der Begriff der „Sünde“ ist für viele Menschen heute schwer verständlich geworden; schon das Wort löst Abwehr aus. Die kirchliche Sündenlehre wurde oft genug dazu missbraucht, Menschen einzuschüchtern. Vor allem die kirchliche Sexualmoral wurde jahrhundertelang in einer Weise vorgetragen, die neurotische Ängste, Verklemmungen und Schuldgefühle begünstigt hat. Das alles könnte es nahe legen, auf diesen Begriff überhaupt zu verzichten. Aber dadurch entsteht ein Vakuum, das nicht zu füllen ist. Sinnvoller erscheint es uns, den Begriff neu verstehen zu lernen. Das griechische Wort für „Sünde“, *hamartia*, stammt aus der Kunst des Bogenschießens und bedeutet eigentlich „Zielverfehlung“. Sündigen heißt in diesem Sinne danebentreffen. Ich visiere zwar das richtige und gute Ziel an, aber ich bin nicht gesammelt und ausgerichtet genug, um es tatsächlich zu erreichen. In diesem Sinne ist der Ausspruch des Kirchenvaters *Augustinus* gemeint: „Suche, was du suchst – aber suche es nicht da, wo du es suchst!“. Im deutschen Wort Sünde steckt die Wurzel *sund*, was so viel wie „Kluft“ oder „Trennung“ bedeutet. Das Wort „Sünde“ bedeutet unsere Trennung von Gott, aber auch von unseren Mitmenschen und von uns selbst. Sünden sind Fixierungen, die die Energie des Lebens, Gottes Liebe, daran hindern, frei zu fließen. Das lässt sich besonders an der Furcht verdeutlichen, der „Wurzelsünde“ von Typ SECHS. Furcht ist keine moralische Kategorie; aber sie kann zwischen uns und Gott stehen und so die Liebe und das Leben verhindern. Wir verstehen unter „Sünde“ in diesem Buch jene selbst errichteten Blockaden und Hindernisse, die uns von Gott und damit von der Fülle des Lebens und unseren eigenen echten Potentialen abschneiden. Sünde sind Versuche der Lebensbewältigung oder Lebenssteigerung mit untauglichen Mitteln. Sünden sind Mogelpackungen; sie versprechen etwas, was sie nicht halten können. Obwohl unsere Sünde zum Teil Reaktion auf fremde Schuld ist, haben wir sie „gewählt“, halten hartnäckig an ihr fest und sind für sie verantwortlich. Solange wir andere beschuldigen und für unser Leben nicht selbst Verantwortung übernehmen, kann die Trennung nicht überwunden werden. Wir bleiben gefangen.

Es gibt neben den Zusammenstellungen der Hauptsünden von jeher auch „Tugendkataloge“, einige davon bereits in der Bibel. Die Zusammenstellung der sieben messianischen Gaben des Geistes, die auf Jesaja 11,2 zurückgeht (Gottesfurcht, Frömmigkeit, Wissenschaft, Stärke, Rat,

Einsicht, Weisheit)[17] und die Aufzählung der neun Früchte des Geistes bei Paulus (Galater 5,22: Liebe, Freude, Friede, Geduld, Freundlichkeit, Güte, Treue, Sanftmut und Selbstbeherrschung) gehören dazu. Die bekannteste und „klassische" Tugendliste ist die Kombination der vier „Kardinaltugenden" des Aristoteles (Gerechtigkeit, Klugheit, Mäßigung und Tapferkeit) mit den drei „theologischen" Tugenden aus 1. Korinther 13,13 (Glaube, Hoffnung und Liebe). Das sind die „sieben Tugenden", die in der Kunst oftmals allegorisch dargestellt wurden (zum Beispiel am „Tugendbrunnen" vor der Nürnberger Lorenzkirche). *Geoffrey Chaucer* (ca. 1340–1400), der größte englische Dichter vor Shakespeare, bietet in der „Erzählung des Pfarrers" aus seinen Canterbury Tales eine besonders interessante Liste an: Er geht davon aus, dass es als Gegenmittel gegen jede Hauptsünde zumindest eine spezifische Tugend gibt. Damit befinden wir uns in großer Nähe zum Enneagramm, zumal die jeweiligen Entsprechungspaare bei Chaucer und im Enneagramm nahezu identisch sind.

Die „Erzählung des Pfarrers" in *Chaucers* „Canterbury Tales" ist eine Art Beichtspiegel. Gott möchte, dass alle Menschen gerettet werden, aber es gibt viele Wege zur himmlischen Stadt. Einer davon ist die Reue, das Beweinen der eigenen Sünden und der Vorsatz, nicht mehr zu sündigen. Es gibt lässliche Sünden und tödliche Sünden. Die tödliche Sünde besteht darin, ein Geschöpf mehr zu lieben als Gott. Für jede dieser Sünden gibt es ein Heilmittel, eine heilsame Tugend. Gegen Stolz hilft Demut, gegen Neid wahre Gottesliebe, das Kraut gegen den Zorn heißt Geduld, Trägheit wird durch Tapferkeit überwunden, Geiz durch Barmherzigkeit, Völlerei durch Nüchternheit und Mäßigung, Buhlerei durch Keuschheit. Die Beichte und die Wiedergutmachung der Schuld durch Almosen, Fasten und körperliche Schmerzen führen zu ewigen Himmelsfreuden.[18]

Wir sprechen im Folgenden von den „Geistesfrüchten", wenn wir die spezifischen Gaben oder „Tugenden" der neun Enneagramm-Typen beschreiben. Dieser biblische Begriff (Galater 5,22) knüpft wie der Begriff der Wurzelsünde am Bild des Lebensbaumes an. Jesus sagt: *„Ein guter Baum bringt gute Früchte"* (Matthäus 7,17).

Die drei Zentren: Bauch – Herz – Kopf

Die neun Typen des Enneagramms werden – wie gesagt – im Uhrzeigersinn auf der Kreislinie eingezeichnet. Jeweils drei Typen werden zu einer Gruppe zusammengefasst.

Die Gruppe, die ACHT, NEUN und EINS umfasst, heißt die Gruppe der Bauchmenschen. Ihr Gravitationszentrum liegt im Unterleib, wo das

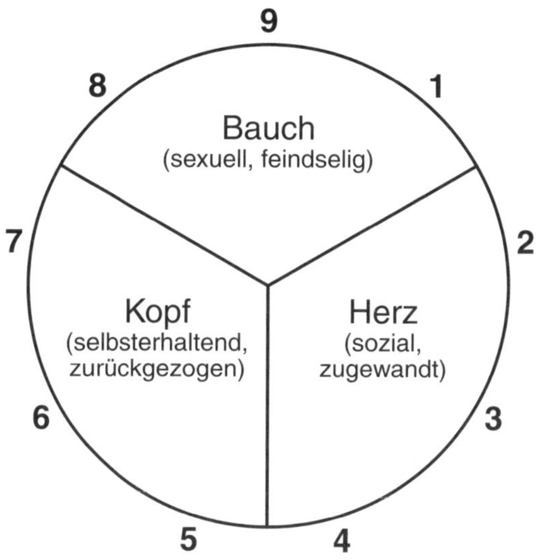

Figur 2: Das Enneagramm und die drei Zentren

„Rohmaterial“ unserer Existenz angesiedelt ist: der Machtinstinkt, unsere Sexualität, die Triebe. In diesem Sinne spricht man auch von der Gruppe der sexuellen Typen. Sie reagieren unmittelbar und spontan auf das, was ihnen begegnet und filtern die Wirklichkeit nicht erst durchs Hirn. ZWEI, DREI und VIER sind die „Herzmenschen“ oder die „sozialen Typen“. FÜNF, SECHS und SIEBEN schließlich bilden die Gruppe der Kopfmenschen bzw. der selbsterhaltenden Typen.

Die deutsch-amerikanische Psychoanalytikerin *Karen Horney* ging ursprünglich davon aus, dass es drei Menschentypen beziehungsweise drei „neurotische Lösungen“ von Lebenskonflikten gibt: Eine Gruppe wendet sich von anderen Menschen ab, die zweite Gruppe entwickelt eine feindselige Einstellung gegen die Menschen, die dritte Gruppe wendet sich anderen Menschen zu.[19] Gurdjieff unterschied drei Körperbereiche: Kopf, Herz und Bauch und ordnete ihnen unterschiedliche Arten von „Intelligenz“ zu: dem Kopf das mentale Zentrum, dem Herz das emotionale Zentrum, dem Bauch das sexuelle, instinktive, und Bewegungs-Zentrum.[20] Bei jedem Menschen dominiert einer der drei Körperbereiche. Es folgt ein erster grober Überblick über die drei Zentren. Schon an diesem Punkt wird sichtbar, dass Angehörige dieser unterschiedlichen Menschengruppen zu ihrer Ganzwerdung unterschiedliche Impulse brauchen. Wir geben deshalb schon hier erste Anregungen, welche Form von Spiritualität VertreterInnen der unterschiedlichen Gruppen helfen kann, die jeweilige Einseitigkeit zu überwinden.

Bauchzentrum

Die Bauchtypen[21] entsprechen den „feindseligen Typen" Horneys. Das Leibzentrum, das sie vorzugsweise regiert, ist der Verdauungstrakt und das Sonnengeflecht. Bauchmenschen reagieren instinktiv. Ohr und Nase sind ihre ausgeprägten Sinnesorgane. In einer neuen Situation sagen sie zunächst: „Hier bin ich, geht mit mir um" – oder sie fragen: „Wie bin ich hier?" Das Leben ist für sie eine Art Kampfplatz. Unbewusst geht es ihnen häufig um Macht und um Gerechtigkeit. Sie müssen wissen, wer das Sagen hat, sind meist direkt, offen oder versteckt aggressiv und beanspruchen ihr eigenes „Revier". Bauchmenschen leben in der Gegenwart, hängen häufig an der Vergangenheit und erhoffen sich manches von der Zukunft. Sie tun sich aber schwer, einem klaren Plan zu folgen und ihm treu zu bleiben. Wenn es ihnen schlecht geht, geben sie sich meist selbst die Schuld: „Ich habe alles falsch gemacht. Ich bin böse." Bauchmenschen werden – bewusst oder unbewusst – von Aggressionen regiert. Zu ihrer Angst und Furcht dagegen haben sie nur wenig Zugang. Sie werden hinter einer Fassade von Selbstbehauptung versteckt. Nach außen wirken sie meist selbstsicher und stark, während sie innerlich von moralischen Selbstzweifeln gequält werden können. Ihr erster Zugang zu Gott ist oft der *Vater.* Meditationspraktiken, bei denen sie ganz bei sich und in ihrem Körper sind (z.B. Zen), fallen ihnen leicht. Da sie vielen „instinktiven" Impulsen folgen, gehört zu ihrer Lebensaufgabe, dass aus dem „vielerlei lieben" echte Liebe wird.

Herzzentrum

Die Energie der so genannten Herzmenschen (Horneys „Hinwendungstypen") bewegt sich auf andere zu. Die Welt der subjektiven Gefühle ist ihre Domäne; ihr Thema sind zwischenmenschliche Beziehungen. *Suzanne Zuercher* kritisiert die Bezeichnung „Herztypen", weil diese Menschen zu den eigenen Gefühlen gerade *keinen* echten Zugang haben. Sie erleben sich in Reaktion auf Gefühle oder Verhaltensweisen anderer. Sie können nicht bei sich selbst sein und entfalten unaufhörlich Aktivitäten, um sich die Zuwendung oder Aufmerksamkeit anderer Menschen zu sichern. Herz und Kreislaufsystem sind ihr Leibzentrum. Bei ihnen sind Tastsinn und Geschmack besonders ausgeprägt. So wie es bei den Bauchmenschen um die Macht geht, geht es bei ihnen um das Fürsein. In einer neuen Situation fragen sie zunächst: „Werdet ihr mich mögen?", oder: „Mit wem bin ich zusammen?". Sie sehen das Leben als Aufgabe, die bewältigt werden muss, was einen unaufhörlichen Aktivismus zeitigt. Dabei geht es ihnen (oft nicht bewusst) um Prestige und Image; die positive Seite davon ist, dass sie meist ein ausgeprägtes Verantwortungsgefühl haben. Sie neigen dazu, sich anzupassen, Aufmerksamkeit und Platz zu beanspruchen und besserwisserisch zu sein. Sie werden von dem beherrscht, was andere über sie denken, und meinen oft zu wissen, was für andere gut ist. Während sie ihre Besorgtheit übertrieben ausleben, unterdrücken sie ihre Aggressionen und verstecken sich hinter der Fassade von Güte und Aktivität. Nach außen wirken sie oft selbstsicher, fröhlich und harmonisch, innerlich erleben sie sich aber oft als leer, unfähig, traurig und beschämt.

Frömmigkeitsformen, die mit sozialer Wärme und Geborgenheit verbunden sind (z. B. Gebetsgemeinschaften), ziehen diese Gruppe besonders an. Sie müssen aber vor allem lernen, allein zu sein und in einer Weise zu beten, die von ihren Mitmenschen weder bemerkt noch belohnt wird. Das Jesuswort: *„Wenn du betest, dann geh in dein Kämmerlein, schließ die Tür ab und bete zu deinem Vater, der im Verborgenen ist"* (Matthäus 6,6) gilt ihnen ganz besonders. Ihr Zugang zu Gott geschieht oft über eine Gemeinschaftserfahrung (Heiliger Geist). Irgendwann muss aber der Schritt in die Stille und ins Alleinsein folgen, damit das Gebetsleben nicht zum Selbstbetrug wird. *Dietrich Bonhoeffer* sagt: „Wer nicht allein sein kann, der hüte sich vor der Gemeinschaft."[22] Der beste Lehrmeister für „Herzmenschen" ist der eigene Körper, zu dem sie oft ein gespaltenes Verhältnis haben. Wenn sie lernen, den eigenen Körper wahrzunehmen und wertzuschätzen, kommen sie allmählich zu sich selbst. Da Herzensmenschen alles selbst zu können meinen, fällt es ihnen schwer, die Erlösung als reines Geschenk anzunehmen. Ihre Lebensaufgabe besteht darin, dass aus dem vielen, was sie ständig erhoffen und selbst produzieren wollen, wirkliche Hoffnung wird.

Kopfzentrum

Die Gruppe, die FÜNF, SECHS und SIEBEN umfasst, ist „kopflastig". Es handelt sich um Horneys „Abkehrtypen". Ihr Kontrollturm ist das Hirn. Die Kopfenergie ist nach Horney eine Energie, die sich zurückzieht von anderen. Die Angehörigen dieser Gruppe machen in jeder Situation erst einmal einen Schritt nach hinten, um nachzudenken. Sie werden vom zentralen Nervensystem regiert und sind in erster Linie Augenmenschen. In einer neuen Situation wollen sie sich erst einmal zurechtfinden: „Wo bin ich?", bzw.: „Wie passt das alles zusammen?" Sie sehen das Leben in erster Linie als Rätsel und Geheimnis. Sie haben einen Sinn für Ordnung und für Pflicht. Ihre Haltung ist in der Regel eher unbetroffen und sachlich („Es stimmt!"). Sie scheinen wenige Bedürfnisse zu haben und können für andere Raum lassen. Kopfmenschen fragen sich oft: „Bin ich abhängig? Bin ich unabhängig?" Sie handeln erst, nachdem sie nachgedacht haben und gehen dabei methodisch vor.

In Notsituationen werfen sie sich vor, dumm und unwürdig zu sein. Während ihre Furcht übertrieben ist, verstecken sie besonders ihre zärtlichen Gefühle oft hinter einer Fassade von Sachlichkeit und Unbetroffenheit. Nach außen wirken sie oft klar, überzeugt und klug, innerlich erleben sie sich aber häufig als isoliert, verwirrt und sinnlos.[23]

Ihr Zugang zu Gott ist oft der *Sohn*, in dem sich Gott offenbart hat und sichtbar wurde. Ihr Gebetsleben kann für Außenstehende trocken, abstrakt und wie bloße Pflichterfüllung wirken, aber Kopfmenschen können tatsächlich auf dem Umweg über klare Gedanken warme Gefühle entwickeln. Auch gegenständliche Formen der Meditation (z.B. Bildbetrachtung), bei denen sie etwas aufnehmen können, liegen diesen Menschen. Kopfmenschen müssen vor allem den Schritt vom Denken zum Tun und den Schritt von der Isolation zur Gemeinschaft schaffen. Ihnen gilt der zweite Teil des oben zitierten Bonhoeffer-Wortes: „Wer nicht in der Gemeinschaft steht, der hüte sich vor dem Alleinsein.“[24] Ihre Lebensaufgabe besteht darin, dass aus den vielen Zweifeln und Teilwahrheiten Glaube wird, der nicht im Kopf bleibt, sondern ein Sich-Anvertrauen der ganzen Person ist.

Die neun Gesichter der Seele

Den Hauptteil dieses Buches bilden die Profile der neun Enneagramm-Typen. Es handelt sich dabei um Grobskizzen und manchmal um Karikaturen. Die Übertreibung dient dazu, die Konturen holzschnittartig hervortreten zu lassen. Nicht alle Merkmale treffen auf alle VertreterInnen eines bestimmten Typs zu. Es geht um das Angebot, sich im Spiegel dieser Darstellungen selbst zu prüfen. Auch die Einsicht: „So bin ich nicht!“, gehört zu echter Selbsterkenntnis! Dasselbe Ziel wird mit der Darstellung bestimmter Symbole verfolgt: Jedem Typ werden traditionellerweise eine Reihe von Tieren zugeordnet. Wirkliche oder allgemein anerkannte Wesenszüge dieser Tiere haben ihre Entsprechung im Wesen des jeweiligen Typs. Auch bestimmte Nationen stehen für einzelne Typenmerkmale. Damit sollen keine ethnischen Vorurteile geschürt werden; es geht eher um eine spielerische Annäherung an die jeweilige Energie und sollte daher mit einem Schuss Humor aufgenommen werden. Symbolfarben, biblische Gestalten, Heilige und Persönlichkeiten aus Geschichte, Literatur und Weltöffentlichkeit werden ebenfalls erwähnt, damit das Bild farbiger wird und „Fleisch“ bekommt. Diese Beispiele entsprechen zum Teil der subjektiven Einschätzung der Autoren und beanspruchen keinerlei Verbindlichkeit. Im Gegenteil: Wir möchten die Phantasie der LeserInnen anregen, im vieldeutigen Reich der Symbole auf eigene Entdeckungsreisen zu gehen und eigenes Anschauungsmaterial für die jeweilige Energie zu finden. Es wäre zum Beispiel reizvoll, die Kräfte, die in Märchen walten, mit Hilfe des Enneagramms zu benennen oder den neun Energien bestimmte Musikstile oder Tanzarten zuzuordnen.

Wir wandern im Folgenden von Typ EINS ausgehend – man könnte auch irgendwo anders anfangen – um den gesamten Kreis herum und merken dabei, wie sich die Charaktere und ihre Merkmale in einem kontinuierlichen Fluss verändern. Das führt dazu, dass jeder Typ auch Merkmale seiner beiden Nachbarn in sich hat, die so genannten „Flügel". Wir werden dieses wichtige Phänomen gelegentlich streifen. Im Anschluss an die neun Skizzen kommen wir ausführlicher darauf zu sprechen.

Inzwischen gibt es eine Reihe von Fragebögen, mit denen man herausfinden kann, zu welchem Enneagramm-Muster man möglicherweise gehört. Dennoch empfehlen wir zunächst einen anderen Weg: Es ist sinnvoll, zunächst alle neun Beschreibungen dieses Buches durchzulesen. Manchen wird sofort klar sein, wo sie „zu Hause" sind. Andere werden eine Weile brauchen. Ein gutes Kriterium ist folgendes: Wenn mir bei einer Typenbeschreibung „mulmig" wird, könnte es sein, dass ich mich auf heimatlichem Boden befinde. Die eigentliche Erkenntnis ist oft mit einem deutlichen Aha-Erlebnis verbunden, das sich aber manchmal erst nach Wochen und Monaten und nach Gesprächen mit anderen einstellt. Um dem eigenen Muster auf die Spur zu kommen, ist jedenfalls zunächst die Selbsteinschätzung durch nichts zu ersetzen. Danach kann man sich mit Menschen austauschen, die einem nahe stehen und einen gut kennen. Als dritte Priorität wäre der Austausch mit einer Person zu nennen, die das Enneagramm gut kennt. Erst dann wäre ein Kontrolltest sinnvoll.

Jeder der neun Typen umfasst eine große Bandbreite, die wir uns wie eine kontinuierliche Skala vorstellen können, die zwischen den Extrempolen „unreif" und „gereift" verläuft. Ein unreifer Mensch – gleichgültig, welchem der Typen er oder sie angehört – ist in sich selbst gefangen. *Martin Luther* sprach vom „homo incurvatus in se ipsum", vom „in sich selbst verkrümmten Menschen" (vgl. das Titelbild dieses Buches!). Solche Personen nehmen sich selbst zu ernst und meinen, ihr Blickwinkel sei das Ganze. Die Sufis nannten das Enneagramm angeblich das „Antlitz Gottes". Sie stellten sich den Erlösungsweg des Menschen so vor, dass er immer fähiger wird, den eigenen Standort zu verlassen, um das Leben von einer anderen Warte aus zu betrachten als von der antrainierten und fixierten eigenen Verengung. Der Schritt über den eigenen Standort hinaus lässt sich relativ leicht zu den „Flügeln" oder Nachbarnummern hin vollziehen. Je weiter man sich aber von der eigenen Zahl entfernt, desto schwieriger wird es. Die Energien, die auf der anderen

Seite des Kreises angesiedelt sind, erscheinen uns zunächst fremd und fern zu sein. Aber wie bereichernd könnte es sein, wenn wir innerlich dort hingelangen könnten! Wenn wir fähig wären, uns alle neun Paar Schuhe anzuziehen und die Wirklichkeit von allen neun Seiten anzusehen, dann würden wir die Welt gleichsam mit den Augen Gottes betrachten. Die in sich selbst gefangene, unreife Person ist dazu nicht fähig.

Am anderen Ende des Spektrums finden wir die gereifte Persönlichkeit. Keiner von uns ist dort bereits angelangt. Wir alle befinden uns irgendwo zwischen den beiden Polen. Je älter und reifer wir werden und je näher wir Gott, dem Zentrum, kommen, desto mehr bewegen wir uns auf die erlöste Seite zu. Um das zu tun, braucht man übrigens nicht das Enneagramm zu kennen. Wir sind nicht die neuen Übermenschen, weil wir es haben. Das Enneagramm artikuliert etwas, was geistlich gereifte Menschen schon immer intuitiv erfasst und praktiziert haben.

Man spürt sofort, wenn man solch einem befreiten, ganzen Menschen begegnet. Wir alle sind dazu fähig und dazu berufen, diesen Weg zu gehen. Eine große Hilfe ist die Gemeinschaft. Ein Einzelkämpfer wird kaum wirklich bekehrt werden, denn er isoliert sich von jenen anderen Stimmen und Wahrheiten, die die eigene Wahrnehmung herausfordern und ergänzen.

Erlösung ist das Werk der Gnade Gottes, das sich ohne unser Zutun ereignet, wenn wir loslassen und uns einer größeren Wirklichkeit aussetzen, wenn wir uns ins Zentrum fallen lassen: in Gott. Und wenn wir das getan haben, werden wir merken, dass selbst das Loslassen und Sich-Öffnen für Gott nicht unser Werk war, sondern Gottes Liebeswerben um uns zu verdanken ist.

Anders als andere Autoren verzichten wir darauf, den neun Typen zu den Zahlen auch noch festlegende Namen zu geben. Die Klassifizierung durch Nummern verdeutlicht, dass es nicht um Wertungen geht. Alle neun Typen sind „gefallene Menschen“ und bedürfen der Erlösung, um immer mehr die zu werden, die sie vor Gott bereits sind. Kein Typ ist besser oder schlechter als die anderen. Alle neun sind erlösungsbedürftig und alle neun haben einmalige Gaben, die nur sie in dieser Weise in die Gemeinschaft einbringen können.

Es wurde bereits gesagt, dass die Auseinandersetzung mit dem Enneagramm vor allem in den Jahren der Lebensmitte und danach sinnvoll ist. In dieser Zeit haben einige bereits so viel „innere Arbeit“ hinter sich, dass vieles von dem, was in den Typenbeschreibungen gesagt wird, nicht mehr im vollen Umfang auf sie zutrifft. In der Zeit um 20 herum leben wir in der Regel am unmittelbarsten aus unserer Hauptenergie. Deshalb ist es ratsam, sich bei der Lektüre der Beschreibungen ab und zu fragen: „Wie war ich, als ich 20 war?“

Jede der Beschreibungen ist in vier Abschnitte gegliedert: Nach einem ausführlichen **Überblick** über den jeweiligen Typ stellen wir sein spezifisches **Dilemma** dar. Das umfasst die typenspezifische **Versuchung**, auf eine ganz bestimmte Weise mit den Konflikten des Lebens umzugehen; die jeweiligen **Wurzelsünden, Vermeidungen** und **Abwehrmechanismen** werden beschrieben. Erste Hinweise auf die Gabe oder **Geistesfrucht**, die ja die Kehrseite der Wurzelsünde darstellt, finden sich ebenfalls in diesem Teil. Schließlich wird die **Falle** oder Fixierung des jeweiligen Typs erläutert. Damit ist sein eingefahrenes Wahrnehmungs- und Handlungsmuster gemeint, das unbewusste Lebensprogramm. In einem dritten Schritt folgen **Symbole** (Tiere, Länder, Farben) und **Beispiele** aus der Literatur, Geschichte und Bibel. Am Ende stehen Hinweise auf das, was zur jeweiligen **Umkehr** und **Reifung** beitragen kann: die spezifische Berufung oder **Einladung** zur Veränderung, besondere **Lebensaufgaben** und Anregungen für den Umgang mit sich selbst. Die Darstellung eines oder einer **Heiligen**, das heißt einer Person, die – ohne ihren Typ zu verleugnen – ihre Gabe schöpferisch in den Dienst des Lebens gestellt hat, rundet diesen letzten Teil jeweils ab. Am Ende dieses Buches finden Sie auf vier Seiten alle Begriffe in einer Tabelle zusammengefasst. Sie können diese Seiten heraustrennen und – zu einem kleinen Merkheft gefaltet – als Hilfsmittel bei der Lektüre des Buches, aber auch bei Gesprächsgruppen zum Enneagramm verwenden.

Zweiter Teil

DIE NEUN TYPEN

Typ Eins

Überblick[1]

EINSer sind IdealistInnen, die von der Sehnsucht nach einer wahrhaftigen, gerechten und moralischen Welt motiviert und angetrieben werden. Sie sind ehrlich und fair und können andere anspornen, an sich zu arbeiten, um zu reifen und zu wachsen. Oft sind EINSer begnadete LeiterInnen und LehrerInnen, die bemüht sind, mit gutem Beispiel voranzugehen. Schwer tun sie sich, fremde und vor allem eigene Unvollkommenheiten anzunehmen. Nur wenn sie bei sich selbst sind und in sich ruhen, können sie akzeptieren, in einer (noch) unvollkommenen Gegenwart zu leben und auf das allmähliche Wachstum des Guten (christlich: des Reiches Gottes) zu vertrauen.

Von klein auf versuchen EINSer, Musterkinder zu sein. Schon in sehr jungen Jahren haben sie jene Stimmen internalisiert, die gefordert haben: „Sei brav! Benimm dich! Streng dich an! Sei nicht kindisch! Mach es besser!" Damals haben sie gleichsam beschlossen, die Liebe ihrer Umwelt zu verdienen, indem sie solche Erwartungen erfüllen und „gut" sind. Sie haben versucht, Kriterien herauszufinden, zu entwickeln und einzuhalten, nach denen man beurteilen kann, was „gut" und „schlecht", „richtig" und „falsch" ist. Die fordernden Stimmen im Inneren verstummen nie.

Oft ist einer der beiden Elternteile einer EINS moralistisch, perfektionistisch oder ewig unzufrieden; mit Lob wird gegeizt, überdurchschnittliche Leistungen werden als selbstverständlich vorausgesetzt. Schon die kleinen EINSer erbrachten diese Leistungen, weil sie die Liebe ihrer wichtigsten Bezugsperson nicht verlieren wollten.

Alice Miller hat in ihrem gleichnamigen Buch das „Drama des begabten Kindes" beschrieben.[2] Viele Eltern kompensieren ihre Mangelerlebnisse und eigene unerfüllte Lebensträume dadurch, dass sie das, was ihnen fehlt, in ihren Kindern nachholen und verwirklichen wollen. Um die Liebe der Eltern nicht zu verlieren, lernt das Kind, die Bedürfnisse und Erwartungen von Vater und Mutter zu erfüllen, verliert dabei aber den Zugang zu den eigenen Gefühlen und Bedürfnissen und zu seinem wahren Selbst. EINSer sind solche „begabten Kinder".

Nach *Sigmund Freuds* Auffassung spielt in diesem Zusammenhang die Reinlichkeitserziehung eine große Rolle. Das Musterkind ist frühzeitig „sauber". *Riso* versucht, die Enneagramm-Typen mit den Kategorien Freuds in Einklang zu bringen und beschreibt Typenmuster EINS als „anal-retentiv"[3]. Damit ist auf der physiologischen Ebene die Weigerung gemeint, Stuhlgang zu produzieren. Diese Weigerung signalisiert eine Blockade gegen die Verursachung von Schmutz.

Ich (Richard Rohr) war der Liebling meiner Mutter. Diese Vorzugsstellung wollte ich nicht verlieren. Um mir die Zuwendung meiner Mutter zu erhalten, habe ich ihre Erwartungen erfüllt. Irgendwann machen

EINSer aus der Not eine Tugend. Ihre Selbstkontrolle und vermeintliche moralische Überlegenheit wird zum Ersatz für den Verzicht auf „niedere Genüsse“, die sie sich versagen. Ich kann mich daran erinnern, dass meine Mutter eines Tages gesagt hat: „Wäre es nicht wunderbar, einen Sohn zu haben, der Priester ist?“ Weil ich ein guter Junge bin, habe ich gemacht, was sie sich gewünscht hat. Wenn man im vorkonziliaren Katholizismus der 50er Jahre beweisen wollte, dass man mit Ernst und Konsequenz den Weg des Glaubens geht, wurde man Priester!

EINSer versuchen gut zu sein, um nicht bestraft werden. Sie wollen um jeden Preis verhindern, dass sie vom eigenen „Gewissen“ verdammt werden. Eines Tages ist es nicht mehr die reale Mutter, die diese Rolle übernimmt. Die Forderungen der Mutter sind internalisiert und zu den eigenen unerbittlichen Ansprüchen geworden. Es sind die eigenen strafenden Stimmen, die jetzt anklagen, wenn die EINS nicht edel, hilfreich und gut genug ist. Dabei geht es nicht unbedingt um *objektive* Opferbereitschaft oder Güte, sondern um das eigene subjektive Konzept dieser Tugenden. Im Inneren von EINSern wird andauernd Gericht gehalten; sie sind ihr eigener Ankläger, Verteidiger und Richter. Die streitenden Stimmen reden permanent auf sie ein, fallen sich gegenseitig ins Wort, widersprechen sich, korrigieren sich. Wer keine EINS ist, kann sich kaum vorstellen, wie anstrengend es ist, diesen endlosen inneren Strafprozess durchzustehen.

An dieser Stelle muss der „objektive Prozessbeobachter“ ins Spiel kommen und sagen: „Hör auf damit! Lass dich nicht von deinen eigenen überzogenen Ansprüchen und moralischen Prinzipien verrückt machen. Und denk daran, dass das deine *subjektiven Maßstäbe* sind und nicht die *objektive* Wahrheit!“

Das EINSer-Kind hat auf die Entwicklung seines wahren Selbst verzichtet, um anderen zu gefallen und die Liebe der Menschen zu verdienen, die signalisiert haben: „Du bist nur o.k., wenn du perfekt bist!“ Dem EINSer-Kind wurde die Kindheit ausgetrieben; es musste zu früh wie ein Erwachsener handeln. Oft musste es Verantwortung für eine Familie übernehmen, in der ein Elternteil ausgefallen war, oder es musste als ältestes Kind Vorbild für die jüngeren Geschwister sein.

Der Schriftsteller *Erich Kästner* (1899–1974), Sohn einer allein erziehenden Mutter, „Musterknabe“, Idealist und „Moralist“, wie er sich selber nannte, war solch ein begabtes Kind. Er hat nie geheiratet und bis zu ihrem Tod seiner Mutter täglich (!) zumindest eine Postkarte geschrieben. Seine Kinderbücher wurden weltberühmt. Zwar fordert Kästner seine jungen Leserinnen und Leser auf: „Lasst euch die Kindheit nicht austreiben!“; gleichzeitig aber agieren die Helden seiner Kinderbücher („Emil und die Detektive“, „Das fliegende Klassenzimmer", „Pünktchen und Anton") wie kleine Erwachsene und sind ungemein reif, moralisch hoch stehend und vernünftig.

Kästners Gedicht *Zur Photographie eines Konfirmanden* merkt man jene Trauer um die nicht gelebte und verlorene Kindheit an, die EINSer in sich tragen:

Da steht er nun, als Mann verkleidet,
und kommt sich nicht geheuer vor.
Fast sieht er aus, als ob er leidet.
Er ahnt vielleicht, was er verlor.

Er trägt die erste lange Hose.
Er spürt das erste steife Hemd.
Er macht die erste falsche Pose.
Zum ersten Mal ist er sich fremd.

Er hört sein Herz mit Hämmern pochen.
Er steht und fühlt, dass gar nichts sitzt.
Die Zukunft liegt ihm in den Knochen.
Er sieht so aus, als hätts geblitzt.

Womöglich kann man noch genauer
erklären, was den Jungen quält:
Die Kindheit starb; nun trägt er Trauer
und hat den Anzug schwarz gewählt.

Er steht dazwischen und daneben.
Er ist nicht groß. Er ist nicht klein.
Was nun beginnt, nennt man das Leben.
Und morgen früh tritt er hinein.[4]

Das, was bisher geschildert wurde, betrifft viele Menschen. Zumindest ein bisschen von diesem Idealismus, Moralismus und Perfektionismus steckt in den meisten von uns, vor allem aber in *religiös* erzogenen Menschen. Durch eine ausgeprägte religiöse Erziehung werden in der Regel moralisierende Stimmen verinnerlicht und verstärkt.

Ich (Richard Rohr) schneide beispielsweise leidenschaftlich gern Coupons für Sonderangebote aus der Zeitung aus, weil meine Mutter das auch getan hat. Ich bin ständig hinter Preisnachlässen her und würde lügen, wenn ich behaupten würde, dass ich mich dabei unwohl fühle. Es ist ein *gutes* Gefühl, Geld zu sparen! Aber welche Wertmaßstäbe liegen diesem Zwang zugrunde? Das Ganze hätte einen gewissen Sinn, wenn ich das gesparte Geld den Armen geben würde. Aber ich, der Franziskaner, trage es auf die Bank – was ist daran eigentlich „gut"? Trotzdem fühle mich wohler, wenn ich sparen kann. Die frühkindliche

Prägung meines Gewissens sagt mir, es sei besser, richtiger und heiliger, Geld zu sparen als Geld auszugeben. Meine Mutter war eine gute deutsche Hausfrau. Reinlichkeit kam bei ihr gleich nach Heiligkeit. In meiner Wohnung spiegelt sich diese Haltung wider: Bei mir ist es blitzsauber, vom Eingang bis zur Hintertür und selbst in verborgenen Winkeln und Ecken. Bei mir kann man vom Fußboden essen. Ich putze jedes Mal, bevor ich die Stadt verlasse. Falls ich unterwegs sterbe und jemand mein Haus betritt, sollen alle wissen, dass ich sauber und ordentlich war! Ich könnte natürlich sagen: „Das ist doch egal!" Aber ich fühle mich wohler, wenn alles reinlich ist. Die Stimmen in mir sind überzeugt davon, dass Sauberkeit *gut* ist und Dreck *schlecht*.

Ich bin ein Ordnungsfanatiker und sehe sofort, wenn etwas am falschen Platz liegt. Und ich fühle mich wohler, wenn alles da ist, wo es hingehört. Immerhin kann ich inzwischen darüber lachen. Ich nehme es nicht mehr so ernst und weiß, dass es *mein* Problem ist. Wenn andere den Aschenbecher nicht ausleeren, dann halte ich keine Moralpredigten mehr, weil ich mittlerweile weiß, dass ich diesbezüglich überkandidelt bin.

Dilemma

Die Suche nach Vollkommenheit beherrscht das Leben der EINS und ist ihre eigentliche **Versuchung**. Im Kampf gegen die Unvollkommenheit kann sich eine EINS zu einem *Don Quijote* entwickeln, der gegen Windmühlen kämpft und den „unmöglichen Traum" träumt. Wenn sie etwas sehen, was in etwa ihrem Ideal entspricht, können EINSer vor Freude aus dem Häuschen geraten. Es kann sich dabei um ein Natur- oder Kunsterlebnis handeln (ein vollkommener Sonnenuntergang, ein vollkommenes Bild, ein vollkommenes Musikstück) oder um die Begegnung mit einem Menschen, den wir einen Augenblick lang für „vollkommen" halten. Sobald die EINS entdeckt, dass auch dieser Mensch Fehler und Schwächen hat, ist sie enttäuscht. EINSer sind fortwährend frustriert, weil das Leben und die Leute nicht so sind, wie sie sein sollten. Vor allem aber sind EINSer von der *eigenen* Unvollkommenheit enttäuscht. Deswegen ist für sie der religiöse Weg sehr attraktiv: Zumindest Gott scheint „vollkommen" zu sein!

EINSer sind verantwortungs- und pflichtbewusst und oft zwanghaft pünktlich. Sie stehen meist unter Zeitdruck, führen einen genauen Terminkalender und oft auch ein minutiöses Tagebuch.

EINSer sind ernsthafte Menschen und erzählen selten Witze – oder vergessen die Pointe. Sie erlauben sich Entspannung und Erholung nur, wenn sie alle Aufgaben gründlich und gewissenhaft erledigt haben. Aber das ist selten der Fall. Es gibt immer irgendetwas, was sich noch verbessern ließe. Im Kampf um das Bessere gibt es keine Ferien! Wenn

EINSer ein Hobby haben, dann meist ein praktisches, das anderen nützt oder Freude macht.

EINSer haben die Neigung, sich selbst zu verleugnen und zu bestrafen und können ihre Gefühle und Bedürfnisse verdrängen oder gar abtöten. Sie sind Asketen und Puritaner und hoffen letztlich, sie könnten sich selbst erlösen, indem sie zumindest *versuchen*, das Ideal zu erreichen. „Wer ewig strebend sich bemüht, den können wir erlösen" *(Goethe)* – das leuchtet der EINS unmittelbar ein. Deshalb tun sie sich schwer, fünf gerade sein zu lassen und das Leben zu *genießen*. Die amerikanischen Puritaner haben einst Tanz und Spiel zur Sünde erklärt. *Johannes Calvin*, der Vater des Puritanismus, war sicher eine EINS. Die meisten EINSer haben eine puritanische Schlagseite.

Ohne die Hilfe von Meditation und Gebet können EINSer widerwärtige Nörgler werden. Gerade das kontemplative Gebet, das keine Absicht verfolgt und nichts verändern will, das pure Dasein vor Gott, kann ein Weg für EINSer sein, sich und andere immer mehr anzunehmen. EINSer müssen allerdings einige Hindernisse überwinden, um zur Ruhe zu kommen. Wenn sie still werden wollen, fangen die inneren Stimmen umso lauter zu reden an. *Helen Palmer* zitiert eine Frau, die im Muster der EINS fixiert ist und schildert, wie es ihr bei der Meditation ergeht:

> Ich sitze da und meditiere und merke sofort, wie laut der Kritiker in mir redet. Kaum habe ich einen kleinen Zipfel innerer Stille entdeckt, höre ich ihn: „Nicht tief genug!", oder: „Letztes mal war es tiefer!" Dann beginne ich mit der Stimme zu streiten: „Sitz gerade!", sagt sie, oder: „Du strengst dich nicht an." Und die Gegenstimme sagt: „Ich bemühe mich doch!"[5]

Obwohl es zunächst nicht einfach ist, müssen EINSer lernen, zur Ruhe zu kommen, um die Unvollkommenheit der Welt wahrzunehmen (das fällt ihnen nicht schwer) *und* anzunehmen (das ist die eigentliche Crux und Aufgabe).

EINSer sind zornig, weil die Welt so unvollkommen ist. Noch aggressiver macht sie all das, was sie in sich selbst finden. Der Zorn ist die **Wurzelsünde** der EINS. Paradoxerweise aber tun sich EINSer sehr schwer, diesen tief sitzenden Aggressionen ins Auge zu sehen oder sie gar zuzugeben. EINSer schämen sich ihres Zorns! Ihre Sünde und ihre **Vermeidung** fallen in eins. Sie vermeiden es, den Groll, der sie motiviert und antreibt, zuzulassen. Denn auch Ärger ist für sie etwas Unvollkommenes – und darf deshalb nicht sein. Musterkinder sind nicht wütend. Das ist ihr Hauptdilemma. Innerlich kochen sie vor Wut, weil die Welt so verdammt unvollkommen ist. Aber sie artikulieren diese Aggressionen nicht als solche. Sie können sie ja selbst kaum wahrnehmen. Schon wenn ein Mitmensch den Verdacht äußert, eine EINS könnte wütend sein, trifft das die EINS zutiefst und sie wehrt diesen Vorwurf sofort ab. Aber unsere Mitmenschen erkennen unsere Sünde meistens viel klarer als wir selbst – ein Grund, weshalb wir Menschen auf verbindliche Gemeinschaft angewiesen sind. Wenn wir allein sind, können wir uns leicht der Illusion hingeben, Heilige zu sein. Gott hat uns andere Menschen gegeben, damit sie uns immer wieder auf den Boden der Realität holen. EINSer schämen sich ihrer Wut, zwingen sich, „sachlich" zu argumentieren, selbst wenn sie innerlich kochen: „Ich bin zwar nicht ärgerlich auf dich, aber eigentlich hätte ich aus den und den Gründen ein Recht, auf dich ärgerlich zu sein."

Der **Abwehrmechanismus**, den EINSer entwickeln, um ihren Ärger nicht zeigen zu müssen, heißt *Reaktionskontrolle.* Anstatt unmittelbar und direkt zu reagieren, findet in ihrem Inneren in Bruchteilen von Sekunden ein Prozess der Zensur statt, der darüber entscheidet, was sie äußern – und in welcher Form.

Die Tatsache, dass sie Aggressionen nicht zulassen können, erzeugt in EINSern bisweilen einen ungeheuren Druck. Sie können wandelnde Dampfkochtöpfe sein. In ihnen kocht der verdrängte Groll, der gegen die Stimmen anstürmt, die ihnen einhämmern: „Du bist ein guter Junge, ein braves Mädchen. Ein liebes Kind ist nicht wütend!" Die Arbeitswut der EINSer ist einer der Versuche, Dampf abzulassen und Energie abzubauen.

Der Drang, „gute Werke" zu tun, der *Martin Luther* schließlich in die Verzweiflung getrieben hat, steckt in allen EINSern.

Bei mir (Richard Rohr) hat das dazu geführt, dass ich zum notorischen Weltverbesserer geworden bin. Als wenn es nicht gereicht hätte, in Cincinnati eine eigene Kommunität zu gründen (die herkömmliche Kirche war nicht gut genug!), mussten wir sie auch noch „New Jerusalem" nennen, das Neue Jerusalem! Das ist gleichsam die Perfektion der Perfektion. Trotzdem sind wir nie mit dem zufrieden, was wir bereits verbessern konnten. Unsere innere Stimme hinterfragt fortwährend unsere Motive: „Was steckt denn hinter deinen guten Werken? Du machst das doch nur, um vor dir, vor anderen und vor Gott gut dazustehen!" Das ist der Teufelskreis der Selbsterlösung!

Unreife EINSer versuchen unter Umständen, ihr Dilemma anders zu lösen. Sie können an den Punkt gelangen, wo sie ein Doppelleben führen. In der Öffentlichkeit und da, wo sie bekannt sind und beobachtet werden, verhalten sie sich stets korrekt, moralisch sauber und untadelig. Aber wenn sie sich unbeobachtet fühlen oder in einer fremden Umgebung sind, kann es passieren, dass sie heimlich all das ausleben, was sie sich (und anderen) sonst versagen. Das gilt insbesondere für ihre unterdrückten sexuellen Wünsche. Neurotische EINSer können Moral predigen und Unmoral leben, wie die Skandale um die puritanischen

Fernsehprediger in den USA oder um den Wiener Kardinal Groer gezeigt haben. Unreife EINSer sind Pharisäer und Heuchler. Zu Pharisäern, die eine „Sünderin" steinigen wollen, die sie auf frischer Tat beim Ehebruch ertappt haben, sagt Jesus: *„Wer von euch ohne Sünde ist, der werfe den ersten Stein!"* (Johannes 8,7).

Die besondere Gabe oder **Geistesfrucht**, die gereifte VertreterInnen des jeweiligen Typs auszeichnet, ist jeweils die Kehrseite der spezifischen Wurzelsünde. Die Geistesfrucht der EINS ist *heitere Gelassenheit.* Wie gelangt man von der Wurzelsünde zu dieser Gabe? Die EINS hat von Kindesbeinen an mit ihrem unerkannten und unterdrückten Ärger gelebt. Wenn sie ihn entdeckt und es gut geht, wird sie seiner irgendwann so überdrüssig, dass sie schließlich lernt, besser und konstruktiver mit ihm umzugehen als alle anderen Typen. Er steckt nach wie vor in der EINS und wird immer da sein. Aber er muss nicht mehr so ernst genommen werden. Viele integrierte EINSer sagen, ihnen helfe dreierlei, um an dieses Ziel zu gelangen: *das Gebet, die Liebe und die Natur.*

Wenn ich (Richard Rohr) bete, kann ich die Stimmen der Pflicht und Verantwortung mehr und mehr loslassen und mich in Gott, den großen *Liebhaber,* hineinfallen lassen. Das führt mich unmittelbar zur *Liebe.* Die Liebe ist das eigentliche *„Band der Vollkommenheit",* wie *Paulus* sagt (Kolosser 3,14). Deswegen muss ich jeden Tag dafür sorgen, dass ich mich in jemanden oder in etwas verliebe, und wenn es nur ein Baum ist oder der wunderbare türkisfarbene Himmel über New Mexico. Wenn ich nicht liebe, gewinnen die negativen Stimmen sofort die Oberhand. Schließlich hilft mir die Natur, denn Gott, die Liebe und die Natur sind vollkommen.

Deswegen sind fast alle EINSer Naturfreunde. Es gibt selten eine EINS, die nicht gerne Blumen züchtet, im Garten arbeitet oder im Wald spazieren geht. In der ökologischen Bewegung fühlen sich viele EINSer daheim. Die EINS hat ein Faible für alles, was grünt, wächst und blüht. Ohne Natur, ohne die Liebe und ohne Gott gelangen EINSer kaum in den Raum heiterer Gelassenheit und Geduld, sondern bleiben aggressive Idealisten und Ideologen, die andere verurteilen und von ihnen fordern, sich im Sinne der EINSer-Ansprüche zu „bessern".

Neben der Gelassenheit der erlösten EINS haben EINSer auch noch andere Gaben, wenn sie einen gewissen Grad von innerer Reife erlangt haben. Sie **sind** *vernünftig, gerecht und ausgewogen.* Deshalb sind sie gute Lehrer. EINSer werden gerne Lehrer oder Pfarrer, wenn sie ihre Ordnungsliebe nicht in Berufen wie Buchhalter verwirklichen. EINSer können notorisch ausgewogen sein. Sie wollen fair sein und sehen deshalb immer auch die *andere* Seite. Das ist Fluch *und* Segen zugleich. Es lässt sich dadurch erklären, dass so viele unterschiedliche Stimmen auf ihrer inneren Gerichtsbühne im Dauerprozess liegen. Einigermaßen gereifte

EINSer geben fast immer wohl durchdachte und vernünftige Antworten. Ihre Meinung ist bereits durchs Feuer der inneren Kritik gegangen, jedes Wenn und Aber wurde schon abgeklärt, bevor etwas geäußert wird. Deshalb ist es schwierig, EINSer zu widerlegen

Unreife EINSer sind leicht moralinsäuerlich, reden ständig mit erhobenem Zeigefinger und kritisieren alle Welt. Sie halten sich und ihre Ideale für identisch und können sehr arrogant und selbstgerecht wirken. Alle EINSer leben ständig am Abgrund der Selbstgerechtigkeit.

EINSer tun sich schwer, wichtige Entscheidungen zu treffen, weil sie dabei einen Fehler machen könnten. So neigen sie dazu, zu zögern und zu zaudern. Sie kommen oft auch deshalb nicht vorwärts, weil sie mit alten Fehlern beschäftigt sind. Sie können nicht zur Tagesordnung übergehen, wenn die Vergangenheit nicht bereinigt ist. So werden sie zum schlechten Gewissen einer Familie oder eines Volkes. Sie halten die Erinnerung an vergangene Schuld wach und sind Propheten der Umkehr und Erneuerung. Das ist eine ihrer größten Stärken, kann aber auch ziemlich penetrant wirken. Die **Falle**, aus der unerlöste EINSer befreit werden müssen, ist ihre *Empfindlichkeit.* Sie müssen lernen, sich und andere anzunehmen, anstatt über alles und jedes Urteile zu fällen. Sie müssen lernen, den Balken im eigenen Auge zu sehen, bevor sie sich mit dem Splitter im Auge anderer befassen, der ihnen sofort auffällt (vgl. Matthäus 7,3–5). Unreife und zwanghafte EINSer wirken abstoßend. Ihre Mitmenschen fühlen sich von ihnen ständig kritisiert, selbst wenn die EINS kein Wort sagt. Andere spüren diesen negativen Energiestrom.

Ich (Richard Rohr) habe bei seelsorgerlichen Begegnungen bisweilen erlebt, dass Menschen zu mir gesagt haben: „Ich habe Schwierigkeiten, mich vor dir zu öffnen, weil ich Angst habe, dass du mich insgeheim verurteilst.“ Obwohl ich es nicht will, scheine ich diese Energie mitunter auszustrahlen. Wie kann ich davon loskommen? Ganz werde ich das wahrscheinlich nie schaffen. Aber ich kann versuchen, mit der betreffenden Person eine Vertrauensbeziehung aufzubauen, die es erlaubt, dass gerade meine Kritikfähigkeit der Erleuchtung, Befreiung und Freude des anderen dient, anstatt ihn zu bedrücken und niederzumachen. Ohne solch eine Beziehung sind meine Urteile nicht hilfreich und können letztlich destruktiv wirken.

Die EINS neigt dazu, sich als der *Weiße Ritter* zu verstehen, der in die Welt hinauszieht, um sie zu retten. EINSer kennen die heimliche Lust, das Böse mit Stumpf und Stiel auszurotten. *St. Georg* oder der *Erzengel Michael,* die Drachentöter der christlichen Tradition, sind Patrone dieser Seite der EINS.

In Beziehungen kann die EINSer-Energie zu Komplikationen beitragen. Eine EINS verliebt sich gern in einen Menschen, der in ihren Augen vollkommen ist. Sobald sich die ersten Kratzer zeigen und der Lack abzublättern beginnt, fängt die EINS an, am anderen herumzunörgeln, um ihn oder sie zu verändern. Die EINS hat kein Verständnis dafür, wenn der andere sich nicht wenigstens ernsthaft *bemüht*, ein „besserer Mensch" zu werden. Wenn das Gegenüber allerdings seine Fehler ehrlich eingesteht, um Vergebung bittet, Besserung gelobt und durch die Tat beweist, dass es sich verändern will, sind EINSer bereit, großmütig zu vergeben und zu vergessen. Die Vergebung einer EINS ist aber selten ganz bedingungslos.

EINSer können eine geistige Liste mit den Fehlern anderer Leute führen und nachtragend sein. Sie können zwar vergeben, aber schlecht vergessen. Das hängt damit zusammen, dass ihr Ärger ihre eigentliche Energiequelle ist und ihnen hilft, sich selbst wahrzunehmen. Die kritische Potenz dieses Ärgers ist ihr positiver Beitrag für jede Gemeinschaft – aber sie ist nicht die ganze Wahrheit. Wenn sich die EINS mit dem eigenen Zorn überidentifiziert und schmollend dasitzt, weil sie den eigenen Blickpunkt für den entscheidenden Beitrag hält, werden die anderen irgendwann aufhören, sie ernst zu nehmen.

Symbole und Beispiele

Das **Tier**, das der „unerlösten" EINS zugeordnet wird, ist der kläffende *Terrier. Ameise* und *Biene* symbolisieren den Fleiß der EINS. Sie sind unermüdlich damit beschäftigt, das ideale Staatswesen aufzubauen und zu erhalten. Bienen prüfen alle Blumen und behalten von allem nur das Beste, den Honig.

Die symbolische **Nation** der EINS ist die *Schweiz.* Sauberkeit und Ordnung, ein nachgerade ideales demokratisches Gemeinwesen, Präzisionsuhren, strikte Neutralität (beide Seiten haben Recht!), Friedfertigkeit und *zugleich* ein perfektioniertes Verteidigungssystem – die Liste der Schweizer „Tugenden" ließe sich beliebig fortsetzen. Ein Witz sagt, in der Schweiz sei die Hälfte der Bewohner Bankbeamte, die andere Hälfte Psychotherapeuten. Es hat lang gedauert, bis die Außenwelt und vor allem die Schweiz selbst entdeckt hat, dass auch ihr „perfektes" politisches und ökonomisches System keine makellose Vergangenheit hat und etliche Leichen im Keller liegen.

Die **Farbe** der EINS ist *Silber.* Silber ist eine kühle, nüchterne und klare Farbe. Sie repräsentiert das Mondlicht, das seinen Glanz von der Sonne (dem höchsten Ideal) bezieht. Die integrierte EINS steht wie der milde Silberglanz des Mondlichts für Wandel und Wachstum.

Lucy van Pelt, die ewig nörgelnde Gegenspielerin *Charlie Browns* in der Zeichenserie *Peanuts,* ist die Karikatur einer unerlösten EINS. Sie ist unentwegt damit beschäftigt, die ganze Welt (und besonders den ewigen Verlierer Charlie Brown) zu kritisieren und zu verändern und weigert sich, eine Welt hinzunehmen, die nicht perfekt ist. In einem der Zeichenstrips erleben wir mit, dass bedingungslose Liebe die einzige Kraft ist, die eine EINS wie Lucy erlösen kann. Lucy lamentiert darüber, wie schlecht die Welt ist und wie unglücklich sie selbst ist. Ihr Bruder Linus fordert sie daraufhin auf, doch auch einmal an all das zu denken, wofür sie dankbar sein kann. Das bringt sie erst richtig in Rage! Es gibt nichts, wofür zu danken sich lohnt! Da sagt Linus: „Zumindest hast du einen kleinen Bruder, der dich lieb hat!" Sie sieht ihn einen Moment lang verstört an, dann fällt sie ihm schluchzend um den Hals. Und Linus meint: „Ab und zu sage ich doch mal das Richtige!"[6]

Der Mönch *Martin Luther* (1483–1546) war im Grunde seiner Seele ein zorniger junger Mann, der sich nach einem bedingungslos liebenden Gott sehnte: „Wie bekomme ich einen gnädigen Gott?", war seine Lebensfrage. Mit Recht richtete sich seine Wut gegen die damalige katholische Kirche, die sagte, man müsse sich diese Liebe durch Ablässe, rituelle Vollzüge und gute Werke verdienen. Die EINS sehnt sich danach, dass endlich jemand kommt und diesem ermüdenden Spiel ein Ende macht. Luther hatte einen strengen Vater auf Erden und einen zornigen Gott im Himmel. Und auch die Mutter Kirche war streng und fordernd. Ihm hingen diese Elternstimmen zum Hals heraus. *Psychologisch* betrachtet ergab sich die Reformation aus der Verstrickung einer EINS in ihre Zwänge. Luther sehnte sich nach *bedingungsloser* Gnade, Liebe und Annahme.

Erik H. Erikson (1902–1994) hat einige seiner wichtigsten psychoanalytischen Einsichten aus der Auseinandersetzung mit der Lebensgeschichte des jungen Luther gewonnen. Die ambivalente Beziehung des Reformators zu seinem Vater ist für Erikson die Hauptursache für die Zwänge und Kämpfe, denen Luther zeitlebens ausgesetzt war. Der Vater „zeigte den heftigsten Jähzorn bei dem Versuch, ihn seinen Kindern auszutreiben".[7] Die Folge war nach Luthers eigenen Worten „... dass ich ihm flohe und ward ihm gram, bis er mich wieder zu sich gewöhnte". Erikson bemerkt dazu: „Auch wenn er sich vor ihm fürchtete, konnte Luther den Vater nicht aufrichtig hassen ... Und Hans, dem es nicht gegeben war, jemals Nähe zwischen sich und seinem Sohn zu schaffen, und den bisweilen mörderischer Zorn beherrschte, konnte ihn nicht lange lassen"[8]. Als Luther später im Rückblick über seine einstigen Beichtskrupel berichtet, sind es *libido* (sexuelle Lust), *ira* (Zorn) und *impatientia* (Ungeduld), die er als Quellen der Versuchung nennt.[9] Tiefenpsychologisch aufschlussreich ist auch die Tatsache, dass der junge Luther unter Verstopfung und Harnverhaltung litt. Vieles spricht für die These, dass sein „Turmerlebnis" in Wirklichkeit auf der Toilette stattfand. Erikson bemerkt dazu lakonisch: „Den Gelehrten wäre es freilich sehr viel lieber, wenn das Geschehen sich dort abgespielt hätte, wo sie selbst ihre gedanklichen Offenbarungen erlangen – vor dem Schreibtisch" und weist auf die Vorliebe des späten Luther für anal-vulgäre Sprache und auf seine „Kapazität an Dreck schleuderndem Zorn" hin.[10] Es ist, als ob mit der reformatorischen Erkenntnis auch all der unterdrückte Zorn und „Dreck" freigesetzt wurde, der Hauptursache der pathologischen Ängste des jungen Luthers gewesen war.

Gott sei Dank entdeckte der Reformator Martin Luther den Apostel Paulus und fand bei ihm, was er suchte, weil auch Paulus eine EINS ist. Erweckt Paulus nicht manchmal den Eindruck, ein bisschen arrogant und rechthaberisch zu sein? Er war von Haus aus Pharisäer; EINSer sind die geborenen Pharisäer. Gott hat seine Wurzelsünde transformiert und eine Gabe daraus gemacht. Er brauchte einen eifernden Pharisäer, der zum Eiferer für das Evangelium wer-

Bekehrung des Saulus (Schnorr von Carolsfeld): Erlebnis der Gnade

den konnte. Das ist das Liebenswerte an Paulus, diesem großen Weißen Ritter für Christus, der für seinen Herrn alles tut. Aber wir haben ihn auch ab und zu über und würden ihm am liebsten sagen: „Kühl etwas ab, Paulus! Das ist zu viel des Guten!" Besonders wenn Paulus angegriffen und kritisiert wird, kann er bitter, sarkastisch und selbstgerecht reagieren und seine Gegner niedermachen.

Bezeichnend ist jener Vorfall, über den Paulus im Galaterbrief selbst berichtet. Er erzählt, wie er dem stürmischen und im Grunde doch ängstlichen Apostelfürsten Petrus (SECHS) *„Auge in Auge entgegengetreten"* ist: *„Denn er war schuldig geworden!"* (Galater 2,11). Petrus war zunächst in der Gemeinde von Antiochien über seinen eigenen Schatten gesprungen und hatte gemeinsam mit getauften Heiden gegessen – was er als strenggläubiger Jude eigentlich nicht gedurft hätte. Als aber die Spitzel des streng judenchristlichen „Herrenbruders" *Jakobus* aus Jerusalem dazukommen, sondert er sich ab, steht nicht zu seiner soeben demonstrierten Freiheit und beginnt zu *„heucheln"*. Für Paulus war es das größte Herzensanliegen zu betonen, dass die alte Grenze zwischen Juden und Heiden durch Christus aufgehoben ist. Deswegen stellt er den ersten Mann der Kirche öffentlich zur Rede. Wenn eine EINS von einer Sache überzeugt ist, dann wankt und weicht sie nicht vor Fürstenthronen: „Hier stehe ich, ich kann nicht anders!" Das hätte Paulus schon 1500 Jahre vor

Luther sagen können. Bei beiden sehen wir, wie eng Wurzelsünde und Geistesfrucht miteinander verquickt sind und wie Gott unsere Obsessionen wandeln und für seine Ziele benutzen kann.

Umkehr und Erlösung

EINSer müssen lernen, dass es nicht nur *einen* richtigen Weg gibt, sondern dass viele Wege nach Rom führen. Deswegen müssen sie mit ihrem Zorn Freundschaft schließen und ihn erkennen, bevor sie Urteile über sich und andere fällen. Unreife EINSer suchen ständig nach geeigneten Projektionsflächen für ihre negativen Gefühle und Stimmungen; in der Regel ist es die erstbeste Person in ihrer Nähe. Wenn eine EINS ihren Zorn nicht erkennt und annimmt, wird sie ihn an den Kindern, am Ehepartner oder am unaufgeräumten Haus auslassen.

EINSer sind umgängliche Menschen, solange sie sich nicht zu ernst nehmen. Der Ausweg besteht immer darin, sich selbst zu relativieren und sich so vom falschen Selbst zu lösen. Die größte Freiheit einer EINS besteht darin, über sich selbst lachen zu können, weil sie sieht, dass die eigene Wahrnehmung nur einen Teil des Gesamtbildes ausmacht.

Tief in der EINS lebt das Ideal des Guten, Wahren und Schönen. Ich (Richard Rohr) hätte nicht geschuftet wie ein Verrückter, hätte keine Kommunität gegründet und wäre nicht sieben Tage die Woche für andere da gewesen, wenn ich diese EINSer-Energie nicht hätte. Ich werde mich dafür auch nicht nachträglich entschuldigen oder niedermachen, denn ich weiß, dass Gott aus meinen zwiespältigen Motiven viel Gutes gemacht hat. Ich weiß inzwischen, dass ich meine Leistungen nicht nur vollbracht habe, weil ich den Herrn Jesus so lieb habe. Ein Teil davon war schlicht und einfach Richard, der Richards Trips ausgelebt hat. Ich habe gedacht, ich tue das alles aus Liebe zu Jesus, und in gewisser Weise habe ich Jesus in all dem ja wirklich zu lieben versucht. An diesem Punkt zeigt sich einmal mehr der demütige Realismus Gottes. Er weiß, dass er von uns allen höchstens ein *bisschen* echte Hingabe bekommt. Wir machen das meiste im Leben in erster Linie für uns und kämpfen um unsere Selbsterhaltung in dieser Welt. Aber sobald wir die Demut haben, das zuzugeben, kann die Gnade und Liebe Gottes mächtig werden.

Man kann nur auf die Wahrheit bauen! Lügen und Illusionen entlarven sich früher oder später selbst. Beim Enneagramm geht es darum, unsere Illusionen beim Namen zu nennen und sie zu demaskieren, damit Platz wird für die Gnade Gottes, die uns helfen kann, auf das wahre Leben zu bauen anstatt auf Selbstbetrug.

EINSer müssen aufhören, alles oder nichts zu wollen. Sie brauchen jene Vollkommenheit, die allein in Gott zu finden ist. Sie können die Vollkommenheit nicht selber schaffen. Deswegen sind sie auf die Geduld ihrer Mitmenschen und auf Gottes Geduld angewiesen.

Die spezifische **Einladung**, die EINSer hören und sich aneignen müssen, liegt in dem Wort „Wachstum" verborgen. Ihre Naturliebe ist bereits ein Hinweis dafür, dass es ihnen gut tut, Dinge wachsen zu sehen. Was wächst, ist noch nicht vollkommen. Aber es ist unterwegs. Jesus hat viele Gleichnisse erzählt, in denen Saat und Ernte und das geduldige Warten, das dazwischen liegt, auf das Kommen des Gottesreiches hinweisen. Sie sind im Markusevangelium, Kapitel 4, gesammelt. Zum Beispiel dieses:

„Mit dem Reich Gottes ist es wie mit einem Mann, der Samen auf seinen Acker sät. Dann schläft er und steht wieder auf; es wird Tag und Nacht; der Same keimt und wächst, und der Mann weiß nicht wie. Die Erde bringt von selbst (griechisch: automatisch!) ihre Frucht: erst den Halm, dann die Ähre, dann das volle Korn in der Ähre. Sobald aber die Frucht reif ist, legt er die Sichel an; die Zeit der Ernte ist da" (Markus 4,26–29).

Der vollkommene Gott selbst hat Geduld und lässt uns Zeit zum Wachsen. Eine EINS, die Wachstum zulässt, nimmt Anteil an der göttlichen Gelassenheit.

In diesem Prozess kann sich auch der letztlich destruktive Zorn der EINS zum „heiligen Zorn" wandeln. Die Bibel spricht häufig vom Zorn Gottes angesichts des Unrechts auf der Erde. Die Propheten des Alten Testaments und Jesus wurden mitunter von diesem heiligen Zorn ergriffen (Tempelreinigung Jesu!). Paulus geriet in inneren Aufruhr, als er in Athen die vielen Götzenbilder sah, und Luther geriet über den Ablasshandel in Grimm. Heiliger Zorn ist Ausdruck der Liebe und darf niemals gegen die Liebe ausgespielt werden. Er will nicht zerstören, sondern die ursprüngliche Gerechtigkeit wiederherstellen.

Ignatius von Loyola (1491–1556), der Gründer und erste General des Jesuitenordens, gehört zu den **Heiligen**, die eine EINS waren. Der baskische Ritter lag als Dreißigjähriger nach der Verteidigung von Pamplona schwer verwundet darnieder und erlebte durch die Lektüre von Heiligenlegenden eine umfassende Bekehrung. Schließlich weihte er seine Waffen der Gottesmutter, der er fortan als geistlicher Ritter dienen wollte. Er pflegte Kranke, pilgerte nach Palästina und absolvierte ein gründliches Studium. Um seine Erfahrungen mit anderen zu teilen, entwickelte er seine Geistlichen Übungen (exercitia spiritualia), die von der Inquisition zunächst sehr beargwöhnt wurden. 1534 legten er und seine Freunde das Gelübde ab, in Palästina für die Kirche zu wirken oder sich dem Papst für jede beliebige andere Aufgabe zur Verfügung zu stellen. 1540 wurde der Orden bestätigt. Die *Geistlichen Übungen* durchläuft bis heute jeder Jesuit mehrmals im Leben vier Wochen lang. Sie dienen der Läuterung durch die Betrachtung der eigenen Sündhaftigkeit und des Lebens und Leidens Christi – und sie dienen der „Unterscheidung der Geister", die auf das Innere des Menschen einwirken. Die Energie der EINS ist in der ignatianischen Spiritualität nicht zu übersehen: Unterscheidung der Stimmen, damit man perfekter wird; dreißig Tage strenge Exerzitien, damit man vollkommener wird. Wie alle einseitigen Systeme hat diese Form der Frömmigkeit ihre besonderen Stärken und Schwächen. Ihre größte Stärke ist die Gründlichkeit und Gewissenhaftigkeit der Selbsterforschung und die Bereitschaft, sich der mühevollen Arbeit an sich selbst und der ständigen Überprüfung der eigenen Motive zu unterziehen. Dies geschieht aber nicht egozentrisch oder im luftleeren Raum. Christus, der sich für unsere Erlösung hingegeben hat, ist das Gegenüber und die Quelle der Erneuerung und Umkehr.

Zu den **Lebensaufgaben** der EINS gehört es zu lernen, Pflicht, Ordnung und die Verbesserung der Welt auch mal links liegen zu lassen und stattdessen zu spielen, zu feiern und das Leben zu genießen. Wenn sie ihre Empfindlichkeit und ihren Groll abbaut und ihre Projektionen zurücknimmt, dann wird Barmherzigkeit möglich. Heitere Lebensfreude kann sie lernen, wenn sie bei der fröhlichen SIEBEN in die Schule geht.[11]

Karl Barth, der Schweizer Theologe und Reformator der protestantischen Theologie nach dem Ersten Weltkrieg, war wohl eine EINS. Seine Auslegung des Römerbriefes war eine schonungslose Abrechnung mit der bis dahin vorherrschenden „liberalen Theologie", die sehr optimistisch war im Blick auf die Möglichkeiten des Menschen. Barth protestierte dagegen, dass Menschen Gott für ihre Ziele vereinnahmen. Deswegen predigte er einen Gott, der der *Ganz Andere* ist und der andere Pläne und Ziele hat als wir. Barths monumentale „Kirchliche Dogmatik" ist das umfangreichste theologische Gesamtwerk dieses Jahrhunderts. Der streitbare Theologe war ein geradezu besessener Mozart-Fan (Mozart ist eine typische SIEBEN!). *Thomas Merton* schildert, ohne das Enneagramm zu kennen, wie Karl Barth seine Kreativität unbewusst aus der „Kraftquelle" Mozart geschöpft hat, dem Typ, der doch scheinbar so anders war als er selbst:

Karl Barth hatte einen Traum über Mozart.

Barth hatte sich immer über den Katholizismus Mozarts und über seine ablehnende Haltung gegenüber dem Protestantismus geärgert. Mozart meinte: „Protestantismus ist nur im Kopf" und „Protestanten verstehen den Sinn des *Agnus dei qui tollis peccata mundi* nicht".

Barth sollte in seinem Traum Mozart theologisch examinieren. Er wollte die Prüfung so einfach wie möglich gestalten und beschränkte sich bei seinen Fragen gezielt auf Mozarts Messen.

Aber Mozart antwortete ihm kein einziges Wort.

Barths Traumbericht hat mich tief angerührt, und ich war nahe daran, ihm deshalb einen Brief zu schreiben. Der Traum betrifft sein Seelenheil. Vielleicht macht Barth den Versuch zuzugeben, dass ihn eher der Mozart in ihm erlösen wird als seine eigene Theologie.

Jahrelang pflegte Barth tagtäglich Mozartplatten zu spielen, bevor er sich ans Werk seiner Dogmatik machte. Dabei versuchte er vielleicht unbewusst, den verborgenen Mozart in sich selbst zu erwecken, jene zentrale Weisheit, die auf die göttliche und kosmische Musik eingestimmt ist und durch Liebe, ja, sogar durch *Eros*, erlöst wird. Sein anderes, theologisches Selbst, war währenddessen scheinbar mehr mit der Liebe beschäftigt; aber es richtete sich auf eine gestrengere und mehr im Hirn lokalisierte Agape: eine Liebe, die letztlich nicht in unserem Herzen lebt, sondern *allein in Gott* und die sich nur unserem Kopf offenbart. Barth sagt bezeichnenderweise, dass es ein Kind, sogar ein „göttliches Kind" sei, das in Mozarts Musik zu uns spricht. Viele, sagt er, hätten gemeint, Mozart sei in allen praktischen Fragen zeitlebens ein Kind geblieben. Gleichzeitig sei Mozart jenes verlorene Kind gewesen, das niemals im buchstäblichen Sinne Kind sein durfte. Mit sechs Jahren gab er bereits sein erstes Konzert. Dennoch sei er stets Kind gewesen „in der höheren Bedeutung dieses Wortes".

Fürchte dich nicht, Karl Barth! Vertraue der göttlichen Barmherzigkeit. Obwohl du ein erwachsener Theologe geworden bist, ist Christus in dir ein Kind geblieben. Deine Bücher (und meine) sind unwichtiger, als wir denken mögen. In uns lebt ein Mozart, der unsere Erlösung sein wird.[12]

Typ Zwei

Überblick
Die Angehörigen dieser Gruppe setzen ihre Gaben für die Bedürfnisse anderer ein und sorgen sich um deren Gesundheit, Ernährung, Erziehung und Wohlergehen. Sie vermitteln ein Maß von Annahme und Wertschätzung, das anderen helfen kann, an den eigenen Wert zu glauben. ZWEIer können großzügig teilen und für andere „ihr letztes Hemd" hergeben. Sie stehen anderen bei, wenn sie Leid, Schmerz oder Konflikte durchstehen müssen und vermitteln ihnen so das Gefühl, dass jemand für sie da ist und sie annimmt. Die Nächstenliebe und Verfügbarkeit der ZWEIer hat allerdings auch Schattenseiten, die auf den ersten Blick nicht zu erkennen sind:

ZWEIer sind gefallsüchtig und brauchen übertrieben viel Dank und Bestätigung. Viele ZWEIer hatten eine Kindheit, die ihnen grau und trist erschien; wirkliche Geborgenheit und das Gefühl, ein Zuhause zu haben, fehlten. Andere ZWEIer berichten, dass sie nur *bedingte* Liebe erfahren haben. Die Liebe wichtiger Bezugspersonen musste durch Wohlverhalten erkauft werden. Wenn sie die Bedingungen erfüllt haben, konnten sie unter Umständen viel Liebe und Geborgenheit bekommen. Die „schöne"' Kindheit, die diese ZWEIer hatten, hindert sie daran, wütend oder traurig darüber zu sein, dass man sie ständig zu übertriebenem Wohlverhalten animiert hat. Manche ZWEIer erinnern sich auch, dass sie schon früh das Gefühl hatten, eine Stütze für die emotionalen Bedürfnisse anderer Familienmitglieder sein zu müssen. Sie hatten das Gefühl, sie müssten sich nützlich machen, um bemerkt und geliebt zu werden. Es kam zu einem fatalen Rollentausch zwischen Eltern(teil) und Kind: Das Kind musste die Erwachsenen „bemuttern" und eigene berechtigte Bedürfnisse verleugnen. *Bert Hellinger* nennt diesen heillosen Rollentausch von Eltern und Kindern „Parentisierung". Die Botschaft, die das Kind in sich aufgenommen hat, lautet in etwa: „Ich werde geliebt, wenn ich zärtlich, verständnisvoll und hilfsbereit bin und meine eigenen Bedürfnisse zurückstelle." Dadurch bekam das Kind aber auch eine „Größe", die ihm eigentlich nicht zusteht. Es erlebte sich selber als mächtig, die Erwachsenen hingegen als schwach und bedürftig. Das ist der Nährboden für jenen falschen Stolz, der die Wurzelsünde der ZWEI ist. Sie sieht insgeheim auf diejenigen herab, denen sie „dient". „Gut sein" ist bei der ZWEI keine moralische, sondern eine emotionale Kategorie. Die ZWEI hat den Anspruch, „lieb" und hilfreich zu sein und ist in der Regel davon überzeugt, dass sie das ist.

Hellinger geht in seiner systemischen Familientherapie davon aus, dass jedes System auf einen Ausgleich von Geben und Nehmen dringt. Menschen, die zu viel geben, belasten eine Gemeinschaft ebenso wie Menschen, die immer nur nehmen (Muster FÜNF!). Denn irgendwann werden die „Geber“ Rückzahlung einklagen. Die „Nehmer“ werden Aggressionen gegen die ewig Gebenden entwickeln, weil sie von ihnen zu Schuldnern gemacht werden.

Das klassische Bild einer ZWEI ist die Karikatur der *jüdischen Mutter*, die ihre Kinder wie eine Glucke behütet und dafür sorgt, dass sie von ihnen gebraucht wird.[1] Aber wehe, wenn der Dank ausbleibt: „Wie könnt ihr mir das antun, nach all dem, was ich für euch getan habe!“ Zunächst verwöhnt und umsorgt eine unerlöste ZWEI andere Menschen ungebeten und ungefragt. Wenn das den anderen zu lästig oder zu eng wird und sie auf Distanz gehen, anstatt diese „Liebe“ zu erwidern, fühlt sich die ZWEI betrogen und ausgenutzt,

Es gibt viele Witze über Priester und ihre Haushälterinnen. Die „klassische“ Pfarrersköchin (oder evangelische Pfarrfrau) gehört diesem Menschenschlag an. Zu allen Zeiten gab es viele Pfarreien, in denen die Haushälterin „die Hosen anhatte“.

Ich (Richard Rohr) hatte in *New Jerusalem* eine Sekretärin, die eine klassische ZWEI war und mich und die ganze Gemeinschaft durch ihre Kompetenz beherrschte; sie wusste alles und war deshalb unentbehrlich. Ich gehöre zu den Leuten, die Kleinigkeiten sofort wieder vergessen. Sie erinnerte sich an alle Details. Wenn ich zu einer Sitzung musste, informierte sie mich vorher über das Wesentliche. Schließlich wussten alle: Wer Informationen braucht, sollte tunlichst nicht zu mir kommen, sondern zu ihr. Sie sorgte rührend für mich, sie diente mir mit Leib und Seele. Auf diese Weise kontrollierte und regierte sie mich aber auch.

ZWEIer halten fortwährend das Thermometer in die Luft, um die soziale Temperatur und Windrichtung zu messen, weil sie ihre Identität darauf aufbauen, wie andere ihnen gesonnen sind und auf sie anspringen. Der Stimmungspegel der ZWEIer steigt und fällt je nachdem, wie viel Sympathie oder Abneigung ihnen entgegenschlägt.

Die „Herzenstypen“ ZWEI, DREI und VIER sind „außengeleitete Menschen“, deren Wohlbefinden in erster Linie davon abhängt, wie ihre Umwelt auf sie reagiert und deren ständige Aktivitäten insgeheim kein anderes Ziel haben, als von außen bestätigt zu werden. Bei einem Kind ist das verständlich und verzeihlich. Man kann auf diese Weise seine ganze Jugendzeit verbringen. Das Problem beginnt, wenn man sich als erwachsener Mensch noch immer so verhält.

Irgendwann beginnt dieses Spiel, andere Menschen zu irritieren oder gar zu nerven. Wenn man eine Weile mit einer unreifen ZWEI zusammen ist, spürt man, dass von ihr eine ganz bestimmte subtile Energie ausgeht. Man hat das Gefühl, von der ZWEI umklammert oder gar verschlungen zu werden: „Bemerk mich! Streichle mich!“ Aber die eigentliche Zauberformel lautet: *„Brauch mich!“*

An diesem Punkt sind ZWEIer, die sonst die eigene Umwelt so genial manipulieren können, ihrerseits manipulierbar. ZWEIer brauchen es, gebraucht zu werden. Zu einer ZWEI muss man nur sagen: „Ich brauche dich!" – und jeder Widerstand weicht. Sie fallen über dich her, um dir nützlich zu sein und dir zu helfen – selbst wenn sie weder die Energie noch die Zeit dazu haben. Sobald sie das Wörtchen „brauchen" hören, kratzen sie den letzten Rest von Energie zusammen, um dir zur Hilfe zu eilen. Später gehen sie dann nach Hause und können sich ohrfeigen, dass sie sich wieder haben breitschlagen lassen: „Warum habe ich mich schon wieder ausnutzen lassen? Weshalb bin ich dieser blödsinnigen Arbeitsgruppe beigetreten? Warum habe ich versprochen, einen Kuchen zu backen? Das macht mir doch alles in Wirklichkeit überhaupt keinen Spaß!" Aber in jenem Augenblick war es so schmeichelhaft, gebraucht zu werden, dass die ZWEI einfach nicht widerstehen konnte und Ja gesagt hat!

ZWEIer haben nah am Wasser gebaut, weil sie gefühlvoll und sensibel sind. Sie sind Teddybären; sie schmusen und knuddeln gern. ZWEIer reden gern über Beziehungen und über die Liebe. Sie sehnen sich danach, geliebt zu werden und nach Herzenslust zu lieben und für den geliebten Menschen leben zu dürfen. Unser soziales Netz würde zusammenbrechen ohne all die ZWEIer, die sich für das Wohlergehen anderer aufopfern. Sie sind Wohltäter, Geber und Helfer. Das ist ihre größte Gabe. Aber sie müssen ihrer Neigung widerstehen, sich selbst zu Heiligen und Märtyrern hochzustilisieren. *Wolfgang Schmidbauer* hat diesen Menschentyp schon vor Jahren – ohne das Enneagramm zu kennen – in seinem Buch „Die hilflosen Helfer – Über die seelische Problematik der helfenden Berufe" dargestellt und dabei den Begriff des „Helfersyndroms" geprägt.[2]

Die unreife ZWEI kämpft mit Identitätsproblemen. Sie verändert sich fortwährend, um die Bedürfnisse der jeweils anwesenden Person zu erfüllen; so entsteht ein „multiples Selbst" *(Palmer)*. ZWEIer sind daher oft am liebsten mit nur *einer* anderen Person beisammen. Sind mehrere nahe stehende Menschen gleichzeitig anwesend, weiß die ZWEI unter Umständen nicht mehr, wem sie sich zuwenden und welches Selbst sie aktivieren soll. Außer in solch verwirrenden Situationen empfindet die ZWEI diese verschiedenen Ichzustände nicht als Problem, sondern als Bereicherung: „Jeder meiner Freunde bringt eine andere Seite in mir zum Klingen. Deshalb möchte ich keinen von ihnen missen."

ZWEIer haben meist einen großen Bekanntenkreis und neigen dazu, Menschen sehr schnell als ihre „Freunde" zu bezeichnen. Sie hüten ihre Beziehungen eifersüchtig und wollen möglichst für alle ihre Freunde besonders wichtig sein. Sie sind stolz darauf, dass so viele Menschen bei ihnen ihr Herz ausschütten und können fremde Not geradezu körperlich mitempfinden. Dabei haben sie allerdings die Neigung, zu rasch gute Ratschläge zu geben und Erfolg versprechende Lösungen anzubieten.

Dilemma
Die große **Versuchung** der ZWEI besteht darin, fortwährend anderen zu helfen und auf diese Weise sich selbst auszuweichen. Die Identität der ZWEI liegt gleichsam in den Wünschen und Bedürfnissen *anderer*, das heißt: außerhalb ihrer selbst. Das führt dazu, dass ihr Gefühlsleben oft ziemlich chaotisch ist. Unreife ZWEIer tun sich schwer, ihre eigene Mitte zu finden. Wenn sie allein sind, fällt ihnen die Decke auf den Kopf. Meditation und Gebet „im stillen Kämmerlein" macht ihnen lange Zeit Angst, weil kein Mensch da ist, der sie bestätigt und ihnen nah ist, und weil sie fürchten, in sich selbst nichts zu finden als ein schwarzes Loch oder beängstigende Unruhe.

ZWEIer haben einen Hang, andere Menschen zu verführen. In extremen Fällen kann das bis zum Missbrauch führen. Gerade die Hilflosigkeit und Bedürftigkeit von Abhängigen kann auf eine ZWEI anziehend wirken. Dabei muss es sich nicht um sexuellen Missbrauch im strengen Sinne handeln. Oft reicht es schon, dass das hilflose Kind zum Ersatzobjekt eigener Bedürfnisse wird. Sie wenden diesem Objekt all die Liebe zu, die sie sich selbst wünschen, aber aus irgendeinem Grund nicht bekommen können. Auf diese Weise lieben sie im Grund nur sich selbst. Ihr scheinbarer Altruismus ist die „legitime" Form, den eigenen Egoismus auszuleben. ZWEIer haben ein Herz für verlassene Waisenkinder, die Hilfe brauchen. Wenn sie solche Kinder adoptieren, kann die Motivation dafür sehr zweifelhaft sein. Sie halten sich auch gern ein Patenkind in der Dritten Welt … Es ist so schön, gebraucht zu werden! Das ist die Gabe und zugleich das Dilemma der ZWEIer: Sie geben anderen genau das, was sie sich selber wünschen. Da in ihnen ein heimatloses Kind steckt, rührt sie die Not verlassener Kinder besonders an. Menschen, die noch hilfloser und schwächer zu sein scheinen als sie selbst, geben ihnen das Gefühl von Stärke. Wer helfen kann, der hat Macht! Herrsche durch Dienen!

ZWEIer sehnen sich – zumindest vordergründig – nach Verschmelzung. Aber auch das leben sie eher außerhalb von sich selbst aus als im eigenen Leben: Sie machen sich ständig Gedanken, wer zu wem passen könnte und verkuppeln andere Leute miteinander. Sobald zwei Menschen in ihrem Bekanntenkreis romantische Gefühle füreinander entwickeln, treten die ZWEIer in Aktion, um Verbindungen herzustellen oder zu fördern. Sie können auch subtile Versuche unternehmen, Verbindungen zu verhindern, vor allem, wenn sie selbst den Verlust einer der beteiligten Personen befürchten. Viele ZWEIer lesen gerne Liebesromane oder Kontaktanzeigen, weil das Leben ohne romantische Liebe nur halb so schön wäre. Oder sie chatten im Internet und nähren dadurch die Illusion, mit vielen Menschen vernetzt oder in romantischem Kontakt zu sein.

Gereifte ZWEIer haben gelernt, ohne Bedingungen, Hintergedanken und nachgereichte Rechnungen zu lieben. Der Weg zwischen selbstloser Nächstenliebe und manipulativem Helferkomplex ist allerdings eine Gratwanderung. Mit der Aufforderung, sich selbst zu verleugnen und anderen zu dienen, ist vor allem in der Kirche oft Schindluder getrieben worden. Der bayerische Pfarrer *Wilhelm Löhe* (1808–1872), Begründer der Neuendettelsauer Diakonissenanstalt, hat den Schwestern ein Leitwort mitgegeben, das für neurotische ZWEIer-Seelen Gift ist: „Was will ich? Dienen will ich. Wem will ich dienen? Dem Herrn in seinen Elenden und Armen. Und was ist mein Lohn? Ich diene weder um Lohn noch um Dank, sondern aus Dank und Liebe: mein Lohn ist, dass ich darf!“ Durch dieses Motto sind sicher einige dieser Frauen wirkliche „Heilige“ geworden; viele jedoch wurden durch das Joch solcher Ansprüche verbogen und ausgebeutet.[3]

In Partnerschaften können ZWEIer sehr besitzergreifend sein. Manchmal suchen sie sich Partner, die schwach und abhängig sind. Eine klassische Konstellation ist die Partnerschaft zwischen einer (meist weiblichen) ZWEI und einem Suchtkranken. Das Phänomen der Ko-Dependenz (Abhängigkeit von der Sucht des Partners) wurde inzwischen gründlich durchleuchtet: Sie hilft ihm, hält alles aus, verzeiht, gibt ihm immer wieder eine Chance. Dabei merkt sie gar nicht, dass sie ihm gerade so erlaubt, so weiter zu machen wie bisher. Unbewusst ist das genau ihr Ziel, obwohl sie es weder sich noch anderen eingestehen würde. Denn wenn er gesund und selbstständig würde, brauchte er sie womöglich nicht mehr und könnte sie verlassen.

ZWEIer sind aber auch selbst suchtgefährdet. Neben Esssucht und Schokoladensucht müssen in diesem Zusammenhang vor allem Sex- und Beziehungssucht erwähnt werden. Eine amerikanische Studie hat ergeben, dass Angehörige helfender Professionen wie Ärzte oder Pfarrer häufiger an Sexsucht erkranken als jede andere Berufsgruppe. Sie geben ständig so viel Energie und „Liebe“ an andere ab, dass Körper und Seele gleichsam nach „Belohnung“ schreien.

Wenn eine unreife ZWEI verletzt ist, kann sie über Nacht aufhören, lieb und anschmiegsam zu sein und die Krallen zeigen. In solchen Augenblicken ist sie in der Lage, gerade die Menschen furchtbar zu kränken, die sie angeblich über alles liebt. Das Liebeskonzept der unerlösten ZWEI ist warm, weich und sanft. Wenn ein anderer da nicht mitspielt und dieses Konzept torpediert, bleibt für die ZWEI kein Ausweg. Dann kann es passieren, dass sie plötzlich selbst zur Furie wird und buchstäblich über Leichen geht: „Und willst du nicht mein Bruder sein, dann schlag ich dir den Schädel ein ..."

ZWEIer interessieren sich brennend für die Probleme anderer und erwarten, dass man sich ihnen schonungslos anvertraut. Auf der anderen Seite fällt es ZWEIern schwer, sich selbst preiszugeben. Sie sind zwar jedermanns Abfalleimer, scheuen sich aber, sich selbst anderen zuzumuten. Dahinter steckt die Scham davor, die eigene Bedürftigkeit zu zeigen, die Angst, nicht verstanden oder abgelehnt zu werden und mitunter auch das Gefühl: „Mich kann sowieso niemand tragen!" Die Schwellenangst vor einer Beichte, einem seelsorgerlichen Gespräch oder einer Psychotherapie ist bei ihnen dementsprechend hoch. Auf der Couch müssten sie ja ihre immense Bedürftigkeit eingestehen. Gleichzeitig sehnen sie sich nach einem Ort, wo sie das dürfen, ohne abgelehnt zu werden. Eine ZWEI gibt sich nur dann preis, wenn sie sehr sicher ist, dass der andere sie annimmt. Deswegen brauchen ZWEIer wenigstens einen Menschen, dem sie so vertrauen, dass sie ihm alles sagen können. Dabei wünschen sie sich vor allem Bestätigung und Verständnis für ihre Handlungsweise. Scharfe oder direkte Kritik oder Konfrontation kann einer ZWEI gleichsam den Boden unter den Füßen wegziehen. Um eine ZWEI seelsorgerlich zu beraten, muss man sehr behutsam vorgehen und darf ihr vor allem nie das Gefühl nehmen, trotz allem akzeptiert und geliebt zu sein. Die ZWEI braucht erst sehr viel Annahme und „weiche" Liebe, bevor sie bereit ist, sich durch „harte Liebe" herausfordern zu lassen. Früher oder später muss aber genau dies passieren: Die zugleich liebevolle und schonungslose Konfrontation mit der eigenen Pseudoliebe, mit dem eigenen Selbstmitleid, mit der eigenen Egozentrik.

Es ist kein Zufall, dass in der Gruppe der ZWEIer mehr Frauen als Männer anzutreffen sind. Die Gesellschaft hat Frauen ermutigt und erlaubt, ZWEIer zu sein, indem zum Beispiel „weibliche Intuition und Hingabe" idealisiert wurden. Man hat Frauen gesagt, ihre spezifische Möglichkeit, Macht und Einfluss zu gewinnen, bestünde darin, dass sie „lieben". Ein paar Frauen sind auf diese Weise wirkliche Heilige geworden. Aber viele andere wurden manipulativ, klammernd, besitzergreifend, destruktiv – und unglücklich. Der Erfolg von *Robin Norwoods* Buch „Wenn Frauen zu sehr lieben"[4] scheint die These zu bestätigen, dass sich viele Frauen in der ZWEIerfalle wieder finden. Viele Frauen verzehren sich bis zur Selbstaufgabe für einen Mann, halten diese Besessenheit für Liebe, werden dabei körperlich und seelisch krank (Esssucht!) und schaffen es dennoch nicht loszulassen.

Auch in christlichen Kreisen tummeln sich ZWEIer. Gerade im Raum der Kirche ist es schwer für sie, aus dieser Rolle zu fallen. Das Evangelium ist oft so verkündigt worden, als ginge es im Christentum darum, dass alle Menschen ZWEIer werden. Die *Sufis* haben angeblich Jesus selbst für eine „erlöste ZWEI“ gehalten. Es ist bemerkenswert, dass von Außenstehenden die Energie der ZWEI dem Christentum zugeordnet wird, das ja auch – im Gegensatz etwa zum Islam und trotz der Männerhierarchie in der Kirche – eher eine Frauenreligion ist. Zwei Drittel der Gottesdienstbesucher sind Frauen. Wenn jemand von Haus aus zu bestimmten Mechanismen der ZWEI tendiert und dann in christliche Kreise gerät, wird er oder sie in seiner/ihrer Art vermutlich bestätigt.[5] Aber gerade ZWEIer müssen die Erlaubnis bekommen und ermutigt werden, ihre legitimen Bedürfnisse wahrzunehmen, die sie oftmals selbst nicht kennen. ZWEIer schaffen es sonst nicht, aus ihrer Rolle auszubrechen, die für ihre Umwelt ja auch eine Reihe von Annehmlichkeiten birgt.

Die **Wurzelsünde** der ZWEI ist ihr *Stolz* bzw. *Hochmut*. An dieser Stelle sehen wir einmal mehr, welch geniale Psychologie der Sünde im Enneagramm steckt. Es führt uns hinter die Kulissen. Stolz ist etwas anderes als Dünkel oder Narzissmus. Stolz ist Ausdruck eines „aufgeblasenen Selbst“, eines „inflationären Egos“. Die Selbstwahrnehmung der unerlösten ZWEI kann geradezu messianische Züge annehmen: „Ich bin liebevoller und sensibler als ihr alle; meine Liebe wird die Welt retten. Ich werde dafür *sorgen*, dass meine Liebe euch rettet. Ich werde meine Liebe für euer Leben und euer System so unverzichtbar machen, dass ihr ohne mich nicht auskommen könnt.“ Unreife ZWEIer biedern sich mit ihrer Liebe an. Die problematische Seite dieser Haltung besteht darin, dass sie gerade durch ihre Zuwendung und Fürsorglichkeit andere manipulieren und abhängig machen.

Wurzel dieses Stolzes ist – wie erwähnt – eine frühkindliche Parentisierung, also die Vertauschung von Elternrolle und Kindrolle. Bei therapeutischen Familienaufstellungen, wie sie *Bert Hellinger* entwickelt hat, wird die Parentisierung aufgelöst, indem sich das Kind tief vor den Elternfiguren verneigt und sagt. „Ich bin nur das Kind, ich bin der (oder die) Kleine und du bist die (oder der) Große!“ Das ist eine angemessene und realitätsbezogene Selbsterniedrigung, die Aufgabe einer lebenslangen Anmaßung und zugleich eine unendliche Entlastung und Befreiung. Ich darf „nur“ das Kind sein!

Der Stolz macht es einer ZWEI schwer, einen unverstellten Zugang zu sich selbst und zu Gott zu finden. Wirkliche Sündenerkenntnis ist für sie schwieriger als für andere; Sündenerkenntnis würde ja bedeuten, den eigenen Stolz wahrzunehmen, der wiederum gerade diese Wahrnehmung verhindert. Nüchterne Reue ist vor allem eine Frage nüchterner Selbstwahrnehmung. ZWEIer müssen hart daran arbeiten, den objektiven inneren Beobachter wirken zu lassen, der ihrem überzogenen Subjektivismus Paroli bieten kann.

ZWEIer tun sich auch schwer, eine herzliche Gottesbeziehung aufzubauen. Im Grunde brauchen sie Gott nicht, weil sie selbst stark und tatkräftig sind. Eher sind sie davon überzeugt, dass Gott *sie* braucht. Wie sollte er ohne sie die Welt retten? Der Stolz unreifer ZWEIer richtet sich nicht nur gegen ihre (hilfsbedürftigen) Mitmenschen, sondern auch gegen Gott.

Ein junger Theologe, der eine ZWEI ist, drückt das so aus: „Wir ZWEIer sind praktische Atheisten. Erst wenn wir krank, abgewirtschaftet und mit einem Kollaps im Bett liegen, können wir wirklich von Herzen beten: ‚Herr, erbarme dich *meiner!*‘ Mir ist einmal das Gebet passiert: ‚Herr, ich erbarme mich *deiner!*‘"... ZWEIer erwarten von allen anderen – einschließlich Gott – Dankbarkeit. Weil sie sich in ihrem Stolz mitunter als Schöpfer und Erhalter des Lebens fühlen, fällt ihnen die Dankbarkeit gegenüber dem Leben oft schwer. Dadurch versperren sie sich selbst den Zugang zu echter Lebensfreude.

Die dunkle Seite der unerlösten ZWEI ist *falsche Liebe;* ihr Stolz besteht darin, dass sie diese falsche Liebe für echt hält und beleidigt ist, wenn andere diese „Liebe" zurückweisen. Die erlöste ZWEI dagegen ist zu wirklicher Liebe fähig, die nicht mehr im Anspruch der Selbstlosigkeit verstrickt ist, sondern mit offenen Karten spielt, eigene Bedürfnisse und Grenzen anmeldet und die Freiheit anderer Menschen zutiefst respektiert.

Die **Vermeidungsstrategie** der ZWEI besteht darin, eigene *Bedürfnisse* zu unterdrücken und auf andere zu projizieren. ZWEIer haben keinen Zugang zu ihren wirklichen Bedürfnissen, weil sie ein Leben lang für die Bedürfnisse anderer da sind. Das Wort Jesu: *„Was ihr wollt, das euch die Leute tun sollen, das tut ihnen!"* (Matthäus 7,12) ist vordergründig verstanden Gift für die ZWEI. In gewisser Weise tut sie genau das fortwährend. Der Druck, den sie gegen sich selbst richtet, vermittelt sich an ihre Umwelt und äußert sich in jenem subtilen Druck auf andere, der sich so schwer fassen lässt. Dafür schämen sich ZWEIer. Die EINSer verstecken ihren Zorn, ZWEIer verstecken die Tatsache, dass sie bedürftig sind. Sie haben Angst vor dem, was passieren könnte, wenn sich ihr immenses Bedürfnis nach Wärme, Liebe und Nähe selbstständig macht und außer Kontrolle gerät.

Die Bedürfnisse einer ZWEI sind in der Regel sinnlich-emotionaler Natur: Zärtlichkeit, Sex, Zuneigung. Andere sinnliche Bedürfnisse können dabei leicht zum Ersatz werden: Essen, Einkaufen bis zum Umfallen. Manche ZWEIer sind *Schokoholiker.* Nachdem sie den lieben langen Tag die Bedürfnisse anderer Leute gestillt und ihre eigenen verdrängt haben, sagen ZWEIer am Abend: „Das habe ich mir jetzt aber verdient. Ich muss mich dafür belohnen, dass ich von früh bis spät lauter Sachen gemacht habe, die ich eigentlich gar nicht wollte." Auffallend viele ZWEIer haben Gewichtsprobleme. Es handelt sich oft um den „Kummerspeck" nicht geglückter Liebe. Niemand sehnst sich so nach Liebe wie eine ZWEI. Und niemand ist so beziehungsunfähig wie eine neurotische ZWEI. Früher oder später zerstört sie durch ihre Pseudoliebe genau das, was sie sich zutiefst wünscht.

Der **Abwehrmechanismus** der ZWEI heißt Verdrängung. ZWEIer verdrängen – ähnlich wie EINSer – negative Impulse und Gefühle, vor allem im Bereich von Aggression und Sexualität. Klar und deutlich zuzugeben: „Du machst mich wütend!", oder: „Du machst mich an!", fällt ihnen schwer. Beides könnte ja Liebesentzug oder Ablehnung zur Folge haben. Dennoch spüren Außenstehende ohne Mühe, was in einer ZWEI vor sich geht. Sie können ihre Gefühle weder wirklich verstecken, noch offen zeigen. So drücken sie ihre Stimmung auf eine indirekte Art aus und sorgen dafür, dass sie bemerkt wird, ohne dass sie dafür Verantwortung übernehmen müssen. Eine beleidigte ZWEI kann – ohne ein einziges böses Wort zu sagen – die Atmosphäre einer ganzen Gruppe vergiften und doch auf Nachfrage mit Unschuldsmiene beteuern: „Was soll mit mir los sein? Nichts ist los!"

Die **Falle** der unerlösten ZWEI ist Gefälligkeit oder Schmeichelei. Sie verleugnet sich selbst, um anderen zu „gefallen". Sie schämt sich so sehr ihrer eigenen Bedürftigkeit, dass sie andere von sich abhängig machen muss, um ein wenig Selbstwertgefühl zu entwickeln. Das wiederum führt dazu, dass ZWEIer irgendwann im Gegenzug eine sehr unabhängige Seite entwickeln, die ihre Umwelt in Erstaunen versetzen kann. Sie sind es eines Tages leid, auf Liebe, Lob und Streicheleinheiten angewiesen zu sein und fallen schlagartig ins andere Extrem. Sie wollen aller Welt beweisen, wie unabhängig sie sind, ziehen sich zurück, machen plötzlich, was sie wollen und kämpfen mit Zähnen und Klauen um ihre „Freiheit". Dieses Phänomen kann groteske Formen annehmen. Aber es gibt keine ZWEI, bei der es nicht irgendwann wie aus heiterem Himmel zu Tage tritt.

Viele Probleme entstehen für ZWEIer dadurch, dass sie nicht Nein sagen können und deshalb mehr versprechen, als sie zu halten vermögen. Im Nachhinein ärgern sie sich über ihre Zusagen und fühlen sich obendrein schuldig, weil sie ihre Ankündigungen nicht einlösen.

Die unreife ZWEI steht unter dein Zwang, gebraucht zu werden, sei es von den „Armen" dieser Welt oder von einer wichtigen Persönlichkeit, der sie dienen und zuarbeiten kann. ZWEIer können selbst gute Führungskräfte sein, wenn sie es schaffen, ihre Parteilichkeit und Subjektivität zu zügeln und sich nicht nur mit ihren Lieblingen zu umgeben. ZWEIer neigen dazu, einen Kreis von Jüngern um sich zu scharen, die „verstehen". Kritiker haben keine großen Chancen, in diesen inneren Kreis vorzudringen. Wenn sich die „Jünger" aus dem Einflussbereich der ZWEI lösen wollen, kann es zu komplizierten Ablösungsprozessen kommen. Die Verlustängste der ZWEI sorgen dafür, dass Menschen, die ihr nahe stehen, an einer unsichtbaren „Leine" hängen.

In der Regel ist ZWEIern die Führerrolle allerdings lästig, weil sie so viel Verantwortung beinhaltet. Deshalb sind sie lieber die Nummer ZWEI, die graue Eminenz hinter den Kulissen mit viel Macht und wenig Verantwortung. Sie fürchten sich vor exponierten einsamen Positionen, in denen sie sich isoliert fühlen und Angriffen ausgesetzt sind. Ein einziger Kritiker, der nicht „mitspielt" oder „versteht", reicht für eine ZWEI, um ihr das Gefühl zu vermitteln: „Alle sind gegen mich!"

Die **Geistesfrucht** oder Gabe der ZWEI ist *Demut*, die Kehrseite des Hochmuts. Wenn eine ZWEI an jenen Punkt kommt, wo sie ihre wirklichen Motive erkennt („Ich gebe, um zu bekommen"), dann ist das eine Ernüchterung, wie man sie sich tiefer kaum denken kann. Wenn die ZWEI es wagt, diese Einsicht auszuhalten, sie zu kauen, zu schmecken und zu verdauen, dann ist Verwandlung und Heilung möglich.

Ich (Richard Rohr) erinnere mich, was mit einer Frau in *New Jerusalem* passiert ist, als bei ihr die Maske fiel und ihr schlagartig klar wurde, welches Spiel sie ein Leben lang getrieben hatte. Sie kam drei Tage hintereinander in meine Sprechstunde und konnte nichts als hemmungslos weinen. Es war eine wirkliche Bekehrung. Sie weinte über ihren Stolz und darüber, dass sie immer gemeint hatte, sie sei der liebevollste Mensch der Welt. Sie erkannte plötzlich die erschreckende Diskrepanz zwischen Anspruch und Wirklichkeit.

In Legenden ist oft davon die Rede, dass die Heiligen ihre Sünden beweinen. In den orthodoxen Ostkirchen gelten die Tränen wirklicher Reue als ein untrügliches Anzeichen für das Wirken des Heiligen Geistes. Aus einem Tränenbad kann ein geläuterter Mensch hervorgehen. Aber Vorsicht! Tränen der ZWEI sind häufig Tränen des *Selbstmitleids*. Wenn eine ZWEI endlich Tränen der *Selbsterkenntnis* weinen kann, ist die Erlösung nah! ZWEIer erkennen in solchen Augenblicken, dass sie anderen Menschen geschadet und sie verletzt haben, während sie angeblich „ihr Bestes wollten". Das ist demütigend. ZWEIer werden von sich selbst erlöst, je mehr sie Gott als den großen *Liebhaber* erleben und realisieren, dass unsere Liebe nur darin bestehen kann, an Gottes Liebe Anteil zu haben. Diese Einsicht führt durch das finstere Tal tiefer Schmach und Demütigung zu echter Demut.

Falscher Stolz und falsche Demut sind Geschwister. Echte Demut basiert auf einer realistischen Selbsteinschätzung und auf einem gesunden Selbstwertgefühl. Demut ist eigentlich nichts anderes als gesundeter und „geheiligter" Stolz. Eine erlöste ZWEI kennt ihren eigenen Wert und braucht deshalb nicht ständig bestätigt zu werden. Ihre Autonomie ist keine Trotzreaktion mehr, sondern Ausdruck dafür, dass sie in sich (und in Gott) ihre Identität gefunden hat.

Symbole und Beispiele

Die **Symboltiere** der ZWEI sind die *Katze*, der *Esel* und das *leckende Hundebaby*. Die Katze symbolisiert die Ambivalenz der ZWEI im Blick auf Distanz und Nähe. Katzen sind anschmiegsam und holen sich ihre Streicheleinheiten, wenn sie Lust dazu haben. Wenn man sie selbst manipulieren will, erweisen sie sich aber plötzlich als frei und unabhängig. Eine Katze kann man nicht dressieren. Der Esel ist das scheinbar so geduldige Lasttier. Er trägt, was andere ihm aufladen. Er ist auch das Symbol der Demut. Jesus zieht nicht auf einem stolzen Pferd, sondern auf dem verachteten Esel in Jerusalem ein. Aber irgendwann wird es dem Esel zu viel. Er kann plötzlich bockig und störrisch werden. Und wenn es ihm zu wohl wird, geht er bekanntlich aufs Eis. Das leckende Hundebaby symbolisiert die aufdringlichen Liebesbeweise und die Distanzlosigkeit einer unreifen ZWEI. Nach einer Weile wirken sie klebrig, eklig und abstoßend, weil sie übertrieben sind.

Das **Land** der ZWEI ist *Italien*. Die Karikatur der dicken italienischen Mama, die den Familienclan regiert, bedarf keiner Erläuterung. Das Bemühen der Menschen, warm, liebenswert und charmant zu erscheinen, begegnet einem in Italien auf Schritt und Tritt. Wenn man in England jemanden nach dem Weg fragt, tun die höflichen Engländer alles, damit man ans Ziel kommt. Wenn es sein muss, gehen sie den Weg selber mit. In Italien packen sie dich am Arm (Körperkontakt ist wichtig!), zeigen mit großer Geste in irgendeine Richtung und sagen: „Da drüben!“ Wenn du ihren Anweisungen und Ratschlägen folgst, merkst du, dass du dich hoffnungslos verläufst. Sie präsentieren ein Bild von Zuwendung und Hilfsbereitschaft. Das Bild ist wichtiger als die Tatsachen.

Die **Farbe** der ZWEI ist Rot. Es signalisiert Leben, Kraft und Leidenschaft und gilt traditionellerweise als männliche Farbe! Im Hebräischen werden die Worte für Blut (dam), Erde (adamah), rot (adom) und Mann (adam) vom selben Stamm abgeleitet. Rot ist die Farbe der Liebe und des Martyriums. „Im reinen Rot der Rose ist es – wie im Blute Christi – Sinnbild der bedingungslosen Hingabe an das Leben und an den Willen des Vaters.“[6] Die Märtyrer wurden oft in roten Gewändern dargestellt; als Farbe des Feuers repräsentiert Rot den Heiligen Geist und – infolgedessen – die Kirche, die aus der Geisttaufe von Pfingsten geboren wurde. Die rote Farbe hat auch aggressive Züge: sie wird dem Kriegsgott Mars und der Leidenschaft zugeordnet. Stierkämpfer zeigen das rote Tuch; die rote Fahne wehte in mancher Revolution.

Maria Magdalena, Martha und *Johannes* (vermutlich der „Jünger, den Jesus lieb hatte“) sind die biblischen Symbolgestalten der ZWEI.

Maria Magdalena, die einst von *„sieben Dämonen besessen war“* und die Jesus geheilt hatte, war die Frau, die Jesus am nächsten stand. In der Tradition wurde sie – wahrscheinlich zu Unrecht – häufig mit jener „Sünderin“ identifiziert, die seine Füße mit ihren Tränen gewaschen und mit den Haaren getrocknet hat: eine Frau, die *oft* geliebt hat, in der Hoffnung wenigstens *einmal* geliebt zu werden. Ihr begegnet der auferstandene Christus zuerst. Sie will ihn umklammern, aber er hält sie zurück: „Rühr mich nicht an!“ (Johannes 20,17). Die Zeit der physischen Nähe ist vorbei. Marias Liebe muss ihre Klammer lösen, um transformiert und vergeistigt zu werden.

„Noli me tangere" („Rühr mich nicht an" – Schongauer)
Maria Magdalena und der Auferstandene

Martha gehört zu den beiden Schwestern, bei denen Jesus regelmäßig eingekehrt ist. Während Jesus wieder einmal bei ihnen zu Gast ist, sitzt Maria „zu seinen Füßen", hört ihm zu und redet mit ihm – etwas, was im damaligen Orient für eine Frau unerhört war. Martha dagegen fügt sich in die klassische Frauenrolle und dient zu Tisch, obwohl es ihr keinen Spaß macht. Es ärgert sie, dass Maria ihrem „egoistischen" Bedürfnis nachgibt, dasitzt, zuhört und redet. Schließlich fährt Martha ihren Gast Jesus an: *„Ist es dir egal, dass meine Schwester mich alles allein machen lässt? Sag ihr, dass sie mir helfen soll!"* Aber Jesus weigert sich, ihre selbst gewählte Rolle zu bestätigen: *„Martha, Martha, du machst dir viele Sorgen und Mühe um andere. Aber nur eins ist wirklich nötig. Maria hat das Bessere gewählt, das will ich ihr nicht nehmen"* (Lukas 10,38–42).

Es ist bezeichnend, dass uns bei Typ ZWEI zunächst Frauengestalten einfallen. Für die meisten anderen Typen ist es schwierig, in der Bibel charakteristische Vertreterinnen zu finden. Die Bibel spiegelt eine patriarchalische Kultur wider; ihre männlichen Schreiber stellen Frauen oft blass und konturlos dar. Bei Typ ZWEI ist es umgekehrt. Immerhin gibt es in der Bibel auch eine Männergestalt, die klassischen Züge der ZWEI trägt: *Johannes.*

Er war angeblich der „Lieblingsjünger" Jesu (ob er das wirklich war oder nur gerne gewesen wäre, ist nicht bekannt; jedenfalls wird er im Johannesevangelium, und nur da, so bezeichnet!). Er ist es, der beim Abendmahl an der Brust Jesu liegt und offen seine Gefühle für den Meister zeigt.[7] Er ist auch der einzige Mann, der mit den Frauen unter dem Kreuz aushält, während all die „starken Männer" geflohen sind. Eines der Hauptthemen der johanneischen Schriften[8], die ihm zugeschrieben werden, ist die Liebe: *„Gott ist Liebe!"* (1. Johannes 4,16). Das letzte Wort des greisen Johannes vor seinem Tod soll gewesen sein: „Kindlein, liebet einander!" Sein zweites Hauptthema ist die Inkarnation, die Fleischwerdung Gottes. Johannes schildert Jesus in seiner Sinnlichkeit und Zärtlichkeit (Fußwaschung) und ist überhaupt an der leibhaften Erfahrbarkeit des Heils interessiert: *„Was wir gesehen, gehört und mit unseren Händen angefasst haben, das verkünden wir euch"* (1. Johannes 1,1). Andererseits ist seine Botschaft an manchen Stellen sehr vergeistigt und mystisch. Für ZWEIer sind Sinnlichkeit und Geistigkeit keine Gegensätze.

Der „liebe" Johannes hat aber auch einen typischen ZWEIer-Schatten, den man leicht übersieht. Gerade in den drei anderen Evangelien wird er deutlich wahrnehmbar: Er bewirbt sich beispielsweise (zusammen mit seinem Bruder Jakobus) um den besten Platz im Himmel, zur *„Rechten des Meisters"*, den er ja auch beim Abendmahl einnimmt (die Lieblingsposition des ambitionierten ZWEIers! vgl. Markus 10,37). Wenn ihm keine Gegenliebe begegnet, wird er äußerst aggressiv: Nachdem Jesus und seine Jünger in einem Dorf abgewiesen werden, fragen er und Jakobus den Meister: *„Sollen wir Feuer vom Himmel fallen lassen und dieses Dorf vernichten?"* (Lukas 9,54).

Der Evangelist Johannes redet zwar mehr als andere von der Liebe, aber wenn man genau hinsieht, dann merkt man, dass diese Liebe exklusiv ist und nur den „Brüdern" gilt. „Brüder" sind für ihn nicht mehr die jüdischen Volksgenossen, sondern nur noch diejenigen, die an Christus glauben. Er zieht eine scharfe Trennungslinie zwischen drinnen und draußen. Das Konzept der „Feindesliebe“ existiert gerade bei ihm nicht. Andersdenkende werden schnell zu Antichristen gestempelt. Vor allem das Volk der Juden, zu dem er selbst gehört, das aber den Christus nicht aufgenommen hat, beginnt er zu verteufeln. Hier dürfte eine der Wurzeln des christlichen Antisemitismus liegen. Die Nazis haben in ihrer antijüdischen Propaganda genüsslich auf bestimmte Aussagen des Johannesevangeliums zurückgegriffen. Johannes lässt Jesus einmal zu den Juden sagen: *„Euer Vater ist der Teufel!“* (Johannes 8,44) – ein Wort, das Jesus so sicherlich nie gesagt hat. Von dort ist es nicht weit bis zu jenen schrecklichen Sätzen *Hitlers:* „Der Jude ... kann gar nicht Mensch im Sinne des Ebenbildes Gottes sein. Der Jude ist das Ebenbild des Teufels.“[9]

Umkehr und Erlösung

Die **Einladung**, die eine ZWEI erlöst, ist der Ruf zur Freiheit. Wirkliche Freiheit, nach der sich die ZWEI zutiefst sehnt, beendet das Spiel von Manipulation und falscher Liebe, von Abhängigkeit und krampfhaften Versuchen der Selbstbefreiung. Eine ZWEI findet nur zu ihrer Freiheit, wenn sie die Erfahrung bedingungsloser Liebe machen und annehmen kann, die Erfahrung, die in religiösen Traditionen *Gnade* genannt wird. Zeichen dafür, dass diese Gnade angekommen ist, ist wirkliche *Dankbarkeit.* Die erlöste ZWEI erwartet nicht mehr, dass Gott und die Welt ihr dankbar sind, weil sie so viel für sie leistet; sie kann sich über kleine Zeichen der Zuwendung freuen. Eine integrierte ZWEI kann auch andere Menschen freigeben und für das Maß von Nähe und Zuwendung dankbar sein, das in Beziehungen möglich ist. Eine gereifte ZWEI freut sich, wenn Menschen, um die sie sich einst gesorgt hat, in Freiheit ihren eigenen Weg gehen.

Eine der **Lebensaufgaben** der ZWEI besteht darin, ein gewisses Maß an Sachlichkeit zu erlangen und sich von Klatschsucht, Schmeicheleien, falscher Nähe, Gefühlsduselei und dauernder Suche nach Bestätigung zu lösen. Die ZWEI muss das unaufdringliche Dienen mühsam einüben: „Kann ich etwas für andere tun, was nicht auffällt und nicht belohnt wird?“ Als Jesus sagte: *„Wenn du Gutes tust,* dann lass *deine linke Hand nicht wissen, was die rechte tut“* (Matthäus 6,3), hat er besonders zu ZWEIern gesprochen. An diesem Punkt erweist sich, ob jemand wirklich etwas „für Gott“ tut oder nur, um als altruistischer und aufopfernder Mensch bestätigt zu werden. ZWEIer sorgen in der Regel dafür, dass andere Menschen über ihre „guten Taten“ informiert werden: „Tue Gutes und rede darüber!“ Um die Abhängigkeit von Bestätigung zu überwinden, müssen ZWEIer in der Regel tiefe und schmerzhafte Verlusterfahrungen machen – und überleben. Die Trauerarbeit mit dem Ziel, symbiotische Beziehungen zu lösen, kann das Tor zu deutlicherer Selbstwahrnehmung und zur Freiheit werden. Erst nach dem Loslassen merken sie, dass sie auf eigenen Beinen stehen können und sogar glücklich dabei sind.

ZWEIer brauchen – wie alle „Herzenstypen" und Aktivisten – einen Ort der Stille und „Objektivität", wo sie allein sind, mit sich selbst Freundschaft schließen und ernsthaft nachdenken können – und zwar mit dem Kopf! ZWEIer neigen dazu, mit dem Herzen zu denken. In ihren aggressiven Phasen können sie den Kopf unter Umständen vollständig ausschalten. Sie wollen in solchen Situationen von Logik nichts wissen: „Geh mir nicht dauernd mit Fakten auf die Nerven! Ich fühle mich jetzt so und habe ein Recht darauf!" Eine integrierte ZWEI kann sachlich sein und die Fakten sprechen lassen – und nicht immer nur Stimmungen und Emotionen.

Die Sensibilität der ZWEI für Stimmungen und Gefühle hat freilich auch eine sehr positive Kehrseite: ZWEIer können an der Art, wie ihr Gegenüber die Augenbrauen hebt, exakt ablesen, wie die „Wetterlage" ist. Das kann für sie zur Last werden, weil sie sofort verletzt sind oder Angst bekommen, sobald sie nur einen Anflug von Ablehnung spüren. Sie müssen lernen, mit dieser emotionalen Hypersensibilität zu leben. Dazu brauchen sie die Geduld ihrer Umgebung. Andererseits müssen die ZWEIer immer wieder einmal herausgefordert werden, ihre Gefühle nicht ständig mit der objektiven Wirklichkeit zu verwechseln.

ZWEIer müssen auf zwei Warnsignale achten: *Scham* und das Bedürfnis, *Schuld zuzuweisen.* Wenn sie sich ihrer eigenen Bedürfnisse schämen, sind ZWEIer gefährdet. Dasselbe gilt, wenn sie anfangen, andere Menschen oder Gott anzuklagen. Sobald sie das Gefühl haben, dass sie zu kurz kommen, brauchen sie einen Sündenbock. Es kann die Hölle sein, sich den Hass einer ZWEI zuzuziehen. ZWEIer können genauso intensiv hassen, wie sie lieben können. Dann werden sie ungemein grausam und brutal gegen sich und andere. Das ist die schrecklichste Deformation der ZWEI, die eigentlich so liebevoll und warmherzig ist.

ZWEIer müssen lernen, Nein zu sagen und ihre eigenen Bedürfnisse klar und deutlich zu formulieren. *Peter Schellenbaum* hat die Mechanismen symbiotischer Beziehungen untersucht und gezeigt, wie Beziehungen daran scheitern können, dass in ihnen kein Raum für Abgrenzung bleibt.[10] Anfangs wirkt es unbeholfen und künstlich, wenn eine ZWEI das Neinsagen, die Abgrenzung und die Artikulation eigener Bedürfnisse „einübt". Sie wird erst einmal übertreiben. So wie EINSer mühsam lernen müssen, Aggressionen zu zeigen, so müssen ZWEIer trainieren, ihre Wünsche zu äußern. Deswegen treten sie dabei zunächst so kämpferisch auf, dass einem auch das auf die Nerven geht. Andere müssen in diesem Stadium geduldig mit ihnen sein; nach einer Weile werden sie es können!

ZWEIer sind offensichtlich am besten „drauf", wenn sie tatsächlich lieben und dienen können. Im Dienst und in der Zuwendung kommt ihre manipulative *und* ihre beste Seite zum Vorschein. Deswegen brauchen sie gerade in diesem Bereich Hilfe und Supervision, um ihren „inneren Beobachter“ zu entwickeln, der fragt: „Warum bist du *wirklich* für andere da?“ Sie müssen ab und zu den Benzinhahn drosseln, sich anderen Menschen verweigern und es bei sich selbst aushalten. Wenn sie üben, Gutes zu tun, ohne Beachtung und Belohnung zu erwarten, werden sie dabei zunächst feststellen, dass das ihre Motivation empfindlich beeinträchtigt.

Helfersyndrom, Messiaskomplex, Märtyrerphantasien, Sex- und Beziehungssucht – all diese typischen Spiele einer ZWEI führen über kurz oder lang zur Erfahrung, „ausgebrannt“ zu sein, von der so viele Angehörige helfender Berufe berichten. Die schwedischen Autorinnen *Barbro Bronsberg* und *Nina Vestlund* beleuchten in ihrem Buch „Ausgebrannt“ die Situation berufstätiger Frauen, die unter eigenen und fremden Ansprüchen zusammenbrechen. Sie weisen unter anderem auf verbreitete körperliche Symptome dieser typischen Helferkrankheit hin und geben eine Reihe von Anregungen, wie beispielsweise das „Neinsagen“ eingeübt werden kann.[11]

Eine *integrierte* ZWEI ist liebesfähig. Wer das Glück hat, von einer reifen ZWEI geliebt zu werden, hat eine großartige Geliebte, einen wunderbaren Liebhaber, einen Freund, um den er oder sie zu beneiden ist. Dieser Mensch fühlt deine Schmerzen mit dir und sorgt sich um dich, weil er weiß, wie es sich anfühlt, wenn die Seele wehtut. ZWEIer wollen um keinen Preis, dass jemand das durchmachen muss, was sie durchgemacht haben. Das ist die Stärke und die Schönheit einer gereiften ZWEI.

Als Beispiel für eine integrierte ZWEI haben wir in der Urfassung dieses Buches *Mutter Teresa (1910–1997)* angeführt. Inzwischen sind wir davon überzeugt, dass sie eine ACHT war. Wie konnte es zu dieser Verwechslung kommen? Integrierte ACHTer nehmen die positiven Züge der reifen ZWEI an. ZWEI ist der „Trostpunkt“ der ACHT. Weiter unten werden wir dieses Phänomen noch näher beleuchten. Deswegen war es nicht völlig falsch, gerade sie als ZWEI zu beschreiben – und deshalb sagen wir an dieser Stelle etwas über diese bemerkenswerte Frau und ihr Lebenswerk. Sie stammte aus einer Familie in Skopje, in der Nächstenliebe und Hilfsbereitschaft schon immer groß geschrieben wurden. Mit 18 trat *Agnes Gonxha Bojaxhiu*, wie sie mit bürgerlichem Namen heißt, den „Englischen Fräulein“, einem Schulorden, bei. Vom Dubliner Mutterhaus aus wurde sie an ein Gymnasium in Kalkutta geschickt, wo sie „höhere Töchter“ in Erdkunde unterrichtete. Direkt hinter der Schule lag ein völlig heruntergekommenes Slumviertel. Mit einigen Schülerinnen begann Teresa, die mittlerweile Schuldirektorin und Oberin des Klosters war, in die Armenviertel zu gehen und Kranke zu versorgen.

Bald wurde ihr klar, dass es nicht ausreicht, den Armen zu helfen und danach in die Geborgenheit der eigenen vier Wände zurückzukehren. Im Jahre 1946 stand für sie fest: „Ich muss das Kloster verlassen und den Armen helfen, indem ich unter ihnen lebe."[12] Schließlich setzte sie durch, dass sie die bisherige Schwesterntracht mit dem Sari der Armen vertauschen und in eine Hütte in den Slums ziehen durfte. Dort brachte sie Kindern das Alphabet bei und zeigte ihnen, wie man sich wäscht. Ehemalige Schülerinnen folgten ihr. So entstanden die *Missionaries of Charity*, ein Orden, dem heute über 2000 Schwestern und über 300 Brüder angehören.

Besonders vernarrt war Teresa von Anfang an in Kinder – geborene und ungeborene. Die Behauptung, es gibt zu viele Kinder, ist ihrer Meinung nach so absurd wie die Behauptung, es gibt zu viele Sterne am Himmel. Teresas Schwestern sammeln weggeworfene und ausgesetzte Neugeborene auf und päppeln sie hoch. Das Schlimmste auf der Welt, meinte Mutter Teresa, ist das Gefühl, unerwünscht zu sein. Deshalb pocht sie auch auf das Lebensrecht der Ungeborenen und protestiert gegen die Abtreibung: „Man tötet nicht nur Leben, sondern stellt sein Ich über Gott. Mir scheint, dass man den Schrei jener Kinder hören kann, die ermordet wurden, bevor sie auf der Welt erschienen."[13] Bei der Verleihung des Friedensnobelpreises in Oslo 1979 mutete sie den geladenen Gästen zu, sich anzuhören: „Für mich sind die Nationen, die Abtreibung legalisiert haben, die ärmsten Länder. Sie fürchten die Kleinen, sie fürchten das ungeborene Leben."[14]

Frühzeitig begannen die Schwestern in Kalkutta Sterbehäuser einzurichten, um den Ärmsten, die auf den Straßen der Stadt verenden, wenigstens einen würdigen Tod zu ermöglichen: „Sie haben wie Tiere gelebt. Sie sollen wenigstens wie Menschen sterben."[15] Versuche, Menschen durch Worte zu missionieren, machen die Schwestern nicht: „Das Einzige, was wirklich bekehrt, ist die Liebe."

1982 kritisierte Mutter Teresa die bundesdeutsche Asylpolitik und forderte den damaligen württembergischen Ministerpräsidenten *Lothar Späth* öffentlich auf: „Öffnen Sie die Tür – und Gott wird Sie segnen!" Wahre Liebe musste ihrer Meinung nach wehtun und Opfer erfordern. In den Verachtetsten begegnet uns Christus: „In der Heiligen Kommunion haben wir Christus in der Gestalt von Brot. In unserer Arbeit finden wir ihn in der Gestalt von Fleisch und Blut. Es ist derselbe Christus."[16]

Heute gibt es in aller Welt „Schwestern" und „Brüder der Barmherzigkeit". Im Ruhrgebiet arbeiten die Brüder mit Drogenabhängigen; in Berlin und New York begleiten die Schwestern Aidskranke in den Tod. Gesellschaftsstrukturen interessierten Mutter Teresa nicht, obwohl sie einsieht, dass andere die Berufung haben könnten, für strukturelle Veränderungen zu kämpfen: „Worum es uns geht, ist der Einzelne."[17] Das Motto, das sie ihren Schwestern gab, lautete: „Fragt nicht nach den Kosten!" Das ist die Gabe der geläuterten ZWEI: Ich kann etwas geben ohne zu fragen, ob ich etwas zurückbekomme.

Die Schwestern von Mutter Teresa beziehen ihre Kraft aus der Stille: Meditation, Gebet und die Eucharistiefeier gehören zum Tagesablauf. Aktion und Kontemplation gehören für sie zusammen. All das sind Qualitäten der reifen ZWEI – auch wenn Mutter Teresa „eigentlich" eine ACHT war.

Seit uns klar wurde, dass Mutter Teresa keine „waschechte" ZWEI war, haben wir nach neuen „Heiligen" für Typ ZWEI gesucht – und sind nicht recht fündig geworden. Das könnte damit zusammenhängen, dass es Menschen, deren Ausgangspunkt eine gewisse „Scheinheiligkeit" ist, besonders schwer haben, echte Heilige zu werden. Zwei beeindruckende Gestalten haben wir dann aber doch gefunden:

Die italienisch-englische Krankenschwester und Diakonisse *Florence Nightingale* (1820–1910) ist vielleicht der Prototyp einer reifen ZWEI. Bereits als 17-jährige fühlt sie sich zum Dienst an Kranken und Hilflosen berufen und schreibt: „Am 7. Februar 1837 sprach Gott zu mir und berief mich zu seinem Dienst". Florence Nightingale hat nie eine Ausbildung zur Krankenschwester durchlaufen. Sie reiste viel und besuchte, wo sie auch hinkam, Krankenhäuser und Hospitäler. Tiefgläubig stellte sie ihr Leben in den Dienst der Kranken und Verwundeten.

Berühmt wurde Nightingale durch ihre vorbildliche Organisation des britischen Krankenpflege-Stabs während der Krimkriege 1853 bis 1856. Dank ihres Einsatzes bis an die physischen Grenzen, viel Disziplin und Ehrgeiz schaffte sie es, die Todesrate in den provisorischen Krankenhäusern drastisch zu verringern. Im Gegensatz zu unreifen ZWEIern, die nach öffentlichem Applaus schielen, mied Nightingale Empfänge und Veranstaltungen zu ihren Ehren und arbeitete stattdessen in aller Stille. Mit viel Engagement förderte sie die Ausbildung von Krankenpflegerinnen, veröffentlichte Bücher und beriet in ihrer Kammer Minister und Politiker.

Ein weiteres positives Leitbild für die ZWEI könnte *Vinzenz von Paul* sein. Er wird 1581 im gascognischen Dörfchen Pouy als Bauernsohn geboren. Mit 19 wird er Priester; 1608 geht er nach Paris, um eine Pfarrstelle zu finden. 1612 wird er Pfarrer in Clichy und lernt den Gründer der Oratorianer, *Pierre de Bérulle* kennen. Die Begegnung wird zur Lebenswende. Vinzenz wird Erzieher im Hause des Grafen Gondi, der Galeerengeneral ist. Vinzenz versucht, den Galeerensträflingen geistlich und materiell zu helfen. Unermüdlich gründet er fortan Vereinigungen, die sich der Fürsorge für Kranke, Findelkinder und Arme verschreiben. Nie zuvor hat eine Mensch so viele Werke, Gemeinschaften und Institutionen der Nächstenliebe eingerichtet und dabei selbst äußerst armselig gelebt. „Sein Zimmer war ein kleines, gewöhnlich ungeheiztes Stübchen mit einem hölzernen kleinen Tisch, zwei Strohsesseln und einem ärmlichen Bett ... Seine liebsten Speisen waren die Überbleibsel der Brüder. Je größer seine Sparsamkeit für sich und seine Brüder, desto freigebiger war seine Barmherzigkeit gegen die Armen. ‚Das Vermögen des Hauses', sagte er oft, ‚ist das Vermögen der Armen, wir sind nur Verwalter und nicht Herren davon.'"[18] Freilich muss sich Vinzenz auch der Fragwürdigkeit übergroßer Fürsorglichkeit bewusst gewesen sein. Einmal soll er sinngemäß gesagt haben: „Wir müssen die Armen um Verzeihung für all das bitten, was wir für sie tun." Das ist die Erkenntnis einer reifen ZWEI!

Typ Drei

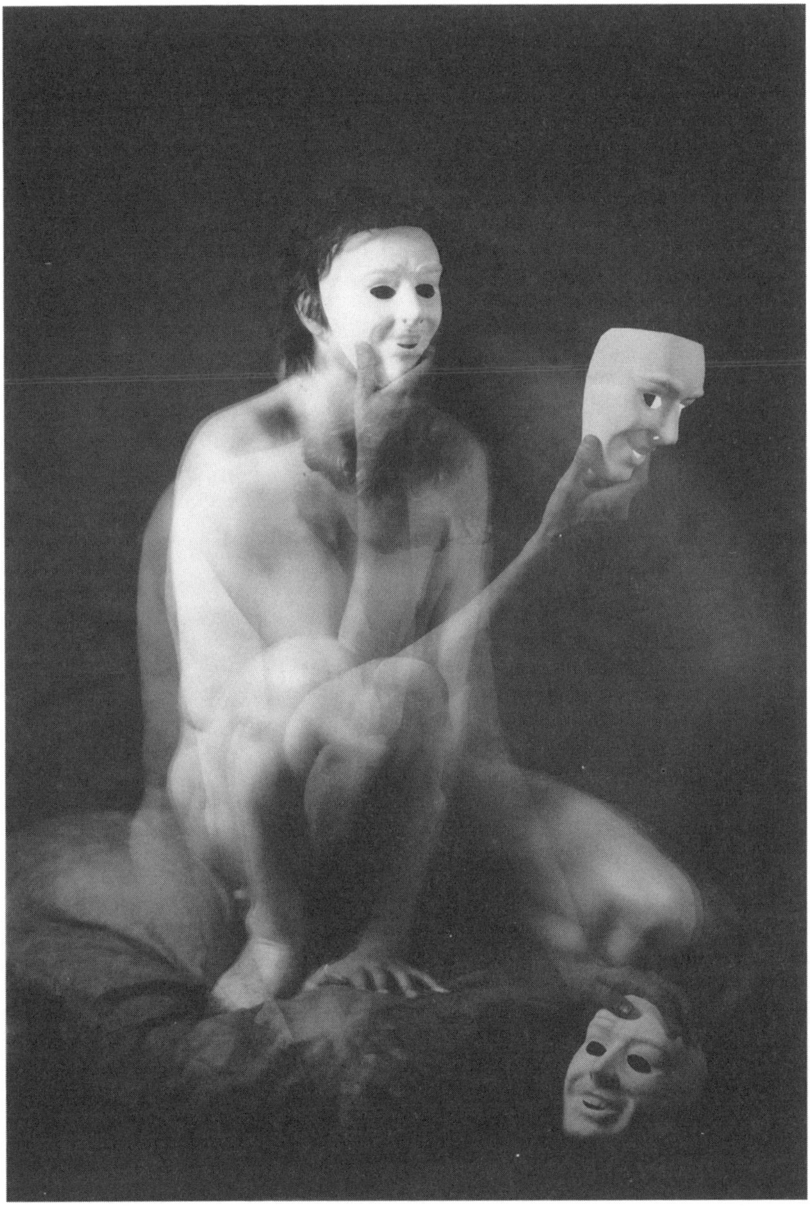

Überblick
Die besonderen Begabungen der DREIer führen dazu, dass sie häufig eine vertrauen erweckende Leichtigkeit ausstrahlen, die ihnen erlaubt, eine gute Atmosphäre zu verbreiten. Es fällt ihnen leicht, Aufgaben effektiv und kompetent zu erledigen, sich persönliche Ziele zu stecken und sie auch zu erreichen, sowie andere Menschen zu begeistern, zu motivieren und zu befähigen, ebenfalls voranzukommen.

DREIer haben einen „sechsten Sinn" für die Einschätzung von Aufgaben und für die Dynamik von Arbeitsgruppen. Sie identifizieren sich mit der Firma (Gemeinschaft, Organisation), für die sie tätig sind, und haben die Gabe, für ein gutes Betriebsklima zu sorgen und den Laden zusammenzuhalten. Die Verbindung und „Vernetzung" der Gruppenmitglieder liegen ihnen am Herzen. DREIer können durch ihre überzeugende Ausstrahlung und durch die Kraft ihrer Argumente großen Einfluss gewinnen und Projekte, an die sie glauben, zum Erfolg führen.

Die DREI ist der Zentraltyp des Herzzentrums (ZWEI, DREI, VIER). Das bedeutet aber gerade nicht, dass DREIer die Menschen sind, die mit ihrer Gefühlswelt am besten zurechtkommen. Im Gegenteil: Typ DREI hat von allen Typen des Enneagramms die größten Schwierigkeiten, die eigenen Gefühle wahrzunehmen. Ähnlich wie die ZWEI hält auch die DREI ständig ein imaginäres Thermometer in die Luft, um die Atmosphäre zu prüfen. Aber sie fragt dabei nicht wie die ZWEI: „Habt ihr mich lieb?", sondern: „Habe ich Erfolg? Komme ich an?"

Als Kinder wurden DREIer oft nicht um ihrer selbst willen geliebt, aber gelobt und belohnt, wenn sie erfolgreich waren und besondere Leistungen vorweisen konnten. Wenn sie mit guten Noten heimkamen oder ein Fußballspiel gewonnen hatten, hat die Mutter oder der Vater gesagt: „Du bist ein guter Junge. Wir sind stolz auf dich." Nach und nach haben sie Sieg und Erfolg idealisiert und das Leitmotto entwickelt: „Ich bin gut, wenn ich gewinne."

Die DREI bezieht ihre Lebensenergie aus ihren Erfolgen. DREIer sind Selbstdarsteller, Leistungsmenschen, Karrieristen, Statussucher und kommen mit ihrer jeweiligen Rolle besser zurecht als mit ihrem wahren Selbst, das sie kaum kennen. Sie können in fast jede Maske schlüpfen und sie in Vollendung darstellen. Die Rolle schützt und motiviert sie.

Das Leben der DREI ist ein Konkurrenzkampf; es geht um gewinnen oder verlieren. DREIer wollen Sieger sein und bringen es deswegen oft auch wirklich weit. Eine in Beruf und Familie erfolgreiche Frau, die sich in der DREI wieder erkannt hat, schildert sich selbst:

„Ich kann mich erinnern, dass ich es liebte, wenn mein Vater mit uns ‚Kopfrechnen-Schlange' (hintereinander viele Zahlen im Kopf addieren und subtrahieren) spielte, weil ich dabei meist gewann. Nicht dass ich Kopfrechnen liebte, ich liebte es zu gewinnen. Meine Schwester fand dieses Spiel immer grässlich. In der Schule haben mir alle Fächer Spaß gemacht, solange ich gute Noten hatte. Sterbenslangweilig fand ich nur Fächer wie Musik, in denen ich überhaupt keine Aussichten hatte, einmal zu den Besten zu gehören, weil wir einige Superstars in der Klasse hatten. Religionslehrer, die immer nur Einser und Zweier vergaben, fand ich fürchterlich, weil mir das System der Leistungskontrolle zur Selbstbestimmung half. Als Konkurrenz für andere habe ich mich nie gesehen – eher als eine, die gerne im Team vorankommt. Vorankommen ist wichtig. Stehenbleiben und geduldig auf die Nachzügler zu warten, finde ich schwierig. Oft arbeite ich dann lieber allein mit meinem eigenen Tempo, bevor ich andere, die sich nicht motivieren lassen, mitschleppen muss."

DREIer können wirklich hart arbeiten und dabei ihre ganze Energie in ein Projekt fließen lassen. Sie sind auf ihrem Gebiet oft sehr kompetent und wirken nach außen noch kompetenter. Man glaubt ihnen, dass sie ihr Metier beherrschen und von ihrer Sache überzeugt sind.

Viele DREIer sind auch äußerlich attraktiv.[1] Nicht selten waren sie schon als Kinder gut aussehend und „tolle Typen" und haben immer wieder zu hören bekommen: „Du kannst es! Du schaffst es!" Dies wurde in vielen Fällen zur „selbsterfüllenden Prophezeiung". Die meisten DREIer wirken optimistisch, jugendlich, intelligent, dynamisch und produktiv.

Berufe, in denen es DREIer weit bringen, sind Vertreter, Verkäufer, Manager, Designer und alles, was mit Medien und mit Werbung zu tun hat. Sind sie „nur" Hausfrau und Mutter, dann sind sie die Superhausfrau und Supermutter. In intimen Beziehungen neigen sie dazu, auch die Rolle des Liebhabers oder der Geliebten gekonnt auszufüllen: romantisch zu sein, wenn Romantik angesagt ist, sinnlich zu sein, wenn Sinnlichkeit angesagt ist. Sie haben die Tendenz, zum Prototyp ihrer jeweiligen Bezugsgruppe zu werden und die Erwartungen und Werte dieser Gruppe zu verkörpern. DREIer-Männer und DREIer-Frauen neigen deshalb unter anderem dazu, die jeweilige gesellschaftliche Definition für „Männlichkeit" und „Weiblichkeit" zu übernehmen. Erlaubt es beispielsweise der Zeitgeist, dass der Mann häuslich, weich und zärtlich ist, werden sich diese Züge beim DREIer-Mann alsbald finden. Sind sportliche und natürliche Frauen gefragt, werden DREIerinnen bald die Riege sportlicher und natürlicher Frauen anführen.

Es müssen nicht unbedingt die „gängigen" gesellschaftlichen Werte sein, mit denen sich eine DREI identifiziert. Eine DREI, die sich einer christlichen Gemeinschaft oder einer radikal gesellschaftskritischen Gruppe anschließt, verkörpert nicht die Werte und das anerkannte Image der Gesamtgesellschaft, sondern ihrer neuen primären Bezugsgruppe. Probleme treten nur auf, wenn die DREI zu mehreren Bezugsgruppen mit unterschiedlichem Lebensstil gehört. Es kann passieren, dass sie in diesem Fall blitzschnell Image und Rolle vertauscht, sobald sie die Schwelle von einem Lebensbereich zum anderen überschreitet.

Ein guter Freund von mir (Richard Rohr) aus Cincinnati, der eine DREI ist, hat den Spitznamen Mister Perfect. Alles, was er anpackt, scheint ihm zu gelingen und verwandelt sich wie im Märchen gleichsam in Gold. Dieser Freund sagt: „Wenn ich einen Raum betrete, in dem viele Menschen sind, dann weiß ich in Bruchteilen von Sekunden, wie ich mich verhalten, wie ich auftreten, wie ich reden muss, um bei den Anwesenden anzukommen. Andere mögen solche Verhaltensänderungen nur als Nuancen empfinden; ich weiß sofort, welche Nuance gefragt ist. Verlasse ich das Zimmer und gehe eine Tür weiter, dann kann ich dort nebenan dasselbe Spiel spielen und ein völlig anderer Mensch sein."

DREIer sind oft attraktive Erfolgsmenschen, die lächelnd durch die Welt gehen und denen alles zuzufallen scheint, was sie bekommen wollen. In Wirklichkeit fällt ihnen nichts zu. Sie arbeiten hart für ihren Erfolg. Sie sorgen dafür, dass ihre Vorhaben gelingen und setzen ihre ganze Energie dafür ein. Aber sie wollen, dass es leicht und lässig aussieht und lassen sich ihre Anstrengungen nicht anmerken.

DREIer haben die Neigung, das, womit sie sich identifizieren, übertrieben positiv wahrzunehmen und die problematischen Seiten eines Projekts auszublenden. Wenn sie meinen, es sei ihnen etwas gelungen, können sie „Werbespots" für sich selbst aussenden, um Lob, Anerkennung und Bewunderung einzuheimsen. Sie reden gerne von ihren Erfolgserlebnissen, zählen Menschen auf, die sie beeinflussen konnten, Projekte, die sie durchgezogen, Auszeichnungen, die sie errungen haben. DREIer können nicht genug gelobt werden; sie saugen Bestätigungen auf wie ein ausgetrockneter Schwamm. Leider bleibt dieses Lob häufig aus, weil DREIer in der Regel so selbstbewusst und stark wirken, dass andere kaum auf den Gedanken kommen, dieser erfolgreiche Mensch sei auf Komplimente angewiesen. Wie eine ZWEI alles tut, wenn sie gebraucht wird, so tut eine DREI alles für ein Lob. Lob ist das Benzin, das den DREIer-Motor antreibt. DREIer sind noch abhängiger von den Reaktionen anderer als ZWEIer, obwohl man ihnen das selten anmerkt.

Dilemma

Tüchtigkeit (Effizienz) ist die größte **Versuchung** der DREI. Das kapitalistische System, das die Weltwirtschaft beherrscht, basiert auf dem DREIer-Dogma: „Wer sich genügend anstrengt, der kann sich hocharbeiten." Die Gesellschaft der USA, Symbolland der DREI (siehe unten), ist Ausdruck dieser Haltung, von der inzwischen die globale Gesellschaft infiziert ist. Wir bewundern Sieger und verachten Verlierer. Das sieht man schon daran, wie wir mit Armutsflüchtlingen und mit den hungernden Massen der Dritten Welt umgehen. Wer es im neokapitalistischen Globalsystem nicht schafft, in den Strom der Mittelschicht zu gelangen, wird wie ein Aussätziger behandelt, wird als minderwertig und moralisch unterlegen angesehen. Die Armen sind es nicht wert, bemerkt oder wahrgenommen zu werden. Letztlich sind sie an ihrer Lage selber schuld. So etwa lautet das Credo des amerikanisierten Globus. Das „amerikanische Evangelium“ von Leistung, Wohlstand und Erfolg ist so dominant und allgemein anerkannt, dass inzwischen bei uns selbst ein Großteil derer, die zeitlebens zur Kirche gegangen sind, kein signifikant abweichendes Wertesystem hat. Im Gegenteil: diese Einstellung überträgt sich auch auf den geistlichen Bereich; Religion wird zunehmend zum spirituellen Konsum. Das Kreuz, Symbol des Scheiterns, spielt keine Rolle mehr, denn es gibt keine Möglichkeit, aus dem „Wort vom Kreuz“ eine Erfolgsstory zu machen. Das Kreuz bedeutet, dass Christus die Niederlage des Todes ganz auskostet und den bitteren Kelch bis zur Neige trinkt. Der Kelch geht an Christus nicht vorüber; er muss den Tod schmecken! Das kann eine Erfolgsgesellschaft nicht nachvollziehen. Die Kultur der Mittelschicht kommt ohne Niederlagen aus. Wir sind wahrscheinlich die erste Generation der Weltgeschichte, die sich mit Hilfe des Wohlstands einen Ausweg aus der Erfahrung des Scheiterns erkauft hat und nun alles tut, um den eigenen Besitzstand zu wahren.

Der Abwehrmechanismus der DREI heißt Identifikation. Die DREI schützt sich vor Bedrohungen, indem sie in ihrem Beruf, in ihrer Rolle oder in ihren Projekten voll aufgeht und nur ungern Kritik an ihrer Gruppe oder Firma zulässt.

In den Anfangsjahren von New Jerusalem mussten ich, Richard Rohr, und ein anderer Franziskaner, der dort mitarbeitete, vor einem Ausschuss der Diözese Bericht erstatten über das, was in dieser verrückten Kommunität vor sich ging. Wir sollten Rechenschaft ablegen, ob all das legitim sei, ob wir vertrauenswürdig wären und so weiter. Mein Ordensbruder war eine DREI. Er hat ihnen New Jerusalem verkauft, dass einem Hören und Sehen verging! Es klang, als ob New Jerusalem das Reich Gottes auf Erden wäre. Ein sehr scharfsinniger Priester, der diesem Ausschuss angehörte, meinte denn auch: „Pater, Sie bemühen sich zu sehr! Es kann nicht *so* gut sein.“

Wenn eine DREI an etwas glaubt, dann tut sie das ohne Wenn und Aber und kann die Schattenseiten völlig ausblenden. Denn „Schatten“ ist gleich „Versagen“. *Versagen* ist der Begriff, der die **Vermeidung** der DREI umschreibt. Es gibt nichts Tragischeres als eine erfolglose DREI, weil es für die DREI unerträglich ist, mit Scheitern, Versagen oder Verlieren umgehen zu müssen.[2] Unerlöste DREIer meiden, fürchten und hassen Niederlagen wie die Pest. Wenn es doch dazu kommt, haben sie mindestens drei Standardmethoden, um sich aus der Affäre zu ziehen: Manchmal polieren sie ihre Niederlagen auf und deuten sie in „Teilsiege“ um;

oft schieben sie die Schuld auf andere; häufig verlassen sie den Scherbenhaufen so schnell wie möglich, um sich auf ein neues Erfolg versprechendes Projekt zu stürzen. Die unerlöste DREI ist zu immenser Selbstüberschätzung fähig. Ihr Ich ist durch Erfolge oft so verwöhnt, dass sie am Ende selbst glaubt, dass alles, was sie tut, gut und richtig ist. Der Erfolgsdruck, unter dem DREIer (und DREIer-Gesellschaften) stehen, führt zu ihrer **Wurzelsünde**, der *Lüge* oder dem *Betrug*.

Um zu gewinnen, neigen DREIer dazu, mit der Wahrheit großzügig umzugehen: Sie schaffen ein Image, das gut aussieht, sich verkaufen lässt und schließlich gewinnen wird. Es handelt sich selten um faustdicke Lügen; es sind eher subtile Schönfärbereien, das Ausblenden problematischer Schattenseiten eines Projekts, die übertriebene Betonung von Vorzügen.

Betrug bzw. Lüge fehlen im „klassischen“ Katalog der sieben Hauptsünden, ebenso wie die Sünde der SECHS, die Furcht. Ihre Klassifizierung als „Sünde“ stammt wahrscheinlich aus der Tradition der Sufis. Es ist bezeichnend, dass wir in der westlichen Tradition gerade diese beiden Sünden niemals als solche entlarvt und benannt haben. Es handelt sich um die eigentlichen Todsünden unserer Gesellschaft, die umso gefährlicher sind, weil wir sie nicht sehen. Die Sufis gehen davon aus, dass man die eigene Sünde nicht erkennen kann.

Eine Ausnahme im Westen bildet Dante, der in seiner „Göttlichen Komödie“ den Erzähler zunächst durch die Hölle („Inferno“), dann durchs läuternde Fegefeuer („Purgatorio“) und schließlich durchs Paradies („Paradiso“) wandern lässt. Während ihm erst im zweiten Teil (Fegefeuer) Vertreter aller sieben Kapitalsünden begegnen, trifft er schon am Eingang der Hölle die „Feiglinge“ (3. Gesang); am tiefsten Punkt der Hölle sind die „Fälscher“ und „Verräter“ angesiedelt (29. bis 34. Gesang). Letztere, unter ihnen Judas, der Verräter Jesu, und Brutus und Cassius, die Mörder Cäsars, schmoren im tiefsten (neunten) Höllenkreis.[3]

Die unerlöste DREI betrügt zuerst und zunächst sich selbst. Deswegen sind ihre Lügen nicht einmal für sie selbst leicht zu durchschauen. Zuerst überzeugt sich die DREI, dass die Lüge Wahrheit ist. Dann kann zum Beispiel ein amerikanischer Politiker strahlend und aufrecht vor die Mikrophone der Presse treten und erklären, dass alles in Ordnung ist – und es selbst glauben! Paradebeispiel ist *Bill Clintons* Verhalten in der Lewinsky-Affäre. Zunächst erklärte er, er hätte keine sexuelle Beziehung zu *Monica Lewinsky* unterhalten. Als das nicht mehr haltbar war, definierte er „sexuelle Beziehung“ als „genitalen Geschlechtsverkehr“, zu dem es offenbar wirklich nicht gekommen ist. Und die amerikanische Gesellschaft lässt sich solche Winkelzüge verkaufen!

Unreife DREIer haben keine Sehnsucht nach Tiefgang. Wozu Tiefe, wenn Oberflächlichkeit funktioniert und wenn Verpackungen ohne Inhalt gekauft werden? Die unreife DREI ist äußerst pragmatisch: wahr ist, was funktioniert. „Objektive“ Wahrheit wird gar nicht erst zum Thema.

M. Scott Peck hat in seinem zum Teil problematischen Buch „Die Lügner“ eine Psychologie des Bösen entworfen. „Böse Menschen“ oder „Lügner“ sind für ihn jene, die andere angreifen, anstatt eigenem Versagen ins Auge zu sehen. Anhand von Fallstudien aus seiner eigenen psychotherapeutischen Praxis und anhand des Massakers von May Lai in Vietnam (1968) schildert er, wie die Verdrängung eigener Schuld und die damit verbundene Schuldzuweisung an andere am Ende die Täter selbst zerstört. Eine DREI, die an jenen Tiefpunkt gelangt ist, wo sie sich dem Gestrüpp ihrer Lebenslügen nicht mehr entwinden kann, gehört zu den deformiertesten Persönlichkeiten, die es gibt.[4]

Das Schlimme ist, dass man selbst einer wirklich unehrlichen DREI oft blind vertraut. Die DREI sieht so selbstsicher aus; sie scheint zu wissen, was sie sagt und tut. Deshalb muss man ihr einfach vertrauen. DREIer sind die sprichwörtlichen „Gebrauchtwarenhändler“: alles glänzt und ist poliert. Sie reden wie ein Buch und so schnell, dass man kaum folgen kann. Deswegen wirken ihre Angebote oft unwiderstehlich. Am Ende glaubt man, dass dies der beste Gebrauchtwagen in der ganzen Stadt ist. Sie können einem alles verkaufen, weil sie einem vor allem sich selbst verkaufen. Sie verkaufen einem, wie cool und kompetent sie sind – und wir kaufen es, weil es so perfekt inszeniert ist.

Die **Falle**, in der die unreife DREI sitzt, heißt *Eitelkeit.* Unter Eitelkeit verstehen wir, dass zweitrangige Äußerlichkeiten (Verpackung, Kleidung, Wirkung nach außen) wichtiger sind als das „Eigentliche“ (Substanz, Person, Inhalt). Solange die DREI in sich gefangen ist, lebt sie gleichsam nicht in ihrem eigenen Körper und in ihrer eigenen Seele, sondern steht neben sich und sieht sich agieren. DREIer sind die geborenen Schauspieler: Einige wenige werden erstklassig, viele immerhin gut. Kein Wunder, dass der Schauspieler *Ronald Reagan* Präsident der USA werden konnte. Vielleicht ist auch *Papst Johannes Paul II.* eine DREI. DREIer wissen, wie man die Massen bedienen muss. Viele DREIer stehen gern vor großen Menschenmengen. Ein „Bad in der Menge“ macht ihnen Spaß. Im persönlichen Gespräch unter vier Augen dagegen fühlen sich viele DREIer eher unsicher. Denn da ist Echtheit, Verwundbarkeit und Tiefgang gefordert.

Auch die Gabe oder **Geistesfrucht** der DREI ist die Kehrseite ihrer Sünde: Wahrhaftigkeit oder Ehrlichkeit. Eine reife DREI hat zur Wahrheit gefunden.

Während eines Enneagramm-Seminars sprach mich, Andreas Ebert, eine gut aussehende ältere Dame an. Sie „outete“ sich als DREI und erzählte mir ihre Lebensgeschichte. „Schon als Kind“, sagte sie, „wollte ich Schauspielerin werden. Mich faszinierte der ständige Rollenwechsel. Dieses Ziel habe ich zwar nicht erreicht, aber ich wurde zu einer grandiosen Darstellerin auf der Lebensbühne. Alles glückte mir. Ich hatte einen wunderbaren Mann, lebte in Wohlstand, war gesund und glücklich. Dann brach das Unglück über mich herein. Ich wurde schwer krank, und innerhalb eines Jahres starben meine Eltern und mein Mann. Meine ganze schöne Welt stürzte ein. Alle meine Tricks und eingeübten Verhaltensmuster funktionierten nicht mehr. Mein Leben war völlig sinnlos geworden. Ich dachte daran, mich umzubringen, weil ich dieses massive Leid nicht bewältigen konnte. Wut, Angst und Feindseligkeit überschwemmten meine Seele. Und es gab kein Mittel, keinen Trick, diesen Prozess zu stoppen. Aber da war mir, als hörte ich in meinem tiefsten Inneren eine Stimme, die mir sagte: ‚Lass es zu. Lass dich einfach fallen.' Ich erlebte den Prozess wie eine große Entleerung. Am Ende stand ich völlig leer da. Und da geschah etwas, was ich noch nie erlebt hatte: Ich begann zu fühlen. Ich entdeckte in mir *echte Gefühle!* Bisher hatte ich Gefühle immer selbst produziert. Aber das hier kam aus meinem tiefsten Inneren. Ich spürte mich erstmals selbst." Die Dame fand eine neue Lebensaufgabe in der Begleitung von Schwerstkranken und Sterbenden. Und sie sagte mir: „Gott hat mir durch diesen Fall eine neue Gabe geschenkt: Wenn mir jemand etwas erzählt, habe ich ein untrügliches Gespür dafür, ob er mir die Wahrheit sagt oder ob er sich und anderen etwas vormacht. Ich verurteile das nicht. Aber ich spüre es. Denn ich kenne diese Illusionen und diesen Selbstbetrug in all seinen Facetten aus eigener Erfahrung. Und ich weiß, wie schwer der Weg der Transformation ist ..."

DREIer finden zu ihrer Gabe nur, wenn sie auf dem schmerzhaften Weg der Selbsterkenntnis ihren kleinen und großen Lebenslügen ins Auge sehen und sie nicht mehr bemänteln. Weil das die Einsicht in eigenes Scheitern ist, fällt es DREIern so schwer. Eine DREI, die zur Wahrhaftigkeit gefunden hat, kann ihre großartigen Gaben dafür einsetzen, anderen Menschen kompetent und effektiv zu helfen und sie zu motivieren, die eigenen Potentiale zu entdecken. Erlöste DREIer erreichen, dass sich eine Gruppe oder Gemeinschaft sinnvoll organisiert, dass die Lügen der Gesellschaft beim Namen genannt werden und dass die Wahrheit professionell, zeitgemäß und effektiv verbreitet wird.

Symbole und Beispiele

Das erste **Symboltier** der DREI ist das *Chamäleon.* DREIer können sich den Erwartungen ihrer Umgebung geschickt anpassen. Die DREI steht dabei in Gefahr, dass die Vielzahl der Rollen und Masken ihr eigentliches Selbst ersetzt, zu dem sie keinen Zugang hat. Eine unerlöste DREI, der man ihre Rollen und Masken wegnimmt, kann in Panik geraten, sie könnte sich buchstäblich in Nichts auflösen. Eine DREIer-Frau berichtet, dass sie oft, wenn sie verliebt war, lange überlegt hat, welchen Frauentyp sie beim nächsten Rendezvous verkörpern soll, um „anzukommen".

Zweites Symboltier ist der *Pfau.* Von manchen Enneagramm-Spezialisten wird der Pfau auch Typ ZWEI oder VIER zugeordnet. Alle „Herzenstypen" haben etwas „Pfauenhaftes“ und Eitles, weil sie mit ihrem Verhalten auf eine Reaktion der Umwelt abzielen und sich darstellen: die ZWEI gibt sich liebevoll und hilfsbereit, die DREI spielt die Rolle, die am besten „ankommt“, die VIER tritt als etwas Besonderes auf. Der Pfau stellt sich zur Schau. Sein Putz zieht die Aufmerksamkeit auf sich. Langfristiges Ziel der Seelsorge an „Herzenstypen“ muss es gleichsam sein, den Pfau zu packen und ihm den Schwanz zu stutzen, damit klar wird, dass er ohne seinen Putz ein genauso normales hässliches Huhn ist wie wir alle.

Symboltier für die erlöste DREI ist der *Adler.* Dem „König der Lüfte“ wird nachgesagt, dass er als einziges Tier direkt in die Sonne blicken könne. Er ist Sinnbild für Schnelligkeit, Kraft, Ausdauer und Erneuerung: *„Die auf den Herrn harren, kriegen neue Kraft, dass sie auffahren mit Flügeln wie Adler, dass sie laufen und nicht matt werden, dass sie wandeln und nicht müde werden“ (Jesaja 40,31).*

Das **Land** der DREI sind wie gesagt die Vereinigten Staaten. Als Angehöriger dieses Volkes möchte ich, Richard Rohr, unsere Mentalität etwas gründlicher unter die Lupe nehmen. In den USA gibt es keine Motivation dafür, keine DREI zu sein. Wer in den USA das DREIer-Spiel beherrscht, schafft es, zu den Gipfeln des Systems aufzusteigen. Bei uns werden DREIer Firmenmanager, Bischöfe und Präsidenten. Das ist einer der Gründe, weshalb wir so oft von unseren Führern enttäuscht sind. Irgendwann geht uns auf, wie oberflächlich es da oben zugeht. Diese Menschen waren zeitlebens so damit beschäftigt, die Erfolgsleiter hochzuklettern, dass das zu ihrem einzigen Lebensinhalt wurde. Die DREI ist der Prototyp des männlichen weißen US-Amerikaners. So werden Jungen in unserem Land erzogen. Das sind die jungen Männer, die Schulsprecher werden und alle anderen Wahlen gewinnen. Alle, die dem DREIer-Ideal nicht entsprechen, fühlen sich ihnen gegenüber minderwertig und unsicher, so, als seien sie selbst nicht ganz in Ordnung.

Wir Amerikaner tun uns ungemein schwer, die Lügen unseres Systems zu durchschauen. Amerika, das „Reich des Guten“, ist über jedes unlautere Motiv erhaben. Diese Art von Betrug ist Teil unseres Systems und Lebensstils. Es ist für uns als Amerikaner lebenswichtig, die Energie der DREI zu verstehen, wenn wir die Mentalität unseres Landes analysieren wollen. Der Rest der Welt hat ein Bild vom „hässlichen“, oberflächlichen und hohlen Amerikaner, das Bild einer künstlichen Plastik- und Verpackungswelt ohne substanziellen Inhalt. Aber wir Amerikaner selbst können und wollen uns nicht so sehen. Darüber hinaus wurde von Amerika aus die gesamte Erde mit den Idealen der DREI überzogen. Die Weltwirtschaft basiert auf Leistung, Effizienz und Erfolg. Wer nicht mithalten kann, fliegt raus.

Die DREI ist ein Wohlstandstyp. Ich bin sicher, dass man in Ländern der Dritten Welt nicht diesen Prozentsatz von DREIern antreffen wird. Denn die Armen müssen vom ersten Lebensjahr an Mangel, Versagen und Niederlagen ins Auge sehen. Sie erleben, dass du selten bekommst, was du willst, dass du dich nicht freikaufen kannst aus Schmerzen und Leiden. Die USA und die von ihnen infizierte Welt müssen einen langen Weg gehen, um ihrem falschen kollektiven Selbst zu begegnen, sich ihm zu stellen und die eigene Anfälligkeit für Lug und Trug und Illusionen zu erkennen.

Die **Farbe** der DREI ist *Signalgelb.* Gelb fällt auf, wirkt eindringlich und dynamisch, exzentrisch und hat Ausstrahlung (Licht!). Das alles beschreibt die erlöste DREI. „Als hellste aller Farben macht es Sinn und Ziel der Schöpfung transparent; es lässt Licht durchscheinen und bestrahlt damit die Dinge. Gelb wird so zum richtungweisenden Element unter den Farben. Es hinterfragt, macht sichtbar und antwortet. Es leitet und führt uns unseren Weg und erleuchtet ihn mit Erkenntnis, Sinn und Einsicht."[5] Gelb ist zugleich die verletzlichste aller Farben. Die kleinste Verschmutzung oder Eintrübung lässt es hässlich oder giftig erscheinen. „Wie es nur eine Wahrheit gibt, so gibt es nur ein Gelb. Getrübte Wahrheit ist kranke Wahrheit, ist Unwahrheit. So ist der Ausdruck des getrübten Gelb Neid, Verrat, Falschheit, Zweifel, Misstrauen und Irresein. In der Gefangennahme Christi von *Giotto* und im Abendmahl von *Holbein* ist Judas in getrübtem Gelb gemalt."[6]

Der **biblische Stammvater** aller DREIer ist *Jakob der Betrüger.* Schon im Mutterleib kämpft er mit seinem Zwillingsbruder Esau, der als Erster zur Welt kommt. Jakob ist der Liebling seiner Mutter *Rebekka,* ein „Softie", während der Vater *Isaak* den rauen Jäger *Esau* vorzieht. Eines Abends nützt Jakob die Müdigkeit und den Hunger seines Bruders aus, um ihm für ein Linsengericht das Erstgeburtsrecht abzukaufen, an dem im damaligen Orient alles hing. Als der erblindete Vater später auf dem Sterbebett liegt, erschwindelt sich Jakob mit Rebekkas Hilfe tatsächlich den Segen des Vaters[7]: Er gibt sich als Esau aus. Als sein Bruder nach Hause kommt, ist der Segen schon vergeben. Jakob muss vor Esaus Zorn zu seinem Onkel *Laban* nach Haran fliehen. Während der Flucht hat er einen Traum, in dem er den Himmel offen sieht und erlebt, wie Gottes Engel auf- und niedersteigen (die Leiter oder Treppe als Symbol des Auf- und Abstiegs sagt jeder DREI etwas!).

In Haran verliebt er sich in seine Kusine *Rahel,* die *„schön von Gestalt und Antlitz"* ist. Er soll seinem Onkel sieben Jahre lang dienen, um sie zur Frau zu bekommen. Diesmal ist er der Betrogene: Am Morgen nach der Hochzeitsnacht merkt er, dass man ihm die falsche Frau ins Bett gelegt hat, nämlich die ältere *Lea,* deren *„Augen ohne Glanz"* sind. Aber Jakob gibt nicht auf. Er dient seinem Onkel nochmals sieben Jahre und bekommt schließlich auch Rahel.

Laban ist mittlerweile durch Jakobs Hilfe ein reicher Mann geworden. Aber Jakob zieht es heimwärts. Trotz aller Ängste will er zurück, um sich mit seinem Bruder zu versöhnen. (Es ist ein positives Zeichen, wenn sich die DREI ihrer Vergangenheit stellt und bereit ist, die Konsequenzen für ihre Fehler zu übernehmen.) Als Lohn für den langjährigen Dienst darf er einen Teil der Herden mitnehmen. Durch einen weiteren raffinierten Trick sorgt er dafür, dass er *„über die Maßen reich wird"* und *„viele Schafe, Sklavinnen und Sklaven, Kamele und Esel"* bekommt.

Er schickt Boten mit üppigen Geschenken vor sich her, die bei Esau für gute Stimmung sorgen sollen. Die Nacht vor der Begegnung verbringt Jakob allein am Fluss Jabbok, während die Seinen schon über die Furt gezogen sind. Ein unbekannter Mann kommt und ringt mit ihm. Aber Jakob lässt sich nicht bezwingen. Erst durch einen unfairen Schlag unter die Gürtellinie kann ihn der Fremde mattsetzen. Aber auch der angeschlagene Jakob gibt sich nicht geschlagen. Als sich der Fremde bei Morgengrauen davonmachen will, hält er ihn fest und sagt: *„Ich lasse dich nicht los, wenn du mich nicht vorher segnest*(!)." Der Fremde gibt Jakob (Betrüger) einen neuen Namen: *Israel* (Gotteskämpfer). *„Denn"*, sagt er, *„du hast mit Gott und mit Menschen gekämpft und nicht verloren."* Am Ende kommt es tatsächlich zur Aussöhnung zwischen den beiden Brüdern (1. Mose/Genesis 25–33)[8]

Kaum eine biblische Figur ist so eindeutig einem Enneagramm-Typ zuzuordnen wie Jakob. Er kämpft mit Gott und mit Menschen – und mit allen Tricks. Erstaunlicherweise verweigert Gott dieser zwiespältigen Gestalt nicht den Segen. Das Volk Israel hat sich mit diesem Ringen zwischen Mensch und Gott bis heute identifiziert.

Auf den ersten Blick eher unsympathisch sind zwei andere DREIer der Bibel: *Judas* und *Pilatus*. Sie verkörpern das Dilemma egozentrisch fixierter Ambitionen.

Judas hat Jesus einer verbreiteten Theorie zufolge verraten, um ihn zum Handeln zu drängen und ihn zu zwingen, endlich als Messias die Macht zu ergreifen. Als er merkte, dass die Rechnung nicht aufging, sah er keinen Ausweg mehr als den Selbstmord. Auch seine Geldgier (Geld als Erfolgssymbol) passt in dieses Bild.

Der Karrierepolitiker *Pilatus* war von der Unschuld Jesu überzeugt. Ein gerechtes Urteil wäre aber womöglich schädlich für seinen weiteren Berufsweg gewesen. Im Verhör stellt er die DREIer-Frage: *„Was ist Wahrheit?"* (Johannes 18,38). Er durchschaut das Spiel genau, aber er spielt mit, weil er den Durchbruch von der Lüge zur Wahrheit nicht schafft, die ihm in Jesus von Nazareth begegnet.

Umkehr und Erlösung

Die Einladung an die DREI ist der Ruf zur *Hoffnung*. Nur eine Hoffnung, die über vordergründige Erfolge hinausgeht, kann einer DREI helfen, Tiefgang zu bekommen und momentanes Scheitern in Kauf zu nehmen. Paulus schreibt: *„Unsere Trübsal, die zeitlich und leicht ist, schafft eine ewige und über alle Maßen gewichtige Herrlichkeit uns, die wir nicht auf das Sichtbare sehen, sondern auf das Unsichtbare. Denn das Sichtbare ist vergänglich, das Unsichtbare ist ewig" (2. Korinther 4,17–18).* Hoffnung bedeutet auch, das Leben nicht auf die eigenen Ziele zu gründen, sondern in Gottes Willen und in den umfassenden Zielen des Reiches Gottes zu verankern. Jesus sagt: *„Trachtet zuerst nach Gottes Reich und nach seiner Gerechtigkeit, so wird euch alles andere zufallen!" (Matthäus 6,33).*

DREIer müssen buchstäblich daran arbeiten, Tiefgang zu bekommen. Sie haben die Tendenz, ihre Gefühle verkümmern zu lassen. Während ZWEIer mitunter in einem Gefühlsmorast waten, kann es passieren, dass man eine DREI fragt, wie sie sich fühlt – und sie weiß es selbst nicht. Alle „Herzenstypen" haben Schwierigkeiten, die eigenen echten Gefühle wahrzunehmen, insbesondere aber Typ DREI. Gefühle behindern Effektivität und Organisation. Deswegen suspendiert die DREI ihre Emotionen, während eine Aufgabe zu erledigen ist. Da aber die klassische DREI ständig irgendwelche Projekte verfolgt (manchmal drei oder vier gleichzeitig), bleibt die innere Welt zu oft auf der Strecke.

Um geheilt und erlöst zu werden, muss die DREI wie die ZWEI lernen, allein zu sein. Beide brauchen einen Ort der Stille und Abgeschiedenheit, wo es kein öffentliches Feedback, keinen Applaus und keine Bewunderung gibt. Kontemplatives Gebet und Schweigemeditation sind die geeigneten „Medikamente". Aber der Weg in die Tiefe ist mühsam und weit. Wenn eine DREI ihre Innenwelt zu entdecken beginnt, macht sie anfangs in der Regel auch das zum Projekt: Sie will erfolgreich meditieren. Es dauert eine Weile, bis sie merkt, dass es gerade darum geht, nichts zu tun, nichts zu erleben, nichts zu kontrollieren, einfach da zu sein. Sobald sie das weiß, wird sie sich bemühen, möglichst erfolgreich „einfach da zu sein". Der lohnende Weg in die Tiefe fordert von der DREI viel Geduld und die Bereitschaft, eine ganze Weile nichts Spektakuläres zu erleben oder mit der eigenen Feindseligkeit, Langeweile und Oberflächlichkeit konfrontiert zu werden.

In der Stille geht es auch darum, dass die DREI der eigenen Unehrlichkeit und dem Zwang zum Erfolg selbstkritisch begegnet. DREIer müssen vor allem ihre Schattenseiten, ihr Versagen und ihre Niederlagen kauen und verdauen, anstatt vor ihnen davonzulaufen. Das Eingeständnis: „Ich habe versagt! Ich war im Unrecht! Ich habe gelogen!" kostet die DREI große Kämpfe der Überwindung.

Erschwerend kommt hinzu, dass die DREI in der westlichen Zivilisation so gut wie nirgends in Frage gestellt wird. Unsere Kriterien für „Gesundheit" sind: Arbeits-, Liebes- und Genussfähigkeit. Frauenzeitschriften, Herrenmagazine und Zeitgeistblätter bestätigen dieses Lebensgefühl. Aber eine unreife DREI ist ebenso erlösungsbedürftig wie alle anderen. Es ist nur schwerer, eine Krankheit als solche zu erkennen, wenn sie von allen anderen „Gesundheit" genannt wird. Die Erlösung einer DREI bedeutet in unserer Gesellschaft immer auch, Abschied nehmen vom Verständnis und Beifall der Umgebung.

Isaak B. Singer, der große jüdisch-amerikanische Schriftsteller und Nobelpreisträger, hat in seinem Roman „Der Büßer" die fiktive Lebensbeichte einer DREI aufgezeichnet. Die Hauptfigur, ein Jude, ist als gebürtiger Pole dem Holocaust mit knapper Not entronnen. Er wandert in die USA aus und macht als Geschäftsmann Karriere. Alles gelingt ihm, er verdient viel Geld, heiratet eine attraktive Frau. Schließlich legt er sich eine Geliebte zu, die sich und ihre Tochter von ihm aushalten lässt. Als er erfährt, dass er nicht der einzige Liebhaber ist, bricht er das Verhältnis ab und eilt nach Hause, wo er seine Frau ebenfalls *in flagranti* ertappt. In seinem Lebensekel sieht er nur zwei Möglichkeiten: Selbstmord zu begehen oder einen radikalen Neuanfang zu wagen. Er beschließt – trotz aller Glaubenszweifel – orthodoxer Jude zu werden und die Gebote zu halten. Sein Weg führt ihn nach Mea Schearim, wo die streng orthodoxen Juden Jerusalems nach den alten Sitten leben. Nach der Scheidung heiratet er ein einfaches jüdisches Mädchen. Durch die neue Lebensweise beginnt auch der Glaube langsam in ihm zu wachsen. Ein unprätentiöses gesetzestreues Leben lässt ihn endlich Frieden finden.

Isaac Singer sagt über seinen „Büßer“: „Die Heilmittel, die er empfiehlt, werden nicht jedermanns Wunden heilen können, aber die Art der Krankheit wird, so hoffe ich, erkannt werden.“[9] Er greift den oberflächlichen Erfolgsmenschen der Gegenwart an, sein „gefährdetes Familienleben, seine Gier nach Luxus und technischen Kinkerlitzchen, seine Geringschätzung der Alten, sein Katzbuckeln vor den Jungen, seinen blinden Glauben an die Psychiatrie, seine zunehmende Tolerierung des Verbrechens.“[10]

DREIer sehnen sich letztlich, ohne es selbst zu wissen, nicht nur nach Lob und Anerkennung, sondern nach wirklicher Liebe. Sie bekommen so viel Applaus für ihre Erfolge, dass sie am Ende selber meinen, das sei alles, was sie wollen. Es dauert lange, bis sie begreifen, dass es mehr gibt als erkämpfte Anerkennung: unverdiente, bedingungslose Liebe.

Eine Ordensfrau, die Leiterin eines Gymnasiums war, bevor sie nach New Jerusalem kam, war eine wundervolle und hochkompetente DREI. Wahrscheinlich haben nur wenige Menschen ihre weiche Seite erlebt. Ich, Richard Rohr, habe einige wenige Male erlebt, wie sie in Tränen aufgelöst war und gesagt hat: „Es ist zum Davonlaufen, Richard! Alle wählen mich in alle Positionen, weil sie wissen, dass ich alles kann. Jeder mag mich, weil ich alles so toll mache. Ich möchte wenigstens einmal erleben, dass mich jemand für das liebt, was ich bin. Aber ich weiß, dass ich selbst dazu beitrage, dass es so ist, wie es ist. Ich wirke so stark und unabhängig und ich leiste so viel, dass die Leute immer nur auf das reagieren, was ich tue.“

DREIer weinen selten, aber sie können ab und zu in sehr heftige Tränen ausbrechen, was andere meist völlig überrascht. Ihre unterentwickelte Gefühlsseite verschafft sich durch die Tränen endlich Luft. „Nach dem Weinen geht es mir wirklich gut“, sagt eine DREI. „Davor habe ich meist das Gefühl, dass mich keiner kennt und versteht. Aber nach dem Weinen ist der Kummer raus. Ich finde, dass im Weinen selbst ein Trost liegt und dass ich dann von Gott getröstet bin. Soviel Trost, wie eine unerlöste DREI braucht, kann sowieso kein anderer geben!“

In ihren besten Momenten weiß jede DREI, dass sie in Wirklichkeit ein schwach entwickeltes Selbstwertgefühl hat, wenn man ihr ihre „Produkte“ nimmt. Deswegen erscheinen vielen DREIern Situationen wie Krankheit und Alter als bedrohlich, in denen sie nichts mehr bieten können und ihre Devise: „Ich produziere, also bin ich“ zusammenbricht: „Mit Kranksein komme ich nur schwer klar, ähnlich wie mit echtem Nichtstun. Mein Vater hat selbst nach einem Herzinfarkt noch im Bett Akten durchgearbeitet. Es ist verrückt, dass ich schon damals mit fünfzehn erkannt habe, dass das ein falscher Zwang ist. Aber jetzt reagiere ich ganz ähnlich, wenn ich krank bin." Es gehört zu den **Lebensaufgaben** der DREI, Krankheit als Signal und als Chance zur Wandlung zu begreifen.

Die DREI muss lernen, ab und zu stehen zu bleiben und aufzuhören mit der ewigen Jagd nach neuen Erfolgen und Projekten. Die Frage: „Wie fühle ich mich wirklich?" ist für eine DREI oft kaum zu beantworten. Gezielte Körperwahrnehmung kann ebenso wie die Beschäftigung mit den eigenen Traumbildern eine Brücke zur Seele sein. Es gehört auch zu den Lebensaufgaben der DREI, immer öfter und präziser auf die Stimme der eigenen Gefühle zu hören, anstatt das zu tun, was Anerkennung von außen verspricht. DREIer müssen vor allem ihr Gewissen schärfen und dürfen sich auch „unerhebliche" Abweichungen von der Wahrheit nicht erlauben. Bei der „Reise nach innen" muss die DREI ihre tiefsitzende, aber unbegründete Angst überwinden, dass hinter den eigenen Rollen und Masken womöglich gar kein „wahres Selbst" ist.

Die DREI sollte sich auch vor einer überaktiven Phantasie hüten, die ständig mit neuen Projekten beschäftigt ist und sich stattdessen Aufgaben vornehmen, bei denen geduldige Kleinarbeit notwendig ist und keine schnellen Resultate zu erwarten sind; ähnlich wie die ZWEI und die VIER steht sie in der Gefahr, sich gegen Kritik zu immunisieren. Stattdessen sollte sie lernen, nach dem Körnchen Wahrheit in jeder Kritik zu forschen.

Die DREI muss sich dem Geheimnis des Kreuzes stellen, das das Geheimnis des Scheiterns ist: Gott macht aus unseren Niederlagen seine – nicht unsere! – Siege. Das leuchtet der DREI nicht ein; das funktioniert nicht; das kann in kein Aufsteigerschema integriert werden. Die DREI auf dem Weg zur Erlösung löst sich von ihrer Eitelkeit und beginnt, auf Gottes souveränes und nicht manipulierbares Wirken zu hoffen. Sie stellt sich ehrlich der eigenen inneren Leere und Sehnsucht nach Liebe. Sie verzichtet auf Absicherung durch Status, Geld und Macht. Sie verzichtet darauf, das eigene Reich zu bauen, weil sie auf das Kommen des Reiches Gottes hofft.

Modellbeispiel einer erlösten DREI ist Dorothy Day (1897–1980), die amerikanische „Heilige" dieses Jahrhunderts. Sie wurde als Tochter eines Sportreporters in Brooklyn geboren und völlig areligiös erzogen. Bald zieht die Familie nach Chicago; Dorothys soziales Interesse erwacht; mit 16 tritt sie der sozialistischen Partei bei.

Nach einem abgebrochenen Studium landet sie als Journalistin bei der sozialistischen Zeitung The Call, interviewt Trotzky und entwickelt sich zur Anarchistin. Bloße Theorien können sie nicht fesseln; es geht ihr darum, die einmal erkannte Wahrheit öffentlich zu verkündigen, die Massen zu mobilisieren und ihnen praktisch weiterzuhelfen.

Dorothy Day: Radikale Christin

Anlässlich einer Demonstration wird sie erstmals verhaftet (insgesamt sitzt sie später sechsmal im Gefängnis). In der Zelle erwacht ihr religiöses Interesse und ihre Selbstkritik. Sie entdeckt, wie viel Geltungsdrang hinter ihrem Einsatz für die Unterdrückten steckt. Nach der Entlassung beginnt sie, regelmäßig die katholische Messe zu besuchen, während sie sich als Gerichtsreporterin und Aktmodell durchjobbt.

Eine Ehe scheitert; danach lässt sie sich auf ein Verhältnis mit einem Atheisten ein. Weil sie darauf besteht, die gemeinsame Tochter Tamara taufen zu lassen, kommt es zum Bruch. Ihr Partner ist „eifersüchtig auf Christus".[11]

Die Sehnsucht nach geistlicher Gemeinschaft führt auch zu ihrer eigenen Taufe: „Gerade meine Erfahrung als Radikale und meine ganze politische Vergangenheit führen dazu, mich ... mit den Massen vereinigen zu wollen, um Gott zu lieben und zu loben."[12] Der Glaube bleibt aber für sie auch jetzt eine mühsame Sache, ein treues Durchhalten ohne emotionale Erfahrungen. Im Depressionsjahr 1933 gründet sie mit Peter Maurin die Zeitschrift The Catholic Worker. Das Blatt ist linksradikal, anarchistisch, pazifistisch, katholisch und wird für einen Cent verkauft. Schon im ersten Jahr steigt die Auflage auf 100 000.

Daneben beginnt Dorothy Day, in den Großstädten der USA Suppenküchen und Häuser für Obdachlose einzurichten und Streiks zu organisieren. Sie wird mehr und mehr „das Gewissen der amerikanischen katholischen Kirche und ... der gesamten amerikanischen Christenheit ... Das Evangelium fing in dieser Frau Feuer und löste eine Explosion der Liebe aus.“[13]

Dorothy beschränkt sich nicht auf Almosen, sondern kämpft – anders als Mutter Teresa – für effektive Strukturveränderungen. „Das konnte man zwar auch in päpstlichen Sozialenzykliken lesen, aber hier wurde es praktiziert, und das erschien gefährlich.“[14]

Auch während des Zweiten Weltkrieges bleibt sie Pazifistin. Nach dem Krieg versucht der New Yorker Erzbischof, der Zeitung den Gebrauch des Adjektivs „katholisch“ im Titel zu untersagen. Sie kämpft mit dem Hinweis dagegen an, dass es auch einen Verein „katholischer Kriegsveteranen“ gibt. Kardinal Spellman, der begeisterte Befürworter des Vietnamkrieges, bezeichnet sie als Kommunistin, weil sie den Lohnstreik der kirchlichen Totengräber unterstützt. Christliche Liebe war für Dorothy Day Praxis. Sie tat sich lange Zeit mit der kontemplativen Seite des Glaubens schwer: Der Kampf für die Armen war sehr lange ihre Art von Gebet. Nur in der Natur kam sie – wie viele DREIer – zur Ruhe: die Natur fordert nicht und urteilt nicht, sie belohnt kein Image.

In ihren letzten Jahren wurde sie allerdings mehr und mehr zur stillen Beterin und litt darunter, dass so viele sozial engagierte junge Leute, die bei Catholic Workers mitmachten, aus Enttäuschung über die Amtskirche so „unfromm“ waren. Als Dorothy Day an Herzversagen starb, kamen Massen von Armen „zu ihrer Beerdigung und standen zwischen den Großen aus Kirche und Gesellschaft – sie wussten, Dorothy gehörte eigentlich ihnen.“[15] Laut Newsweek gab es bei der Beerdigung „keine Tränen, nur Hallelujas für ihr langes und leuchtendes Leben“.[16]

Auch der später kanonisierte *Thomas Morus*, der „Mann für alle Jahreszeiten“, ist ein Bild einer geläuterten DREI. Er wird 1478 in London geboren. Nach umfassenden Studien wird er 1504 Mitglied, 1523 Sprecher des Unterhauses. Seine glänzende Karriere kann nichts mehr aufhalten. *Heinrich VIII.* ernennt ihn 1529 zum Lordkanzler. Er ist der erste Laie in diesem Land. Thomas Morus ist ein erfolgreicher und geschickt taktierender Politiker und unterstützt den König im Kampf gegen die Protestanten. Eine enge Freundschaft verbindet ihn mit dem Humanisten *Erasmus von Rotterdam.* Aber als sich Heinrich von Rom lossagt und eine Staatskirche planen will, um die eigene Wiederverheiratung möglich zu machen, legt Thomas Morus 1532 sein Amt nieder. Sein Gewissen erlaubt ihm nicht, derartige Schachzüge mitzumachen. Er wird im Tower eingekerkert und 1535 enthauptet.

Als Schriftsteller ist Thomas Morus vor allem durch sein bedeutendstes Werk „Utopia“ bekannt geworden. Dieser satirische Staatsroman hat allen späteren Utopien den Namen gegeben. Visionär entwirft Morus ein ideales Staatswesen. Sein Protest gilt der Allmacht der Reichen und des Adels. Er plädiert für die Abschaffung des Privateigentums, fordert von allen Bürgern aktive Beteiligung an der Landarbeit. Vor Gericht verteidigt sich jeder selbst. Rechtsverdreher gibt es nicht. Letztlich ist es das Ideal einer urchristlichen Liebesgemeinschaft, dem sich Morus verpflichtet fühlt und das er benutzt, um die Missstände Englands anzuprangern.

Typ Vier

VIERer setzen ihre Gaben dafür ein, in ihrer Umgebung den Sinn für Schönheit und Harmonie zu wecken. Sie sind hochsensibel und fast immer künstlerisch begabt, sodass sie ihre Empfindungen in Tanz, Musik, Malerei, Theaterspiel oder Literatur ausdrücken können. Alles, was Lebensenergie hat, zieht sie an; sie erfassen die Stimmungen und Gefühle anderer Menschen und die Atmosphäre von Orten und Ereignissen mit seismographischer Genauigkeit.

VIERer sind von Natur aus „ökumenisch" ausgerichtet; die Aufspaltung der Welt in „sakral" und „profan" ist ihnen fremd. Im Bereich des Unbewussten, der Symbole und Träume sind sie mehr zu Hause als in der realen Welt. Symbole helfen ihnen, bei sich zu sein und sich auszudrücken. Sie haben auch die Gabe, anderen zu helfen, einen Blick für das Schöne und für die Welt der Träume und Symbole zu entwickeln.

Auch die VIER bezieht ihre Lebensenergie von anderen. Ihre Lebensfrage lautet: „Was denkt ihr über mich? Bemerkt ihr mich? Falle ich auf?" Die VIER strebt danach, ästhetisch anziehend zu sein, etwas Besonderes zu sein und kreativ oder in manchen Fällen sogar esoterisch, exzentrisch, extravagant oder exotisch zu erscheinen.

Aber der Stil und die „Spontaneität" einer unreifen VIER haben etwas Gekünsteltes. Eine VIER kommt aus ihrem Zimmer und sagt: „Ich habe mir schnell ein paar Fetzen übergeschmissen." In Wirklichkeit handelt es sich um sorgfältig gewählte Effekte. Sie hat die Kombination (oder Nicht-Kombination!) der Kleider und Farben gezielt zusammengestellt, um sich von anderen abzuheben.

Das Leben der VIER wird primär von Sehnsucht bestimmt: es ist die Sehnsucht nach dem Schönen und danach, dass sich die Welt und das Leben zu einem harmonischen Ganzen zusammenfügen. Dostojewski hat einmal gesagt: „Die Welt wird durch Schönheit gerettet werden!" Eine VIER glaubt an diesen Satz.

VIERer haben häufig in ihrer frühen Kindheit die Erfahrung gemacht, dass die Gegenwart unerträglich und sinnlos ist. Sehr oft hing das mit einem sehr schmerzhaften Verlusterlebnis zusammen. Dieser Verlust kann real gewesen sein (Tod eines Elternteils; uneheliche Geburt; Scheidung; Umzug und Entwurzelung; ein Elternteil kommt und geht; ein anderes Kind wird geboren oder vorgezogen etc.) oder er wurde „nur" emotional empfunden. Positive Rollenmodelle haben häufig gefehlt. So hat sich das Kind auf der Suche nach Identität notgedrungen der eigenen Innenwelt zugewandt. Weil die ursprüngliche Liebesquelle fehlte oder zu schwach war, mussten in der Phantasie neue Liebesquellen geschaffen werden. Die Sehnsucht der VIER richtet sich auf jene verlorene Liebe, ist Heimweh und Fernweh zugleich. Sie wartet auf den Tag, wo die große Liebe (zurück) kommt und ist überzeugt, dass die große Liebe sie erlösen wird.

Der Zorn wegen des erlittenen Verlustes sitzt unter Umständen so tief, dass er nicht zugelassen werden kann. Stattdessen hat ihn die unerlöste VIER gegen sich selbst gerichtet. Sie ist der Meinung, aus irgendeinem Grund selbst schuld daran zu sein, dass sie Ablehnung und Mangel erlebt hat und hält sich deshalb für „böse". Viele VIERer berichten, dass sie von einer versteckten Scham regiert werden. In sich gefangene VIERer werden ihre „Bosheit" immer wieder ausleben und dadurch erneut Situationen produzieren, in denen sie abgelehnt oder verlassen werden. Skandalöses Verhalten übt einen eigenartigen Reiz auf sie aus; das Dunkle und Verbotene hat eine besondere Anziehungskraft.

Die meisten VIERer sind der Meinung, dass die Normen der Gesellschaft für sie nicht gelten. Aufgrund ihres außergewöhnlichen Leidens fühlen sie sich meist von Haus aus als Fremdlinge und Außenseiter. Als solche nehmen sie sich das Recht, ihre eigenen Normen festzulegen. Viele VIERer haben ein elitäres Bewusstsein. Sie versuchen, besonderen Maßstäben zu genügen und erleben es als Manko, wenn ihnen das immer wieder misslingt.

VIERer sind leicht zu erkennen. Zunächst haben sie einen Hang zu ausgefallener Kleidung. Fast alle VIERer demonstrieren ihre melancholische Seite mit einer Vorliebe für Farben wie Schwarz und Violett. Manche neigen auch dazu, sich möglichst kunterbunt und „verrückt" anzuziehen. Viele sind Vegetarier, Tierschützer, FeministInnen und Anhänger exzentrischer Gesundheitslehren.

Etwas zu besitzen macht VIERern wenig Freude. Sehnen ist wichtiger als Haben. Sobald sie das Objekt ihrer Begierde endlich besitzen, sind sie in der Regel enttäuscht. Deshalb können sie sehr komplizierte Liebespartner sein. Eine VIER erzählt: „Als junges Mädchen sehnte ich mich mit allen Fasern meines Seins nach meinem zukünftigen Mann. Ich setzte Himmel und Hölle in Bewegung, um ihn zu bekommen. Aber am Tag unserer Hochzeit lösten sich meine romantischen Gefühle gleichsam in Luft auf. Es dauerte nicht lange, bis er mich verließ. In diesem Augenblick verliebte ich mich erneut in ihn. Als er zurückkam, passierte Folgendes: Sobald er vor der Tür stand, hörte meine Liebe auf. Ich machte ihm Vorwürfe für all das, was er mir angetan hat. Sobald er die Nase voll hatte von meinem Gejammer und sich wieder zum Gehen wandte, erwachte meine Liebe von neuem."

Das klingt für Außenstehende grotesk und fast witzig. Aber es ist Teil des schrecklichen Dilemmas, in dem die unerlöste VIER steckt. Sie kann nicht in der Gegenwart leben, die immer voller Makel und Mängel ist. Wenn sich aber ihre Sehnsucht realisiert, gibt es auch daran etwas auszusetzen.

VIERer verehren große Autoritäten: bedeutende Dichter, Musiker, Gurus, Seelsorger, die etwas „Tiefes" haben oder etwas „Besonderes" sind. Nur solche „innere Autorität" zählt. Formale Autoritäten, die nicht durch ihre Persönlichkeit „gedeckt" sind, machen auf eine VIER keinerlei Eindruck. Ihr Gespür für das „Echte" ist untrüglich.

Alle Typen dieser Gruppe haben einen natürlichen Blick für Schönheit. Deswegen werden viele von ihnen Künstler, Musiker, Dichter und Dramatiker. In der Kirche sind sie die Advokaten und Designer kreativer Gottesdienste. Sie haben einen Sinn für Liturgie, Ritual und Raumgestaltung. Ihr Stilempfinden lässt den Rest von uns vor Neid erblassen. Die meisten VIERer haben einen ausgesuchten Geschmack. Sie kaufen ihre Bilder nicht bei Woolworth und ihre Kleidung lieber im Second Hand Shop oder in einer Boutique als von der Stange. Sie würden lieber sterben, als sich mit billiger Massenware zu begnügen, wie sie Tausende andere auch tragen. Aber wie wir alle neigen auch sie dazu, ihre Begabung zu übertreiben und ihre „ästhetische Überlegenheit" mit einer gewissen Arroganz andere Menschen spüren zu lassen. VIERer hassen alles, was abgestanden, althergebracht, hausbacken, durchschnittlich, stillos und „normal" ist.

Gleichzeitig schielen sie mit heimlichem Neid auf uns Normalverbraucher, die wir nicht mit so viel Klasse und Stil brillieren können. VIERer haben einen Hang dazu, die „ungewaschenen Massen" zu idealisieren und können große romantische Romane über die edlen Armen schreiben (Victor Hugo!). Sie tun das von einer ästhetischen Warte aus und würden es in Wirklichkeit kaum aushalten, in realem Dreck und wirklichem Elend zu leben.

Das Lebensprogramm der VIER könnte als ewige Suche nach dem *Heiligen Gral* beschrieben werden. Der Gral tauchte seit Ende des 12. Jahrhunderts in der altfranzösischen und provenzalischen Dichtung auf. Der Überlieferung nach handelte es sich um das Abendmahlsgefäß Jesu, mit dem auch Joseph von Arimathia das Blut Christi aufgefangen haben soll. Der Gral verleiht seinem Besitzer irdisches und himmlisches Glück, aber nur der „Reine", der dazu bestimmt ist, kann ihn finden. In *Wolfram von Eschenbachs* „Parzival" (um 1200) ist der Gral ein Stein mit wunderbaren Kräften, der von Engeln gehütet und später auf der Burg Munsalvaesche aufbewahrt wird, eine Mischung aus „Tischleindeckdich", und magisch-heiligem Fetisch (der Gral hat seine Kraft von einer Hostie, die ihm an jedem Karfreitag von einer Taube überbracht wird). *Richard Wagner* hat die Gralssage in eigenwilliger Umwandlung in seinen Bühnenweihefestspielen „Parsifal" und „Lohengrin" verwendet.[1]

Ein ähnliches Motiv ist die Suche nach einer bestimmten Blume, wie sie erstmals im Rosenroman auftaucht, Frankreichs Beitrag zur Minne-Allegorie, im Kern verfasst von *Guillaume de Lorris* (frühes 13. Jahrhundert). Dieser Roman ist wahrscheinlich (wie *Chaucers* „Canterbury Tales" und *Dantes* „Göttliche Komödie") sufistisch beeinflusst (*Fariddudin Attars* „Vögel und Blumen" und die „Vogelgespräche“ scheinen Pate gestanden zu haben).[2] Er schildert die Wanderung des Helden durch eine Ideallandschaft zum Liebesgarten, dessen Mauern mit den Allegorien von Hass, Verrat, Habsucht, Neid, Trübsinn etc. bemalt sind. Im Garten selbst tanzt der Liebesgott unter anderem mit Frauen, die Freigebigkeit, Tapferkeit und Freimut heißen. Durch Gefahr, üble Nachrede, Scham und Furcht wird der Griff zur Knospe nochmals aufgehalten. Selbst als der Held mit Hilfe der Venus endlich den Kuss erlangt, ertönen wieder die Gegenstimmen von Eifersucht, Scham, Furcht und Gefahr. Aber Frau Mitleid und Frau Schönheit kommen dem Dichter zur Hilfe.[3] Dasselbe Motiv kehrt in der romantischen Sehnsucht nach der geheimnisvollen Blauen Blume *(Novalis)* wieder, die das Streben der menschlichen Seele nach Erfüllung und Ganzheit symbolisiert:

„Er fand sich auf einem weiten Rasen am Rand einer Quelle, die in die Luft hinaus quoll und sich darin zu verzehren schien. Dunkelblaue Felsen mit bunten Adern erhoben sich in einiger Entfernung; das Tageslicht, das ihn umgab, war heller und milder als gewöhnlich, der Himmel war schwarzblau und völlig rein. Was ihn aber mit voller Macht anzog, war eine hohe lichtblaue Blume, die zunächst an der Quelle stand und ihn mit ihren breiten, glänzenden Blättern berührte ... Er sah nichts als die blaue Blume und betrachtete sie mit unnennbarer Zärtlichkeit ...“[4]

Dilemma

VIERer stehen in der **Versuchung**, sich krampfhaft um *Echtheit* zu bemühen. Kinder, die Natur und alles, was eine ursprüngliche Originalität ausstrahlt, weckt in ihnen die Sehnsucht nach jener Einfachheit und Natürlichkeit, die sie irgendwann verloren haben. Je mehr eine unerlöste VIER sich anstrengt, authentisch zu sein, desto manierierter wirkt sie auf ihre Umwelt.

Der spezifische **Abwehrmechanismus** der VIER ist *künstlerische Sublimierung*. Gefühle werden nicht direkt geäußert, sondern indirekt durch Symbole, Rituale und dramatische Gestaltung ausgedrückt. Dadurch sollen der Schmerz wirklicher Trauer und die Angst vor Ablehnung gemildert werden. Die unerlöste VIER ist überzeugt: „Wer mich direkt sehen würde wie ich bin, könnte den Anblick nicht aushalten.“

Das führt dazu, dass viele VIERer in ihrer Kunst mehr daheim sind als bei anderen Menschen. Deshalb müssen sie echte Liebesfähigkeit richtiggehend lernen. Die Begeisterung für andere Menschen kann kommen und gehen. Dabei besteht die Gefahr, dass andere nur als emotionale Auslöser für bestimmte Sehnsüchte, Erinnerungen oder Träume benutzt werden.

VIERer gestalten ihr Leben mitunter wie ein Gesamtkunstwerk. Kleidung, Wohnungseinrichtung, Hobbys, Freundeskreis und Angewohnheiten sind in einer oft zufällig wirkenden, aber in Wirklichkeit wohl inszenierten Weise aufeinander abgestimmt. Ästhetische Gesichtspunkte, die für Außenstehende oft nur schwer einsehbar sind, spielen dabei die Hauptrolle. Klassischer Ausdruck dieser Lebenshaltung ist das, was man Boheme oder Künstlermilieu nennt: melancholische Musik, halbverwelkte Blumen, zum Beispiel Rosen oder violetter Flieder (über die Affinität der VIER zu Tod und Vergänglichkeit ist noch zu sprechen), Räucherstäbchen, Tropfkerzen, das Tagebuch neben dem Bett. Viele VIERer lieben lange Nachtgespräche bei Tee oder Rotwein.

Die **Wurzelsünde** der VIERer ist der *Neid.* Sie sehen sofort, wer mehr Stil, mehr Klasse, mehr Geschmack, mehr Talent, mehr ausgefallene Ideen, mehr Genie hat als sie. Sie sehen, wer einfacher, natürlicher, normaler und „gesünder" ist als sie. Es gibt nichts, worauf eine VIER nicht neidisch sein könnte. *Helen Palmer* zitiert eine VIER: „Wie kommt es, dass andere Leute scheinbar ständig Händchen halten und lächeln können? Was haben sie gemeinsam – und ich hab es nicht? Du machst dich auf die Suche nach dem Heiligen Gral. Du willst das finden, was dir fehlt. Du bemühst dich um das, was deine Freunde glücklich macht und dir entgeht."[5]

Neid kann sich auch als Eifersucht äußern, sobald es um Beziehungen geht. VIERer leben oft in panischer Angst, jemand anders könnte als Partner attraktiver, origineller und interessanter sein als sie. So selbstbewusst VIERer mitunter auftreten – in ihnen kämpft ein Kind mit seinen Minderwertigkeitsgefühlen: „Ich bin es nicht wert, geliebt zu werden. Ich muss auffallen, damit ich nicht wieder übersehen und verlassen werde." Deswegen erleben viele VIERer den Bereich enger Beziehungen als Arena des Konkurrenzkampfes.

VIERer **vermeiden** *Gewöhnlichkeit:* alles, was gängig, konventionell und normal ist. Die Forderung, zu sein wie alle anderen, schreckt sie. Deshalb weigern sie sich meist noch beharrlicher als die anderen Typen, sich zu verändern. Die VIER sagt: „Es macht mir doch Spaß, anders zu sein! Ich will nicht so angepasst sein wie alle anderen!" Durch ihr auffallendes Verhalten haben die VIERer ihren Status, ihren Freundeskreis, ihre Rolle, ihr „Flair" und die Bewunderung vieler Menschen gewonnen. Dieses Spiel wollen sich unreife VIERer nicht verderben lassen. Es sei denn, sie schmecken eines Tages seine dunkle Seite. Dann merken sie, dass all das sie daran hindert, wirklich zu lieben; sie sehen, wie egozentrisch sie sind. Aber es dauert meist sehr lange, bis sie bereit sind, ihr Selbstbild aufzugeben. VIERer können in dieser Hinsicht stur sein. Sie können sich zwar über ihre Spleens und Eigenarten, über ihr elitäres Gehabe und über ihren Snobismus auf ironische oder sarkastische Weise selbst lustig machen; der Schritt zu wirklicher Selbstkritik ist aber wesentlich schwerer.

Aus (religiösen) Gemeinschaften wurden VIERer in der Vergangenheit oft ausgestoßen, weil sie sich nicht angepasst haben. Klöster pflegten bis vor kurzem großen Wert auf Uniformität zu legen. Alle tragen dieselbe braune Kutte. Als ich, Richard Rohr, bei den Franziskanern in Kalifornien ein Seminar über das Enneagramm gehalten habe, fiel mir einer sofort als „flammende VIER" auf. Am Ende der Einkehrtage trafen wir uns alle in unserem franziskanischen Habit, um das Zusammensein mit einem Gottesdienst abzuschließen. Ich dachte mir gleich, dass dieser Mann irgendetwas Auffallendes machen würde. Und tatsächlich: Er hatte sich eine große rote Rose an die Brust geheftet! VIERer müssen auffallen. Es ist, als ob sie meinen: „Ich weiß nicht, wer ich bin, wenn ich so bin wie alle anderen. Ich muss auffallen und auf jeden Fall anders sein."

Die **Falle** der VIER ist ihre *Melancholie* oder *Schwermut*, eine „süße Traurigkeit", die wie ein Nebel über dem ganzen Leben liegt. VIERer müssen ab und zu deprimiert sein und leiden, um glücklich zu sein. *Helen Palmer* nennt sie die „tragischen Romantiker". Zitate aus der Epoche der literarischen Romantik belegen es: „Die Melancholie erfasst dich, weil keine Welt da ist, in der du handeln kannst" *(Bettina von Arnim);* „Die Melancholie ist das Glück, traurig zu sein" *(Victor Hugo).* Je größer die Schmerzen und die Depressivität, desto schöpferischer können VIERer werden. Ihre Leidenslust wird in unzähligen poetischen Selbstreflexionen romantischer Literaten aller Zeiten und Kulturen beschworen und beschrieben:

> „... und dazu kommt, dass ich eine falsche Süßigkeit verspüre in allem, worunter ich leide. Dieser traurige Seelenzustand ist für mich eine Fülle von Schmerzen, Elend und Schrecken, ein offener Weg zur Verzweiflung ... Und der Gipfel allen Jammers ist es, dass ich mit einer gewissen stillen Wollust mich an meinen Tränen und Schmerzen weide und nur ungern mich ihnen entreiße" *(Francesco Petrarca, 1304–74).*

Mit „Werthers Leiden" (1774), Ausdruck der tragisch-romantischen Sturm- und Drangzeit des VIERers *Johann Wolfgang von Goethe,* identifizierten sich seinerzeit so viele junge Menschen, dass es zu einer Welle von Suiziden kam.

VIERer haben häufig eine Affinität zum Tod, vielleicht, weil es sich um die letzte Klage und die endgültige Sehnsucht handelt, oder auch, weil nur der Tod die Schönheit verewigen kann. Große Liebesgeschichten müssen aus dramaturgischen Gründen fast zwangsläufig mit dem Tod enden. Die Vorstellung, dass Romeo und Julia heiraten, Kinder bekommen und eine ganz „normale" Ehe führen, wäre zu banal und würde die Allgemeingültigkeit und Größe ihrer Liebe beeinträchtigen.

Ein anderer Franziskaner, mit dem ich, Richard Rohr, befreundet bin, und der ebenfalls eine VIER ist, hat mir Folgendes erzählt: Als junger Mann pflegte er sich in der Phantasie seinen Tod detailliert auszumalen. Der Tag seines Todes müsste ästhetisch vollkommen sein. Er wollte warten, bis einige Menschen, die er liebte, ihn zutiefst verletzt hätten. Auf diese Weise könnte er sie endgültig bestrafen. Es musste unbedingt Frühjahr sein! Dann würde er unter einem blühenden Kirschbaum stehen und den Giftkelch trinken. Er würde in sich zusammensinken und die Kirschblüten würden sachte auf seinen Leib rieseln. Mein Freund wäre kaum auf die Idee gekommen, diese Phantasie zu realisieren; aber solche morbiden Traumspiele sind bei VIERern nichts Ungewöhnliches.

Romantische Gedichte sind daran zu erkennen, dass sie um Liebe, Schönheit und Tod kreisen. Alle anderen Themen sind nicht „groß" genug. Paradebeispiel ist das folgende Gedicht des tragischen Romantikers und Homosexuellen *August Graf von Platen*, (1796–1835), der zeitlebens unter seinem „Anderssein" litt *und* es gleichzeitig zelebrierte[6]:

Tristan

Wer die Schönheit angeschaut mit Augen,
Ist dem Tode schon anheim gegeben,
Wird für keinen Dienst der Erde taugen,
Und doch wird er vor dem Tode beben,
Wer die Schönheit angeschaut mit Augen.

Ewig währt für ihn der Schmerz der Liebe,
Denn ein Tor nur kann auf Erden hoffen,
Zu genügen einem solchen Triebe:
Wen der Pfeil des Schönen je getroffen,
Ewig währt für ihn der Schmerz der Liebe.

Ach, er möchte wie ein Quell versiechen,
Jedem Hauch der Luft ein Gift entsaugen,
Und den Tod aus jeder Blume riechen:
Wer die Schönheit angeschaut mit Augen,
Ach, er möchte wie ein Quell versiechen.

Weil VIERer ihre Aggressionen in der Regel gegen sich selbst richten, geschieht es häufig, dass sie sich vor sich selbst und vor ihrem Körper ekeln. Obwohl sie meistens schlank und attraktiv sind, neigen sie dazu, sich zu dick und zu hässlich zu finden. Immer wieder neue Diätpläne werden ausprobiert; die Neigung zur Magersucht („Anorexia") tritt bei VIERern relativ häufig auf.

VIERer brauchen Freunde und Partner, die bei ihnen aushalten, ohne sich in die Stimmungsschwankungen der VIER hineinziehen zu lassen; sie brauchen die Erfahrung einer Treue, die sich nicht beirren lässt. Die Partnerschaft mit einer unerlösten VIER ist allerdings aufreibend und erfordert viel Toleranz. Da die Gegenwart – einschließlich des anwesenden Partners – für diese VIER in erster Linie mangelhaft ist, kann es sein, dass der Partner permanent ätzender Kritik ausgesetzt ist. Da er anwesend und daher leicht zu haben ist, wirkt er wenig attraktiv. Das kann so weit führen, dass die VIER impotent ist oder sich sexuell verweigert. Der Partner einer unreifen VIER ist einem Wechselbad von Verführung und Zurückweisung ausgesetzt. Entzieht er sich, wird er mit allen Mitteln zurückgelockt. In extremen Situationen kann das mit dramatischen Szenen bis hin zu Selbstmorddrohungen verbunden sein. Ist der Partner verfügbar, treten seine Fehler und Mängel erneut ins grelle Licht. Es ist wie ein einstudierter Tanz: „Machst du einen Schritt nach vorn, mach ich einen Schritt zurück! Machst du einen Schritt zurück, mach ich einen Schritt auf dich zu!“

Das Liebesdrama des dänischen Philosophen *Søren Kierkegaard* (1813–1855) mit *Regine Olsen* spiegelt die Tragik dieser „Veranlagung“. Er löste die Verlobung nach einem Jahr auf, weil er meinte, er dürfte Regine mit seiner Schwermut nicht belasten. Die Verarbeitung dieser inneren Situation führte zu seinen Ersten ästhetischen Werken.[7]

Das „normale“ stille Glück, wie es viele andere – scheinbar – genießen, erscheint einer VIER attraktiv und abstoßend zugleich. Es könnte ja das Ende jener süßen Wehmut sein, die die VIER braucht, um sich „identisch“ zu fühlen. Der innere Reichtum der Melancholie scheint attraktiver zu sein als das, was andere leichtfertig „Glück“ nennen. Rainer Maria Rilke zum Beispiel – auch eine VIER – weigerte sich trotz schwerwiegender psychischer Störungen beharrlich, eine Therapie anzufangen. Er fürchtete, sein wahres Selbst könnte durch die Behandlung zerstört werden und mit den Teufeln könnten ihn auch die Engel verlassen.[8]

Viele VIERer schwanken zwischen Phasen übertriebener Aktivität und solchen, in denen sie sich zurückziehen und wie gelähmt sind. Diese „manisch-depressive“ Grundstruktur kann bei einigen, die sehr introvertiert sind (stärkerer Einfluss des FÜNFER-Flügels), zu einer insgesamt depressiven Struktur werden; VIERer, deren erfolgsorientierter, extravertierter DREIer-Flügel dominant ist, sind dagegen häufig überaktiv. Diese beiden „Untertypen“ der VIER sehen sich auf den ersten Blick nicht sehr ähnlich.[9]

Die Depressivität einer unerlösten VIER ist etwas anderes als normale Trauer, wie sie alle Menschen erleben. Sie ist verbunden mit dem Gefühl der Einmaligkeit und Größe des eigenen Leidens und mit der Unwilligkeit, sich helfen zu lassen. Hinter dem Vorwand, man würde ja doch von keinem verstanden werden, versteckt sich die Weigerung zu trauern.[10] Gerade so wird das Verlorene krampfhaft festgehalten.

Viele VIERer nehmen ihre Gefühle sehr ernst und sind tief gekränkt, wenn sie „verletzt“ werden. Kritik an ihren künstlerischen Äußerungen

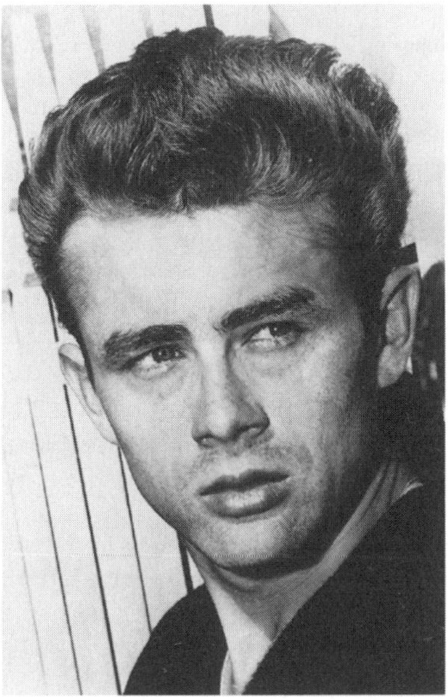

James Dean Weltschmerz und Sehnsucht Marilyn Monroe

kann sie im Innersten treffen und in den Rückzug treiben. Dagegen haben sie oft den Hang, sich selbst herunterzumachen. Kritik am Bild eines Malers, der eine VIER ist, darf aber nur er selbst üben.

Hollywood ist ein Eldorado der VIERer. Theater und Film sind ihre Domäne, weil VIERer das gesamte Leben als große Bühne betrachten. Die Oskars teilen sie sich mit ein paar erfolgreichen DREIern. Marilyn Monroe, Marlon Brando und James Dean sind berühmte VIERer unter den Leinwandstars.

Die Biographie von *James Dean* (1931–1955), dem Darsteller jugendlicher Rebellen, ist paradigmatisch: Mit acht Jahren verliert Jimmy seine Mutter, die ihm Tanz- und Geigenunterricht hatte geben lassen. Als junger Mann erlebt er eine steile Theater- und Filmkarriere. Menschlich entwickelt er sich zum *enfant terrible.* Er kann sich am helllichten Tag auf einen Sessel mitten auf die Straße setzen und das Hupkonzert der Autofahrer genießen. Es gibt Photos, wo er in einem Beerdigungsinstitut in einem Sarg sitzt. Immer und überall hat er seine Bongos dabei, deren Lärm die Aufmerksamkeit der Umgebung auf sich zieht.

Seine Unklarheit, Rätselhaftigkeit und Undurchsichtigkeit benutzt er, um einen eigenen Mythos zu kreieren: „Wir sind Fische und wir ertrinken. Wir bleiben in unserer Welt und wundern uns. Die Glücklichen wird gelehrt zu fragen, warum. Niemand weiß eine Antwort darauf." Leichtsinn und Risikofreude – ein Zug, den ebenfalls viele VIERer gemeinsam haben – zeigt sich bei ihm in seiner Vorliebe für Motorräder und schnelle Autos. Er selbst fährt bei Autorennen mit: „Das ist der einzige Augenblick, in dem ich mich als Ganzes empfinde." Mit 24 Jahren kommt er bei einem Autounfall ums Leben, den er durch überhöhte Geschwindigkeit verursacht hat. Eine Theorie besagt, dass er Selbstmord begangen hat, weil es in den prüden 50er Jahren unmöglich für ihn war, sich zu seinem Schwulsein zu bekennen. Obwohl er nur drei Filme gemacht hat, entsteht um ihn nach seinem Tod ein Kult, der bis heute anhält.[11]

Schillernde Gestalten wie Dean laden andere dazu ein, eigene Träume in sie hineinzuprojizieren. Ihre Unklarheit zieht ungeklärte Bedürfnisse und Wünsche anderer magnetisch an. Die Fähigkeit, viele Charaktere zu verkörpern und dennoch selbst im Nebel zu bleiben, macht viele VIERer anziehend und gefährlich. Wenn man nach ihnen greifen und sie persönlich berühren will, kann es geschehen, dass man ins Leere fasst.

Marilyn Monroe (1926–1962) wuchs als Waisenkind auf, wurde mit neun Jahren vergewaltigt und wollte sich – als Verkäuferin – mit 16 Jahren zum ersten Mal das Leben nehmen. Der ihr seelenverwandte Dichterpriester *Ernesto Cardenal* (ebenfalls eine VIER) schildert in seinem ergreifenden „Gebet für Marilyn Monroe", wie das Mädchen als Kind geträumt habe, „dass sie nackt in der Kirche stand ... vor einer knienden Menge, die Köpfe geneigt bis zur Erde, und sie musste auf Zehenspitzen gehen, um die Köpfe nicht zu zertreten." Cardenal betet: „Herr, in dieser Welt, die verseucht ist von Sünde und Radioaktivität, sprichst du eine kleine Verkäuferin nicht schuldig, die davon träumt, ein Filmstar zu sein ... Sie hungerte nach Liebe, und wir boten ihr Beruhigungsmittel. Gegen die Traurigkeit, nicht heilig zu sein, empfahl man die Psychoanalyse ... Ihre Liebesabenteuer waren ein Kuss mit geschlossenen Augen – und wenn man die Augen öffnet, bemerkt man, dass es nur ein Filmkuss war."[12]

Auch die Umstände ihres Todes liegen bis heute im Dunklen. Neben den Anwälten der „offiziellen" Selbstmordhypothese kommen auch jene Stimmen nicht zur Ruhe, die meinen, sie sei vom Kennedy-Clan ermordet worden, um die Affären mit *John* und *Robert Kennedy* zu vertuschen.

Die Gabe oder **Geistesfrucht** der erlösten VIER heißt *Ausgeglichenheit*. Mit fünfundzwanzig haben VIERer bereits alle emotionalen Räume und Erfahrungen von der Agonie bis zur Ekstase durchlebt. Sie kennen alle Gefühlsnuancen und verstehen die menschliche Seele und ihre Abgründe besser als irgendjemand sonst. Wenn sie die Disziplin aufbringen, ihr Gefühlsleben in die Balance zu bringen, können sie beeindruckende Persönlichkeiten werden. Disziplin ist es, die den Unterschied zwischen einem zweitklassigen „verkannten Genie" und einem wirklichen Künstler ausmacht. Eine große VIER konzentriert und diszipliniert ihre Emotionen, kann sich von ihnen distanzieren und sie auf diese Weise läutern. Ausgeglichenheit bezeichnet diese tiefe, balancierte und nuancierte Emotionalität. Eine geläuterte VIER kann sensibel mit dem wirklichen Leben umgehen – und nicht nur mit erträumten Dramen. Sie muss sich nicht mehr in ihren Gefühlen baden und sie bis zum Letzten auskosten. Sie muss nicht mehr mit ihren Stimmungen spielen und sie allen Mitmenschen aufdrängen.

Gesunde VIERer sind zu einer Gefühlstiefe fähig, zu der die meisten von uns keinerlei Zugang haben. Wenn sie diese echte Emotionalität fruchtbar machen können, wenn sie ihren Sinn für das Schöne und für das wirklich Schmerzhafte konzentriert ausdrücken können, dann entstehen wirkliche Kunstwerke. Sie dienen nicht mehr der Selbstdarstellung, sondern drücken Allgemeingültiges aus. *William Shakespeare* und *T. S. Eliot* sind Beispiele für Dichter, bei denen die großen Emotionen so geläutert und diszipliniert geformt worden sind, dass sie für alle Zeit „gültig“ bleiben.

Erlöste VIERer können besser als die meisten anderen jene Mitmenschen verstehen und begleiten, die in seelischer Not sind. Sie haben keine Angst vor schwierigen, komplizierten oder dunklen Gefühlen anderer, da sie das alles selbst durchlebt haben.

Symbole und Beispiele

Eines der **Symboltiere** der VIER ist die *Turteltaube* mit ihrem klagenden Gurren. Wenn es einen Sprachstil gibt, an dem VIERer zu erkennen sind, dann ist es das sehnsüchtige Klagen oder das Lamento. Ein weiteres Tier ist der *Basset*, jener kurzbeinige französische Jagdhund mit seinen hängenden Ohren und seinen traurigen Triefaugen („Hush Puppies“). Die Augen der meisten VIERer spiegeln eine unbestimmte Traurigkeit wider, die sie selbst meist gar nicht wahrnehmen. Selbst wenn sie lächeln, ist es oft ein „Lächeln unter Tränen“. Der edle *Rappe* steht für die kühle Ästhetik der VIER.

Erlöste VIERer werden mit der *Auster* verglichen, die von alters her ein Symbol der Melancholie ist. Die Auster verwandelt Schmutz in Perlen; ebenso ist eine geläuterte VIER in der Lage, das Negative und die Verlusterfahrungen ihres Lebens in etwas Schönes und Allgemeingültiges zu verwandeln. Der Dichter *Robert Musil* drückt es so aus: „Das Schreiben ist wie die Perle einer Krankheit.“

VIERer sind oft frankophil. *Frankreich* ist ihr **Symbolland.** Es weigert sich von jeher, ein Land wie alle anderen zu sein. Die Franzosen sind immer etwas Besonderes. Die französische Mentalität wirkt auf Nicht-Franzosen raffiniert, kultiviert und etwas elitär. Die Franzosen entwickelten eine *Haute Cuisine* und eine *Haute Couture.* Alles muss „hoch“ und ausgefallen sein. Es soll VIERer geben, die mit einem manierierten französischen (oder mitunter auch britischen) Akzent sprechen.

Die **Farbe** der VIER ist das *Hellviolett der Malve.* Ihre Tönung ist nicht genau festgelegt, schillernd und außergewöhnlich, melancholisch und mystisch-zwiespältig. Violett ist die liturgische Farbe der Passionszeit, der Zeit des Fastens und der Buße, der Wandlung durch Schmerz und Tod. *Goethe* verband in seiner

Farbenlehre sogar den Schrecken des Weltuntergangs mit ihr: „Violett ist sowohl Symbol der höchsten Verzückung der Seele,... als auch ihrer dunkelsten und schmerzhaftesten Momente ... In seinen Schwingungen berühren sich Passion und Rausch, Befreiung und Verfall, Tod und Auferstehung, Leid und Erlösung, Sucht und Läuterung, die mystische Schau und der Wahn."[13] Violett ist die androgyne Farbe; sie vermittelt zwischen Rot (männlich) und Blau (weiblich). Die erlöste VIER verkörpert Synthese, Vermittlung und Ausgleich.

In der **Bibel** begegnet uns die Energie der VIER in sehr unterschiedlichen Zusammenhängen: *Sulamith*, die legendäre Geliebte des Königs im Hohelied Salomos, verkörpert die sehnsüchtige Liebesromantik der VIER:

„Mit den Küssen seines Mundes soll er mich bedecken. Süßer als der Wein ist deine Liebe! Mein Geliebter ruht wie eine Tasche voll Myrrhe an meinem Busen, wie eine Hennablüte ist er für mich aus den Weinbergen von En-Gedi. Schön bist du, mein Geliebter. Unser Lager ist das frische Grün der Wiese, Zedern sind das Dach unseres Hauses, Zypressen sind die Wände. Des Nachts in meinem Bett, da suche ich ihn. Ich sehnte mich nach ihm, den meine Seele lieb hat. Ich verzehrte mich nach ihm und fand ihn nicht. Ich beschwöre euch, ihr Töchter Jerusalems: wenn ihr meinen Geliebten findet, dann sagt ihm, dass ich krank bin vor Liebe. Mein Geliebter ist anders als tausend andere. Sein Haupt ist reines Gold, seine Locken sind rabenschwarze Rispen, seine Augen gleichen Trauben am Wasser, seine Lippen gleichen den Lilien, sie tropfen von flüssiger Myrrhe. Sein Leib ist wie aus Elfenbein, besetzt mit Saphiren. Die Schenkel sind wie Marmorsäulen auf goldenen Sockeln. Sein Mund ist voller Süße; alles ist Wonne an ihm. Das ist er: mein Geliebter, mein Freund, ihr Töchter Jerusalems. Seine Linke liegt unter meinem Kopf, seine Rechte umfängt mich. Leg mich wie ein Siegel auf dein Herz, nimm mich wie ein Siegel in den Arm! Stark wie der Tod ist die Liebe. Gewaltig wie die Unterwelt brennt die Leidenschaft. Auch mächtige Wasser können die Liebe nicht löschen." (Aus Hohelied Salomos)

Es ist offensichtlich, dass kein real existierender Mann, nicht einmal der König Salomo, dieses Idealbild ausfüllen kann!

Joseph ist der vorletzte Sohn *Jakobs* und sein Liebling; deshalb lässt ihn der Vater einen „bunten Rock" schneidern. So ist er von Anfang an etwas „Besonderes". Seine Brüder beneiden ihn wegen seiner Sonderstellung. Eines Tages träumt Joseph davon, wie alle zwölf Brüder auf dem Feld sind und Garben binden. Nur Josephs Garbe bleibt aufrecht stehen, während sich die Garben der Brüder vor ihm verneigen. Ein anderes Mal träumt er, wie elf Sterne, Sonne und Mond vor ihm niederfallen. Er erzählt seine Träume und macht sich dadurch bei seinen Brüdern noch unbeliebter. Sie beschließen, ihn aus dem Weg zu räumen.

Erst wollen sie ihn umbringen, dann aber verkaufen sie ihn in die Sklaverei nach Ägypten. Sie zerreißen seinen bunten Rock und tränken die Fetzen in Tierblut. Dem Vater erzählen sie, ein wildes Tier hätte Joseph zerfleischt.

In Ägypten gerät Joseph ins Haus *Potiphars*, eines hohen Beamten. Den amourösen Avancen der Hausherrin entzieht er sich; sie bringt ihn dafür ins Gefängnis. Auch hier genießt er bald eine Sonderstellung. Als zwei Hofbeamte, die ebenfalls eingesperrt sind, beunruhigende Träume haben, deutet er sie.[14] Als später auch der Pharao Träume hat, die keiner seiner Weisen auslegen kann, erinnert sich einer seiner Hofleute an Joseph. Er wird aus dem

Gefängnis geholt und sagt dem Pharao sieben fette und sieben magere Jahre voraus.

Daraufhin wird Joseph zum Premierminister ernannt und erhält den Auftrag, Getreidevorräte anzulegen. Als die mageren Jahre kommen, erscheinen auch seine Brüder in Ägypten, um Korn zu kaufen. Sie erkennen ihn nicht. Mit der dramatischen Begabung der VIER inszeniert Joseph die Versöhnung und Familienzusammenführung. Dabei zieht er alle Register des Verstellungsspiels, bis es endlich zu jenem Happyend kommt, das in der Bibel nachzulesen ist (1. Mose/Genesis 37–50).

Auch eine Reihe der großen Propheten Israels haben einen „VIERer-Zug". Sie sind Gottes „Ausgesonderte" und für die Menschen rechte „Sonderlinge". Das äußert sich vor allem in ihren ungewöhnlichen Zeichenhandlungen: *Jesaja* lief jahrelang nackt durch Jerusalem, um darauf hinzuweisen, dass eines Tages die Ägypter und Äthiopier, die Verbündeten Israels, nackt und „mit entblößtem Gesäß" nach Assyrien verschleppt werden würden. *Hosea* heiratete eine Hure. Seine Ehe ist ein Gleichnis für die Treulosigkeit des Volkes gegenüber Jahwe, weil es anderen Göttern dient. *Jeremia* bleibt ehelos, um durch seine Einsamkeit die Einsamkeit Gottes darzustellen, dessen Liebe von Israel nicht erwidert wird. Seine erschütternden Klagen gehören zu den ältesten Texten der Menschheit, in denen ein Individuum seine seelische Befindlichkeit so direkt reflektiert und formuliert.[15]

Umkehr und Erlösung

Die **Einladung**, die an die VIER ergeht, ist der Ruf zur *Ursprünglichkeit.* VIERer finden ihre Natürlichkeit auf dem Weg der *Vereinigung mit Gott.* Ihr Streben nach Echtheit, ihre Liebe zu Kindern und zur Natur sind Hinweise auf dieses Lebensziel. Wenn sie zulassen können, dass sie „in Gott" leben und Gott „in ihnen", gelangt ihre Seele zur lang ersehnten Ruhe und Ausgeglichenheit.

Zu den **Lebensaufgaben** der VIER gehört es, einen gesunden Realismus zu entwickeln und die Sehnsucht auf erreichbare Ziele zu richten. VIERer müssen daran arbeiten, dass ihre Aufmerksamkeit in der Gegenwart bleibt und nicht ständig in die Vergangenheit oder Zukunft abschweift. Die VIER muss ihre Energie finden, ohne ständig von einem Extrem ins andere zu fallen, ohne abwechselnd himmelhoch jauchzend und zu Tode betrübt zu sein. Es muss nicht immer Euphorie oder Depression sein. Ihr „objektiver Beobachter" hat die Aufgabe zu fragen: „Reicht nicht ein bisschen Freude und ein bisschen Traurigkeit wenigstens ab und zu?"

Unerlöste VIERer lieben Rituale mehr als die Realität. Sie verklären ihre Erinnerungen, die schöner sind, als es das tatsächliche Ereignis war. Deswegen ist es nötig, dass sie sich der Realität stellen. Inkarnation ist angesagt, das heißt: Annahme der Wirklichkeit, selbst wenn sie hässlich und schmutzig ist. Dort wird die VIER wirklich zu sich finden. Deswegen tut VIERern soziales Engagement und der Einsatz für Frieden und Gerechtigkeit gut. Denn dabei müssen sie sich mit dem Schmutz der Welt befassen, der sich nicht ästhetisch verklären lässt.

Zur Erlösung der VIER ist es notwendig, dass sie sich den realen Verlusterfahrungen ihres Lebens stellt, die Wut gegen die betreffende Bezugsperson zulässt und aufhört, diese nachträglich zu beweihräuchern. Die „Unfähigkeit zu trauern" *(Alexander Mitscherlich)* verhindert wirkliche Befreiung. *Paulus* schreibt insbesondere den melancholischen VIERern ins Stammbuch: *„Es gibt eine gottgewollte Traurigkeit, die eine innere Veränderung zum Heil bewirkt und nicht bereut zu werden braucht. Es gibt aber auch eine weltliche Traurigkeit, die zum Tode führt" (2. Korinther 7, 10).*

VIERer, die umkehren wollen, kommen nicht umhin, ihren Snobismus und ihr (verstecktes) Elitebewusstsein kritisch unter die Lupe zu nehmen. Anstatt sich mit anderen zu vergleichen, sollten sie die eigenen inneren Schätze dankbar zur Kenntnis nehmen und mit anderen teilen. Um all das zu trainieren, brauchen VIERer ein Netzwerk von Menschen, die sich von ihnen nicht manipulieren lassen, sondern „objektiv" bleiben und „echte" Mitteilungen fordern.

Ohne die VIERer wäre die Welt um den größten Teil ihrer Kunst und Poesie ärmer. Wenn sie es lernen, mit ihren Gaben anderen zu dienen, dann werden sie einen wichtigen Beitrag dazu leisten, dass diese Welt „durch Schönheit erlöst" wird.

Daniel Berrigan und *Thomas Merton* sind unsere **„Heiligen"**, die Patrone der erlösten VIER:

Der Jesuitenpater *Daniel Berrigan* hat die christliche Friedensbewegung in den USA inspiriert wie kein anderer. Seine Aktionen waren so angelegt, dass sie auffallen mussten. Sie waren immer symbolisch, illegal und gewaltfrei. Während des Vietnamkriegs hat Berrigan die öffentliche Verbrennung von Stellungsbefehlen inszeniert. Ein andermal ist seine Gruppe ins Pentagon eingedrungen:

„Einige verteilten Flugblätter und sprachen mit den Angestellten des Pentagons. Einige verkleideten sich und spielten die Rolle von Todesgespenstern. Sie gingen durch die Sitzungsräume des Pentagons, durch die Läden, durch die Restaurants und die Bankräume, die sich unter den Militärbüros befinden. Sie sangen: Tod – Tod – Tod; die Bombe – die Bombe – die Bombe! Wieder andere gossen Blut aus, unser eigenes Blut, das uns vorher von einer Krankenschwester aus unserer Gruppe kunstgerecht abgezapft worden war. Das Blut wurde an die Säulen gegossen, an die Wände, an die Eingänge, auf den Boden – eine schreckliche Menge Blut, das überall heruntertropfte. Auch Asche streuten wir aus: Das Verbrennen der Lebenden. Einige Leute fielen wie tot in das Blut und in die Asche. Wir trugen ein Kreuz, auf dem die Namen verschiedener Waffen geschrieben waren, wie Trident, Cruise missile, ... Neutronenbombe, Napalm – diese ganze Todesmaschinerie."[16]

Berrigan hat die VIERer-Energie benutzt, um der Menschheit zu dienen. Kein anderer wäre auf den Gedanken gekommen, Protest derart drastisch und schöpferisch zu artikulieren. Berrigan stellt seine Sehnsucht und seine Lust zur Inszenierung in den Dienst von Frieden und Gerechtigkeit, anstatt nur sein eigenes schöpferisches Selbst zur Schau zu stellen.

Der Dichter *Thomas Merton* (1915–1968), der schließlich Trappistenmönch wurde, entstammte einer Künstlerfamilie und wurde in Prades (Frankreich) geboren. Mit sechs Jahren verlor er die Mutter und begann, mit dem Vater ein unstetes Wanderleben zu führen: Bermudas, USA, Frankreich, England. Mit 16 verlor er auch den Vater: „So wurde ich zu einem vollendeten Menschen des 20. Jahrhunderts.“[17]

Nach dem Schulabschluss beginnt Merton mit dem Studium in Cambridge und ist bald bekannt für seine Kneipentouren, seine frechen Karikaturen und seine „Weibergeschichten“ (ein uneheliches Kind aus dieser Zeit stirbt später bei einem Bombenangriff auf London).

Gleichzeitig überkommt ihn ein wachsender Ekel vor sich selbst. Er geht 1934 in die USA, zieht in die Nähe Harlems, schließt sich der kommunistischen Partei an und beginnt gleichzeitig, sich mit religiösen Themen zu befassen. Ein hinduistischer Studienfreund empfiehlt ihm, *Augustinus* und *Thomas a Kempis* zu lesen.

1938 empfängt Merton die katholische Taufe – seinen Freunden erscheint es zunächst, als wäre das nur ein weiterer seiner Spleens. Aber er meint es ernst und will Franziskaner werden. Als er dort seine Lebensgeschichte ungeschminkt erzählt, wird er abgelehnt, was ihn tief trifft. Aber er gibt nicht auf. Er lebt wie ein Mönch, gibt das Rauchen auf, macht Exerzitien im strengsten Kloster des Landes, der Trappistenabtei Gethsemani/Kentucky, wo neben allen anderen Gelübden strengstes Schweigen gepflegt wird.

In dieses Kloster nimmt man ihn 1941 als Bewerber auf. Fünf Jahre später erscheint seine Autobiographie „Der Berg der sieben Stufen“[18] und wird ein sensationeller Erfolg. Sie spiegelt die radikale Weltverachtung eines jungen (und überaus ernsthaften) Mönches und wird mit *Augustinus'* „Bekenntnissen“ verglichen. In den Nächsten dreißig Jahren folgen etwa sechzig weitere Bücher.

Das Klosterleben wird für Merton immer schwerer. Sein Abt meint, er nehme seine subjektiven Gefühle zu ernst; schließlich verbietet ihm der Orden sogar das Schreiben. Immerhin wird er Novizenmeister. Seine Bücher haben Hunderte von jungen Männern angelockt, dieses radikale Leben der Arbeit und des Gebets selbst auszuprobieren. Sie lieben und verehren ihn, der es ablehnt, sturen Regelgehorsam zu vermitteln, sondern mit Wärme und Liebe die Einzelpersönlichkeit fördert. Der nicaraguanische Dichter und spätere Kulturminister *Ernesto Cardenal* ist einer seiner Schüler.

Merton versteht Mönche als Leute, die Gott suchen und das „falsche Selbst“ überwinden wollen, indem sie auf Lebenslügen und künstliche Sicherheiten verzichten: „Wir sollten uns nackt und wehrlos in die Mitte jener Angst führen lassen, wo wir allein in unserer Nichtigkeit vor Gott stehen.“[19]

Gleichzeitig wird er immer politischer, schreibt Aufsätze gegen die kirchliche Lehre vom „gerechten Krieg“ und gegen den amerikanischen Militarismus. Als er den Vietnamkrieg angreift, verübt man einen Mordanschlag auf ihn, dem er nur knapp entgeht.

Nach langem Kampf mit dem Abt kann er durchsetzen, dass er sich im Wald eine – recht komfortable – Klause bauen darf. Er beginnt zu lesen, zu schreiben, Besucher zu empfangen. Anlässlich eines Krankenhausaufenthaltes kommt es zu einer tief empfundenen Liebesbeziehung mit einer Krankenschwester. *Suzanne Zuercher*, die das Leben Mertons in einer enneagrammatischen Biographie als klassischen Erlösungsweg einer VIER beschrieben hat, meint, diese Liebesbeziehung sei für seine Integration und „Erdung" bitter nötig gewesen. Allerdings löst sich Merton bald wieder, weil sich diese Liebe im Rahmen seines Klosterlebens nicht leben lässt.

Am Ende träumt er von einer noch einsameren Eremitage in Alaska; es zieht ihn schließlich in die Länder des Ostens, weil ihn die Vision einer Synthese von Christentum und Buddhismus nicht mehr loslässt. 1968 darf er zu einer Ordenskonferenz nach Bangkok reisen; er begegnet auf dieser Reise Sufi-Mystikern, Zen-Buddhisten und dem *Dalai Lama*. Beide Männer sind tief voneinander beeindruckt und entdecken sich als Seelenverwandte. Der Dalai Lama, der vormals dem Christentum äußerst skeptisch gegenübergestanden war, entdeckt durch Merton die mystische Tiefendimension dieser westlichen Religion.

Nach dieser Begegnung lebt Thomas Merton nur noch wenige Tage. An einem defekten Heizkörper im Hotelzimmer zieht er sich einen tödlichen Stromschlag zu. Bis heute ist die Vermutung nicht verstummt, dass sein gewaltsamer Tod vom amerikanischen Geheimdienst herbeigeführt wurde. Die Ironie des Schicksals will es, dass ausgerechnet eine amerikanische Militärmaschine seine sterblichen Überreste in die USA zurückbringt.

Typ Fünf

FÜNF, SECHS und SIEBEN sind Kopfmenschen. Sie denken, bevor sie handeln und besitzen – scheinbar – eine gewisse Objektivität. Die speziellen Begabungen der FÜNF bestehen darin, dass sie offen und empfänglich ist für neue Fakten und Eindrücke. FÜNFer sind Entdecker neuer Ideen, Forscher und Erfinder, objektiv, fragend und daran interessiert, die Dinge im Detail zu ergründen. Sie können originelle Köpfe sein, provozierend, überraschend, unorthodox und tiefsinnig. Sie sind gute Zuhörer, weil sie genau hinhören. Sie können damit anderen helfen, die Wirklichkeit nüchterner und objektiver wahrzunehmen. Es gibt FÜNFer, die starke kontemplative Gaben besitzen. Erlöste FÜNFer verbinden ihr Wissen mit einer Suche nach Weisheit und Verständnis und bemühen sich um eine mitfühlende Erkenntnis des Herzens. Sie besitzen eine stille innere Kraft und sind zartfühlend, liebenswürdig, höflich, gastfreundlich und sanft.

Die Primärerfahrung vieler FÜNFer war eine Art von Leere. Deshalb sehnen sie sich nach Erfüllung. Manche haben schon vor der Geburt im Mutterleib „erfahren“: „Ich bin nicht erwünscht.“ Es gibt FÜNFer, die psychisch oder physisch zudringliche Eltern hatten oder in großer räumlicher Enge aufgewachsen sind. Ihre Innenwelt war der einzige Freiraum, in dem sie sich ungestört bewegen konnten. Andere haben das scheinbare Gegenteil erlebt: Sie haben als Kinder wenig Zärtlichkeit und Nähe bekommen. So blieb ihre eigene Fähigkeit unterentwickelt, Gefühle zu äußern oder körperlich auszudrücken. Sie spüren in sich eine abgrundtiefe Leere. Mangel an Geborgenheit und das Gefühl der Heimatlosigkeit und Einsamkeit kann dazu führen, dass sich die FÜNF nach innen verkriecht wie ein Tier, das sich in Gefahr totstellt.

Viele FÜNFer gehen durchs Leben und sammeln, was sie bekommen können – in der Hoffnung, ihr inneres Vakuum auszufüllen. Auf diese Weise werden FÜNFer rezeptiv und empfänglich. Wenn die ZWEI unter einer Art Zwang steht zu geben, dann ist die unerlöste FÜNF ebenso davon besessen zu nehmen.

Die Sammelleidenschaft der FÜNF richtet sich oft auf Gedanken, Ideen, Wissen, Stille und Raum. Es gibt aber auch FÜNFer, deren Habsucht sich materialisiert hat und die die merkwürdigsten Dinge horten können: Bücher, Briefmarken, Bierdeckel, alte Zeitungen, Stoffreste, Zahnpastatubenverschlüsse, gebrauchte Milchkartons.

FÜNFer brauchen eine abgeschlossene und geschützte Privatsphäre. Sie sehnen sich nach einer Burg, in der sie unbeobachtet sind und denken können: „My home is my castle!“ Die meisten FÜNFer sind introvertiert; Ausnahmen bestätigen die Regel. Sie sind von Natur aus Mönche, Eremiten, Stubengelehrte, Bibliothekare und technische Tüftler.

FÜNFer tragen oft eine Brille. Ihre Augen zeigen bereits Verschleißerscheinungen, bevor sie zwanzig sind. Denn ihre ganze Energie ist darauf konzentriert, alles zu sehen, alles mitzukriegen. Ihre Augen sind wie Staubsauger. FÜNFer sehen alles, sie hören alles und sie behalten alles. Alle Tätigkeiten, bei denen man durch Gläser wie Mikroskope oder Teleskope gucken kann, um zu beobachten, sind attraktiv. Viele FÜNFer photographieren gern. Ihnen gefällt alles, was es ihnen erlaubt, die Rolle des Beobachters einzunehmen. Viele geniale Erfinder, Entdecker und Wissenschaftler sind FÜNFer.

FÜNFer versuchen, sich nicht in den Strudel von Gefühlen und Ereignissen ziehen zu lassen, sondern stattdessen so etwas wie Objektivität zu entwickeln. Es ist ihnen wichtig, die Ruhe – wenigstens äußerlich – zu bewahren und ihre Emotionen unter Kontrolle zu halten. Niemand soll ihnen anmerken, dass sie wütend sind, sich verliebt haben oder mit jemandem konkurrieren. Alles demonstrative „Getue" ist ihnen verhasst. Das geht so weit, dass sie oft Schwierigkeiten haben, Gefühle zu zeigen – selbst wenn sie es wollen. Nach außen wirkt das oft so, als ob sie hochnäsig und kalt sind, niemand brauchen und sich über ihre Mitmenschen erhaben fühlen.

In Wirklichkeit haben die meisten FÜNFer ein intensives Gefühlsleben. Aber es ist so, als ob ihre Gefühle im Augenblick eines Ereignisses blockiert sind und dem Ereignis immer hinterherhinken. Zunächst registriert die FÜNF das Geschehen mit Augen, Ohren und Hirn und kann gleichsam objektiv neben dem Geschehen stehen. Sobald sie mit sich allein ist, beginnt sie, es auszuwerten, und zwar wiederum vom Kopf her: die Gefühle werden geordnet und „auf die Reihe gebracht". Das ist die Methode, mit der FÜNFer nach und nach Zugang zu ihren Emotionen finden. Jemand hat sehr schön gesagt, die Symbolpflanze der FÜNF sei der grüne Salat, die Pflanze, die das Herz im Kopf hat.

FÜNFer fühlen sich – ähnlich wie VIERer – oft mehr mit Abwesenden verbunden als mit Anwesenden. Für ferne Menschen kann die FÜNF sehr warme Gefühle hegen. Da sie aber diese Emotionen in Anwesenheit des Freundes oder des geliebten Menschen nur selten direkt äußert, sondern eher durch kleine Gesten bekundet, kann der Freund oder die Partnerin einer FÜNF leicht das Gefühl haben, die FÜNF hätte kein großes Interesse an ihm oder ihr. PartnerInnen von FÜNFern beklagen sich oft darüber, dass die FÜNF ewig nimmt und selten gibt. Das kann in Beziehungen zu Dauerbelastungen führen. Eine FÜNF, die für ihr subjektives Empfinden schon völlig aus sich herausgeht, wirkt auf ihre Umwelt meist immer noch relativ kontrolliert.

Die Freundschaft mit einer FÜNF kann dann bereichernd sein, wenn man dreierlei nicht erwartet: Initiative, ständige körperliche Nähe und totale Hingabe. Die FÜNF hat Angst davor, den kleinen Finger zu geben, weil sie fürchtet, man könnte die ganze Hand oder noch mehr wollen. Wer sich aber mit dem kleinen Finger oder weniger zufrieden gibt, wird in einem FÜNFer-Freund einen treuen Wegbegleiter, ausdauernden und verschwiegenen Zuhörer und fairen Ratgeber finden.

Viele große Philosophen waren wohl FÜNFer: *Plotin, Thomas von Aquin, Descartes, Spinoza, Feuerbach, Heidegger, Popper.* Sie haben meist in der Zurückgezogenheit gelebt und vom sprichwörtlichen „Elfenbeinturm" aus die Welt analysiert.

Der Schüler des Neuplatonikers *Plotin* (ca. 205–270), *Porphyrios,* beginnt die Biographie seines Lehrers mit dem Satz: „Plotin ... glich einem Manne, der sich schämt, im Leibe zu sein."[1] Plotins gesamte Philosophie ist eine Auseinandersetzung mit seinem Ekel vor dem Körperlichen.

Thomas von Aquin (1225–1274) wurde von seinen Kommilitonen der „stumme Ochse" genannt. Er schwieg, weil er nicht auffallen wollte. Nur zufällig wurde entdeckt, dass in ihm ein großer Philosoph steckte.[2]

Ein besonders typischer Vertreter der philosophierenden FÜNFer ist *René Descartes* (1596–1650), der „Vater der Neuzeit". Als junger Mann reist er viel und wird Offizier; für welche Sache er kämpft, ist ihm egal. Er will kein *acteur,* sondern ein *spectateur* sein; ihn interessiert, wie sich die Leute umbringen und „wie die diesem Zweck dienenden Waffen konstruiert sind".[3] Nachdem er „das Buch der Welt" studiert hat, zieht er sich in die Stille zurück. Er wählt Holland als Aufenthaltsort, denn „ich könnte hier mein ganzes Leben zubringen, ohne dass irgendjemand mich bemerkte".[4] Die Veröffentlichung seiner Gedanken interessiert ihn nicht; im Gegenteil: er will verborgen bleiben. Die berühmten Kernsätze seiner Philosophie: „Ich zweifle, also bin ich/ich denke, also bin ich" können wahrscheinlich nur von einer FÜNF formuliert und ganz verstanden werden.

Ludwig Feuerbach (1804–1872), der Begründer des modernen Atheismus, schildert seine bedürfnisarme Studentenzeit in Erlangen so: „Eine so ruhige, von der Natur umgebene Wohnung wie meine jetzige, vormittags ein Glas Wasser, mittags ein mäßiges Essen, abends ein Krug Bier und höchstens noch einen Rettich: wenn ich das immer so beisammen hätte, so wünschte ich mir nie mehr von und auf der Erde."[5]

Martin Heidegger (1889–1976) besaß eine Hütte im Schwarzwald, „kärglich ausgestattet mit Holzbänken von spartanischer Einfachheit ... Auf der Bank vor der Hütte sitzt Heidegger oft lange und betrachtet die Weite der Berge und das schweigende Ziehen der Wolken, indes in ihm die Gedanken reifen." Seine geistige Wesensart ist gekennzeichnet von „dem schweren, bedächtigen Denken, dem grüblerischen Tiefsinn, der Einsamkeit, die ihn umgibt, der leisen Schwermut, die von ihm ausgeht".[6]

Neben der Philosophie ist es vor allem die religiöse Mystik, zu der sich die FÜNF von Haus aus hingezogen fühlt. Alle Religionen haben einen mystischen Zweig entwickelt. Es gibt mystische Strömungen im Hinduismus und Buddhismus und in den Religionen der amerikanischen Ureinwohner; im Islam ist es der Sufismus, im Judentum der Chassidismus (und Teile der Kabbala), im

Christentum die mittelalterliche Mystik *Meister Eckharts* und seiner SchülerInnen; mystische Strömungen finden sich in den orthodoxen Kirchen des Ostens (*Philokalia*; hesychastische Mystik der Athosmönche) und sogar im Protestantismus (z. B. *Gerhard Tersteegen*). Das „Wörterbuch der Religionen" definiert Mystik: „Aufgehen des Menschen in Gott oder im Göttlichen, ja vielleicht in etwas, das noch hinter Gott liegt, einem ‚Leeren' oder ‚Nichtseienden'."[7] *Gerhard Wehr* verweist auf die „Erfahrung eines unmittelbaren, intuitiven Kontaktes mit Gott bzw. mit dem Absoluten oder Unbedingten".[8] Nicht zuletzt deswegen sind es auffallend viele Frauengestalten, die vor allem die islamische und christliche Mystik geprägt und beeinflusst haben. Es ist gerade die innere „Schau", das „innere Auge", zu dem FÜNFer leichter einen Zugang finden als andere.

Ich, Richard Rohr, kenne viele Ordensleute, die FÜNFer sind. Manche von ihnen sind älter als ich und sind noch immer nicht fertig mit ihrer Ausbildung für irgendeinen Dienst. Man fragt sich: Wann werden diese Leute je damit anfangen, etwas für andere zu tun und ihr Wissen in die Praxis umzusetzen? Sie müssen erst nach Chicago gehen und ihren Abschluss in Philosophie machen. Dann müssen sie nach Rom, um eine Arbeit über Liturgie zu schreiben. Als Nächstes verbringen sie ein Jahr in Jerusalem und betreiben biblische und archäologische Studien. Sie brauchen die Sicherheit, wirklich das ganze Bild erfasst zu haben, bevor sie sich reif fühlen für irgendeine Aufgabe. Aber das passiert niemals; und so berührt ihr Fleisch niemals das Fleisch der Welt.

Der Wiener Philosoph *Ludwig Wittgenstein* (1889–1951) zum Beispiel studierte zunächst in Berlin Ingenieurwissenschaften, nachdem er schon als Knabe eine neuartige Nähmaschine entworfen hatte. Dann ging er nach Manchester und wandte sich der gerade erst aufkommenden Aeronautik zu. Dabei merkte er, dass ihn eigentlich die Mathematik interessierte. So ging er zu Bertrand Russell nach Cambridge. Aber auch dort hielt es ihn nicht lange. Es zog ihn auf einen einsamen Bauernhof nach Norwegen, bis er sich 1914 als Freiwilliger zur österreich-ungarischen Armee meldete. Im Krieg und in der italienischen Kriegsgefangenschaft vollendete er seinen Tractatus logico-philosophicus. Nach dem Krieg stieß er auf Tolstoi und wandte sich daraufhin dem Evangelium und einem kärglichen Leben als Dorflehrer in Niederösterreich zu. Aber auch dieser Dienst hielt ihn nicht lange. Er spielte mit dem Gedanken, Mönch zu werden und wurde Hilfsgärtner eines Klosters. Plötzlich interessierte ihn Architektur. Er entwarf Häuser, bis er schließlich beschloss, doch noch zu promovieren …[9]

Während die VIER dazu neigt, alles zu tun, um aufzufallen, versucht die FÜNF meistens, alles zu vermeiden, was die Aufmerksamkeit auf sie lenken könnte. Auch eine FÜNF kann eine Art „einstudiertes" Verhalten haben. Es dient der Anpassung: „Wie benehme ich mich so, dass möglichst wenige merken, dass ich da bin oder etwas von mir wollen?" Wird das Thema im Gespräch zu persönlich, entwickeln FÜNFer mitunter großes Geschick darin, die Konversation von sich wegzulenken. Sobald sie das Gefühl haben, jemand wolle sie „aushorchen", schotten sie sich ab.

Viele FÜNFer hassen Worte wie teilen oder mitteilen. Sobald in einer Gruppe die Aufforderung ergeht, sich „auszutauschen", wie man sich fühlt, gehen bei den meisten FÜNFern die Jalousien runter und sie überlegen, wie sie sich geschickt und unauffällig aus der Affäre ziehen können. FÜNFer wollen sich nicht preisgeben und ihr Innerstes nicht zur Schau stellen. Wenn es sich nicht vermeiden lässt, sich „einzubringen", warten sie in der Regel bis zum Schluss. Dann teilen sie so wenig mit wie möglich. Aber sie hören gut zu, was die anderen sagen. Nichts entgeht ihrer Aufmerksamkeit. Viele FÜNFer haben Schwierigkeiten mit ihrer Elternrolle. Das gängige Konzept von „Mütterlichkeit" wurde nicht von FÜNFern erfunden. Ich, Richard Rohr, erinnere mich an eine FÜNFerin, die zu mir in die Seelsorge kam. Ich empfand sie als wunderbare Frau und großartige Mutter. Aber sie selbst meinte, Kindererziehung sei die Hölle für sie. Kinder fordern permanent die Zeit, den Raum und die Energie ihrer Eltern, während FÜNFer ihr privates Reich brauchen. Das ist einer der Gründe, weshalb auffallend viele FÜNFer davor zurückschrecken, zu heiraten und Kinder in die Welt zu setzen. Sie haben Angst davor, dass irgendwann diese kleinen Biester durch die Wohnung rennen und ständig was von ihnen wollen könnten.

In klösterlichen Gemeinschaften wollen FÜNFer meist ein Dachstübchen haben, möglichst am äußersten Ende des Ganges. Dort besteht die geringste Gefahr, dass jemand in ihre Sphäre eindringt. FÜNFer hassen Aufdringlichkeit und Eindringlinge. Wenn man erleben will, dass die sonst so zurückhaltende FÜNF wütend wird, braucht man nur in ihr Zimmer rein- und rauszurennen, ohne anzuklopfen. Damit kann man eine FÜNF wirklich verletzen. Sie hütet ihre private Sphäre wie ihren Augapfel. FÜNFer, die in einer Gemeinschaft leben, müssen sich regelmäßig absetzen, um allein zu sein und aufzutanken. Zu viele Menschen und zu viel Nähe empfinden die meisten FÜNFer als anstrengend und kräftezehrend. Sie brauchen Zeit für sich selbst, um ihre Gedanken und Gefühle zu ordnen und sich auf neue Begegnungen innerlich einzustellen.

Vor etlichen Jahren habe ich, Richard Rohr, in der Trappistenabtei Gethsemani in Kentucky, *Thomas Mertons* früherem Kloster, eine Woche lang Exerzitien für die Mönche geleitet und sie mit dem Enneagramm vertraut gemacht. Nach drei Tagen war mir klar, dass die Hälfte dieser kontemplativen Mönche FÜNFer waren. Um sie ein bisschen zu provozieren, sagte ich zu ihnen: „Früher habe ich euch immer verehrt und zu euch aufgeschaut. Ich habe erlebt, wie ihr drei Stunden lang bewegungslos vor dem Allerheiligsten sitzt. Mir war klar, dass ihr bereits das höchste Stadium der Kontemplation erreicht habt, weil ich es nie aushalten würde, drei Stunden still zu sitzen und nichts zu tun. Aber jetzt weiß ich, dass die meisten von euch nichts sind als FÜNFer." Die Mönche haben sich halb totgelacht. Sie hatten die Freiheit, das zuzugeben. Viele FÜNFer kennen nichts Schöneres auf der Welt als drei Stunden dazusitzen und irgendetwas anzugucken – oder gar nichts. Wenn sie so dasitzen, haben sie ihre Ruhe, keiner will etwas von ihnen, sie müssen nichts geben.

Das bisher Gesagte könnte zu dem Missverständnis führen, dass alle FÜNFer Intellektuelle, tiefsinnige weise Mönche oder zumindest besonders intelligente Menschen sind. Leider muss gesagt werden, dass es auch strohdumme FÜNFer gibt. Aber auch ihr Kontrollturm ist ihr Kopf, ihr bisschen Verstand, ihre wie auch immer geartete „Logik", ihr Konzept, das sie von der Welt haben. Was sie nicht verstehen, darauf lassen sie sich nicht ein. Unerlöste FÜNFer können schizoide Züge annehmen, Formen von Autismus entwickeln oder im Nihilismus enden – das alles wären letzte Konsequenzen des „reinen Denkens" ohne Körperlichkeit, Emotionalität, Wertentscheidungen und Taten.

Der Film Rain Man, der 1989 mit Oskars überschüttet wurde, handelt von einem typischen jungen, dynamischen und aufstiegsorientierten DREIer-Amerikaner, der nach dem Tod seines Vaters erfährt, dass er einen autistischen älteren Bruder (Dustin Hoffman) hat. Dieser Bruder ist ein mathematisches Genie, aber ansonsten ein Gefangener unverrückbarer Rituale. Die Beziehung zur Außenwelt ist mechanisiert. Der Film schildert Ansätze einer „Bekehrung", die der außenorientierte DREIer durch die Begegnung mit seinem krankhaft introvertierten Bruder erlebt. Umgekehrt wirkt die plötzliche Zuwendung und Herausforderung therapeutisch auf den autistischen Raimond. Unvergesslich ist die Szene, wie er seinen Kopf zärtlich an die Schulter des Bruders schmiegt und so zum ersten Mal so etwas wie Nähe ausdrücken kann.

Dilemma

Die **Versuchung** der FÜNF ist *Wissen.* Für die FÜNF ist Wissen Macht. Die unreife FÜNF meint, sie könnte ihr Leben dadurch sichern, dass sie über alles möglichst detailliert informiert ist. Die Informationen, die sie aus der Außenwelt aufnimmt und speichert, reichen niemals aus. FÜNFer brauchen noch einen Kurs, noch ein Seminar, noch ein Semester, noch ein Buch, noch eine Schweigeretraite. Auf Enneagramm-Workshops sind sie in einer überproportional großen Anzahl vertreten (und sitzen in der letzten Reihe!). Geistige Systeme, die das Universum oder die menschliche Seele erklären, faszinieren sie: psychoanalytische Modelle, Typenlehren, die Relativitätstheorie Einsteins, die Quantensprünge, die Urknalltheorie, die Evolutionslehre, Vererbungsgesetze. Deswegen gibt es viele FÜNFer, die Enneagramm-Freaks sind. Wir kennen allerdings auch einige FÜNFer, die das Enneagramm kompromisslos ablehnen – weil es auch für sie ein Spielverderber ist, der ihr Lebensprogramm aufdeckt. Ein Leben lang konnte die FÜNF mit intellektueller Überlegenheit brillieren: „Ich weiß mehr als andere. Ich verstehe die Welt besser als andere. Ich stehe über der Gefühlsduselei und dem emotionalen Gehabe der anderen!" Plötzlich stellt sich heraus, dass sie nichts weiter ist – als eine FÜNF und dass ihre Stärke zugleich ihre Sünde ist!

Zum Horten von Eindrücken und Wissen gehört auch, dass die meisten FÜNFer gern reisen; denn Reisen bildet. Es macht ihnen Spaß, unerkannt und unbekannt fremde Kulturen, Sitten und Gebräuche zu studieren. Auf solchen Reisen können sie sich unter Umständen auch in „begrenzte Abenteuer" stürzen, weil sie wissen, dass sie unverbindlich bleiben und jederzeit durch Abreise beendet werden können. Das eigentliche Erlebnis findet statt, wenn sie später zu Hause ihre Dias rahmen können. Kleine Souvenirs und Andenken helfen ihnen als Gedächtnisstütze und können im Nachhinein als Auslöser dienen, um das ganze Geschehen in der Phantasie wieder erwachen zu lassen. Manche FÜNFer haben eine Sammlung von „Totems", die alle wichtigen Phasen und Ereignisse ihres Lebens abdeckt.

Einer der **Abwehrmechanismen**, die FÜNFer mit Vorliebe praktizieren, heißt *Rückzug*. Vor nichts haben FÜNFer so viel Angst wie vor emotionalem Engagement. Je unreifer sie sind, desto mehr scheuen sie Gefühle, Sex, Beziehungen, die Abhängigkeit schaffen. Wenn man eine FÜNF anfasst, schrickt sie meist zusammen oder macht einen großen Satz. Deswegen haben viele FÜNFer ein zölibatäres Naturell. Sie können aus den falschen Motiven den Zölibat wählen, verschrobene Junggesellen oder blaustrümpfige und bebrillte alte Jungfern werden.

Die große Schauspielerin *Greta Garbo* (1905–1990) war eine typische FÜNF. Ihre Menschenscheu war schon zu ihrer Glanzzeit geradezu sprichwörtlich. Um nicht aufzufallen, legte sie sich Tarnnamen zu und verkleidete sich in der Öffentlichkeit. An ihrer Wohnungstür befand sich kein Namensschild. Sie hielt sich Leibwächter(!), die dafür zu sorgen hatten, dass ihr niemand zu nah kam. Sie hasste es, ihre eigenen Filme anzusehen und fühlte sich von solcher Selbstentblößung im Nachhinein peinlich berührt. Wenn sie auf öffentlichen Empfängen erschien, sprach sie am liebsten über abstrakte oder politische Themen, weil sie es verabscheute, über sich selbst zu reden. Geheiratet hat sie nie. Ihre Liebesaffären waren von kurzer Dauer. Privat bevorzugte sie schlichte Kleidung, fast wie eine Nonne; sie ließ einige Zimmer ihres Hauses völlig leer. Seit 1941 hat sie sich ganz aus dem Filmgeschäft zurückgezogen, um wie eine Eremitin zu leben. Ihr berühmtes Gesicht versteckte sie hinter Hut und Sonnenbrille.[10]

Die unreife FÜNF fürchtet sich vor konkreter Verbindlichkeit. FÜNFer verbleiben gerne in der abstrakten Welt der Theorien und Ideen; sie erklären die Welt, aber sie tun selten etwas, um sie zu verbessern. Karl Marx hat den Philosophen insgesamt den Vorwurf gemacht, die Welt nur zu interpretieren, anstatt sie zu verändern. Abraham Maslow hat auf die Gefahren des „Seins-Erkennens" hingewiesen. Darunter versteht er eine Lebenshaltung, die nichts will als Zusammenhänge verstehen:

„Seins-Erkennen ist ohne Urteil, Vergleich, Verurteilung oder Auswertung. Es ist auch ohne Entscheidung, weil Entscheidung Bereitschaft zum Handeln bedeutet … Solange man Krebs oder Bakterien betrachtet, voll Ehrfurcht, Bewunderung und passiver Rezeption, im Genuss des reinen Verstehens, so lange macht man einfach nichts. Angst, Ärger, der Wunsch, die Situation zu verbessern, zu vernichten oder zu töten,… sind alle aufgehoben … Es ist ein Nicht-in-der-Welt-Sein im existenzialistischen Sinne."[11]

Insofern tendiert die FÜNF zum Konservativismus. Der angeblich wertfreie Forscherdrang hat dazu beigetragen, dass viele Erkenntnisse genialer FÜNFer zum Fluch der Menschheit wurden. Viele Wissenschaftler weigerten sich, die ethischen Implikationen ihrer Erkenntnisse mitzubedenken.[12]

Friedrich Dürrenmatt hat dieses Thema in seiner Tragikomödie „Die Physiker" (1962) aufgegriffen. Der Atomphysiker Möbius stellt sich verrückt, weil er weiß, dass seine Ideen die Welt zerstören können. Im Irrenhaus begegnet er zwei weiteren Physikern, einem sowjetischen und einem amerikanischen Spion, die beide Möbius entführen wollen. Möbius zerstört seine Formeln und überredet die beiden, mit ihm – zum Wohle der Menschheit – im Irrenhaus zu bleiben. Aber die leitende Ärztin hat die Formeln heimlich kopiert und einen Konzern zur Ausbeutung der Formeln gegründet. Der Schock darüber treibt die drei Physiker in den tatsächlichen Irrsinn.

Auf ihre Mitmenschen wirken FÜNFer unter Umständen snobistisch und überheblich.

Helen Palmer hat die unreife FÜNF den „unerleuchteten Buddha" genannt.[13] Der „erleuchtete Buddha" ist fähig, sich von der Welt und ihren Leidenschaften zu lösen, nachdem er sie durchlebt und durchlitten hat. Der „unerleuchtete" Buddha verzichtet auf seine Emotionen, weil er sich nicht auf sie einlassen kann und will. Er greift zu voreiligen geistigen Lösungen und verschmäht die „sauren Trauben der Welt" aus falschen Motiven. Für solche Menschen kann zum Beispiel die Praxis der Zen-Meditation gefährlich sein und der Immunisierung gegenüber der „Welt" und dem „Fleisch" dienen.

Der zweite Abwehrmechanismus der FÜNF heißt Segmentierung. Viele FÜNFer teilen ihr Leben in eine Anzahl von Segmente oder Abteilungen ein, die praktisch unabhängig voneinander existieren. Es ist zum Beispiel möglich, dass sie in jedem dieser Bereiche Freunde und Bekannte haben, die niemals etwas voneinander erfahren. Solange sich solche „partiellen Bezugspersonen" auf den ihnen zugedachten Bereich beschränken und sich nicht ins gesamte Leben der FÜNF einmischen wollen, können sie sicher sein, innerhalb der gesteckten Grenzen Aufmerksamkeit und Zeichen von Zuwendung zu erfahren.

Begrenzung ist ein weiteres Stichwort, das in diesem Zusammenhang hilft, die Psyche einer FÜNF zu verstehen. Weil sie Angst vor Vereinnahmung und emotionaler Überforderung haben, fühlen sich viele FÜNFer nur sicher, wenn der zeitliche und räumliche Rahmen einer Beziehung genau abgesteckt ist. Sie möchten wissen, wie lange eine Veranstaltung oder eine Verabredung dauert, damit sie sich innerlich darauf einstellen können. Sie brauchen Zeit, um aufreibende Begegnungen vor- und nachbereiten zu können. Überraschungsbesuche ohne Absprache und unerwartete Angriffe, die sie persönlich herausfordern, empfinden sie leicht als bedrohlich. Wenn sie emotionale Erwartungen spüren, berührt sie das eher unangenehm. Von einer FÜNF bekommt man in der Regel – wenn überhaupt – nur dann etwas, wenn man es weder erwartet noch einklagt. Im offenen Konflikt stehen ihnen – außer dem Rückzug und intellektuellen Argumenten – kaum Abwehrmechanismen zur Verfügung.

Die **Wurzelsünde** der FÜNF heißt *Habsucht.* FÜNFer sind keine Geber. Sie neigen dazu, ihren geistigen, aber oft auch ihren materiellen Besitz zu horten. Das ist der Punkt, wo sie mitunter einen herausfordernden Tritt in den Hintern brauchen: „Jetzt wird es Zeit, dass du endlich einmal etwas von deinen Schätzen herausrückst!"

Die **Falle** der FÜNF heißt *Geiz.* Vor allem geizen sie mit sich selbst. Sie fürchten oft, sie könnten sich verlieren, wenn sie sich mitteilen. Das, was sie haben, gibt ihnen Sicherheit. FÜNFer können eiskalte Geizkrägen werden wie *Ebeneezer Scrooge* aus der Erzählung „Das Weihnachtslied" von *Charles Dickens.*[14] Geizige FÜNFer genießen ihr Leben nicht, sondern knausern mit ihrem Besitz, damit er ihnen auch in Zukunft Ruhe und Muße garantiert. Bei einigen kann das pathologische Züge annehmen: Die Milliardäre *Howard Hughes* und *J. Paul Getty* waren beide dafür berüchtigt, dass sie zwar steinreich waren, sich selbst aber nichts gönnten. Die meisten FÜNFer sind tatsächlich sehr genügsam in ihren Ansprüchen und haben einen natürlichen Hang zur Askese. Sie brauchen immer nur ein bisschen von allem; manche zählen sogar das Toilettenpapier ab, um nichts zu verschwenden. Sie sind stolz darauf, dass sie so bescheiden sind. Ihre primäre Lebenserfahrung bestand ja oft darin, dass sie das nicht bekommen haben, was sie eigentlich gebraucht hätten. Sie mussten sich früh daran gewöhnen, mit wenigem zufrieden zu sein. So gesehen sind Geiz und Genügsamkeit der FÜNF keine wirklichen Gegensätze.

Die größten Gaben der FÜNF sind wie immer die Kehrseite ihrer Obsessionen: Sie sind kontemplativ begabt, sie verstehen Zusammenhänge, sie erfinden großartige geistige Systeme.

Die FÜNF **vermeidet** ***Leere.*** Während Außenstehende sie oft für geheimnisvoll und „tief" halten, fürchtet die FÜNF selbst in der Regel, wenig wert zu sein und wenig wirklichen Reichtum in sich zu haben. Die Angst vor der Leere (horror vacui) ist der eigentliche Antrieb hinter vielem, was die unerlöste FÜNF tut.

Die Gabe oder *Geistesfrucht* der erlösten FÜNF ist **Objektivität.** Einmal mehr sehen wir, wie ein und derselbe Charakterzug Segen und Fluch enthalten kann. Die unreife FÜNF *muss* sich distanzieren; die gereifte FÜNF *kann* sich distanzieren.

Diese Gabe der FÜNF ist von großem Wert für jede Gemeinschaft. FÜNFer können hervorragende Seelsorger sein. Sie können den Monologen anderer stundenlang folgen. Du kannst reden und reden – und die FÜNF scheint eine unbegrenzte Kapazität zu haben, zuzuhören und alles aufzunehmen. Ihre Fähigkeit, sich selbst dabei emotional zurückzunehmen, kann dem/der Ratsuchenden helfen, die eigene Situation deutlicher, nüchterner und realistischer einzuschätzen. FÜNFer können aufgrund ihrer besonderen Begabung auch eine emotional sehr angespannte Situation sehr objektiv anschauen und sagen: „Nun, ich denke, die Sache lässt sich von dieser Seite betrachten und von jener!"

„Nicht-Anhaften" ist tatsächlich zugleich die Gabe und die Sünde der FÜNF. Die FÜNF ist der einzige Typ, bei dem wir dasselbe Wort benützen können, um seine größte Stärke und seine größte Schwäche zu beschreiben.

Symbole und Beispiele

Symbolische **Tiere** der FÜNF sind die *Eule,* der *Fuchs* und der *Hamster.*

Die unbeweglichen Augen der *Eule* sind nach vorn gerichtet, der Gehörsinn ist sehr gut entwickelt. In Ägypten und Indien war die Eule ein Todessymbol; in Griechenland war sie der Göttin Athene beigegeben und galt als Beschützerin der Stadt Athen („Eulen nach Athen tragen") und aller Wissenschaften. Eulen sehen alles, aber sie sind selbst nur schwer zu orten.

Der *Fuchs* ist als Raubtier ein Einzelgänger und hat schlitzförmig sich verengende Pupillen. Sein Geruch- und Gehörsinn sind ausgezeichnet entwickelt. Im chinesischen Mythos hat der Fuchs eine zentrale Bedeutung. Mit 100 Jahren wurde er fähig, sich in jede beliebige Gestalt zu verwandeln; mit 1000 Jahren wurde sein Fell weiß, er hatte neun Schwänze und war allwissend. In der Tiersage und Dichtung gilt der Fuchs als schlau und verschlagen; in der christlichen Symbolik bezeichnet er unter anderem Arglist, Habsucht und Verzweiflung. In vielen Märchen dagegen tritt er auch als Nothelfer auf.

Der *Hamster* mit seinen großen Backentaschen repräsentiert die Sammelleidenschaft und Habsucht der FÜNF, das Horten von „Nahrung" für schlechtere Zeiten.

Das symbolische **Land**, das wir für die FÜNF verwenden, ist *Großbritannien.*

Da ist einmal der Archetyp des konservativen, höflichen, reservierten, kühl-distanzierten englischen Gentleman. Eine andere Seite der FÜNF findet sich in der Gestalt des geizigen Schotten, jener Zielscheibe ungezählter Karikaturen.

Die **Symbolfarbe** der FÜNF ist *Blau.* Blau ist die Farbe der Introversion, Ruhe und Distanz, mehr empfangend als ausstrahlend. Blau verkörpert in der Tradition das Weibliche; der blaugrundige Sternenmantel der Mutter Gottes symbolisiert die menschliche Empfänglichkeit für das Geheimnis des Universums. Himmel und Meer, die tiefsten der Betrachtung zugänglichen Räume, sind blau. In seinen dunklen Schattierungen symbolisiert es Passivität, stille Betrachtung und Bewegungslosigkeit. Nach *Kandinsky* führt Blau vom Mitmenschen weg ins eigene Zentrum: „Je tiefer, desto mehr ruft es den Menschen ins Unendliche, weckt in ihm die Sehnsucht nach Reinem und schließlich nach Übersinnlichem.“[15]

Die drei **biblischen Patrone** der FÜNF sind *Maria,* die Mutter Jesu, der Apostel *Thomas* und der Zöllner *Zachäus.*

Maria verkörpert die Empfänglichkeit, die mystisch-kontemplative Seite der FÜNF. Sie ist fähig, zu empfangen, bevor sie gibt. Am Ende der Weihnachtsgeschichte wird berichtet, dass ihr die Hirten alles erzählen, was sie erlebt haben. Von Maria heißt es im Anschluss daran: *„Sie behielt alle diese Worte und bewegte sie in ihrem Herzen“* (Lukas 2, 19). FÜNFer sind fähig, Dinge für sich zu behalten; Vertrauliches ruht in ihrem Herzen; sie können schweigen. Maria wurde im Verlauf der Kirchengeschichte oftmals zum idealisierten Symbol einer vergeistigten, unberührten und unberührbaren, aseptischen Jungfräulichkeit „ohne Fleisch und Blut“. Gegen dieses Bild wendet sich unter anderem die erdgebundene lateinamerikanische Befreiungstheologie, die gerade vom Magnifikat her (Lukas 1, 46–55) eine kämpferische Maria entdeckt, die nicht „ungefährlich“ ist (der Text des Magnifikats war in Argentinien zeitweilig verboten, jedenfalls in der Öffentlichkeit). In der Sprache des Enneagramms könnte man sagen: Die Befreiungstheologie hat die ACHTer-Seite Marias entdeckt (ACHT – die Energie der „Tat“ – ist der Integrationspunkt der FÜNF).[16]

Der Apostel *Thomas* ist vor allem als der nachösterliche „Zweifler“ in das Bewusstsein der Christenheit eingegangen. Aber er taucht schon vor Ostern kurz einmal auf. Jesus erzählt seinen Jüngern, dass Lazarus gestorben ist und dass er zum Grab gehen will. Da sagt Thomas zu den anderen Jüngern: *„Dann lasst uns mit ihm gehen, um mit ihm zu sterben!“* (Johannes 11, 16). Nihilistische Resignation und Gleichgültigkeit ist eine ständige Gefahr für die FÜNF! Thomas ist nicht bei den anderen Jüngern, als ihnen der auferstandene Christus erscheint. Er meidet die Gemeinschaft und bleibt mit seinem Kummer lieber allein. Als sie ihm berichten, was ihnen widerfahren ist, bleibt er skeptisch. Er traut nur dem, was er mit eigenen Augen gesehen hat. Als Jesus den Jüngern ein weiteres Mal erscheint, ist auch Thomas dabei. Jesus fordert ihn auf: *„Streck deine Finger aus und berühre meine Hände! Streck deine Hand aus und lege sie in meine Seite!“* (Johannes 20, 27). Derselbe Jesus, der zu *Maria Magdalena,* der ZWEI, gesagt hatte: *„Rühr mich nicht an!“*, fordert vom Rationalisten Thomas, Körperkontakt aufzunehmen! Während sich die ZWEI aus der Symbiose lösen und ihre Fähigkeit zu echter Distanz entwickeln muss, muss die FÜNF vom Kopf in den Körper, vom Denken zur Tat gelangen. Später soll Thomas der Legende nach noch sehr tatkräftig geworden sein. Angeblich ist er nach Indien gezogen und hat die dortige Kirche gegründet.

Marion Küstenmacher hat den Zöllner *Zachäus* als Prototyp für eine FÜNF entdeckt (Lukas 19, 1–10). Die verachteten Zöllner kollaborierten mit der römischen Besatzungsmacht und lebten davon, andere „auszunehmen". Als Jesus nach Jericho kommt, klettert Zachäus auf einen Maulbeerbaum, um den berühmten Rabbi zu sehen. Dieses Versteck bietet mehrere Vorteile: Er sieht, ohne gesehen zu werden, er hat den Überblick und er kann den Körperkontakt mit den Menschenmassen vermeiden. Aber Jesus entdeckt ihn doch. Er bleibt unter dem Baum stehen und ruft dem Zöllner zu: *„Komm schnell herunter, ich muss heute bei dir einkehren!"* Jesus tut also etwas, was einer FÜNF eigentlich zuwider ist: Er spürt Zachäus auf und er lädt sich selbst bei ihm ein. Gerade diese Grenzüberschreitung Jesu wird für Zachäus zur Erlösung. Er wird fähig zur Gastfreundschaft, einer der Gaben der reifen FÜNF. Er nimmt Jesus auf – und die Begegnung verwandelt sein Leben. Am Ende ist der Zöllner fähig, all das, was er gehortet hat, loszulassen. Er wird fähig zu geben. Und er feiert ein großes Fest mit seinen Kollegen. Jesus hat ihn von seiner Egozentrik und von seiner Isolation befreit.

Umkehr und Erlösung

Die **Einladung** an die FÜNF heißt *Weisheit.* Weisheit ist ein tiefes Wissen um die Zusammenhänge der Welt und des Lebens, das nicht nur aus dem Denken, sondern zugleich aus Lebenspraxis gewonnen werden muss. Weisheit ist reflektiertes Erleben. FÜNFer neigen zur „Präflexion": sie denken, bevor sie tun – oder anstatt etwas zu tun. Reflexion ist die nachträgliche geistige Verarbeitung gelebten Lebens. Zur Weisheit, zu der die FÜNF berufen ist, gehört auch das Vertrauen in die Fügung Gottes. Es bedeutet, Gott Größeres zuzutrauen als das, was sich die Schulweisheit träumen lässt. Es bedeutet, Geheimnisse als solche stehen zu lassen, anstatt alles mit dem rationalen Seziermesser zu zerlegen.

Zu den **Lebensaufgaben** der FÜNF gehört es, Engagement und Handeln zu lernen. FÜNFer müssen sich leidenschaftlich verlieben. Die Liebe ist ein Drama für manch eine FÜNF, weil in der erotischen Beziehung die Sehnsucht nach Nähe mit ihrem starken Wunsch nach Distanz zusammenprallt.[17] Es kann passieren, dass eine FÜNF bis über beide Ohren verliebt ist, aber während der Begegnung mit dem geliebten Menschen erstarrt und nicht weiß, wie sie sich verhalten soll. Das „eigentliche" Gefühl erlebt sie ja häufig erst im Nachhinein. „Lieben lernen" ist unter diesem Gesichtspunkt eine der großen Herausforderungen für die FÜNF.[18] Eine FÜNF, die keine Leidenschaften zulässt, die es sich nicht erlaubt, wenigstens an diesem Punkt einmal „kopflos" zu werden, ist ein sehr unvollständiger Mensch. Meditation und Gebet sind für die FÜNF ungemein wichtige Kraftquellen. Eine FÜNF muss ihre In-

Der ungläubige Thomas (da Caravaggio)
Heilende Berührung

nenwelt kultivieren, um den Mut zu finden, sich der Außenwelt zuzuwenden. Letzteres wird meist erst möglich, wenn die Innenwelt weniger bedrohlich erlebt wird, wenn die FÜNF in Gott und so auch in sich selbst Ruhe und Sicherheit gefunden hat.

Wir ermutigen alle FÜNFer, die Inkarnation, das heißt das Engagement und die Passion Christi zu meditieren: seine Leidenschaft für die Menschen, seine Bereitschaft, sich die Finger schmutzig zu machen. Das Christentum lässt sich nicht dadurch verwirklichen, dass man allein mit seinen Büchern in einem Zimmer sitzt. Das würde die unerlöste FÜNF am liebsten tun. In Christus verkörpert sich der berührbare Gott, der die Menschen gerade durch die Berührung heilt.

Eine Bekannte von mir (Richard Rohr), die eine FÜNF ist, hat einen geradezu genialen Weg gefunden, um zu mehr Ganzheit zu gelangen: Sie ist medizinische Masseurin geworden, weil sie unbewusst gespürt hat, dass sie die Körper anderer Menschen berühren und für andere da sein muss. Dadurch befreit sie sich aus dem Käfig ihrer Selbstbezogenheit und Isolation und lässt sich auf eigene und fremde Körperlichkeit ein. Sie sagt: „Wenn ich meine Arbeit mache und in dieser Weise mit den Körpern meiner Mitmenschen umgehe, dann ist das ein Teil oder die Fortsetzung meines Gebetslebens." Normalerweise behält eine FÜNF ihre Energie für sich selbst; diese Frau aber gibt bis zu neun Massagen am Tag. Das ist ein Schritt zu ihrer eigenen Integration.

Sie bleibt eine FÜNF. Wir alle bleiben, wer wir sind. Aber auf dem Weg der Heiligung oder Befreiung müssen wir das tun, was die Lateiner *agere contra* nannten: wir müssen gegen unsere „natürlichen" Zwänge handeln. Das erfordert klare Entscheidungen; denn es geschieht nicht von selbst; es ist in gewisser Weise „widernatürlich" oder „übernatürlich". FÜNFer müssen einfach ab und zu impulsiv loslegen, etwas tun und Fehler dabei machen. Es ist kein Fehler, Fehler zu machen! Aber davor haben FÜNFer – wie auch einige andere Typen – Angst. Die FÜNF fürchtet sich davor, etwas Unvernünftiges zu tun. Hier sehen wir, dass FÜNF und SECHS Nachbarinnen sind. Die Angst, Wurzelsünde der SECHS, ist auch der FÜNF nicht fremd.

Deswegen muss die FÜNF den Weg nach außen wagen. Gestalttherapie oder Körperarbeit können dabei hilfreich sein. Gut ist aber auch jede andere „Veräußerlichung" der Innenwelt, zum Beispiel in kreativer künstlerischer Arbeit (Töpfern, Malen) – auch wenn einem andere dabei in die „seelischen Karten" gucken können – oder in praktischem, politischem und sozialem Engagement.

Obwohl die FÜNF so selbstgenügsam erscheint, braucht sie die Erfahrung sicherer Liebe in der Innenwelt (Gotteserfahrung) und in der Außenwelt (Liebe von Mitmenschen). Psychische Nahrung ist für sie jeder Zuspruch, der innere Botschaften weckt wie: „Du kannst dich hier sicher fühlen. Wir freuen uns, dass du da bist. Du hast ein Recht, da zu sein. Du bist willkommen. Du gehörst zu uns."

Die FÜNF muss sich vor Arroganz und Dünkel hüten, sei es gegenüber Menschen oder gegenüber Gott („wenn Gott was von mir will, wird er sich schon rühren"). Sie gelangt zu ihrer tiefsten Gabe echter Weisheit, wenn sie der Geheimniskrämerei und künstlichen Mystifikationen entsagt und sich der Begegnung mit dem Geheimnis anderer Menschen aussetzt, das eigene Geheimnis lüftet und die eigenen Schätze freigibt. Die FÜNF muss es üben, Emotionen direkt zu äußern, anstatt sie fürs „stille Kämmerlein" aufzubewahren. FÜNFer wären ihrem Naturell nach lieber Buddhisten als Christen. Aber gerade für sie kann der östliche Weg der Weltverleugnung und Verinnerlichung eine Falle sein, die sie daran hindert, das Geheimnis der Inkarnation und das Geheimnis des Kreuzes zu entdecken und in der eigenen Existenz nachzuvollziehen.

Stellvertretend für die kontemplativen **Heiligen** steht *Hildegard von Bingen* (1098–1179). Sie war von universaler Gelehrsamkeit, musikalisch, theologisch und medizinisch bewandert und weit gereist. Berühmt wurde sie aber durch ihre Gabe der visionären Schau. Hildegard litt unter ihren Visionen und wurde krank. Erst als sie alles aufschrieb und mitteilte (!), gesundete sie. Viele MystikerInnen finden erst durch schwere Kämpfe zu jenem Weltbezug, der sie aus krankhafter Introspektion in die Tat führt. Wie alle FÜNFer müssen sie den Schritt vom Sehen zum Handeln vollziehen. Dann allerdings können sie geistlich und politisch geradezu hellsichtige Visionäre werden, die die Zusammenhänge klar zu erkennen und zu deuten vermögen.

Den Weg der erlösten FÜNF vom Denken zur Tat ist *Dietrich Bonhoeffer* (1906–1945) gegangen. Er wurde als sechster von acht Geschwistern in Breslau geboren; Großvater und Urgroßvater mütterlicherseits waren berühmte Theologieprofessoren, der Vater einer der bedeutendsten Psychiater seiner Zeit. „Beherrschtheit" und „Sachlichkeit" wurde in der großbürgerlichen Familie Bonhoeffer auch schon von den Kindern gefordert. Die Mutter unterrichtete die Kinder selbst, was dazu führte, dass sie etliche Schulklassen überspringen konnten.

Der junge Dietrich ist eine Leseratte und ein begeisterter Schachspieler. Mit 18 darf er eine Reise nach Rom machen; den Baedecker hat er bereits vorher auswendig (!) gelernt. Dietrich wird ein fleißiger Student, der Vorlesungen vieler Fachbereiche belegt. Schon mit 19 Jahren beginnt er seine bis heute berühmte Doktorarbeit über die Kirche mit dem Titel „Sanctorum communio" (1927, „summa cum laude" angenommen).

Mit 22 Jahren beginnt er ein Auslandsvikariat in Barcelona. Im Anschluss verbringt er ein Studienjahr in den USA, wo ihn die Begegnung mit schwarzen Christen in Harlem tief berührt. Mit 25 wird er Privatdozent; 1933 kommen die Nazis an die Macht; Bonhoeffer erkennt von Anfang an hellsichtig die Gefahr des Führerkults (ihm selbst ist es immer zuwider gewesen, über die Seelen anderer Menschen Macht zu haben); er sieht und sagt, dass die Judenfrage die entscheidende Frage der kommenden Jahre sein wird, der sich die Kirche stellen muss. Wenig später geht Bonhoeffer als Auslandspfarrer nach London.

Als er 29 ist, wird er zum Leiter des (illegalen) Predigerseminars der „Bekennenden Kirche“ ernannt. 1936 erteilen ihm die Nazis Lehrverbot. Von einer weiteren Reise in die USA kehrt er mit dem letzten Schiff vor Kriegsausbruch zurück, obwohl er bereits ahnt, dass ihn der Einsatz in Deutschland den Kopf kosten kann.

1942 schließt er sich jenem Kreis an, der die Ermordung Hitlers plant; der Intellektuelle wird zum politischen Verschwörer! Im April 1943 verhaftet man ihn. Er verbringt zwei Jahre im Tegeler Gefängnis und plant Selbstmord für den Fall, dass er infolge physischer Folter, vor der er ungeheure Angst hat, seine Mitverschwörer verraten könnte. Kurz vor Kriegsende kommt er erst ins KZ Buchenwald, dann nach Flossenbürg, wo er am 9. April durch den Strang stirbt.

Im Gefängnis hat er geschrieben: „Nicht das Beliebige, sondern das Rechte tun und wagen, nicht im Möglichen schweben, das Wirkliche tapfer ergreifen, nicht in der Flucht der Gedanken, allein in der Tat ist die Freiheit. Tritt aus ängstlichem Zögern heraus in den Sturm des Geschehens, nur von Gottes Gebot und deinem Glauben getragen, und die Freiheit wird deinen Geist jauchzend empfangen.“[19]

Bis heute harren seine ungemein hellsichtigen Visionen im Blick auf den Auftrag und die Gestalt der christlichen Kirche der Umsetzung. Unter anderem war ihm wichtig, dass die Kirche wirklich „arm“ wird und zu einem einfachen Lebensstil in der Nachfolge Christi findet.

Typ Sechs

Überblick
Menschen, die dem Typ SECHS angehören, haben großartige – wenn auch oft verkannte – Gaben: Sie sind kooperativ, teamfähig und zuverlässig. In Beziehungen kann man sich auf ihre Treue verlassen. Ihre Freundschaften sind von warmherzigen und tiefen Gefühlen geprägt. Sie sind oft sehr originell und witzig, haben manchmal einen skurrilen Humor und setzen sich mit Leib und Leben für die Menschen ein, die sie lieben. Erlöste SECHSer verstehen es, das Festhalten an bewährten Traditionen mit der Bereitschaft zu verbinden, neue Wege zu gehen. Sie haben ein Gespür für das, was möglich ist und was unmöglich ist. Rechtzeitig entdecken sie die noch nicht bedachten Gefahrenpunkte eines Projekts, wie sie überhaupt einen sechsten Sinn für drohende Gefahren haben. Sie können vorausschauend und mutig sein, wenn es darum geht, neue Wege zu eröffnen und neue Grenzen zu ziehen.

Die DREI und die SECHS sind für uns von besonderer Bedeutung, denn ihre Wurzelsünden wurden im westlichen Christentum nicht als solche erkannt: *Furcht*[1] (Typ SECHS) und *Lüge* (Typ DREI). Solange diese beiden Sünden unerkannt und ungeläutert bleiben, geht von ihnen eine große Gefahr für unsere Gesellschaft aus.

Viele, die schon seit langer Zeit mit dem Enneagramm arbeiten, sind davon überzeugt, dass in der westlichen Gesellschaft die SECHS ein besonders häufiger Menschentyp ist. Dafür könnte es eine Reihe von Gründen geben:

Die SECHS wird leicht von Selbstzweifeln befallen. Das macht sie vorsichtig, furchtsam und misstrauisch. Sie wittert ständig Gefahr. In ihrer unreifsten Gestalt wird sie Opfer ihres Verfolgungswahns. Wenn man bedenkt, wie vielen Ängsten und Gefahren ein kleines Kind schon vor der Geburt und dann in seinen ersten Wochen und Monaten ausgesetzt ist, kann man verstehen, dass es viele Menschen gibt, die die Devise entwickeln: „Die Welt ist gefährlich. Man muss auf der Hut sein. Ich habe nicht genug innere Autorität, um all dem gewachsen zu sein. Deshalb muss ich irgendwo außerhalb von mir Sicherheit suchen."

Riso hat die Zerrissenheit der SECHSer folgendermaßen beschrieben: „Sie sind emotional von anderen abhängig, aber offenbar nicht so sehr von sich selbst. Sie möchten anderen nahe sein, aber stellen sie erst auf die Probe, um zu sehen, ob man ihnen vertrauen kann. Sie beten Autorität an und fürchten sie zugleich. Sie sind gehorsam und gleichzeitig ungehorsam. Sie fürchten sich vor Aggressionen anderer und sind doch bisweilen selbst höchst aggressiv. Sie suchen nach Sicherheit und fühlen sich doch unsicher. Sie sind liebenswürdig und angepasst und können plötzlich gemein und hasserfüllt sein. Sie glauben an traditionelle Werte und können diese Werte dennoch plötzlich unterlaufen. Sie wollen der Strafe entgehen und bringen sie womöglich selbst über ihr Haupt."[2]

Manche SECHSer berichten, dass sie kein Urvertrauen entwickeln konnten, weil sie unbeherrschte, unberechenbare, gewalttätige oder gefühlskalte Eltern hatten. Viele wurden ohne ersichtlichen Grund bestraft oder geschlagen, weil die Eltern auf diese Weise ihre eigenen Konflikte abreagiert haben. Das hatte mehrere mögliche Konsequenzen: Diese Kinder mussten entweder nach einem Beschützer Ausschau halten, dem sie vertrauen konnten; oder sie mussten lernen, die kleinsten Anzeichen nahender Gefahr zu wittern, um rechtzeitig Deckung zu suchen; oder sie mussten der drohenden Gewalt aggressiv zuvorkommen. Im ersten Fall führt der Mangel an echtem Selbstvertrauen dazu, dass sich die SECHS nach Autoritäten umsieht, nach jemandem, der Sicherheit bietet, berühmt ist oder eine Machtposition innehat und der SECHS sagen kann, wo es langgeht. Die SECHS braucht in diesem Fall eine Institution (zum Beispiel die Kirche, die Partei, den Staat, die Wissenschaft) oder ein Buch (zum Beispiel die Bibel, das Kirchen- oder Strafrecht, den Koran, „Mein Kampf", „Das Kapital") mit verlässlichen Antworten. SECHSer sehnen sich nach Sicherheit. Sie wollen sich nicht mit undurchsichtigen Schatten und Grautönen auseinander setzen; sie wollen eine Welt, die in Schwarz und Weiß aufgeteilt ist, und eine Wahrheit, die sie schwarz auf weiß nach Hause tragen können. Im extremsten Fall produziert die Energie der SECHS den autoritären Typus, der verlangt, dass die Wirklichkeit so ist, wie er sie braucht, und der bereit ist, jeden Befehl auszuführen, der „von oben" kommt. *Adolf Eichmann* sagte bei seiner Vernehmung in Israel sinngemäß: „Ich gehörte zu den Menschen, die sich kein eigenes Urteil bilden. Führerworte hatten Gesetzeskraft. Ich habe gehorcht. Egal, was man mir befohlen hätte, ich hätte gehorcht, denn Eid ist Eid."

Viele SECHSer berichten von Brüchen in ihrer Lebensgeschichte; sie konnten das Studium oder die Ausbildung nicht zu Ende führen. Oft werden sie kurz vor der Prüfung von einer lähmenden Versagensangst überfallen oder sie kommen beim Lernen nicht voran, weil sie jedes Detail genau überprüfen und alle Widersprüche ausschalten müssen. Die eigene Position stellen sie eher in Frage, als sie mit innerer Gewissheit zu vertreten. Die Sisyphusarbeit, die eigene Meinung wasserdicht abzusichern, kann schließlich zum tatsächlichen Scheitern führen.

Viele SECHSer produzieren Situationen, in denen sie am Ende verlieren. Sie sind Pessimisten und haben Angst vor Erfolg. Wenn sie erfolglos sind, ist die Gefahr nicht so groß, dass Neider oder Konkurrenten auf den Plan treten. Deswegen „umgehen" SECHSer Erfolge, spielen sie anderen zu oder setzen sich so unerreichbare Ziele, dass der Misserfolg vorprogrammiert ist. Unreife SECHSer kämpfen um ihr Überleben, aber nie um Erfolg, der ja nur neue Gefahren in sich birgt. Falls sie doch einmal Erfolg haben, vergessen sie ihn meistens sofort. Jede neue Situation ist für sie so bedrohlich, dass die Erinnerung an frühere Siege unnütz ist.[3]

Wenn unreife DREIer notorische Sieger sind, dann sind unreife SECHSer notorische Verlierer. Diese „Lust am Verlieren“ kann masochistische Züge annehmen. *Woody Allen* hat in vielen seiner Filme diesen Verlierer verkörpert.

Die meisten SECHSer können nur schwer Lob annehmen. Sie vermuten dahinter einen Trick, mit dem sie geködert werden sollen. Wer bei einer SECHS ankommen will, sollte in sein Lob ein Minimum an konstruktiver Kritik einbauen; dadurch wird das Lob glaubwürdiger.

Um Typ SECHS zu verstehen, muss man unterscheiden lernen zwischen phobischen (furchtsamen) und kontraphobischen SECHSern. Beide sehen so verschieden aus, dass diese Unterscheidung sehr wichtig ist.

Die *phobische* SECHS ist von Natur aus vorsichtig, zögernd und misstrauisch. Sie tut sich schwer, sich selbst und ihren „Instinkten“ zu trauen. Der Gefahr weicht sie in der Regel aus. Solche Menschen sind für ihre Umgebung in gewisser Weise sehr „pflegeleicht“. Wenn sie an einen vertrauenswürdigen Seelsorger oder Therapeuten geraten, sind sie bereit, sich Schritt für Schritt führen zu lassen und langsam ihren Ängsten ins Auge zu sehen, sodass sie gute Chancen haben, immer lockerer, selbstständiger und freier zu werden.

Die *kontraphobischen* SECHSer dagegen können sich und anderen Menschen großen Schaden zufügen. Sie können sich von radikalen und aggressiven Bewegungen angezogen fühlen. Kontraphobische SECHSer suchen riskante Situationen und engagieren sich bei gefährlichen Sportarten wie Bergsteigen oder Autorennen, weil sie lieber die „Flucht nach vorn“ antreten, als sich ständig mit ihren Ängsten zu quälen.[4] Sie überspielen die Furcht, die der eigentliche Hauptmotor ihrer Handlungen ist, und kompensieren sie durch aufgesetzte Härte, Stärke und Waghalsigkeit. Kontraphobiker haben keinen Zugang zu der Furcht, die sie beherrscht. Solche Leute brauchen kaum einen Anlass, um aufzubrausen; im Extremfall können sie schreien, schimpfen oder handgreiflich werden. Sie vertragen wenig Kritik oder Abweichung von dem, was sie für richtig halten, und verteidigen ihre Anliegen verbissen und mit allen Mitteln. Das kann zu völlig unverhältnismäßigen Verhaltensweisen führen.

Watzlawicks berühmte „Geschichte mit dem Hammer“ schildert in eindrucksvoller Weise den Mechanismus, der bei kontraphobischen SECHSern abläuft: Ein Mann will ein Bild aufhängen, hat aber keinen Hammer. Er will zum Nachbarn, um einen auszuleihen. Da bekommt er Zweifel: vielleicht gibt ihm der Nachbar keinen Hammer. Schon gestern hat er ihn nur flüchtig gegrüßt. „Wahrscheinlich hat er was gegen mich? Dabei habe ich ihm doch nichts getan?" Der Mann steigert sich schließlich immer mehr in die Wut gegen seinen widerlichen Nachbarn hinein. Schließlich rennt er hinüber, klingelt und schreit den Nachbarn an: „Behalten Sie doch Ihren dämlichen Hammer!"[5]

Dilemma

Die **Versuchung** der SECHS ist ihr überzogenes Streben nach *Sicherheit.* SECHSer lieben orthodoxe, geschlossene Systeme. Sie haben einen Hang zu Traditionalismus oder in extremen Fällen Fundamentalismus. Fundamentalisten brauchen eine unfehlbare Quelle der Wahrheit. In den USA gibt es mittlerweile Selbsthilfegruppen „Anonymer Fundamentalisten", die sich ähnlich wie die „Anonymen Alkoholiker" organisiert haben, um von der geistigen Gefangenschaft des einengenden Weltbildes loszukommen.

Thomas Meyer versteht die vielen Fundamentalismen unserer Zeit als Reaktion auf den „Verlust der Tröstung" durch eine skeptische, säkularisierte Moderne. Die Menschen fühlen sich allein gelassen, weil mit der Befreiung von religiösen Tabus auch der Halt verloren gegangen ist, den sie einst geboten haben. Meyer fordert die Beseitigung ökonomischer und ökologischer Nöte, damit kein grüner oder neonazistischer Fundamentalismus kulturelle Hegemonieansprüche durchsetzen kann.[6]

Unreife SECHSer suchen Hierarchien, Autorität und Sicherheit. Das Gesetz und alles, was damit zusammenhängt, fasziniert sie. Viele von ihnen suchen sich Beschäftigungen, in denen sie es mit dem Gesetz zu tun haben – sei es dadurch, dass sie es schützen, oder dadurch, dass sie es brechen. Richter, Staatsanwälte, Rechtsanwälte, Detektive, Kriminalkommissare, Polizisten, Krimischreiber und Kriminelle partizipieren so oder so am SECHSer-Muster.

Helen Palmer nennt die SECHS den „Advokaten des Teufels". In Heiligsprechungsverfahren der römischen Kirche muss der advocatus diaboli versuchen, all das aufzuspüren, was gegen die Heiligsprechung spricht. SECHSer haben einen „sechsten Sinn" für Ungereimtheiten und verdächtige Momente. Das ist eine ihrer großen Begabungen.

Der primäre **Abwehrmechanismus** der SECHS ist *Projektion.* SECHSer haben oft eine blühende Phantasie für apokalyptische Schreckensszenarien und rechnen häufig mit dem Schlimmsten. Ihr Misstrauen führt unter anderem dazu, dass sie dazu neigen, in andere Menschen Feindschaft, Hass und negative Gedanken hineinzuprojizieren, selbst wenn es dafür nur geringfügige Indizien gibt. So können sie in einer Partnerschaft überzogene Hypothesen über die „unbewussten Motive" des Partners aufstellen. Das Misstrauen, das sie gegen sich selbst hegen, führt dazu, dass sie ihre eigenen negativen Motive auch bei anderen vermuten. Diese Programmierung führt zum klassischen Sündenbock-Mechanismus.[7]

Die **Wurzelsünde** der SECHS ist die *Furcht.* Die Bibel ermutigt bereits im Ersten („Alten“) Testament, aber vor allem in der Botschaft Jesu von Nazareth unablässig dazu, die Furcht zu überwinden: *„Fürchtet euch nicht!“* Dennoch haben wir nicht erkannt, wie geradezu dämonisch die Furcht sein kann. Obwohl uns die Bibel ständig auffordert, uns gegen die Stimme der Furcht zu entscheiden, leugnen wir sie oder geben ihr andere Namen wie Diplomatie, Klugheit oder Vernunft.

Vor allem Menschen in Machtpositionen, die andere mit Mitteln der Furcht kontrollieren wollen, werden immer wieder neue Tarnnamen für sie finden: „Loyalität“ zum Beispiel oder „Gehorsam“. Vielen von uns wurde schon in der Kindheit die „Tugend“ des Gehorsams eingebläut; in Wirklichkeit ging es darum, dass wir vor unseren Eltern, Lehrern, Vorgesetzten, Pfarrern oder sonstigen Machthabern kuschen sollten. Die Furcht wurde mit der Tugend des Gehorsams oder sogar mit einem religiösen Gelübde bemäntelt, während das, was ablief, mit echtem Gehorsam nichts zu tun hatte. Echter Gehorsam erwächst aus der Freiheit zu hören, eine Gewissensentscheidung zu treffen und gegebenenfalls auch „Nein!“ zu sagen. Falscher Gehorsam ist die faule Frucht der Angst.

An dieser Stelle erinnern wir daran, dass wir uns im Kopfbereich befinden. Ist es nicht verblüffend, dass die Furcht im Kopf lokalisiert ist – und nicht etwa im Bauch oder im Herzen? Sobald man mit angstbesessenen Menschen arbeitet, merkt man, dass es sich tatsächlich um Hirngespinste handelt, von denen sie verfolgt werden. In ihrem Kopf laufen ständig apokalyptische Szenarien ab, was alles schief gehen könnte. Das wirkt sich schließlich auf die Gefühle und auf den Bauch aus; aber der Ausgangspunkt der Furcht ist das Hirn.

Die Sufis haben angeblich die römisch-katholische Kirche als SECHSer-Kirche bezeichnet. Sie hatten den Eindruck, dass das römische System weitgehend auf Furcht gegründet ist. Es hat dazu geführt, dass viele Menschen Angst haben vor Gott, vor der Priesterschaft, vor Todsünden, vor sich selbst, vor ihrem Körper. Letzteres ist mit Händen zu greifen, wenn man die gängige und noch immer nicht überwundene römisch-katholische Einstellung zur Sexualität anschaut. Man hat uns nicht die Freiheit gelassen, Risiken einzugehen. Fehler waren in diesem System nicht erlaubt. Der geschasste katholische Theologe Drewermann hat wie kein anderer herausgearbeitet, wie angestbesetzt ungereifte kirchliche Religiosität häufig ist – und wie sich hierarchische Systeme dieser Angst bedienen, um die eigene Macht zu erhalten.

Der „Großinquisitor" in *Fjodor Dostojewskis* Roman „Die Brüder Karamasow" lässt Christus, der zur Erde zurückgekommen ist und wieder heilt und predigt wie einst, gefangen nehmen. Er wirft seinem Gefangenen vor, mit der Freiheit, die er den Menschen zumutet, diese zu überfordern. Die Kirche dagegen hätte aus wirklicher Menschenliebe den Menschen diese Freiheit wieder abgenommen: „Fünfzehn Jahrhunderte lang haben wir uns mit dieser Freiheit herumgeplagt, doch jetzt ist unser Werk vollendet ... heutzutage sind die Menschen mehr als je davon überzeugt, völlig frei zu sein; dabei haben sie selbst uns ihre Freiheit gebracht und sie uns demütig vor die Füße gelegt ... Du verschmähtest den einzigen Weg, auf dem man die Menschen hätte glücklich machen können. Doch zum Glück hast Du, als Du von hinnen schiedest, die Sache uns übergeben."[8]

In *Umberto Ecos* Roman „Der Name der Rose" streitet man in einem mittelalterlichen Kloster um die Frage, ob Jesus jemals gelacht hat. Der blinde Greis Jorge opfert das Leben mehrerer Mönche und schließlich das ganze Kloster; damit ein Buch des Aristoteles über die Komödie nicht an die Öffentlichkeit kommt. „Das Lachen", sagt er, „ist die Schwäche, die Hinfälligkeit und Verderbtheit des Fleisches ... etwas Niedriges und Gemeines ... Das Lachen befreit den Bauern von seiner Angst vor dem Teufel, denn auf dem Fest der Narren erscheint auch der Teufel als närrisch und dumm ... Doch dieses Buch könnte lehren, dass die Befreiung von der Angst vor dem Teufel eine Wissenschaft ist."[9] Angst und Humor, Freiheit und Furcht vertragen sich nicht. Deshalb können Ideologen auch nicht über sich selbst lachen oder lachen lassen.

Vor dem Zweiten Vatikanischen Konzil war die katholische Kirche für verunsicherte Menschen sehr attraktiv. Sie war ein Hort absoluter und unfehlbarer Wahrheit und Sicherheit, Gott sei Dank hat sich das gewandelt. Der heutige Katholizismus umfasst – trotz aller Restaurationsbestrebungen aus Rom – die ganze Bandbreite von Daniel Berigan bis Marc Levebre. Letzterer ist zwar exkommuniziert worden. Aber viele Menschen sehnen sich nach einem Traditionalismus, wie ihn Levebre gefordert und praktiziert hat.

Weil es so viele Menschen gibt, die die Illusion der Sicherheit brauchen, wagen wir vorauszusagen, dass Traditionalismus und Fundamentalismus weiter anwachsen werden. Das wird vor allem dann passieren, wenn wir den Menschen nicht helfen, ihre „SECHSer-Falle" zu sehen und ihre Furcht zu überwinden.

All das betrifft nicht nur die römisch-katholische Kirche, sondern das gesamte westliche Christentum. Der Protestantismus ist ein Kind des Katholizismus und hat seinen Anhängern oft dasselbe angetan: Man hat dafür gesorgt, dass die Menschen vor Gott Angst haben anstatt sich in Gott zu verlieben. Der missverständliche biblische Begriff der „Gottesfurcht" hat seinen Teil zu dieser verheerenden Entwicklung beigetragen.

Welche Folgen eine Erziehung haben kann, die Gott gleichzeitig zum Liebesobjekt („der liebe Gott") und zum Objekt der Furcht macht, spiegelt sich in der Abrechnung des Psychotherapeuten *Tilman Moser* mit dem (protestantischen) Gottesglauben seiner Kindheit, die er als eine Art Anti-Gebet formuliert:

„Wir sollen Gott fürchten und lieben ...", war mir eingebläut worden, als ob nicht das Erste das Zweite fast unmöglich macht. Und weil deine irrsinnige Daseinsbedingung als einer, den man fürchten und lieben soll, gleichzeitig Hass erzeugt hat, musste man wiederum umso mehr Angst haben, umso demütiger, umso dankbarer für den Aufschub sein, noch nicht verworfen zu werden ... Du hast mir so gründlich die Gewissheit geraubt, mich jemals in Ordnung fühlen zu dürfen, mich mit mir aussöhnen, mich o. k. finden zu dürfen ... Über seelische Vorgänge, gar über Ängste, wurde in unserer Familie nicht geredet. So war ich deinem Wüten in mir ausgeliefert ... Du gedeihst in den Hohlräumen sozialer Ohnmacht und Ungewissheit ... Tagelang kommt jetzt, während ich schreibe, nur Hass in mir hoch. Heute früh, während einer Schreibpause, habe ich plötzlich gewürgt und gekotzt ..."[10]

Unerlöste SECHSer **vermeiden** *Fehlverhalten.* Sie halten sich penibel an Normen, Gesetze und Regeln und achten darauf, dass auch niemand die festgelegten Abmachungen bricht.

Die **Falle** der phobischen SECHS ist *Feigheit*; die Falle der kontraphobischen SECHS *Waghalsigkeit.* Alle SECHSer überschätzen Autoritäten und misstrauen ihnen zugleich. Sie fühlen sich im tiefsten Inneren schwach und ausgeliefert. Das kann zur Folge haben, dass sie kuschen und sich in einer Art Kadavergehorsam unterwerfen. Es kann aber auch dazu führen, dass sie sich mit anderen Underdogs verbünden, um gemeinsam stark zu sein. Kontraphobiker neigen dazu, kopflos zu werden, bevor ihre angsterfüllten Hirngespinste Macht über sie gewinnen. Sie stürzen sich in risikoreiche Unternehmungen oder rebellieren mit dem Mut der Verzweiflung.

Auch die Wurzelsünde der SECHS hat eine strahlende Kehrseite, SECHSer haben wunderbare Gaben: Jede Gemeinschaft oder Gruppe, die SECHSer in ihren Reihen hat, kann auf ihre Loyalität, Hingabe und Verantwortungsbereitschaft bauen. Allerdings erwarten SECHSer von ihren Vorgesetzten und Mitarbeitern die gleiche Loyalität und Glaubwürdigkeit, um die sie selbst sich bemühen. Aus Hingabe kann Rebellion werden, wenn die bewunderte Führung offensichtlich versagt und die eigenen Ansprüche nicht erfüllt.[11] Dazu kommt, dass SECHSer, weil sie sich oft selbst als getreten und benachteiligt empfinden, leidenschaftliche und mutige Kämpfer für die Sache der Unterdrückten werden können.

Die eigentliche *Geistesfrucht* der SECHS ist ihr *Mut.* In Augenblicken der Krise kann die SECHS ihre Furcht unter Umständen leichter überwinden als irgendjemand sonst. SECHSer mussten sich ein Leben lang mit der Angst herumschlagen; sie sind es irgendwann leid, die ewigen

Angsthasen zu sein und können plötzlich in heroischer Weise über sich hinauswachsen.

Ein schlagendes Beispiel für die Überwindung der Furcht habe ich, Richard Rohr, in *New Jerusalem* erlebt. Ich stand eines Tages mit einer Gruppe von Frauen vor unserem Zentrum am Straßenrand, wo auch einige kleine Kinder spielten. Eine Frau war dabei, die man landläufig als mäuschenhaften, furchtsamen Typ bezeichnen würde. Sie wirkte immer verunsichert und ging keine Risiken ein. An jenem Tag rannte plötzlich eines der Kinder auf die Straße, direkt vor ein Auto, das mit ziemlicher Geschwindigkeit um die Ecke kam. Bevor jemand von uns anderen reagierte, sprang sie auf die Straße – zwischen das Auto und das Kind! Gott sei Dank wurde niemand verletzt; das Auto konnte gerade noch bremsen.

Eine weitere Gabe vieler SECHSer ist ihr gut ausgebildetes Sensorium für das, was „in der Luft" liegt.

Die große Enneagramm-Spezialistin *Helen Palmer* ist eine SECHS. Sie hat erzählt, dass sie ihre therapeutische Begabung und ihr Einfühlungsvermögen nie erlangt hätte, wenn sie keine SECHS wäre. Helen Palmer ist ein Findelkind, das in einer Kirche ausgesetzt wurde. Sie wanderte durch Heime und zum Teil sehr schwierige Pflegefamilien. Ihr Überleben ist ein reines Wunder. Sie fragte sich ein Leben lang, warum sie sich ständig bedroht fühlte und suchte nach Erklärungen für ihre Ängste. „Dieser Drang", sagte sie, „trieb mich dazu, in mich zu gehen und all diese Energien zu untersuchen, die mich bedrohen." Helen Palmer ist einer der seelenkundigsten Menschen, die es gibt. Sie erfasst die Energien, die von anderen Menschen ausgehen, auf eine so unmittelbare und geradezu unheimliche Weise, dass man sie früher wahrscheinlich als Hexe oder Hellseherin bezeichnet hätte. Sie weiß einfach, was in ihrem Gegenüber vor sich geht. „Diese Fähigkeit habe ich eigentlich entwickelt", sagt sie, „weil ich Angst hatte."

Symbole und Beispiele

Es sind sehr unterschiedliche **Tiere**, die die vielfältigen Aspekte der SECHS repräsentieren. Die phobische SECHS wird gerne als flüchtiger und hakenschlagender *Hase*, als ängstliche graue *Maus* oder scheues *Reh* dargestellt. Hasen sind standorttreu. Die für den „Angsthasen" sprichwörtliche Furcht ist eigentlich eine hoch entwickelte Wachsamkeit, die es ihm ermöglicht, auf jede Veränderung oder Gefahr in seiner Umgebung sofort zu reagieren. Bedroht durch viele natürliche Feinde, hat er überlebenswichtige Schutzmaßnahmen entwickelt: die Tarnfarbe seines braunen Fells, die blitzschnelle, hakenschlagende Flucht bei Gefahr.

Symbole der kontraphobischen SECHS sind der *Wolf*, der den Schutz des Rudels braucht, und der treue und gehorsame *Deutsche Schäferhund*; die *Ratte* steht für die Angriffslust, die die kontraphobische SECHS entwickeln kann, wenn sie in die Ecke getrieben wird.

Das **Land** der SECHS ist *Deutschland*. Das stereotype Bild der Deutschen entspricht dieser Energie. Wenn Amerikaner die Deutschen nachäffen, dann schlagen sie die Hacken zusammen und brüllen: „Achtung!" Diese verbissene, akkurate Art symbolisiert die kontraphobische Reaktionsweise, die künstliche Selbstsicherheit, hinter der in Wirklichkeit Unsicherheit steckt. Diese Verdrängung der Angst hat sich in der deutschen Geschichte mehr als einmal gerächt. Die Deutschen tun sich bis heute schwer, dem ins Auge zu sehen, was Deutsche im deutschen Namen und auf deutschen Befehl in den beiden Weltkriegen angerichtet haben, weil sie „nur ihre Pflicht" taten. Das alles ist zu angstbesetzt und zu bedrohlich und muss deshalb verdrängt werden. Wenn die Deutschen ihre Geschichte nicht wirklich wahrnehmen und annehmen (das ist es, was in der Bibel mit „Umkehr" gemeint ist), dann sind sie dazu verdammt, sie zu wiederholen. *Luise Rinser*, die deutsche Schriftstellerin, die über 30 Jahre lang in Italien lebte, greift *Erich Fromms* Unterscheidung von „biophilen" (lebensverliebten) und „nekrophilen" (todesverliebten) Menschen auf und ordnet die italienische Mentalität der ersten, die deutsche der zweiten Gruppe zu: „Deutschland ist ein Männerland, ein Land der Väter, in dem das Männliche und der Mann die Vormacht hat. Deutschland ist das, was man ein Animus-Land nennen kann, im Gegensatz zu Italien, das ein Anima-Land ist, ein Land weiblicher Qualitäten, das Land der Madonna, der christianisierten Muttergottheit. Für mich ist Deutschland das Vaterland, aber Italien ist mir zum Mutterland geworden … Das Deutsche hat seine Größe. Man höre Wagners Nibelungenring, und man kann wissen, was ich meine … Als ich … hörte, dass Hitler leidenschaftlicher Wagnerianer war, begriff ich meine intuitive Ablehnung … Als Hitler mit Gift und Feuer endete, wollte er ganz Deutschland mit ins Nichts reißen … Dass Hitlers Nekrophilie sich so leicht auf die Deutschen übertrug, zeigt, dass sie latent vorhanden war."[12]

Die symbolische **Farbe** der SECHS ist *Beigebraun*. Es fällt nicht auf, leuchtet nicht aus eigener Kraft und passt sich an seine Umgebung an. Es ist die Farbe der Rinde, die den Baum vor Gefährdungen schützt. Braun ist die Verbindung von Rot und Grün, in der sich das dynamische Rot verleugnet. Es ist die Farbe der Selbstverleugnung.[13] Wie Gold und Silber gehört auch Braun nicht zum klassischen Farbkreis. Dennoch ist es eine der ausdrucksvollsten und nuancenreichsten Farben und vermittelt Erdgebundenheit und Geborgenheit. *Humus* (Erde) und *humilitas* (Demut) haben im Lateinischen die gleiche Wurzel. Deshalb trugen die mittelalterlichen Bettelorden – und vor ihnen die Sufis – braune Kutten.

Biblischer Repräsentant der phobischen SECHS ist der Paulusschüler *Timotheus*. Patron der kontraphobischen SECHS ist der Apostel *Petrus*.

Timotheus wird in der Apostelgeschichte und in den Paulusbriefen oft erwähnt. Als relativ junger Mann erhält er von seinem Mentor Paulus den Auftrag, die Gemeinde von Ephesus zu leiten. Es ist umstritten, ob die beiden neutestamentlichen Timotheusbriefe von Paulus selber stammen oder unter Berufung auf seinen Namen abgefasst wurden. In ihnen finden sich jedenfalls erste Ansätze einer hierarchisch strukturierten Kirchenordnung. Große Teile lesen sich wie Anweisungen eines Vorgesetzten an einen Untergebenen. Während die ersten Gemeinden des Paulus offensichtlich viel „charismatischer" und „basisdemokratischer" organisiert waren, tritt mit Timotheus erstmals eine Art Amtsträger auf. Der Name Timotheus bedeutet „der Gottesfürchtige". Er hat die Gemeindeleitung durch Handauflegung übertragen bekommen (1. Timotheus 4, 14) und soll für die reine Lehre sorgen (1. Tim. 1, 3–7). Immer wieder wird er zu untadeliger Amtsführung ermahnt (1. Tim. 1, 18–20). Das Amt des Bischofs wird erstmals erwähnt (1. Tim. 3, 1–7). Mit Recht spricht man in der Theologie davon, dass diese „Pastoralbriefe" die frühkatholische Kirche widerspiegeln, die sich immer mehr von einer Bewegung zur Institution wandelt.

Petrus ist eine kontraphobische SECHS. Er ist seinem Meister ergeben und bereit, für ihn in den Tod zu gehen (Matthäus 26, 35). In Augenblicken der Gefahr tritt er die Flucht nach vorn an: bei der Gefangennahme Jesu zückt er das Schwert und schlägt einem Sklaven des Hohenpriesters das Ohr ab (Matthäus 26, 51). Aber kurz danach versagt er kläglich, indem er Jesus aus Furcht vor Spott verleugnet (Matthäus 26, 69–75). Die Auseinandersetzung zwischen Petrus und Paulus, die Galater 2, 11–21 geschildert wird, haben wir schon bei der Behandlung von Typ EINS erwähnt. Es ist der typische Zusammenprall zwischen einem Reformer und einem eher autoritär strukturierten Menschen, wie er immer wieder in der Geschichte auftaucht. Eine große Leistung der frühen Kirche war es, dass sich beide Fraktionen kompromissfähig zeigten („Apostelkonzil", Apostelgeschichte 15, 1–35).

Petrus war nicht immer feige. Es gibt zahlreiche Hinweise darauf, dass er in sehr gefährlichen Situationen auch tapfer sein konnte und – wie die meisten SECHSer – eine sehr mutige Seite hatte. Als ihn der Hohe Rat auffordert, nicht mehr über Jesus zu reden, sagt er: *„Urteilt selbst, ob es recht ist, dass wir euch mehr gehorchen als Gott. Wir können nicht von dem schweigen, was wir gesehen und gehört haben"* (Apostelgeschichte 4, 19f.). Später wiederholt er: *„Man muss Gott mehr gehorchen als den Menschen!"* (Apostelgeschichte 5, 29). Schließlich hat Petrus den Märtyrertod für seinen Glauben erlitten.

Umkehr und Erlösung

Es gibt leider nur wenige Menschen, die ein *gesundes* Selbstvertrauen besitzen. Die **Einladung** an die SECHS heißt *Glaube.* Glaube im biblischen Sinne ist nicht in erster Linie ein Fürwahrhalten von irgendwelchen Behauptungen; es handelt sich vielmehr um eine Vertrauensbeziehung zwischen Mensch und Gott und zwischen Gott und Mensch. Gott glaubt an uns! Das ist die Grundlage, auf der wir an Gott glauben können, ohne dabei unsere Menschenwürde zu verlieren. Gott vertraut uns und hofft, dass wir das Kompliment erwidern. Weil Gott uns vertraut, können wir ein gesundes Selbstvertrauen entwickeln.

Nur wenige Menschen haben von Autoritätsfiguren die Erlaubnis bekommen, sich selbst zu vertrauen. Viel lauter und häufiger wurde gefordert: „Vertraue uns! Gehorche uns! Wir wissen, was für dich gut ist." Ich, Richard Rohr, kann mich noch gut an jenen Tag erinnern, als mir ein Priester erstmals erlaubt hat, meine eigene Autoritätsfigur und mein eigener „innerer Guru" zu sein. Er hat mich gebeten: „Versprich mir,

Richard, dass du dir immer selbst vertrauen wirst." Das war für mich als jungen Mann ein heilsamer Schuss echter männlicher Energie.

Zu den **Lebensaufgaben** der SECHSer gehört es zu lernen, sich von der ständigen Außenleitung durch Autoritäten zu lösen und die Verantwortung für ihr Leben und ihre Gefühle selbst zu übernehmen. Vor allem müssen sie es wagen, ihrer Angst ins Auge zu sehen und sie beim Namen zu nennen. Wenn wir den Dämon mit Namen nennen, haben wir Macht über ihn und können ihn überwinden. Jesus hat die Dämonen nach ihrem Namen gefragt. Sobald der Name ausgesprochen war, war der Bann gebrochen.[14] Gerade SECHSer müssen jene Hirngespinste abschütteln, die ihr Dasein beherrschen.

Von Haus aus werden SECHSer eine Form von Spiritualität und Frömmigkeit vorziehen, die strukturiert, geordnet und ein bisschen verkopft ist: „Sage ich die richtigen Gebete? Sage ich sie auf die richtige Weise?" Die vorkonziliare katholische Kirche war darauf fixiert, dass die richtigen Worte gesprochen und das Messoffizium korrekt vollzogen wurden. Es ging immer um Wörter: das Brevier lesen, die richtigen lateinischen Formeln der Messe aufsagen. Das alles war zu wortreich, zu viel linke Gehirnhälfte.[15] Vor allem seit immer mehr Frauen die Kirche prägen und uns ihre Weise der Wahrnehmung vermitteln, entwickeln sich Gebetsformen, die mehr an der rechten Gehirnhälfte orientiert sind, mehr von der Intuition und vom Körper herkommen, die mehr „Herz" haben. Die Männer der westlichen Gesellschaft haben sich bisher mit der SECHSer-Energie sehr wohl gefühlt. Wir behaupten nicht, dass es nicht auch Frauen gibt, die so sind. Aber Männer haben dieses Spiel erfunden und seine Regeln festgelegt, das viele unserer Institutionen bis heute bestimmt. Deswegen wird es gerade für SECHSer-Männer hilfreich sein, sich von fest gefügten und vorgegebenen Formen der Frömmigkeit zu emanzipieren – auch auf die Gefahr hin, „Fehler" zu machen.

Ein geistliches Leben, das SECHSern hilft, sich aus ihren Zwängen zu lösen, sollte so angelegt sein, dass das persönliche Gottvertrauen und Selbstvertrauen gestärkt wird. Es geht darum, eine warme, innige Herzensbeziehung zu einem persönlichen Gott zu entwickeln, bei dem man sich fallen lassen kann. Um das zu erreichen, ist es hilfreich, eine Gemeinschaft zu suchen, in der Menschen sich öffnen und nicht nur abstrakten Gedankenaustausch pflegen, sondern auch über ihre Ängste und Gefühle reden.

Da die Ängste der SECHS in der Regel übertrieben sind, ist es sinnvoll, wenn sie immer wieder Freunde bittet, diese Ängste auf ihre Stichhaltigkeit zu überprüfen. Eine SECHS muss oft daran erinnert werden, dass viele Vermutungen über die Motive oder Absichten anderer Projektionen sind, die sich auf ein realistisches Maß zurückstutzen lassen.

SECHSer müssen richtiggehend üben, Entscheidungen zu treffen, ohne Autoritäten um „Erlaubnis“ zu fragen. Sie sollten auch trainieren, sich an eigene Erfolge zu erinnern und eigene Erfolge anzustreben. Kampfsportarten wie Teak Won Do oder Judo können helfen, spontan und „aus dem Bauch heraus“ reagieren zu lernen, ohne Zeit zu haben, die Situation gedanklich durchzuspielen. Alle Körperübungen, die ein gesundes Selbstvertrauen unterstützen, können empfohlen werden. Das Wichtigste ist auch hier, dass die SECHS selbst herausfindet, was für sie gut ist.

Humor und die Fähigkeit, über die eigenen übertriebenen Ängste zu lachen, kann auch dazu beitragen, die Furcht zu vertreiben. Wo von Herzen gelacht wird, kann sich die Angst nicht lange halten. Deswegen fürchten Diktaturen und alle Systeme, die mit der Angst operieren, nichts so sehr wie ihre Entlarvung durch Gelächter, Spott und Satire.

In einem kabarettistischen Beitrag beim ersten deutschen Enneagramm-Seminar bezeugten zwei SECHSer ihre Fähigkeit zur erlösenden Selbstironie:

> Deutschland muss deutsch bleiben!
> Misstraue dem Fremden, misstraue dir selbst!
> Sage nie zu früh, was du denkst,
> wenn du denkst…
>
> Erst mal hören, was andere sagen …
> Frag wie Timotheus bei Paulus um Rat,
> halte dich an das, was Größere dich lehren,
> du bist ja doch nicht fähig zur Selbstständigkeit.
>
> Sei loyal!
> Loyalität und Loyola …
> Katholiken sind immer willkommen!
> Deshalb bleibt die Ratte männlich,
> eine Rättin wird es nicht geben!
> Deutschland, Deutschland über alles wächst Grass…
>
> Wer mit dem Strom schwimmt, kommt durch …
> Wer mit dem Strom schwimmt, kommt durch ihn um …
> Wer mit dem Strom schwimmt, kommt durch ihn um das,
> was er sein könnte,
> wenn er gegen den Strom schwämme.

SECHSer brauchen angstfreie Räume der Geborgenheit, in denen sie sich nicht zu verteidigen brauchen und spüren, dass sie angenommen sind, wie sie sind. Sie brauchen einen Gott, der nicht „lieb“ und „böse“ zugleich ist, der sie nicht bestraft, der ihnen Fehler und Schwächen zugesteht. Die Erfahrung bedingungsloser Liebe ist das Einzige, was auf

Dauer stärker sein kann als die Angst: *„Furcht ist nicht in der Liebe, sondern die vollkommene Liebe treibt die Furcht aus!“* (1. Johannes 4,17b.18).

Auf Enneagramm-Workshops zeigt sich immer wieder, dass nur wenige Menschen bereit sind, sich als SECHS zu „outen“, obwohl die SECHS vermutlich besonders häufig vorkommt. Deswegen sei gerade hier noch einmal betont: Kein Typ ist „besser“ oder „schlechter“ als die anderen. In jedem stecken schreckliche und herrliche Möglichkeiten.

Es gibt ein Bilderbuchbeispiel für das Wunder, das geschehen kann, wenn eine SECHS zu ihrer eigentlichen Gabe findet:

Oscar Romero (1917–1980), Erzbischof von El Salvador, ist unser **Heiliger** für die SECHS. Romero war eine klassische SECHS, ein menschenscheuer, feinsinniger und konservativer Bücherwurm, ein Zauderer, ein Mann des Systems, der zeitlebens der katholischen Parteilinie gefolgt war. An dem Tag im Jahre 1977, als er zum Primas von El Salvador ernannt wurde, jubelten die Konservativen, während die Progressiven frustriert waren und berieten, ob sie mit diesem Erzbischof überhaupt Eucharistie feiern könnten. Romero hat später selbst zugegeben, dass ihm von Rom die Aufgabe zugedacht war, mit den Progressiven „aufzuräumen“, da sich der Vatikan seinerzeit um einen Kurs des Ausgleichs mit dem salvadorianischen Regime bemühte.

Innerhalb von drei Monaten hatte sich das Blatt total gewendet. Auslöser waren die Ermordung eines Jesuitenpaters, eines alten Bauern und eines Ministranten durch einen Heckenschützen und ein Militärüberfall auf das Dorf Aguilares, die Pfarrei des ermordeten Priesters. Die Soldaten schändeten die Kirche und verwehrten Romero den Eintritt, als er die geweihten Hostien retten wollte. Dieses Ereignis bezeichnete er später als seine eigentliche „Bekehrung“. Ihm wurde klar: *„Man muss Gott mehr gehorchen als den Menschen“* (Apostelgeschichte 5, 29).

Diese letzte und eigentliche Loyalität gewann bei ihm fortan die Oberhand gegenüber politischen und kirchlichen Rücksichtnahmen. Romero wurde ein Prophet aus Gehorsam. Nach 60 Lebensjahren entfaltete sich plötzlich das beste Selbst dieses Mannes. Sein Leitungsstil veränderte sich: Er begann, wichtige Fragen mit seinen Mitarbeitern zu diskutieren, anstatt einsame Entscheidungen zu fällen. Er sah das Leiden des salvadorianischen Volkes und wurde ungemein mutig. Christen müssten, so sagte er, „kühne Menschen“ sein.

In den drei Jahren, in denen er Primas von El Salvador war, brauchte man sonntags nicht zur Kirche zu gehen: Wenn Romero predigte, lief jeder Radioapparat im Land auf höchster Lautstärke – bis der Kirchensender in die Luft gesprengt wurde. Romero entwickelte großes Vertrauen in die Fähigkeit seines Volkes, Schöpfer einer eigenen Gesellschaft zu sein und forderte die Gläubigen auf, selbst aktiv zu werden und „nicht darauf zu warten, was der Bischof am Sonntag sagt“.[16] Die reiche Oligarchie, die er ständig angriff, versuchte ihn als „Psychopathen“ hinzustellen; viele Bischöfe und Priester distanzierten sich von ihm und Papst *Johannes Paul II.* lehnte Romeros Ansicht ausdrücklich ab, dass revolutionäre Gewalt als letztes Mittel gegen lang andauernde und eindeutige Tyrannei erlaubt sei.

Oscar Romero: Bekehrung eines Angepassten

Schließlich rief Romero die Angehörigen der Armee öffentlich auf, den Befehl zu verweigern und Schluss zu machen mit der Unterdrückung des eigenen Volkes. Von da an musste er mit seiner Ermordung rechnen. Kurz vor seinem Tod sagte er in einem Interview: „Als Christ glaube ich nicht an den Tod ohne Auferstehung … Als Hirte bin ich durch Gottes Auftrag verpflichtet, mein Leben für die zu geben, die ich liebe, das sind alle Salvadorianer, auch jene, die darauf aus sind, mich umzubringen … Ein Bischof mag sterben, doch die Kirche Gottes, das ist das Volk, wird niemals zugrunde gehen."[17]

Am 24. März 1980 wurde er während der Predigt erschossen. Bei der Totenfeier, zu der 80 000 Menschen gekommen waren, kam es zu einem Massaker des Militärs, dem weitere 39 Menschen zum Opfer fielen. Die offizielle katholische Kirche steht diesem Mann bis heute zwiespältig gegenüber – aber das „arme Volk in den Dörfern und Bergen hat seinen Hirten längst heilig gesprochen."[18]

Typ Sieben

Überblick
SIEBENer sind Menschen, die Optimismus und Freude ausstrahlen. Sie sind empfänglich für die Kostbarkeiten jedes Augenblicks, können kindlich staunen und empfinden das Leben als Geschenk. In ihrer Unmittelbarkeit vermitteln sie den Eindruck, dass von allem Schönen und Guten genug da ist und dass es nichts Überflüssiges gibt. Sie stecken voller Idealismus und voller Zukunftspläne und können andere dafür begeistern. Sie helfen ihren Mitmenschen, die schönen Seiten des Lebens zu sehen und auszukosten. SIEBENer sind heitere Zeitgenossen, haben einen ansteckenden Humor und können über sich selbst lachen. Wo eine SIEBEN auftaucht, scharen sich die Kinder um sie.

Die fröhliche SIEBEN sieht auf den ersten Blick nicht „verkopft" aus. Locker, humorvoll, phantasiebegabt, sonnig, spielerisch und von entwaffnendem Charme sind die SIEBENer – bis sie eines Tages merken, dass all dies *auch* dazu dient, sich von Ängsten und Schmerzen abzuschotten.

Viele SIEBENer haben im Laufe ihrer Entwicklung traumatische Erfahrungen gemacht, denen sie nicht gewachsen waren. Um der Wiederholung solcher Leiden in Zukunft auszuweichen, haben sie eine Doppelstrategie entwickelt: Sie haben erstens ihre negativen und schmerzhaften Erfahrungen verdrängt oder übertüncht. Viele SIEBENer schildern ihre Lebensgeschichte in positiven Farben, selbst wenn das Szenario objektiv alles andere als schön war: „Natürlich gab es bei uns auch Schwierigkeiten. Wo gibt es die nicht? Aber davon darf man sich nicht runterziehen lassen." Sie sind zweitens in ihren Kopf gegangen und haben angefangen, ihr Leben so zu planen, dass es jeden Tag möglichst viel „Fun" und möglichst wenig Schmerz verspricht. Da sie außerdem das Angenehme gut mit dem Nützlichen verbinden können, bringen es viele SIEBENer zu sichtbarem Wohlstand. In unserer Gesellschaft ist das der naheliegendste Weg, sich vor Schmerz und Schwierigkeiten zu schützen.

Es gibt SIEBENer, die permanent lächeln. Das kann anderen mit der Zeit zu viel werden. Die SIEBEN ist der *Mary-Poppins*-Typ: Alles ist wundervoll. Das Leben ist ein Disneyland voller Wunder und herrlicher Überraschungen. Zumindest amerikanische SIEBENer würden sich am liebsten in Disneyland beerdigen lassen.

Die SIEBEN ist das „ewige Kind". *Peter Pan* könnte ihr Schutzpatron sein[1] – oder der griechische Götterbote *Merkur* mit seinen geflügelten Schuhen, mit denen er in ein wundersames Phantasiereich entschwebt. Manch einer SIEBEN möchte man als weniger optimistisch veranlagter Typ zurufen: „Krieg endlich Boden unter die Füße! Nicht alles im Leben ist lustig, witzig und leicht!" Viele SIEBENer benutzen gerne Redewendungen wie: „Klasse! Cool! Geil! Super! Wahnsinn! Ich kann's gar nicht erwarten!"

SIEBENer sind neugierig im wahrsten Sinne des Wortes. Es ist, als ob das, was sie schon kennen oder haben, nie genug ist. Sie brauchen Abwechslung, Stimulation, neue Erlebnisse. Sie müssen immer neue Möglichkeiten auskundschaften, die Freude des Lebens zu maximieren. In ihrem Kalender stehen so viele schöne und aufregende Termine wie nur möglich. Unangenehme Aufgaben dagegen werden gerne verschoben, vertagt oder ignoriert. Lassen sie sich nicht umgehen, werden sie mit Vorliebe durch schöne Erlebnisse oder mit einem kleinen Glück am Rande „abgepolstert": eine besonders schöne Musikkassette für die Fahrt zu einem blöden Termin, ein kleiner Abstecher in einen Plattenladen als Bonbon während einer langweiligen Dienstreise. SIEBENer sind „adrenalinsüchtig" und haben Champagner im Blut *(Palmer)*. Sie merken dabei oft selbst nicht, dass vieles, was sie tun, Flucht vor den schmerzhaften Abgründen der eigenen Seele ist.

SIEBENer sind keine Spezialisten, sondern „Generalisten" *(Riso)*. Bei ihnen sind immer viele Bälle im Spiel, weil sie immer alle Optionen offen lassen wollen und sich unbewusst um die Aufgabe drücken, sich auf eine Sache oder einen Menschen zu tief einzulassen. In der Tiefe lauert für sie immer auch der Schmerz. Außerdem könnten die eigenen Grenzen sichtbar werden, wenn man sich einer Sache total verschreiben würde – und auch das wäre schmerzhaft. So beherrschen viele SIEBENer die „Kunst des Bluffens", sind Allround-Dilettanten und erwecken den Eindruck, dass sie vielseitig begabt sind und über alles und jedes Bescheid wissen. In Wirklichkeit reichen ihnen mitunter wenige Fakten aus, die sie talentiert miteinander kombinieren, sodass ein scheinbar umfassendes Bild entsteht.

Mit der Festlegung auf eine bestimmte Berufskarriere tun sie sich oft nicht leicht. Es macht ihnen nichts aus, mehrere interessante Jobs gleichzeitig und nebeneinander auszufüllen. Am liebsten arbeiten sie freiberuflich oder in einem gut funktionierenden Team, weil sie von Haus aus antiautoritär sind und es wehtut, wenn Möglichkeiten und Freiheiten von Vorgesetzten beschnitten werden. Auch Untergebene haben sie meist nicht so gern; der Druck, Macht auszuüben, könnte zu schmerzhaften Konflikten führen.

Dilemma

Die **Versuchung** der SIEBEN heißt *Idealismus*. Sie hat mehrere Aspekte. Die SIEBEN muss sich sicher sein, dass sie sich für eine gute Sache einsetzt, die ihr selbst und anderen Menschen Freude macht. Sie möchte, dass alle Menschen glücklich sind. Das hat zur Folge, dass sie diejenigen Aspekte ihrer Tätigkeit verleugnet und verdrängt, die anderen Menschen unter Umständen schaden könnte. Das geschieht vor allem dann, wenn es zu einer Kollision von eigenem Glücksbedürfnis und dem Glück anderer kommt. Die These beispielsweise, dass es strukturelle Sünden gibt, die wir insgesamt begehen, weil unser Wohlstand auf Kosten der Dritten Welt finanziert wird, kann bei einer SIEBEN energischen Widerspruch hervorrufen.

Einer ihrer häufigsten **Abwehrmechanismen** ist *Rationalisierung*. Gedanken an die genannten Ungerechtigkeiten des Weltwirtschaftssystems kann eine SIEBEN mit Hilfe der Ansicht verdrängen, dass es ja die Armen auch nicht glücklicher machen würde, wenn wir auf unser Geld und unsere Möglichkeiten verzichten würden. Der Schmerz einer Trennung kann dadurch gemildert werden, dass die SIEBEN rationale Gründe für das Scheitern einer Beziehung sucht und findet und sich schnell auf die positiven Aspekte der neuen Situation einstellt: „Freiheit ist auch was Schönes!" Der Tod eines Angehörigen kann erträglicher werden, wenn man sich sagt, dass er eine „Erlösung" war und dass dieser Mensch doch viel Schönes im Leben erreicht hat. Religiöse SIEBENer können sich auch dadurch Erleichterung verschaffen, dass sie sich vorstellen, dass dieser Mensch jetzt bei Gott gut aufgehoben ist. In der Regel jedenfalls wird der Schmerz nicht wirklich durchlebt, sondern wegerklärt. Gerade der Mechanismus der Rationalisierung zeigt, dass SIEBENer Kopfmenschen sind. Das ist eine der vielen überraschenden Weisheiten des Enneagramms: Glück und Freude der SIEBEN werden ebenso im Kopf produziert wie die Horrorszenarien der SECHS.

SIEBENer können unter Umständen jahrelang so leben, dass sie die dunkle Seite des Lebens und der Welt nicht wahrnehmen und jene als Miesepeter oder „Kulturpessimisten" abstempeln, die den Finger auf wunde Punkte legen. SIEBENer brauchen meist sehr lange, bis sie die Schattenseite einer Beziehung wahrnehmen – oder ihre eigene Schattenseite. Weil sie wollen, dass alles schön und gut ist, blenden sie andere Aspekte der Wirklichkeit gerne aus. Ähnlich wie die DREI stehen sie in der Gefahr der Ego-Inflation, einer übertrieben positiven Sicht der eigenen Person. Die DREI kann sich weigern, Versagen zu sehen, die SIEBEN kann sich weigern, Schmerz wahrzunehmen. Viele SIEBENer hatten als Kinder buchstäblich Angst vor Dunkelheit und brauchten eine Nachtlampe. Sie mögen keine Dunkelheit, sondern Farbe und Licht.

Bei Exerzitien, die ich, Richard Rohr, für Priester halte, habe ich schon oft Folgendes erlebt: Wenn die Einkehrwoche zur Hälfte vorbei ist und ich anfange, schwerere Geschütze aufzufahren und in die Tiefe zu gehen, kann ich voraussagen, wie einige der irischstämmigen Priester reagieren. (Es sind meistens die Iren; Irland ist ein Land der SIEBEN!) Sie greifen zu einem eigentümliches Arsenal von Abwehrmechanismen, sobald ich davon rede, dass sie sich ihrer dunklen Seite stellen und mit ihrem Schatten umgehen müssten. In diesem Augenblick wenden sich etliche dieser Männer demonstrativ von mir ab und hören auf, mich anzuschauen. Oder sie fangen auf den hinteren Rängen an, Blödsinn zu machen und Witze zu erzählen. Immer sind es die Iren! Sie wollen mich sicher nicht ärgern und merken wahrscheinlich nicht einmal, was sie tun. Sie machen Witze, damit sie das Unangenehme nicht hören müssen. Eine der wirkungsvollsten Methoden, Schmerz zu vermeiden, besteht darin, dass man Witze macht. „Nervöses Lachen" nennen das die Psychologen.

SIEBENer **vermeiden** *Schmerz.* Ihre Methode dabei ist verblüffend einfach: „Ich will fröhlich sein anstatt traurig! Ich will mich des Lebens freuen!" SIEBENer sind notorische Optimisten, obwohl sie direkt neben den Pessimisten vom Dienst, den SECHSern, angesiedelt sind. Optimismus und Pessimismus sind überraschenderweise nicht weit voneinander entfernt: Beides sind pseudo-rationale Strategien, um mit den Abgründen und Gefährdungen des Lebens zu Rande zu kommen.

Es fällt einer SIEBEN schwer, sich mit emotionalen Problemen – eigenen oder fremden – zu befassen. Eine SIEBEN gab ihre Pfarrers-Karriere nicht zuletzt deshalb auf, weil sie mit der Seelsorge am Krankenbett Schwierigkeiten hatte: „Ich wollte den Kranken eine Freude machen, ihnen neue Möglichkeiten zeigen, von der Welt draußen erzählen. Das hätte ich mir selbst von einem Seelsorger gewünscht. Zugleich war die Begegnung mit dem Leid, mit den Schmerzen anderer furchtbar. Ich saß neben einem Leidenden und sagte mir innerlich: ‚Ich bin gesund, mir geht es gut.' Schlimm war auch die Sorge, von dem Besuchten abgewiesen zu werden. Denn das hätte mich verletzt."

SIEBENer sind unglücklich, wenn andere unglücklich sind. Sie brauchen nette Menschen und *good vibrations* um sich herum. Sie können andere aufheitern. Aber manchmal versuchen sie auch, einen Leidenden „umzukrempeln", weil sie das Leid nicht ertragen können. Wenn es zu „heiß", zu traurig oder zu tief wird, können sie das Gespräch geschickt in ungefährlichere Bahnen lenken oder mit Floskeln wie „Na, das wird schon wieder!" oder „Alles halb so schlimm!" abwürgen.

Ich, Richard Rohr, erinnere mich an eine Frau, deren Kind gerade ins Krankenhaus gekommen war; ihr Mann hatte am selben Tag seinen Job verloren. Während sie mir das alles erzählte – lächelte sie! Und als ihr die Tränen kamen, wurde es ihr selber klar: „Richard, schau nur, ich lächle immer noch. Ich trau mich einfach nicht, den Schmerz zu fühlen und – lächle!"

Das Beispiel zeigt, dass die nach außen getragene Fröhlichkeit und Unbeschwertheit der SIEBEN oft nur aufgesetzt und doppelbödig ist. Mitunter weiß die SIEBEN selbst, dass sich hinter ihrem Lächeln eine große Traurigkeit verbirgt, vor der sie Angst hat. Sie sehnt sich danach, dass jemand ihre zur Schau gestellte Fröhlichkeit durchschaut und ihren Schmerz ernst nimmt. Ihre hilflosen Versuche, anderen auch diese

Seite mitzuteilen, schlagen oft fehl, weil andere mit so viel Tiefgang bei der SIEBEN gar nicht rechnen. Es ist ja immer auch unsere Umgebung, die sich an unseren „Charakter“ so gewöhnt hat, dass sie uns auf ganz bestimmte Verhaltensweisen festnagelt. Einer SIEBEN trauen ihre nächsten Mitmenschen oft einfach nicht zu, dass sie manchmal innerlich schreit. Die Folge ist, dass die SIEBEN abermals in ihr altes Spiel verfällt: „Immer nur lächeln – doch wies da drinnen aussieht, geht niemand was an“ oder „Don't worry – be happy!“ In solchen Situationen kann es passieren, dass die SIEBEN wieder in die eintrainierte Clowns-Rolle fällt und darunter leidet, dass sich andere auf ihre Kosten amüsieren: „Lache, Bajazzo!“ Oft aber hat die SIEBEN ihren Optimismus bereits selbst so verinnerlicht, dass sie Schwierigkeiten hat, Dunkles und Schweres überhaupt wahrzunehmen.

Die **Wurzelsünde** der SIEBEN ist *Unmäßigkeit* oder – wie man früher sagte – die „Völlerei“. Ihr Wahlspruch heißt: „Mehr ist besser.“ Unsere Wohlstandsgesellschaft unterstützt dieses Lebensmotto der unreifen SIEBEN. Es geht dabei nicht nur um Essen und Trinken. SIEBENer können alles übertreiben: mehr essen, mehr trinken, mehr arbeiten, mehr Projekte anfangen, mehr Anerkennung suchen, schöner wohnen, mehr kaufen, mehr besitzen. Vor allem aber haben SIEBENer ein überzogenes Bedürfnis nach „Fun“: Spaß, Freude und Vergnügen.

Als ich, Richard Rohr, nach Albuquerque kam, wohnte ich anfangs mit zwei Franziskanern zusammen, die beide SIEBENer waren. Eines Abends bekamen sie Besuch von einem Franziskaner aus der Stadt – einer weiteren SIEBEN. Da saß ich armer ernster EINSer mit diesen drei Witzbolden! Sie fingen an, komische Geschichten, Erlebnisse und Anekdoten zum Besten zu geben und kringelten sich vor Lachen – und ich saß daneben und bekam buchstäblich Magenkrämpfe. Ich fragte mich, wie einem Menschen an einem einzigen Tag so viel Groteskes und Komisches zustoßen kann. Einer der Brüder erzählte, was er alles erlebt hat, als er morgens im Supermarkt war. Ich sagte: „Ich war heute auch im Supermarkt. Ich erlebe so was nie! Du brauchst bloß durch den Laden zu gehen und die verrücktesten Geschichten passieren!“ „Na ja“, meinte er, „ich schmücke sie schon ein bisschen aus!“ SIEBENer haben die Gabe, einen witzigen Vorfall aufzublasen wie einen Luftballon. Sie sehen schneller als andere die komische Seite einer Situation. Mir entgeht das, weil ich auf der anderen Seite vom Pferd falle. Ich bin zu ernst. Sie sind zu witzig. Sie haben ein schlafwandlerisches Gespür dafür, wo man Spaß haben kann, wo es etwas zu lachen gibt, wo man auf seine Kosten kommt.

Viele SIEBENer reden zu viel, so wie sie dazu neigen, alles „zu viel“ zu machen. Sie müssen in jeder Hinsicht daran arbeiten, nüchterner und asketischer zu werden. SIEBENer müssen bewusst versuchen, ihre Unmäßigkeit zu überwinden. Wenn man einer SIEBEN einen seelsorgerlichen Ratschlag geben darf, sollte der lauten: „Wenn du meinst, du musst so viel reden – die Hälfte reicht! Wenn du meinst, du musst so viel trinken – die Hälfte ist noch immer zu viel! Wenn du meinst, du brauchst all diese Freizeitaktivitäten – streiche jede zweite!“ Weniger ist immer mehr, wenn eine unreife SIEBEN wachsen will.

Ich, Richard Rohr, habe mit einem SIEBENer unter einem Dach gelebt, als der Film „Unheimliche Begegnung der Dritten Art“ anlief. Dieser Mensch hat sich den Film elfmal angesehen! SIEBENer lieben Sciencefiction, Futurismus und Fantasy – alles, was sie aus der Gegenwart holt, die immer auch unangenehm ist. Deswegen sind sie auch reiselustig. Sie hoffen, dass es woanders noch mehr zu erleben gibt.

Ähnlich wie die ZWEI muss die SIEBEN oft mit Gewichtsproblemen kämpfen. SIEBENer sind häufig auf Diät – was sie hassen, weil es mit Entbehrungen und „Leid“ verbunden ist. Die SIEBEN liebt gutes Essen und hat oft eine Schwäche für Süßigkeiten. Die ZWEI lagert Liebe ab, die SIEBEN lagert Freude und Glück ab. Die SIEBEN, die ZWEI und die NEUN sind in besonderer Weise suchtgefährdet. Die SIEBEN trinkt oder nimmt Drogen, um den Schmerz zu betäuben. Der „Trinker“, dem Saint Exupérys „kleiner Prinz“ begegnet, könnte eine SIEBEN sein: „Warum trinkst du?“, fragte der kleine Prinz. „Ich trinke, um zu vergessen!“ – „Was willst du vergessen?“ – „Dass ich mich schäme!“ – „Weshalb schämst du dich?“ – „Weil ich trinke!“[2]

SIEBENer sind Epikuräer. Dem Philosophen *Epikur* (341–271 v. Chr.) wurde von seinen Feinden nachgesagt, er sei ein Fresser, Säufer und Wüstling (so sein Kollege *Epiktet*). Seine Freunde dagegen rühmten seine Enthaltsamkeit, Tugend und Bescheidenheit. Epikurs Philosophie ließ beide Deutungsmöglichkeiten zu. Für ihn war das höchste Lebensziel das Glück. Dazu gehörte die Abwesenheit von Schmerz und die Anwesenheit von Lust. Unter „Lust“ verstand er allerdings weniger die grobsinnlichen Genüsse, sondern vielmehr verfeinerte geistige Erbauungen wie Freundschaft und philosophischen Gedankenaustausch. Gegen die sinnlichen Genüsse hatte er zwar prinzipiell nichts einzuwenden, aber ein Zuviel von ihnen könnte kontraproduktiv sein: Wer zu viel isst und trinkt, wird krank – und das ist unangenehm! Epikurs Ideal war die Seele, die leidenschaftslos und ohne Schmerzen ist. Sie muss die plumperen Begierden hinter sich lassen und zur höchsten Lust vordringen, nämlich zur Vernunft: „Es ist nicht möglich, lustvoll zu leben, ohne dass man vernunftgemäß, schön und gerecht lebt, noch vernunftgemäß, schön und gerecht, ohne lustvoll zu leben.“[3] Schließlich bleibt noch das Problem der Todesangst. Epikur überwindet sie, indem er erklärt, der Tod sei ein Zustand des Nicht-Empfindens, ein Nichts – und deshalb auch nichts Bedrohliches: „Wenn wir sind, ist der Tod nicht, und wenn der Tod ist, sind wir nicht.“ Er ist überzeugt: „Die Erkenntnis, dass der Tod ein Nichts ist, macht uns das vergängliche Leben erst köstlich.“[4] Epikurs Philosophie ist ein Bilderbuchbeispiel dafür, wie SIEBENer versuchen, durch „rationale Argumente“ Furcht und Schmerz wegzuerklären.

SIEBENer versuchen, ein Leben zu inszenieren, in dem es keinen Karfreitag gibt, sondern wo ständig Ostern ist.

Bei einem Enneagramm-Seminar habe ich, Andreas Ebert, einmal Folgendes erlebt: Ich fragte einen Teilnehmer, der evangelischer Pfarrer war und eine SIEBEN, wie er denn als Liturg die Karwoche gestalte, insbesondere den Karfreitagsgottesdienst und das Osterfest. Zunächst sagte er: „Meine Karfreitagsgottesdienste sind ganz normal ... Aber an Ostern, da gibt es ein echtes Event. Da kommen die Leute von weit her, weil unsere Osternacht berühmt ist. Da feiern wir wirklich ein Fest der Auferstehung." Ich hakte nach: „Und was machst du konkret an Karfreitag?" Erst schien er die Frage nicht zu verstehen. Dann sagte er. „Na ja, ich muss zugeben, ich hab Krach mit meinem Kirchenvorstand gekriegt wegen des Karfreitagsgottesdienstes ..." „Krach?", fragte ich. „Ja, die konnten nicht verstehen, warum ich am Ende das Lied ‚Christ ist erstanden' singen ließ". Mir fiel die Kinnlade runter: „Christ ist erstanden?", wiederholte ich. „Na klar. Ich konnte doch die Leute nach einer ganzen Stunde Karfreitagsdepression nicht so nach Hause gehen lassen. Das hätte ich nicht ausgehalten. Die mussten doch erfahren, dass alles gut wird."

Zwei einflussreiche Bewegungen der heutigen Zeit werden maßgeblich von SIEBENer-Energien geprägt: innerhalb der Kirche ist es die charismatische Bewegung, außerhalb der Kirche sind es große Teile von dem, was man *New Age* nennt.

Die charismatische Bewegung steht in der Gefahr, eine reine SIEBENer-Bewegung zu sein. Man predigt dort häufig eine Theologie der Auferstehung und Herrlichkeit – aber man will wenig von der Theologie des Kreuzes hören, man möchte nicht ständig auf den Schmerzensmann Christus blicken. Man sucht eine Erlösung, die gewissermaßen den „Umweg" über Leiden und Sterben auslässt.

Vor etlichen Jahren habe ich, Richard Rohr, bei einem charismatischen Kongress über die Bedeutung des Kreuzestodes Christi gepredigt. Die Gesichter meiner Zuhörerschaft wurden immer länger und unzufriedener. Am Ende kam eine Frau auf mich zu und beschimpfte mich: „Sie wollen Franziskaner sein? Dann müssten Sie glücklich sein und die Freude predigen! Aber Sie lamentieren stundenlang über das Kreuz! Schämen Sie sich!" Mit Predigten über Schmerz, Leid und Tod kann man in diesen Kreisen kaum einen Blumentopf gewinnen.

Auch die Wurzelsünde der SIEBEN, die Unmäßigkeit, prägt viele charismatische Veranstaltungen. Mehr ist immer besser. Wenn man einen charismatischen Gottesdienst leiten soll, dann kann man erleben, dass die Gemeinde vierzehn Eingangslieder singen will und ebenso viele Lieder nach der Austeilung der Kommunion. Auch die Texte der Lieder, die in solchen Gottesdiensten ständig wiederholt werden, spiegeln eine einseitige „Herrlichkeitstheologie" wider. In der Regel werden Gott und Christus nur mit Hoheitstiteln angeredet: der Herr, der König, der Mächtige, der Auferstandene, der Herrliche, der Höchste. Mehr ist immer besser! Die SIEBEN versteht nicht, dass diese Rechnung nicht aufgeht. Sie meint, wenn ein „Preist den Herrn!" gut ist, dann sind 45 „Preist den Herrn!" besser. Ich sage das mit großer Hochachtung vor den Gaben, die in der charismatischen Bewegung in Erscheinung treten. Aber wenn diese Bewegung ihre eigene Schattenseite nicht entdeckt und annimmt, wird sie den Weg gehen, den die unerlöste SIEBEN zwangsläufig geht: zu immer größerer Oberflächlichkeit und Banalität.

Das führt zum Beispiel dazu, dass die meisten „Charismatiker" sozialen und gesellschaftlichen Fragen ausweichen (das war übrigens schon in der charismatisch orientierten Gemeinde von Korinth so, die Paulus gerade deshalb scharf angegriffen hat; vgl. 1. Korinther 11, 17–34). Ich habe den Charismatikern ganz zu Beginn gesagt, ich würde auf ihren Kongressen nicht mehr auftreten, bevor es dort nicht auch um Themen wie Frieden und Gerechtigkeit geht. Ohne dass sie es so direkt sagen, scheint ihre Einstellung mitunter zu sein: „Wir wollen uns mit diesem schmutzigen Geschäft nicht herumschlagen. Wir wollen hüpfen, in die Hände klatschen und singen, dass Jesus der Herr ist." Meine Frage an solche Gruppen lautet: „Was bedeutet denn der Satz, dass Jesus Herr ist? Welche praktischen Konsequenzen hat das für die Nöte dieser Welt?"

In der charismatischen Bewegung ist eine bestimmte Methode verbreitet, wie man mit Leid umgeht. Es handelt sich um eine christianisierte Abart des „positiven Denkens"[5]: Die Gläubigen sollen Verluste und Schmerz nicht betrauern, sondern auch in schweren Augenblicken „Gott danken", selbst wenn sie sein Handeln nicht verstehen. Da Gott dieses oder jenes zugelassen hat, wird es schon seinen Sinn haben; seine Gedanken sind höher als unsere Gedanken. Deshalb gelten Klage und Trauer in extremen charismatischen Gruppen als Ausdruck des Unglaubens und müssen unterdrückt werden. Charismatiker haben ein schlechtes Gewissen, wenn es ihnen nicht „gut" geht. Die Herrlichkeitstheologie, die vor allem in den USA und in Skandinavien viele Anhänger hat, geht zum Teil so weit, dass sie Christen verspricht, dass sie als Kinder Gottes das Vorrecht haben, in dieser Welt reich, glücklich und erfolgreich zu sein. Die Methode des andauernden Lobpreises führt zum „erfolgreichen Beten".[6] Dabei wird empfohlen, sich das, was man wünscht, möglichst lebhaft vorzustellen (zu „visualisieren") und dann „im Glauben" zu ergreifen.

Zwar begegnen uns auch in der Bibel immer wieder Beter, die sich in schweren Zeiten an Gottes Verheißungen („das Positive") halten; aber das bedeutet niemals, dass Leid, Schmerz und Anfechtung verdrängt werden. In den Psalmen bringen Menschen ihren Schmerz klagend vor Gott; sie ringen mit ihm; sie wagen es sogar, Gott herauszufordern und anzuklagen. Jesus hat in Gethsemane und am Kreuz den Todesschmerz durchgekämpft und durchlitten und es sich nicht mit fröhlichem Lobpreis und unter Zuhilfenahme positiven Denkens leichter gemacht. Den Schwamm mit Galle und Essig, ein damals übliches Mittel zur Schmerzbetäubung, hat er zurückgewiesen. Gerade SIEBENer sollten nicht zu schnell „positiv visualisieren", sondern lernen, zunächst den Schmerz zuzulassen und auszudrücken.

Die bei Charismatikern beliebte „kognitive Seelsorge"[7] verfolgt ein ähnliches Ziel. Man verzichtet darauf, den Ursachen eines Problems auf den Grund zu gehen (also etwa in der Kindheit eines Menschen zu suchen), sondern geht davon aus, dass durch „Umdenken" eine Neukonditionierung möglich ist. Anstatt etwa ständig zu denken „Ich bin ein Versager", soll man sich neue Denkgewohnheiten zulegen, indem man sich zum Beispiel immer wieder den Satz vorsagt: „Jesus liebt mich." So hilfreich diese Methode als Begleitmaßnahme sein kann, so gefährlich wird sie, wenn dies der einzige Ansatz der Therapie bleibt und die Vergangenheit nicht wirklich bewältigt wird. Dann besteht die Gefahr, dass es sich um eine Art religiöse Gehirnwäsche handelt, die den behandelten Menschen zur Marionette der „richtigen" Wahrheiten des Evangeliums macht. In diesem Fall wird das Evangelium zur optimistischen Ideologie, die das Hirn des Menschen beherrscht, während die tieferen Schichten „ungetauft" bleiben. Vor allem für SIEBENer ist diese Art von Seelsorge geradezu Gift – sie verstärkt in ihnen eine Tendenz, die ohnehin schon zu dominant ist.[8]

Ähnliche Beobachtungen lassen sich in weiten Kreisen der New-Age-Bewegung machen. Eine Unmenge von Büchern und Kursen versprechen – für teures Geld – Harmonie, Erleuchtung und Lebensglück. Viele „Gurus" sind offenkundig von maßlosem Besitz- und Genussstreben motiviert. Ein freudlos wirkendes Christentum hat allerdings dazu beigetragen, dass Menschen auf der Suche nach Lebenssinn anfällig sind für die teuren Glücksversprechungen des pseudoreligiösen Psychomarktes. Das „Wassermannzeitalter", dessen Anbruch in New-Age-Kreisen gefeiert wird, soll von umfassender Güte und Harmonie gekennzeichnet sein. *Helen Palmer* zeigt eine Linie auf, die von der Revolution der Blumenkinder in den 60er Jahren, die angesichts von Krieg und sinnlosem Arbeitsleben in eine glückliche Scheinwelt der „Liebe" umgestiegen sind, direkt zum postmodernen Narzissmus führt. Die begrüßenswerte Selbstentdeckung des Individuums endete schließlich bei vielen „Sinnsuchern" mit individualistischen Egotrips und einer therapeutischen Dauernabelschau.[9] Ein Symptom dafür ist der gegenwärtige spirituelle Konsumrausch. Nachdem die westliche Gesellschaft die Erde materiell ausgebeutet hat, eignen wir uns jetzt das geistige Erbe des Ostens an, meist ohne den Preis eines ernsthaften inneren Weges zu zahlen. Wenn das Enneagramm in diesem Sinne missbraucht wird, ist seine ureigenste Absicht verfehlt: uns auf den harten und steinigen Weg der Umkehr zu rufen. Dieser innere Weg ist weder billig noch im Schnellverfahren zu haben.

Es ist nicht einfach, eine SIEBEN zu kritisieren oder anzugreifen. Sie wird alles mit einem charmanten Lächeln über sich ergehen lassen oder mit ein paar witzigen Bemerkungen beiseite schieben; jedenfalls vermittelt die SIEBEN nicht den Eindruck, dass Kritik wirklich „ankommt". Die SIEBEN hat Angst vor Angriffen, weil „Versagen" wehtut. In dieser Beziehung ähnelt sie der DREI.

Die Gabe oder **Geistesfrucht** der SIEBEN ist *Nüchternheit*. Damit ist nicht gemeint, dass sie auf dem Weg der Integration zum Trauerkloß werden soll. Das Lebensthema der SIEBEN ist die Freude – und darf es auch bleiben. Es geht darum, dass die Freude nicht auf Kosten der dunklen Seite des Lebens geht und dass kein banaler Idealismus die Realität verdrängt. *Nüchterne Freude* ist Freude angesichts und trotz aller Schwierigkeiten des Lebens; es ist das „Dennoch", das zum Beispiel die

BeterInnen der alttestamentlichen Psalmen auch in Notsituationen Gott entgegenhalten: *„Dennoch bleibe ich stets bei dir, denn du hältst mich bei meiner rechten Hand!" (Psalm 73, 23).* Nüchternheit ist es, die den Unterschied ausmacht zwischen oberflächlichem *Optimismus* und tiefgegründeter *Hoffnung.*

Symbole und Beispiele

Symboltiere der SIEBEN sind der *Affe* und der *Schmetterling.* Wie der *Affe* von Baum zu Baum hüpft, so ist die SIEBEN ständig unterwegs auf der Suche nach neuen Abenteuern und nach Lustgewinn. Aber auch die Freude der SIEBENer an Ulk, Klamauk und Blödsinn erinnert an unseren nächsten Verwandten im Tierreich. Der *Schmetterling* repräsentiert die Schönheit und Leichtigkeit der erlösten SIEBEN. Die Metamorphose der Raupe über die Puppe zum fertigen Falter ist ein uraltes Symbol für spirituelle Wandlungsprozesse; seit den Kirchenvätern symbolisiert sie auch den christlichen Heilsweg der Verwandlung durch den Tod zur Auferstehung.[10]

Länder der SIEBEN sind *Irland* und *Brasilien.* Vor allem der irische Mann repräsentiert diese Energie. Jedes vierte Haus in Irland ist ein Pub. Der Brauch der irischen Totenwache („Wake") beinhaltet, im Angesicht des Todes zu singen und zu tanzen. Wenn der irische Mann am Ende ist, beginnt er zu singen, zu tanzen und zu trinken. Er klopft dir auf die Schulter und erzählt noch einen Witz. Irland ist das einzige Land, in dem man schon morgens um neun Whiskey angeboten bekommt. Es ist, als ob man alles dransetzen muss, damit der Tag fröhlich wird.

Brasilien ist ein Beispiel dafür, wie ein Land zugleich ungeheuer reich und arm sein kann. Vereint sind Arm und Reich im Karneval, in dem alle Nöte und Sorgen vergessen werden. Die Abholzung des brasilianischen Urwaldes ist ein sprechendes Symbol für das, was passiert, wenn die Maßlosigkeit überhandnimmt. Es steigert für kurze Zeit den Wohlstand weniger, die ohnehin zu den Besitzenden gehören. Am Ende jedoch führt diese kurzfristige „Lebenssteigerung" dazu, dass Leben überhaupt nicht mehr möglich ist.

Die **Farbe** der SIEBEN ist *Grün.* Grün symbolisiert Vitalität und Lebensfreude, Gesundheit und Wohlergehen. *Hildegard von Bingen* sprach von der „Grünkraft" oder *viriditas,* aus der alles Leben entspringt. Grün steht in der Umgangssprache für naives, unreifes und kindisches Verhalten. Unreife Menschen nennt man „Grünschnäbel". Auch unreife Früchte sind grün. Grün erinnert die SIEBEN daran, dass sie Reifungsarbeit leisten muss, um ihre Lebensfrucht zu ernten. In der christlichen Kunst ist Grün die Farbe des Paradieses und die Farbe des Kreuzes. *Marc Chagall* hat im Zürcher Frauenmünster inmitten eines grünen Lebensbaumes einen grün-goldenen gekreuzigten Christus dargestellt, der von einer strahlenden grünen Gloriole umgeben ist.

Wolfgang Amadeus Mozart ist **Beispiel** einer SIEBEN mit ihren strahlenden und weniger strahlenden Zügen. *Milos Forman* hat in seinem Filmklassiker *Amadeus* die „affige" Seite des „Götterlieblings" Mozart deutlich herausgearbeitet: seine Lust an Clownerien und Schabernack und seine erotischen Eskapaden.

Mozart hatte fast immer mit äußerst widrigen Umständen zu kämpfen: Seine

Verschwendungssucht führte dazu, dass er ständig pleite war; viele seiner Zeitgenossen verstanden ihn nicht; seine Auftraggeber machten ihm das Leben zur Hölle. Dennoch ging diesem Mann sein deftiger und kindischer Humor selten aus, wie seine albernen Briefe an sein „Bäsle" beweisen: „Allerliebstes Bäsle Häsle! Ich habe dero mir so wertes Schreiben richtig erhalten falten und daraus ersehen drehen, dass der Herr Vetter Retter, die Frau Baaß Has', und sie wie recht wohl auf sind nind; wir sind auch Gott Lob und Dank recht gesund hund. Ich habe heute den Brief schief von meinem Papa haha auch richtig in meine Klauen bekommen strommen … Mir ist sehr leid, dass der Herr Prälat Salat schon wieder vom Schlag getroffen worden ist fist … Ich wünsch': eine gute

Stefan Siegert: Mozart. Man muss die Feste feiern …

Nacht, scheißen Sie ins Bett, dass es kracht; schlafen S'gesund, recken S'den Arsch zum Mund ..."[11]

Mozart war wie fast alle SIEBENer ein Arbeitstier. Aber er konnte auch feiern: „Sie wissen, dass jetzt Fasching ist ... und da möchte ich gern ... als Harlequin gehen ... Vergangene Woche habe ich in meiner Wohnung einen Ball gegeben ... Wir haben abends um 6 Uhr angefangen und um 7 aufgehört. – Was – nur eine Stunde? – Nein, nein! Morgens um 7 Uhr!"[12] Mozart suchte sich Freunde zum Lustigsein und ging kaum tiefere Beziehungen ein.

In schwersten Zeiten entstand die schönste und „leichteste" Musik, während seine ernsteren Werke in Perioden des Glücks entstanden: „In den fröhlichsten Wiener Zeiten hat er ... ganz düstere, hoffnungslose Stücke geschrieben ... da es ihm buchstäblich dreckig geht, schreibt er auch Musik, der man die große Not dieser Jahre nicht im mindesten anhört ... Sein Hang zu Witz und Tollerei lässt nicht nach ..."[13] Dieser scheinbare Widerspruch hängt mit einem typischen SIEBENer-Phänomen zusammen: Wenn die äußeren Umstände genügend Sicherheit, Geborgenheit und Annahme vermitteln, wagt es auch eine SIEBEN manchmal, sich den dunklen Seiten des Lebens zuzuwenden.

Die **biblischen Patrone** der SIEBEN sind *König Salomo* und der *Reiche Jüngling*. *Salomo* (Regierungszeit: 965–926 v. Chr.) ist der Sohn *Batsebas*, die sein Vater *David* durch ein mörderisches Komplott gegen ihren ersten Ehemann *Uria* in seinen Harem gebracht hatte. Bald überstrahlt der Glanz des salomonischen Hoflebens alles, was das Land jemals zuvor erlebt hatte. Salomos Macht und Pracht sind sprichwörtlich: *„Salomo verbrauchte täglich 30 Sack Feinmehl, 60 Sack Grobmehl, zehn Mastrinder, 20 Rinder von der Weide und hundert Schafe – Hirsche, Gazellen, Rehe und Federvieh gar nicht gezählt"* (1. Könige 5, 2 f.). 666 Zentner Gold pro Jahr soll Salomo eingenommen haben. Ein vergoldeter Elfenbeinthron schmückt seinen Palast. Siebenhundert Hauptfrauen und dreihundert Nebenfrauen hat er in seinem Harem.

Salomo versteht es, das Land zu befrieden und so die Voraussetzung für eine einmalige geistige, kulturelle und religiöse Blüte zu schaffen. Mit dem Bau des Tempels errichtet er ein religiöses Zentrum für den Glauben Israels. Daneben macht er sich als Dichter einen Namen, eine Anlage, die er wohl von seinem poetischen Vater David geerbt hat.

Seine Weisheit ist ebenso berühmt wie sein Reichtum. Selbst die *Königin von Saba* (Äthiopien) kommt, um ihn *„mit Rätselfragen zu prüfen"* (1. Könige 10, 1) und um seinen Reichtum zu bestaunen und durch Gastgeschenke zu vermehren. (Der Legende nach soll es nicht beim Rätselraten geblieben sein: Das äthiopische Kaiserhaus hat seinen Stammbaum bis in unser Jahrhundert hinein direkt auf die damalige Begegnung der gekrönten Häupter zurückgeführt.)

Salomos Unmäßigkeit wird ihm schließlich zum Verhängnis: Die Frauen in seinem internationalen Harem verleiten ihn dazu, ihren Göttern Tempel zu errichten. Schließlich verfällt er selbst dem religiösen Synkretismus: *„So diente Salomo der Astarte, der Göttin der Leute von Sidon, und dem Mikom, dem grässlichen Scheusal der Ammoniter"* (1. Könige 11, 5). Nach Salomos Tod zerfällt das Großreich Davids, es wird geteilt und findet nie wieder zur alten Größe und zum alten Glanz zurück.

Mehrere Bücher des Alten Testamentes werden – meist zu Unrecht – Salomo zugeschrieben: die Sprüche, der Prediger (Kohelet) und das Hohelied Salomos. Interessant ist, dass Teile des Buches Prediger eine Art epikuräische Weltsicht widerspiegeln, die sich in etwa so zusammenfassen lässt: Das Leben ist letztlich sinnlos. Anstatt sich durch Grübeleien, Raffgier oder Arbeitswut selbst zu zerfleischen, sollte man versuchen, das Beste daraus zu machen: *„Geh hin, iss fröhlich dein Brot, trink deinen Wein mit guter Laune ... Lass deine Kleidung immer weiß sein und spare nicht mit Salbe für dein Haupt. Genieße das Leben mit der Frau, die du lieb hast, solange du das sinnlose Leben hast, das dir Gott unter der Sonne gegeben hat"* (Prediger 9, 7–9).

Die neutestamentliche Geschichte vom „reichen Jüngling" (Markus 10, 17–31) „kann geradezu als Summe des Evangeliums gelesen werden".[14]

Ein Mann kommt auf Jesus zu, fällt vor ihm nieder und fragt ihn: *„Guter Meister, was soll ich tun, damit ich das ewige Leben gewinne?" Jesus verweist auf die zehn Gebote. Der Mann aber behauptet: „Dies alles habe ich von Jugend an gehalten. Was fehlt mir noch?"* Jesus sieht ihn an, gewinnt ihn lieb und sagt dann: *„Geh hin, verkaufe alles, was du hast, gib es den Armen – so wirst du einen Schatz im Himmel haben – und dann komm und folge mir!"* Der Mann *„entsetzt sich"* über diese Forderung und geht traurig davon, *„denn er hatte viele Güter"*.

Der „reiche Jüngling" kann sich das, was ihm noch „fehlt", nur als Addition zu seinem bereits vorhandenen materiellen und religiösen Reichtum vorstellen. Jesus dagegen verweist ihn auf eine Lebensquelle, die sich nur da erschließt, wo jemand die eigene Lebensplanung aufgibt und arm wird vor Gott. (*„Es ist niemand, der Haus, Brüder, Schwestern, Vater, Mutter, Kinder oder Äcker um meinetwillen und um des Evangeliums willen verlässt, der nicht Hundertfältiges schon in dieser Welt empfinge: Häuser, Brüder, Schwestern, Mütter, Kinder und Äcker inmitten von Verfolgungen – und in der künftigen Welt das ewige Leben";* Markus 10, 29f.)

Diese Geschichte bekommt heute besondere Brisanz, wo eine reiche westliche Gesellschaft und Kirche vor der Ungerechtigkeit der internationalen Güterverteilung dasteht wie das Kamel vor dem Nadelöhr. Das Evangelium „stillt den materiellen und religiösen Besitztrieb nicht durch das Versprechen von mehr Besitz, sondern durch einen Reichtum, der mehr als Besitz ist". Es „fügt nicht den innerweltlichen Besitztümern himmlische Werte hinzu", sondern stiftet „eine neue Gerechtigkeit im Verhältnis von Reichen und Armen".[15] Die Geschichte vom „reichen Jüngling" fordert uns alle materiell und geistlich heraus, nicht nur die SIEBENer. Alle Versuche, sie vorschnell zu vergeistigen (und damit zu entschärfen), müssen fehlschlagen. Sie bleibt unser „Pfahl im Fleisch", solange wir unser Herz an Geld, geistigen oder materiellen Besitz oder irgendetwas anderes hängen, was nicht Gott selbst ist.[16]

Umkehr und Erlösung

Die **Einladung** an die SIEBEN heißt: *Mitwirken mit Gott.* Die unerlöste SIEBEN meint, sie sei ihres eigenen Glückes Schmied und plant deshalb ständig neue Formen der Lebensoptimierung. Wenn sie mit Gott mitwirkt, beinhaltet das Verschiedenes: Sie stellt sich der Realität der Welt, die immer eine Mischung aus Freude und Schmerz ist, und nimmt *beide*

Seiten des Lebens an. Sie geht Gottes Weg mit, der durch den Tod zur Auferstehung führt. Sie ist fähig, Freude und Hoffnung dorthin zu tragen, wo Trauer herrscht. Das beinhaltet freilich auch, dass sie diesem Ruf nicht ausweicht. Es ist der Schritt vom Idealismus hin zu einem wachen Realismus.

Die Gabe der erlösten SIEBEN ist nüchterne Freude. Diese Freude kann echt und tief werden, wenn sie sich nicht in oberflächlicher Vergnügungssucht verliert. Wer ein wirklich schönes Fest gestalten will, sollte die Verantwortung dafür den SIEBENern übertragen. Wer einen Gottesdienst feiern will, der Menschen fröhlich macht, der sollte SIEBENer die Liturgie ausarbeiten lassen.

Zu den **Lebensaufgaben** der SIEBENer gehört es, ihren vorschnellen Rationalisierungen auf die Schliche zu kommen. Sie können an den Punkt kommen, wo sie vor lauter geplanter und organisierter Freude nicht mehr in der Lage sind, sich spontan und von Herzen zu freuen. Manchmal sind sie beim Versuch, Schmerz zu vermeiden, eigenartig stur und angespannt.

Man darf nicht vergessen, dass die SIEBEN einen SECHSer-Flügel hat und deshalb erstaunlich dogmatisch sein kann. Dieselben Leute, die eben noch so fröhlich waren, können kurz danach auf ihre Weise sehr eng, absolutistisch und autoritär auftreten, vor allem, wenn ihnen jemand die Laune verderben will. Die Fröhlichkeit der unerlösten SIEBEN ist Folge der Furcht und ein Instrument des Selbsterhaltungstriebes. Die Kopf-Energie zieht sich immer von der wirklichen Realität zurück. Für SIEBENer ist es zunächst selbst überraschend, wenn sie merken, dass ihre Energie im Grunde oft Rückzug von der Realität ist und kein wirkliches Engagement. Sie sehen auf den ersten Blick so engagiert aus, weil sie ständig Wirbel machen.

Für SIEBENer ist es wichtig, dass sie zu einer tiefen Selbstannahme finden, weil sie entdecken, dass sie von Gott und hoffentlich von ein paar Menschen, die ihnen nahe stehen, nicht nur mit ihrer strahlenden Seite, sondern ganz und gar angenommen sind. Dann können sie realistisch in der schönen und schmerzlichen Gegenwart leben, anstatt in Tagträumen in die Zukunft oder Vergangenheit zu fliehen.

Mitten in der Jagd nach Möglichkeiten haben SIEBENer ab und zu die Sehnsucht nach einem Glück ohne Hilfsmittel: einfach am Strand liegen und die Sonne genießen. Sie sollten das wagen, anstatt doch wieder ein paar Bücher, den Walkman, ihr Notizbuch und womöglich einen Laptop mitzuschleppen, um alle Möglichkeiten offen zu lassen.

SIEBENer müssen lernen, eine übertriebene Angst vor körperlichem und seelischem Schmerz zu überwinden. Formen der Meditation, bei denen sie sich ihren dunkleren Seiten stellen, können dabei eine große Hilfe sein. Eine Zeit der Krankheit oder freiwillig gewählte Beschränkung kann zum Tor zu jener tiefen Freude werden, nach der sich die SIEBEN im Grunde sehnt.

Wer eine SIEBEN liebt, muss ihr helfen, ihren Schmerz zu essen, zu kauen, zu schlucken, zu verdauen! Die SIEBEN muss ihre dunkle Seite wahrnehmen, das Leben verlangsamen, das ständige Geschwätz einstellen und auch jenen Teil des Lebens akzeptieren, der unschön und schwierig ist.

William James spricht von „einmal geborenen" und „zweimal geborenen Gläubigen": „Zweimal geborene Gläubige vertrauen und hoffen weiterhin, obwohl sie in ihrem Leben Schmerz und Enttäuschung erfahren haben. Einmal geborene Gläubige halten einen kindlichen Optimismus aufrecht, haben aber nicht viel Schmerz durchlebt."[17] Vielleicht kann die Lebensaufgabe manch einer unerlösten SIEBEN darin bestehen, ein zweites Mal zur Welt zu kommen und – erwachsen zu werden.

Der **Heilige** der SIEBEN ist *Franz von Assisi* (1182–1226). Am Anfang seines Lebens ist er der vergnügungssüchtige König der Partys. Aber er spürt zunehmend, dass er auf der Flucht vor sich selbst ist, zieht sich immer mehr zurück, wird krank.

Die Begegnung mit einem Leprakranken wird zur Lebenswende. In seinem Testament schreibt Franz: „Als ich voller Sünden war, erschien es mir widerlich und bitter, Aussätzige zu sehen." SIEBENer haben eine natürliche Abneigung gegen alles, was stinkt, schmutzig oder hässlich ist. „Aber der Herr führte mich unter sie, und ich handelte barmherzig an ihnen. Als ich von ihnen wegging, wurde in Süßigkeit für Seele und Leib verwandelt, was mir vorher widerlich und bitter erschienen war."[18]

Hier sieht man, wie Franz die Abneigung gegenüber seiner schmerzhaften und dunklen Seite überwunden hat: Er musste das Hässliche annehmen; er musste den Schmerz umarmen. Das ist das Gegenteil von dem, was Franz von Natur aus gewesen wäre: ein reicher Spaßvogel, Witzbold und Hahn im Korb.

Freiwillig bewegt er sich in die Gegenrichtung. Das führt zu seiner maßlosen Armut. Weniger ist mehr! Er will der Ärmste sein, während alle anderen reich werden wollen. Trotzdem bleibt er der fröhliche Heilige und Bettler. Er hat nach wie vor ein Auge für alles, was schön ist. Man muss sich nur die Stellen in Italien ansehen, an denen er gebetet hat. Franz brauchte – wie *Mozart* – eine schöne Umgebung, um sich seinen inneren Ängsten und Wunden zu stellen.

Viele Legenden legen Zeugnis davon ab, dass die Suche nach der „vollkommenen Freude" bis zuletzt sein Lebensthema blieb.[19] Er konnte sich über die Blumen und Vögel freuen, er konnte einen Stock als Fiedel benutzen und zu seiner vermeintlichen Melodie tanzen. Am Ende seines entbehrungsreichen Lebens konnte er sogar den Tod als „Bruder und Freund" begrüßen. Kurz vor seinem Tod wurde er stigmatisiert; die Wundmale Christi erschienen an seinem Körper und kennzeichneten ihn als einen Menschen, der mit Paulus bekennen konnte: *„Wir tragen allezeit das Sterben Christi an unserem Leib, damit auch das Leben Christi an unserem Leib sichtbar wird"* (2. Korinther 4, 10).

Typ Acht

Überblick
ACHTer wirken stark und mächtig und sind fähig, auch anderen ein Gefühl von Stärke zu vermitteln. Sie haben ein Gespür für Gerechtigkeit und Wahrheit, erfassen instinktiv, wenn es irgendwo „stinkt", wenn Ungerechtigkeit oder Unehrlichkeit am Werk ist. ACHTer sprechen das offen und direkt an. Sie können ein Fels der Verlässlichkeit für andere sein und ein großes Maß an Verantwortungsgefühl und Fürsorge entwickeln. Wenn sie sich für eine Sache engagieren, können sie ungeheure Energien dafür aufbringen. Auf das Wort einer ACHT ist Verlass.

Mit der ACHT kehren wir in den Bauchbereich zurück, der ACHT, NEUN und EINS umfasst. So wie EINSer liebe Jungs und brave Mädchen sein wollen, wollen die ACHTer gleichsam „böse" Buben und böse Mädchen sein. „Gute Mädchen kommen in den Himmel – böse Mädchen kommen überall hin!" Dieser schnodderige Spruch ist sicherlich von einer ACHT erfunden worden. Sie haben frühzeitig den Eindruck gewonnen, dass die Welt weiche Tendenzen bestraft und deshalb notgedrungen auf Härte gesetzt. Viele ACHTer haben als Kinder die Erfahrung gemacht, dass sie unterdrückt oder herumgestoßen wurden. Sie konnten niemandem vertrauen als nur sich selbst. Kinder des Holocaust und Kinder aus Armenvierteln, wo man es sich nicht leisten kann, Schwäche zu zeigen oder zu weinen, wurden oder werden oft ACHTer. In ihren Cliquen und Banden müssen sie Mutproben abliefern, um zu beweisen, wie tapfer, waghalsig und unerschrocken sie sind. Manche ACHTer berichten auch, dass ihre Eltern Stärke belohnt haben: „Lass dir nichts gefallen! Schlag zurück! Zeig den anderen, wer der Boss ist!" ACHTer haben das Gefühl entwickelt, dass die Starken die Welt beherrschen und dass die Schwachen den Kürzeren ziehen; deshalb haben sie beschlossen, nicht brav zu sein, sich nicht anzupassen, sondern Stacheln auszufahren oder sich einen dicken Panzer zuzulegen, Regeln zu brechen und lieber andere herumzukommandieren als sich selbst herumkommandieren zu lassen. Einige ACHTer haben ihre Haltung auch als Gegenreaktion gegen zu weiche, „liberale" und nachgiebige Eltern entwickelt. Sie wollten austesten, was sie noch alles anstellen müssen, um endlich einmal Konfrontation und Grenzen zu erleben.

Von Außenstehenden werden sie oft mit EINSern verwechselt, weil man beiden abspürt, dass sie von Aggressionen regiert werden. Einer der Unterschiede zwischen beiden besteht darin, dass sich ACHTer nicht entschuldigen und nichts zurücknehmen. Sie tun sich schwer, Fehler einzugestehen, weil das wie Schwäche aussehen könnte. Mein (Richard Rohr) Neffe und Patensohn war bereits mit vier Jahren deutlich als ACHT zu identifizieren. Mein Bruder sagte damals: „Ich habe ihn noch kein einziges Mal dazu bewegen können, sich für irgendetwas zu entschuldigen!“ ACHTer sind nicht so leicht bereit, um Vergebung zu bitten: „Ich kann ihn bestrafen oder sogar übers Knie legen – es macht ihn nur noch verstockter. Ich habe ihn einmal zur Strafe zwei Stunden lang in sein Zimmer geschickt, wo er im Dunkeln stehen musste. Er stand einfach da.“ Abgesehen von der etwas schwarzen Pädagogik meines Bruders beweist das Beispiel die Unnachgiebigkeit der ACHT: „Ich werde es euch allen zeigen! Ihr kriegt mich nicht klein!“

Andererseits können ACHTer, ohne dass es die Außenwelt merkt, sehr streng mit sich selbst umgehen und sich selbst hart bestrafen.

Auch mit kontraphobischen SECHSern werden ACHTer oft verwechselt. Von außen betrachtet sind beide Typen tatsächlich nur schwer zu unterscheiden. Die Aggressionen der SECHS kommen jedoch aus dem Kopf und sind Ausdruck ihrer Angst, der sie zuvorkommen wollen. Die Aggression der ACHT kommt aus dem Bauch und richtet sich gegen alles, was die ACHT als Scheinheiligkeit und Unrecht empfindet.

Die Grunderfahrung der ACHT ist, dass das Leben bedrohlich oder feindselig ist und dass man sich anderen nicht so einfach anvertrauen kann, solange nicht das Gegenteil erwiesen ist. ACHTer suchen Konflikte oder schaffen sie geradezu. Sie spielen mit harten Bandagen und sind notorische Neinsager. Sie genießen es, dagegen zu sein. Auch wenn sie es nicht immer sofort ausdrücken, ist Abwehr und Verneinung oft ihre erste Reaktion auf neue Gedanken, Menschen und Situationen. Ich, Andreas Ebert, hatte kürzlich eine Konfirmandin, die bei jedem Vorschlag, den ich der Gruppe machte, sofort mit Ablehnung reagierte. Erst als ich begann sie nachzuahmen, konnte sie über sich selber lachen. Auch meine Mutter, die eine ACHT war, war immer erst dagegen, wenn jemand eine beliebige Meinung äußerte. Am Ende ihres Lebens konnte man sie damit augenzwinkernd aufziehen.

Zum Glück ergreifen ACHTer gern Partei für die Schwachen. Sie können angemaßte Autoritäten nicht ausstehen. Ihre Leidenschaft für Gerechtigkeit und Wahrheit führt dazu, dass sie sich häufig auf die Seite der Unterdrückten und Schutzlosen stellen. Das kommt daher, dass sie unbewusst wissen, dass in ihrem eigenen Innersten hinter einer Fassade von Härte, Unverwundbarkeit, Flüchen oder sogar Brutalität ein kleiner Junge oder ein kleines Mädchen steckt. Dieses innere Kind ist das genaue Gegenteil von der Stärke und Macht, die sie nach außen demonstrieren. Die Gefühle von Zärtlichkeit und Verwundbarkeit sind allerdings tief in der ACHT vergraben. Die meisten ACHTer lassen diese Seite höchstens zwei oder drei Menschen im Leben sehen. Die ACHT ist unsicher gegenüber diesem kleinen Kind in sich selbst; aber sie entdeckt dieses Kind manchmal in anderen und will es beschützen.

Das Selbstbild der ACHT heißt: „Ich habe Macht! Ich bin stärker als ihr!" Männliche ACHTer sind oft „bullig" oder zumindest athletisch gebaut. Viele ACHTer haben eine Vorliebe für Kraftausdrücke, mit denen sie Macht demonstrieren können. Man kann diese Energie in der Kultur der schwarzen Slums amerikanischer Großstädte erleben. Selbst das Adjektiv bad („schlecht") bedeutet unter den jungen Schwarzen „gut". Ähnliches kann man in Befreiungsbewegungen und in der feministischen Bewegung beobachten. Menschen, die herumgestoßen und unterdrückt worden sind, entwickeln oft ACHTer-Energie. Die Theologie der Befreiung in Lateinamerika war weitgehend eine ACHTer-Theologie. Teil dieser Energie ist immer die Parteinahme für die Kleinen und für die Armen; die ACHT ist um der Gerechtigkeit willen bereit, die herrschenden Mächte mit allen Mitteln zu bekämpfen.

Ist eine ACHT allerdings selbst an der Macht, fühlen sich ihre Untergebenen oft unterdrückt oder herumgestoßen, während die ACHT selbst in der Regel gar nicht merkt, dass ihr Verhalten anderen Angst macht. Sie drückt ihren Ärger meist sofort und direkt aus und kann dann zur Tagesordnung übergehen. Die Opfer ihres Ärgers dagegen erholen sich meist nicht so schnell.

ACHTer kämpfen, um Kontakt zu knüpfen. Sie verstehen oft nicht, wieso diese Art der Kontaktaufnahme anderen Angst macht. Weil Kampf, Konflikt und Auseinandersetzung zu ihrem Naturell gehören, meinen sie, für andere wäre das ebenso. Sie merken dabei nicht, dass ihre Schläge unter die Gürtellinie gehen und für andere oft schwer zu ertragen sind. Ihre Angriffslust, die sie selbst zum Teil als etwas „Spielerisches" empfinden, wirkt auf andere oft wie aggressives Verhalten, ist aber tatsächlich eine Form von Kontaktaufnahme.

Wenn ACHTer andere attackieren, dann tun sie das oft, um die künstliche Fassade ihres Gegenübers zu erschüttern. Sie hassen unklare Botschaften und wollen sehen, was wirklich „da" ist und woran sie sind. Sie müssen auch wissen, wer Feind ist und wer Freund, gegen wen sie kämpfen müssen und wer ihnen den Rücken freihält. Für einen ebenbürtigen Feind bringen sie großen Respekt auf. *Don Camillo* und *Peppone, Giovannino Guareschis* Romanhelden, sind zwei ACHTer, die für zwei gegensätzliche Wertesysteme kämpfen – beide brutal und mit unfeinen Mitteln, aber mit heimlichem Respekt für den Gegner.[1]

ACHTer sind oft hervorragende Kartenspieler oder Wettkampfsportler, weil sie die Schwächen anderer sofort spüren und ohne Gewissensbisse ihren Vorteil wahrnehmen.

Ihre Fähigkeit, unwahrhaftiges Verhalten und falsche Stärke sofort zu entlarven, hat einige ACHTer zu einflussreichen Therapeuten und Seelenführern gemacht. Sie erschüttern das falsche Selbstbild anderer und tragen auf diese Weise dazu bei, dass das „Echte" ans Licht kommen kann.

G. I. Gurdjieff, der in seiner Schule Teile des Enneagramms verwendet hat, war eine ACHT. Seine zwei Lieblingsmethoden hießen: „Anderen auf die Hühneraugen treten“ und „Einen Toast auf den Idioten ausbringen“. Er schoss sich auf die sensibelsten Charakterpunkte seiner Schüler ein und hackte darauf so lange herum, bis sich Abwehrreaktionen einstellten und nach und nach die Verstellungen und Maskierungen des „falschen Selbst“ entlarvt werden konnten. Das Wort „Idiot“ wurde im Kreis um Gurdjieff im ursprünglichen Sinn verwendet und bezeichnete einen Neuling. Beim Begrüßungsessen wurde viel Brandy oder Wodka getrunken. Der Alkohol hatte die Funktion, die Abwehrmechanismen schneller abzubauen. Bei solch einem Toast sprach Gurdjieff den Neuling auf Charakterzüge an, die er in ihm sah: „‚Du bist ein Truthahn‘, sagte er zu jemandem am ersten Abend. ‚Ein Truthahn, der gerne ein Pfau wäre.‘ Dazu kamen ein paar meisterhafte Kopfbewegungen G.’s, ein oder zwei gutturale Töne und schon erschien am Tisch ein arroganter Puter und plusterte sich vor einer imaginären Truthenne auf.“[2]

Der große Gestalttherapeut *Fritz Perls* forderte von seinen Klienten, dass sie das wahrnehmen und ausdrücken, was hier und jetzt ist, anstatt in die Vergangenheit oder Zukunft auszuweichen. „Hier-und-Jetzt wurde zum kleinstmöglichen Raum/Zeitpunkt des Erlebens einer Innen/Außenschau.“ Dieser „Schnittpunkt zwischen Vergangenheit und Zukunft ist der einzige Augenblick im Leben, in dem ich handeln kann“. Perls merkte sofort, wenn die Aussage seiner Klienten mit ihrer Gestik oder Mimik nicht zusammenpassten und verstärkte solche Unstimmigkeiten, um sie bewusst zu machen. Die streitenden inneren Stimmen nannte er *Topdog* (die autoritäre Stimme) und *Underdog* (die unterlegene Stimme). Als Therapeut nahm er mit Vorliebe die Rolle des „Widerstands“ an. Er ermutigte die KlientInnen, ihre Gefühle total durchzuleben. Mit geradezu mathematischer Präzision gelang es ihm, zu den lebenswichtigen „unerledigten Geschäften“ seiner Patienten vorzudringen. So führte er sie zu jenem Engpass, „der den Weg zu einer wesentlichen Quelle der Lebensmöglichkeiten blockiert hatte“.[3]

Chuck Dederich, ebenfalls eine ACHT, der Begründer von Synanon, einer Gruppentherapie für Drogenabhängige, entwickelte verwandte Methoden wie Gurdjieff und Perls: Während der Synanon-Sitzungen konfrontiert die Gruppe eines der Mitglieder mit seinem Verhalten. Ein unbedeutender oder bedeutender Anlass aus dem „wirklichen Leben“ wird herangezogen. Vielleicht ist die betreffende Person zehn Minuten zu spät zur Gruppensitzung erschienen. „Derjenige, der die Anklage erhebt, tut das auf verletzende und rechthaberische Weise mit fürchterlich übertriebenen Einzelheiten. Sofort fallen die anderen ein und berichten ähnliche Vorfälle, die sie beobachtet haben. So spinnen sie gleichsam ein Netz um den Angeklagten, um ihn auf seine ganz und gar verantwortungslosen Einstellungen, Gewohnheiten und Charakterzüge festzunageln. Sobald er versucht, sich zu rechtfertigen oder zu verteidigen, greift die Gruppe seinen Stil der Verteidigung an.“[4] Diese Methode, nichtige Anlässe dramatisch hochzuspielen, kann sehr komisch sein; aber es kann auch sehr ernst werden und erfordert eine tragfähige Gruppe, in der gegenseitiges Vertrauen vorhanden ist. Dann hilft es Menschen, ihre Spannungen „spielerisch“ auszuleben, „dabei ihre Streitigkeiten und Machtkämpfe auszutragen,

Dampf abzulassen und neue, stärkere Anteile ihrer selbst zu entdecken und auszudrücken".[5]

Wie kaum ein anderer Typ haben gut entwickelte ACHTer die Gabe, andere Menschen an ihre wirklichen Potentiale heranzuführen. Unter den ACHTern findet man große Führergestalten – und Revolutionäre: *Martin Luther King, Fidel Castro, Che Guevara, Saul Alinsky* (der US-amerikanische Organisator von Bürgerprotesten) waren und sind Leute, die andere mit charismatischer Kraft begeistern und zum Engagement motivieren. ACHTer wecken bei anderen die Bereitschaft, sich ihrer Führung anzuvertrauen und ihnen überall hin zu folgen. Denn man spürt bei ihnen, dass sie das durchziehen, was sie sich vornehmen.

Während EINSer systemimmanente Reformer sind, neigt die ACHT dazu, aus dem System auszusteigen und von draußen mit Steinen zu werfen. Auch das macht anderen Angst. Vor allem Menschen, die sich schwer tun, ihre eigene Aggressivität zuzulassen, werden von einer ACHT leicht eingeschüchtert. Die Aggressivität der ACHTer mobilisiert die Aggressionen der Gegenseite. Deshalb sind ACHTer nicht selten gefürchtet und verhasst.

ACHTer scheinen es manchmal geradezu zu genießen, wenn sie Hass und Ablehnung erleben. Das macht sie erst richtig heiß. Sie schämen sich nicht, wie der Elefant im Porzellanladen aufzutreten. Wenn eine ACHT „Scheiße" sagt, dann sagt sie es! So etwas macht ACHTern Spaß. ACHTer sind keine Diplomaten!

Die ACHT **vermeidet** *Hilflosigkeit, Schwachheit* und *Unterlegenheit.* ACHTer neigen deshalb zum Beispiel dazu, ihre eigene Meinung als absolut richtig anzusehen und völlig verschlossen zu sein für andere Argumente. Sie haben einen Hang zur Überheblichkeit und Rechthaberei, um nicht „schwach" auszusehen. Mitarbeiter werden von ihnen oft wie Fußabstreifer behandelt. ACHTer gehen unter Umständen sogar so weit, ihre Gegner als bösartig oder geistig minderbemittelt hinzustellen. Weil eine ACHT ihre eigenen Stärken kennt und sofort die Schwächen der anderen sieht, erhebt sie sich über andere Menschen und baut oft ohne Grund falsche Hierarchien auf. Sie ordnet ihre Mitmenschen in ein Freund-Feind-Schema ein, das anderen gar nicht angemessen ist.

Wehe, die ACHT begegnet jemandem, der zu selbstbewusst auftritt! Ich, Richard Rohr, hatte im Priesterseminar einen Professor, der jeden von uns zur Schnecke gemacht hat, der selbstsicher wirkte oder eine abweichende eigene Meinung vertrat. Wenn es jemandem aber wirklich schlecht ging, wenn einer versagt oder einen schlimmen Fehler gemacht hatte, war dieser selbe Lehrer einfach großartig. Das ist typisch ACHT: Wenn du wirklich arm, hilflos und schwach bist, wird ihr Beschützerinstinkt mobilisiert und die ACHT tut alles, um dir beizustehen.

Aber sobald du auf irgendeine Weise ausdrückst, dass du Macht hast, dann wird dir die ACHT beweisen, dass sie mehr Macht hat. Einen Streit mit einer ACHT kann man nicht gewinnen. Wenn du grobe Geschütze auffährst, fährt sie gröbere Geschütze auf.

Die eigentliche Energie der ACHT ist nicht Zorn oder Jähzorn, obwohl sie manchmal so aussehen kann. Es handelt sich vielmehr um eine Leidenschaft und ein totales Engagement für die Wahrheit, das Leben und die Gerechtigkeit; es ist eine Passion für die Sache, an die sie glauben, oder die Menschen, für die sie sich verantwortlich fühlen.

Der größte Fehler, den man gegenüber einer ACHT machen kann, besteht darin, sich einschüchtern zu lassen und zurückzuweichen, wenn sie auf mehr oder weniger laute Weise Druck ausübt. Manche ACHT fängt an zu schimpfen und auf den Tisch zu hauen. Man sollte sich entweder auf einen Kampf einlassen oder versuchen, den kleinen Jungen oder das kleine Mädchen in der ACHT anzusprechen. Das kann ACHTer entwaffnen. Sie sind daran gewöhnt, dass andere den Schwanz einziehen. ACHTer beschützen das Schwache; aber sie verachten Feigheit und Weichlichkeit. In solchen Fällen können sie in jeder Beziehung hart zuschlagen. Das ist ihre dunkle Seite. Sobald sie meinen, ihr Gegenüber sei dumm oder unfähig, geben sie ihm den Rest, selbst wenn er schon am Boden liegt.

Ich, Andreas Ebert, hatte als Berufsanfänger einen Pfarrer als Mentor, vor dem ich Angst hatte. Er hatte eine bullige Gestalt und redete sehr viel. Nie hatte ich das Gefühl, es ihm recht zu machen. So hörte ich ihm stundenlang zu, um dann doch das zu machen, was ich für richtig hielt. Als meine „Lehrzeit" zu Ende war, lud er mich zum Auswertungsgespräch ein. Ich dachte wirklich, jetzt käme eine vernichtende Abrechnung. Aber er sagte mir, er hätte es bewundert, dass ich unbeirrt meinen eigenen Weg gegangen bin.

Viele ACHTer stehen auf harte Kampfsportarten wie Rugby oder Fußball. Auch schnelle Autos können sie unter Umständen „anturnen". Ich, Richard Rohr, habe von einem Football-Spieler gehört, dessen Kniescheibe halb zerfetzt war. Aber er rannte weiter über das Spielfeld und schien die Sache fast zu zelebrieren. Er konnte für die heilige Sache Football Blut vergießen! ACHTer können Schmerz geradezu genießen und besser ertragen als alle anderen.

ACHTer zeigen selten Furcht. Sie sind meist waghalsig und risikofreudig und nehmen gefährliche Herausforderungen gerne an. ACHTer leben häufig am Rand der Katastrophe. ACHTer sind faszinierend. Man muss auf sie reagieren, ob man will oder nicht. Wenn man einem ACHTer oder einer ACHTerin begegnet ist, vergisst man das nicht so schnell.

Dilemma
Der Kampf für *Gerechtigkeit* ist nicht nur die Stärke, sondern auch die **Versuchung** der ACHT. Das kann nämlich dazu führen, dass sich die ACHT selbst zur Rächerin und Vergelterin ernennt, weil ihr Konzept von Gerechtigkeit „Ausgleich" ist. Die ACHT geht davon aus, dass der oder die „Böse" bestraft werden muss, auch wenn sie es selbst ist. Sobald ACHTer auf sich selbst zurückgeworfen sind, besteht die Gefahr, dass sie die Aggressionen, die sie sonst nach außen wenden, gegen sich selbst richten. ACHTer suchen immer einen Schuldigen, den sie bestrafen können. *Rache* und *Vergeltung* (die **Falle** der ACHT) sind für sie Formen, um die Waagschale der Gerechtigkeit wieder ins Lot zu bringen. Weil es bei ihr häufig um alles oder nichts geht und die Welt in Schwarz und Weiß, Freund und Feind eingeteilt wird, kann es passieren, dass eine ACHT in sich selbst den größten Feind entdeckt und sich nicht mehr selbst vertrauen kann, wenn sie mit eigener Schuld konfrontiert ist. Das weltweite Phänomen des Terrorismus kommt aus der Energie der „vergeltenden Gerechtigkeit". Selbsternannte „Volksgerichte" verhängen Todesurteile über Vertreter eines „Unrechtsregimes" oder des „Kapitals". Man kann einer ACHT keine schlimmere Folter zufügen, als sie zu isolieren und so von allen Möglichkeiten abzuschneiden, nach außen zu agieren.

Der **Abwehrmechanismus** der ACHT heißt *Verleugnung*. Eine ACHT kann unter Umständen alles beiseite wischen, was nicht ins eigene Konzept von Wahrheit und Gerechtigkeit passt. Sie kann vor allem die eigenen Schwächen und die Grenzen ihrer Macht leugnen und verdrängen.

Die **Wurzelsünde** der ACHT ist *Schamlosigkeit*. Wir bezeichnen damit das, was im klassischen Katalog der Hauptsünden „Unkeuschheit" genannt wurde. ACHTer sind „Vollblutmenschen" – mit allem, was dieser Begriff beinhaltet. Einmal mehr sehen wir, welch großartige Psychologie der Sünde im Enneagramm steckt. Es hilft uns, besser zu verstehen, was mit Unkeuschheit eigentlich gemeint ist: Es handelt sich um die Vergewaltigung eines anderen Menschen aus Lust oder Leidenschaft; der andere wird schamlos benutzt, in Besitz genommen oder unterdrückt. Unkeuschheit bedeutet, dass ich die Würde eines anderen Menschen nicht respektiere. Diese Sünde kann sich bei der ACHT in allen Lebensbereichen manifestieren: Eine unreife ACHT hat wenig Respekt für die Verwundbarkeit oder Würde eines anderen.

Unreife ACHTer können sehr hohe moralische Ansprüche an andere stellen, ohne sie selbst einzuhalten. Sie schwanken mitunter zwischen rigidem Moralismus und großzügigem Laissez-faire hin und her. Ähnlich wie die SIEBEN neigen auch sie zu exzessiver Triebbefriedigung; bei der ACHT nimmt diese allerdings selten besonders „kultivierte" Formen an: ACHTer können Essen, Alkohol und Sex ohne Schuldgefühle genießen (Schuldgefühle haben ACHTer vor allem dann, wenn sie den Eindruck haben, ungerecht oder unwahrhaftig gewesen zu sein). Bei Partys gehören ACHTer zu denen, die „durchmachen" und als letzte ins Bett kommen. SIEBENer genießen, um Schmerz zu vermeiden. ACHTer feiern, weil das zum prallen, vollen Leben gehört. ACHTer können Macht wirklich genießen und haben das Bedürfnis, ihren *claim* abzustecken und womöglich zu erweitern. Sie wollen über alles Bescheid wissen und informiert sein und werden wild, wenn sie hintergangen oder „ausgetrickst" werden. Wenn man eine ACHT als Vorgesetzen hat, ist es besser, einen Fehler gleich einzugestehen, auch wenn dann erst einmal ein Riesenkrach zu erwarten ist. Wenn die ACHT selbst darauf kommt, dass etwas verschwiegen wurde, kann sie sehr verletzend reagieren. Ihr Kontrollbedürfnis erstreckt sich auf alles. Wenn man scheinbare Nebensachen schleifen lässt, könnte das der Anfang sein, dass alles außer Kontrolle gerät! Deswegen können ACHTer unheimlich pingelig sein und darauf pochen, dass auch im Detail alles stimmt.

ACHTer brauchen die Kontrolle über ihren Besitz und über andere Menschen. Sie wollen bestimmen, wo es lang geht, ohne selbst abhängig zu sein. Deshalb gibt es Probleme, wenn sie sich verlieben. In einer Partnerschaft ist ein Minimum an Anpassung nötig; Kompromisse müssen gefunden, eigene Interessen geopfert werden. Ein Partner, der sich unterwirft, löst dieses Problem nur scheinbar; in Wirklichkeit macht er die ACHT nicht glücklich. Denn eigentlich achtet und respektiert die ACHT nur Menschen, die Widerstand leisten und einen eigenen Standpunkt beziehen. In der Liebesbeziehung kommt es zudem zum Konflikt zwischen zärtlichen Regungen und der antrainierten Härte. Dazu kommt, dass die ACHT viel Raum für sich allein braucht. Viele ACHTer gehen gerne jagen, angeln oder bergsteigen. Sie sind die Marlboro-Männer, die scheinbar niemanden brauchen als sich selbst und die Natur. John Wayne ist eine klassische ACHT. Für die Liebesbeziehung kann das bedeuten: „Ich will mit dir ins Bett, aber ich will nicht ständig mit dir zusammen sein." Vor allem wenn ACHTer-Männer mit einer klammernden Frau zusammen sind, kann das zu Dauerkonflikten führen.

Die Kehrseite der Medaille ist die Gabe der erlösten ACHT: ACHTer sind leidenschaftliche Liebhaber des Lebens. *Passion* ist das lateinische Wort, das das Wesen der ACHT am besten kennzeichnet. In ihm schwingt beides mit: Lebenskraft und Leidensbereitschaft.

Die **Geistesfrucht** der ACHT ist *Unschuld.* Sie kennzeichnet das kleine Kind in der ACHT, das ungeschützt ist und vertrauen kann. ACHTer müssen lernen, dieses verwundbare und schutzbedürftige Kind nicht nur außerhalb von sich selbst zu sehen und sich dort seiner anzunehmen, sondern auch zum schutzlosen Kind in der eigenen Seele Zugang zu finden. Dies ist eine Aufgabe für die ACHTer, die mit vielen Ängsten verbunden ist. Denn das bedeutet, die eigene Schwachheit zu sehen. Voraussetzung dazu ist Aufrichtigkeit. Gerade die ACHT, die von ihrer Umwelt Wahrhaftigkeit fordert und unehrliches Verhalten sofort entlarvt, muss lernen, sich dasselbe zuzumuten.

ACHTer blicken meist ungern nach innen, um ihre zarten Seiten zu entdecken. Zartes sehen sie in anderen: in einem kleinen Kind, in einem Tier, in einer sanften, schwachen Frau. Man kann diesen Zug an der ACHTer-Karikatur *Obelix* studieren: „harte Schale, weicher Kern". Sein Hündchen *Idefix* oder ein zartes und sanftes Mädchen sind in der Lage, den großen, wilden Mann völlig aus der Fassung zu bringen, der sonst mit bloßen Händen Wildschweine erlegt und ganze Legionen von Römern niedermacht.

Nikos Kazantzakis (1883–1957) hat in vielen seiner Romane den ACHTer-Typ gestaltet, in dem sich chauvinistische „Männlichkeit" mit Lebensfreude und Menschenliebe paart (Griechische Passion, Alexis Sorbas). Der Kampf um die Überwindung und „Vergeistigung" der Triebhaftigkeit beherrscht seine religiösen Romane „Mein Franz von Assisi" und „Die letzte Versuchung".[6]

Ernest Hemingway (1899–1961) hat als Schriftsteller die Energie der ACHT am deutlichsten literarisch gestaltet. Seine Männer und Frauen sind stark, selbstbezogen, kämpferisch, abenteuerlich, brutal. Er selbst versuchte zeitlebens, der Welt ein Image des „rauen Burschen" zu präsentieren. Schon als kleiner Junge legte er sich angeblich ein Arsenal von obszönen Flüchen zu, das er später erweiterte; von Kindesbeinen an verachtete er Tränen und Schmerz. Als Ambulanzfahrer des italienischen Roten Kreuzes im Ersten Weltkrieg wurde er schwer verwundet: 237 Stahlteilchen waren – so jedenfalls die von ihm selbst kolportierte Legende – in sein Bein eingedrungen. Er betäubte den Schmerz, wie er sagte, mit Brandy und zog sich die Splitter nachts eigenhändig aus dem Fleisch.

Seine Begeisterung für Spanien (das Land der ACHT) und für den Stierkampf (der Stier ist ein Symboltier der ACHT) hat ihn nie verlassen und ist der Hintergrund vieler seiner Kurzgeschichten und Romane.[7] Jahrelang wollte er selbst Matador werden; einmal schaffte er angeblich die Mutprobe, auf den Rücken eines Stieres zu springen, ihn niederzudrücken und ihm Zigarrenrauch in die Augen zu blasen. Danach wäre er allerdings von diesem Stier fast aufgespießt worden.[8]

Seine Leidenschaften waren Boxkampf, Partys, Jagen und Fischen (vor allem das Angeln von Speerfischen, die bis zu 400 kg schwer werden können und von Haien angegriffen werden; er hat diese Obsession in seinem Roman „Der alte Mann und das Meer" verarbeitet).

Als Kapitän seiner selbstentworfenen Yacht forderte er von allen Mitreisenden absoluten Gehorsam. Seine Wutausbrüche waren gefürchtet. Vor allem, wenn seine Schriftstellerei oder seine Männlichkeit angegriffen wurden, sann er auf Rache. Sein Freund, der Photograph *Robert Capa*, sagt dazu: „Papa (Hemingway) kann zorniger sein als Gott an einem rauen Tag, wenn sich die ganze Menschheit schlecht aufführt."[9]

Andererseits konnte er sehr großzügig sein, wenn Menschen unverschuldet in Not geraten waren: „Um ein zivilisierter Mensch zu sein, brauchst du zwei Qualitäten: Mitleid und die Fähigkeit, Schläge abzufangen."[10]

Hemingway war viermal verheiratet, daneben hatte er nach eigenen Aussagen eine Reihe weiterer intimer Frauenbeziehungen. Gegen Ende seines Lebens verfiel er einer Art geistiger Umnachtung; er wurde von unerklärlichen Angstzuständen heimgesucht und konnte nicht mehr schreiben. Nach mehreren misslungenen Selbstmordversuchen gelang es ihm im Juni 1961, sich mit einer Entenflinte zu erschießen. Durch diesen Tod hat er ein letztes Mal „die Niederlage um ihren Triumph gebracht, ... den Ereignissen ihren Lauf vorgeschrieben und die letzte Entscheidung zur eigenen gemacht", wie *Walter H. Nelson* sagt.[11]

So weit jedenfalls der Mythos. *Kenneth S. Lynn* hat in seiner Biographie versucht, diesen Mythos zu entzaubern.[12] Er weist zum Beispiel nach, dass Hemingway selbst seine „Heldentaten" aus dem Ersten Weltkrieg nachträglich immer mehr aufgebläht hat und beschreibt den Autor als pathologischen Macho, „ein Muttersöhnchen, seit dem Babyalter von der Mama in seiner Geschlechterrolle so irritiert, dass er sein Leben lang ein maskulines Super-Ego aufbauen musste."[13] Er wurde als Junge lange Zeit in Mädchenkleider gesteckt wie seine ältere Schwester, die er zeitlebens hasste. Sein Vater, der der dominanten Mutter unterlegen war, beging Selbstmord. Der Biograph vermutet, Hemingway habe zeitlebens gefürchtet, kein ganzer Mann zu sein. Starke Männer konnten neben ihm nicht bestehen. Oft forderte er „Rivalen" zum Boxkampf heraus und konnte dabei brutal zuschlagen.

Nach *Margaret Frings Keyes* wird die ACHT von inneren Stimmen beherrscht, die sagen: „Sei nicht du selbst! Fühle nicht, was du fühlst!"[14] Wenn Lynns Analyse zutrifft, dann wäre Hemingway ein Beispiel dafür, welch destruktive Folgen eine frühkindliche Verweigerung der Geschlechtsidentität haben kann.

Symbole und Beispiele

Die **Symboltiere** der ACHT sind das *Nashorn*, die *Klapperschlange*, der *Tiger* und der *Stier*. Alle diese Tiere sind angriffslustig und symbolisieren Kraft, phallische Energie und Vitalität. Beim Stierkampf tritt der spanische Macho gleichsam seinem Ebenbild gegenüber, es geht um einen Zweikampf auf Leben und Tod, es muss Blut fließen, nur einer überlebt. Das Bild des Stierkampfs, das *Hemingway* so fasziniert hat, spiegelt eines der großen Lebensthemen der ACHT.

Das klassische **Land** der ACHT ist *Spanien*. Die Einsicht in die Energie der ACHT hilft, den verhängnisvollen männlichen *machismo* der hispanischen Kultur zu verstehen. Die Frauen dieser Länder wissen zwar, dass das alles nur vordergründig ist und dass hinter der harten Schale ihrer Männer ein kleiner Junge zu finden ist. Die Maske der Stärke verbirgt Unsicherheit und Minderwertigkeitsgefühle. Aber selbst wenn man diesen Mechanismus durchschaut, kann er sich äußerst destruktiv auswirken: Die Kinder haben Angst vor dem Vater, dem sie nicht nah kommen können. Die Frau wird unterdrückt, erniedrigt, geschlagen. Der Macho-Mann muss Boss sein.[15] In der spanischen Volksfrömmigkeit findet sich eine auffällige Blutrünstigkeit, vor allem in den Kreuzigungsdarstellungen. Die ACHT will Blut sehen.

In *Gesellschaften, Gruppen und Ländern, die unterdrückt werden* („Seid nicht ihr selbst!"), kann sich die ACHTer-Energie ebenfalls immer mehr verdichten, um sich schließlich revolutionär zu entladen.

Die **Farben** der ACHT sind *Schwarz und Weiß*. ACHTer wollen Klarheit. Sie lehnen Zwischentöne und Kompromisse ab, weil sie nach Schwäche aussehen. Bei ihnen gibt es immer nur ein Entweder-Oder: Freund oder Feind, gut oder böse, stark oder schwach. Schwarz steht für das absolute Nichts, für Tod, Ende und Abgrund. Es wird aber auch dem Eros und dem Urchaos zugeordnet. Weiß ist das blendende absolute Licht, wie es Mose im brennenden Dornbusch sah. Zugleich versinnbildlicht es die Totalität schöpferischer Kräfte. In der Bibel ist es die Farbe der Unschuld, der Seligen und der Engel (z.B. Matthäus 17, 2; 28, 3). ACHTer sind Menschen der Gegenpoligkeit: „Wer nicht für mich ist, ist gegen mich!"

In der **Bibel** finden sich ACHTer unter einer Reihe von Frauengestalten des Alten Testaments sowie unter den „Richtern" *(Simson)* und Königen *(Saul und David)*.

Die literarische Entwicklung der Bibel legt „ein üppiges Zeugnis darüber ab, wie die historische Rolle von Frauen überlagert, übertüncht und verfälscht wurde".[16] Dennoch finden sich in der Bibel Spuren einer Zeit, in der Frauen geschichtsprägende Kraft hatten, vor allem in Frauenliedern, die in alttestamentlichen Geschichten verborgen sind. So finden sich Spuren von *Miriam*, einer Frau, die beim Auszug aus Ägypten gleichberechtigte Führerin neben *Mose* und *Aaron* war. Sie singt nach dem Zug durchs Rote Meer jenes Befreiungslied, das als ältester literarischer Text der Bibel gilt: *„Lasst uns Jahwe singen, denn er hat eine große Tat getan: Ross und Mann hat er ins Meer gestürzt"* (2. Mose/Exodus 15, 21).

In der vorstaatlichen Zeit Israels gab es charismatisch begabte und von Gott erwählte Führergestalten, die in Notsituationen den Heerbann gegen die Feinde führten. Unter ihnen findet sich *Debora*, von der es heißt: *„Still war es in Israel, bis du, Debora, aufgestanden bist, eine Mutter in Israel"* (Richter 5, 7).

Als die kinderlose *Hannah* schließlich doch noch einen Sohn, *Samuel*, zur Welt bringt, singt sie ein Lied der Befreiung: *„Der Bogen der Starken ist zerbrochen, und die Schwachen sind umgürtet mit Stärke"* (1. Samuel 2, 4). Ähnlich tönt es später im *Magnifikat der Maria* (Lukas 1, 46–55). Die Sprache biblischer Frauen wird kraftvoll und politisch, wenn es um die Zukunft ihrer Kinder geht. Um Schwaches zu schützen, werden sie kämpferisch und stark.

Der sagenumwobene „Richter"[17] Simson (oder „Samson") wird im Alten Testament als Prototyp des kraftstrotzenden Helden geschildert. Er passt nicht ins Schema frommer Gottesmänner. Man „muss sich über den Wirbel von sehr ungeistlichen Abenteuern wundern, in denen sich Simson verliert. Simson ist vor allem hinter den Frauen her ..."[18]

Von Kindesbeinen an schert er – als Zeichen des Gottgeweihten – sein Haar nicht. Als junger Mann zerreißt er mit eigenen Händen einen Löwen. Anlässlich seiner Hochzeit mit einem Mädchen aus dem (feindlichen) Volk der Philister bringt er dreißig Philister um, von denen er sich betrogen fühlt. Als ihn die Philister in Fesseln legen, sprengt er diese *„wie Fäden, die das Feuer versengt hat"*. Kurz danach erschlägt er 1000 Philister mit dem Kinnbacken eines Esels.

Als er in der Philisterstadt Gaza bei einer Hure einkehrt, umstellen die Stadtbewohner das Haus und lauern ihm am Stadttor auf. Er aber hebt das gesamte Stadttor aus den Angeln und trägt es auf einen Berg. Schließlich verliebt er sich in ein Mädchen namens Delila, das von den Fürsten der Philister bestochen wird, die Quelle seiner Kraft auszukundschaften. Zunächst führt er das Mädchen in die Irre und kann den Versuchen der Philister immer wieder entgehen, ihn mattzusetzen. Zuletzt aber verrät er *Delila*, dass er seine Kraft in dem Augenblick verlieren würde, in dem sein Haar geschoren würde. Im Schlaf schneiden ihm die Philister die Haare ab und die „Kraft Jahwes" weicht von ihm. Die Feinde stechen ihm die Augen aus, legen ihn in Ketten und werfen ihn ins Gefängnis, wo sein Haar wieder zu wachsen beginnt. Anlässlich eines Festes des Philistergottes Dagon führen sie Simson in einen großen Saal, wo er zur Volksbelustigung auftreten soll. Noch einmal betet er um die göttliche Kraft, umklammert die tragenden Mittelsäulen des Hauses und begräbt sich samt 3000 Philistern unter den Trümmern. Auf diese Weise wird der Machtkampf zwischen Jahwe, dem Gott Israels, und Dagon, dem Philistergott, doch noch zu Gunsten Jahwes entschieden. (Richter 13–16)

König *Saul* kommt ebenfalls durch göttliche Berufung an die Macht: Der Seher *Samuel* salbt ihn heimlich zum Retter des Volkes gegen die Feinde Israels. Als sich die Ammoniter israelitisches Land aneignen, bricht die in Saul latent vorhandene Gotteskraft durch. Saul kommt gerade mit seinen Rindern vom Feld heim, als er von den feindlichen Übergriffen hört: *„Da geriet er in gewaltigen Zorn, packte ein paar Rinder, zerstückelte sie und sandte die Stücke durch Boten in ganz Israel umher mit dem Ausruf: Wer nicht hinter Saul her auszieht, dessen Rindern soll es ebenso ergehen!" (1. Samuel 11, 6–7).*

Nach dem Sieg setzt das Volk Saul zum ersten König Israels ein. Es gelingt ihm, die Philistergefahr zu bannen. Aber schon bald verfällt er der Schwermut, verbunden mit Tobsuchtsanfällen. Der junge Hirtenknabe *David* kommt an den Hof, um durch Harfenspiel das Gemüt des Königs zu erheitern. David schließt Freundschaft mit Sauls Sohn *Jonathan* und heiratet die Königstochter *Michal.* Aber Saul wittert mit dem Instinkt des Machtmenschen in David den Rivalen. Er versucht, den Musiker mit einem Speer an die Wand zu spießen. David kann fliehen, sammelt eine Gruppe von zwielichtigen Gestalten um sich und begibt sich als Guerilla-Führer in den Vasallendienst der feindlichen Philister. Bei der entscheidenden Schlacht, in der die Philister Saul und Jonathan töten, ist er allerdings nicht dabei.

Nun gelingt es David mit machtpolitischem Geschick und einer raffinierten Heiratspolitik, einen weiteren Sohn Sauls auszuschalten und nach und nach die Königsherrschaft über ganz Israel zu erlangen. In seiner Regierungszeit (1000–965 vor Chr.) unterwirft er alle Nachbarvölker einschließlich der Philister und macht Israel zum Großreich. Er lässt die „Bundeslade" mit den Gebotstafeln nach Jerusalem bringen und macht seine Hauptstadt damit auch zum religiösen Zentrum des Reiches. Das bisherige Wahlkönigtum, wo Jahwe die Volksführer selbst berufen hat und dabei der „eigentliche" König Israels blieb, will David durch eine Dynastie ersetzen.

Amnon, sein Ältester, verstrickt sich aber in ein blutschänderisches Verhältnis mit seiner Halbschwester *Thamar; Absalom*, der zweite, lässt seinen Bruder er-

Siegeslied Deboras (Doré)
„Still war es in Israel, bis du, Debora, aufstandest“

morden und tritt zur offenen Revolte gegenüber dem Vater an. Schließlich wird Absalom von den Häschern Davids gefangen und umgebracht. Am Ende gelangt *Salomo* an die Macht, der der zweifelhaften Verbindung Davids mit der schönen *Bathseba* entstammt.

Die Liebesgeschichte zwischen David und Bathseba wirft ein besonders deutliches Licht auf Davids Charakter. ACHTer wie David „lassen ihr Gerechtigkeitsgefühl nicht unbedingt ihren Eigeninteressen im Wege stehen".[19] David schickt *Uria*, den Mann der Bathseba, in vorderste Kampffront, wo Uria umkommen muss. Dann holt er die schöne Frau in seinen Harem. Kurz darauf kommt der Prophet *Nathan* zu ihm und erzählt: *„In einer Stadt lebten zwei Männer, ein Armer und ein Reicher. Der Reiche hatte viele Schafe und Rinder; aber der Arme hatte nur ein kleines Lamm, das er gekauft hatte. Er zog es zusammen mit seinen Kindern auf; es aß von seinem Essen, trank aus seinem Becher, schlief in seinem Schoß. Er behandelte das Lamm wie eine Tochter. Eines Tages kam ein Gast zu dem Reichen. Der hatte keine Lust, von seinen eigenen Schafen und Rindern etwas zu nehmen, um es dem Gast vorzusetzen. Da nahm er das Lamm des Armen und bereitete es für seinen Gast zu." Als David diese Geschichte hört, gerät er in Rage und sagt zu Nathan: „So wahr Jahwe lebt: Der Mann muss sterben, der so etwas getan hat und vorher das Lamm vierfach ersetzen!" Nathan antwortet: „Du bist der Mann!"* (2. Samuel 12, 1b–7a).

Das ist eine typische ACHTer-Reaktion. ACHTer „tendieren ... dazu, anderen gegenüber aggressiv zu werden, die einen negativen Zug aufweisen, der jenem ähnelt, den die ACHT unbewusst leugnet". Der Prophet Nathan repräsentiert in unserer Geschichte das wahre Gewissen Davids und „deckt seinen Selbstbetrug und seine Selbstrechtfertigung mit einem Schlag auf"[20] (Die Sauls- und Davidsgeschichte: 1. Samuel 9 bis 2. Samuel 24).

Umkehr und Erlösung

Die **Einladung** an die ACHT heißt *Erbarmen.* Unreife ACHTer sind gegen sich und andere erbarmungslos. Erst die Begegnung mit der Wahrheit kann sie befreien, die eigene Schwachheit zu sehen und anzunehmen. Aus dieser Erfahrung heraus können sie lernen, die Schwachheit anderer Menschen auszuhalten und anzunehmen.

Weil ACHTer Angst vor ihrem „weichen Kern" haben, sind sie selten bereit, eine Therapie zu machen, an ihrem Innenleben zu arbeiten oder regelmäßig zu meditieren, kurz: sich auf die „Reise nach innen" zu begeben. Erschwerend kommt hinzu, dass ACHTer Angst haben, von einem Therapeuten oder Lehrer kontrolliert und manipuliert zu werden. Es gibt aber auch Gegenerfahrungen. Eine bekannte Therapeutin, die eine ACHT ist, schreibt: „Ich konnte nicht früh genug damit anfangen, an mir zu arbeiten. Mein ACHT-Sein hat mich gesehen und zugeschlagen. Diese Selbstarbeit ist kompromisslos und bringt herrliche Früchte. Immer wieder bekomme ich die Rückmeldung, ich sei jetzt schonungslos in meiner unbedingten Annahme des Menschen ..."

Zu den **Lebensaufgaben** der ACHT gehört es, sich mit der Machtfrage auseinander zu setzen. Macht ist an sich nichts Schlechtes; sie kann zum Segen oder zum Fluch werden. ACHTer müssen darauf achten, dass sie mit ihrer Macht andere Menschen nicht erniedrigen, demütigen oder einschüchtern. Sie müssen es lernen, andere Standpunkte zu respektieren, ihre Gefühle nicht durch Alkohol und rauschende Feste zu narkotisieren, Kompromisse zu suchen und sich selbst an die Regeln zu halten, deren Befolgung sie von anderen erwarten. Eine erlöste ACHT kann mit ihrer Kraft und Vitalität andere schützen, anstatt sie zu beherrschen.

Ohne ACHTer sähe diese Welt vielleicht noch schlimmer aus. Gott sei Dank gibt es Menschen, die die verlogenen Fassaden von Institutionen und Gesellschaften durchbrechen und niederreißen. Wir brauchen sie. Aber man muss sie ermutigen und motivieren, der weichen Seite in sich Raum zu geben. Auch ACHTer müssen zugeben können, dass sie im Unrecht sind, und um Vergebung bitten. Dabei werden sie merken, dass das keine Schwäche ist, sondern echte Stärke.

Besonders schwer haben es weibliche ACHTer. Unsere Gesellschaft „erlaubt" zwar Männern, Machos zu sein. Wenn aber eine Frau selbstbewusst auftritt, dann wird sie als „Emanze" oder als „Mannweib" abgestempelt. ACHTer-Frauen haben manchmal Schwierigkeiten, ihr Frausein oder alles, was „mütterlich" ist, anzunehmen und „weiche" Bilder (wie zum Beispiel das säugende Kind an der Brust) in sich zuzulassen.

ACHTer-Männer brauchen einen Zugang zu ihrer eigenen weiblichen Seite, anstatt Wärme und Zärtlichkeit an die Frau zu „delegieren".

Martin Luther King (1929–1968) ist unser **„Heiliger** und Beispiel einer gereiften ACHT. Er hatte von *Gandhi* gelernt, der Macht der Machtlosigkeit zu vertrauen: „Gewaltlosigkeit ist Macht – aber sie ist der richtige und gute Gebrauch der Macht!"[21] 1955/56 organisierte der Baptistenpastor in Montgomery/Alabama einen Omnibus-Boykott, der schließlich zur Aufhebung der Rassentrennung führte. Über 30-mal wurde er danach wegen Aktionen bürgerlichen Ungehorsams verhaftet und verurteilt. Nach einer Verurteilung sagte er: „Ich weiß, dass ich ein überführter Verbrecher war, aber ich war stolz auf mein Verbrechen ... Mein Verbrechen war, dass ich meinem Volk ein Gefühl der Würde und Selbstachtung einzuflößen suchte."[22] Zahllose Attentate auf sein Leben brachten ihn nicht von seinem Weg ab. Der FBI forderte ihn in einem Brief auf, sich das Leben zu nehmen: „Sie sind fertig, und das wissen Sie! Sie haben einen Ausweg, und den kennen Sie!"[23]

Martin Luther King hatte Verständnis für jene Schwarzen, die Gewalt mit Gewalt vergelten wollten. Aber es machte ihn traurig, dass diese Menschen das Rezept der weißen Rassisten übernahmen.

Als er zum entschiedenen Gegner des Vietnamkrieges wurde, ließen ihn viele seiner „liberalen" weißen Freunde fallen. Er wurde als Kommunist verdächtigt – wie *Dorothy Day, Oscar Romero* und viele andere ChristInnen, die das Evangelium auch politisch verstanden haben. 1968 wurde King in Memphis/Tennessee Opfer eines Mordanschlages.[24]

Dieser unerschrockene Kämpfer für die Gerechtigkeit hatte eine sensible, weiche Seite und war zeitlebens von Selbstzweifeln geplagt. Als Jugendlicher hatte er zwei Selbstmordversuche unternommen. Seine ausgeprägte und nicht zu kontrollierende Triebhaftigkeit belastete seine Ehe. Es ist in gewisser Weise tröstlich zu wissen, dass auch „Heilige“ und biblische Gestalten ihre unbewältigten Schattenseiten haben und – wie wir alle – unvollkommen und auf Gottes Erbarmen angewiesen bleiben.

Typ Neun

Überblick

NEUNer sind Friedensstifter. Ihre Gabe, andere ohne Vorurteile zu akzeptieren, führt dazu, dass sich viele Menschen von NEUNern verstanden und angenommen fühlen. NEUNer können unparteiische Schiedsrichter sein, weil sie die Aspekte beider Seiten sehen und wertschätzen können. Ihr Sinn für Fairness macht sie unter Umständen zu engagierten Kämpfern für Frieden und Gerechtigkeit. Harte Wahrheiten können sie ruhig und mit solch einer Selbstverständlichkeit ausdrücken, dass es anderen leicht fällt, diese Wahrheiten zu „schlucken". In der Gegenwart einer NEUN fällt es vielen Menschen leicht, selbst zur Ruhe zu kommen. Ganz im Gegensatz dazu fühlen sie sich innerlich häufig von Ängsten und Unruhe gepeitscht, auch wenn ihnen das niemand anmerkt.

Es ist kein Zufall, dass die NEUN am Scheitelpunkt des Enneagramms steht, denn die NEUN beschreibt in gewisser Weise das ursprüngliche und unverdorbene menschliche Wesen. Wir wären wahrscheinlich alle NEUNer, wenn wir nicht in einer technologisch „zivilisierten" Welt aufgewachsen wären. Diese Überzeugung habe ich, Richard Rohr, gewonnen, als ich in Afrika, auf den Philippinen und in anderen Ländern der Dritten Welt war. Wenn man in den dortigen Dörfern so genannten „Eingeborenen" begegnet, dem ursprünglichen Menschenschlag, wie er seit Anbeginn der Zeit unseren Planeten bevölkert, fällt einem Kenner des Enneagramms sofort auf, dass die kollektive Energie dieser Menschen NEUN ist.

Man kann nachvollziehen, was mit den Afrikanern passiert ist, die von Natur aus NEUNer waren und als Sklaven in die US-amerikanische DREIer-Gesellschaft verschleppt wurden. Kein Wunder, dass sie in der westlichen Leistungsgesellschaft als „Versager" dastehen: Unser Spiel ist nicht ihr Spiel. Unsere Gehetztheit, unser Konkurrenzkampf und unser Karrierestreben entsprechen nicht dem, was sie unter Leben verstehen.

Die (fiktiven) Reden des Südsee-Häuptlings *Tuiavii* aus Tiavea, die in dem populären Büchlein „Der Papalagi" veröffentlicht sind (erstmals erschienen 1920), schildern die westliche Industriegesellschaft aus dem Blickwinkel eines Südsee-Insulaners. Der „Papalagi" ist der weiße Mann, dessen Leben und Handeln der „Primitive" nicht versteht. So ist ihm die Art äußerst fremd, wie die Menschen des Westens mit der Zeit umgehen: „Angenommen, der Weiße ... möchte in die Sonne gehen oder auf dem Flusse Canoe fahren oder sein Mädchen lieb haben, so verdirbt er sich zumeist seine Lust, indem er an dem Gedanken haftet: Mir ward keine Zeit, fröhlich zu sein ... Er nennt tausend Dinge, die ihm die Zeit nehmen, hockt sich mürrisch und klagend über eine Arbeit, ... an der er keine Freude hat ... Sieht er dann aber plötzlich, dass er doch Zeit hat, dass sie doch da ist, oder gibt ihm ein anderer Zeit ... so fehlt ihm wieder die Lust, er ist müde von der Arbeit ohne Freude ... Es gibt Papalagi, die behaupten, sie hätten nie Zeit... Daher rennen auch die meisten durchs Leben wie ein geworfener Stein ..."[1]

Die „zivilisierten" Nationen haben diese ursprüngliche Lebenshaltung zur Sünde erklärt und sie Trägheit oder Faulheit genannt. Bei dieser Antriebsschwäche handelt es sich aber eher um eine Art von innerer Unklarheit. NEUNer tun sich schwer, ihr eigenes Wesen zu verstehen. Sie müssen erst herausfinden, was sie eigentlich wollen und sich bewusst machen, wer sie sind. Die Folge ist, dass sie gleichsam „überall und nirgends" sind. Sie sind Generalisten, können von allem ein bisschen, sind aber nirgends Meister. Ein Theologe, der eine NEUN ist, erzählt:

„Ich bin ein Allrounder. Ich kann ein wenig Skifahren, ein bisschen Surfen, etwas Motorrad fahren, ein paar Gitarrengriffe, leidlich singen, ganz gut tanzen, einigermaßen predigen, ziemlich gut zuhören, ein wenig mit Kindern umgehen, einigermaßen Englisch verstehen, Französisch geht auch, sogar ein paar Brocken Italienisch aus dem Urlaub; Schwimmen reicht zum Hausgebrauch, Tauchen, Bergwandern, Dialekte imitieren, Kabarett spielen (wenn ich mich durchringe); in der Theologie bin ich auch gut, war aber „nur" Zweiter im Examen. In der Grundschule hatte ich einmal ein Zeugnis, in dem standen nur Zweier – das sah vielleicht eigenartig aus! Etwas handwerkliches Geschick ist auch da; ich kenne mich ein wenig mit Computern aus, mit Motoren, mit Holzarbeiten – alles für den Hausgebrauch. Ach ja Angeln und Aquaristik habe ich vergessen."

Manchmal fehlt NEUNern einfach der Mut oder sie nehmen sich nicht wichtig genug, um ihre Talente vor anderen auszubreiten. Affektierte Selbstdarstellung ist wirklich nicht ihr Ding. So können sie sich in alles einblenden und wieder ausblenden, ohne dass man viel davon bemerkt. Wenn ein anderer ein Thema anschneidet, gehen sie darauf ein, wenn auch nicht unbedingt mit großer Leidenschaft. Wechselt ihr Partner das Thema, lassen sie sich auch darauf ein. NEUNer schwimmen gern mit dem Strom.

Viele NEUNer berichten, dass sie in der Kindheit übersehen wurden oder irgendwie „untergegangen" sind. Sie wurden ignoriert oder zurückgewiesen, wenn sie eine eigene Meinung äußerten. Die Interessen der Eltern oder der Geschwister schienen Vorrang zu haben. Sie haben die Erfahrung gemacht, dass nicht einmal Zornausbrüche registriert wurden. Deswegen haben sie beschlossen, ihren Ärger für sich zu behalten. Andere NEUNer befanden sich als Kinder in einer solch schwierigen und scheinbar unlösbaren familiären Situation, dass sie versuchen mussten, zwischen den Fronten zu vermitteln und beide Seiten zu „verstehen", um nicht selbst zwischen die Mühlsteine zu geraten. So entwickelten sie ein feines Gespür für die Bedürfnisse und Interessen aller anderen und konnten diese mit der Zeit besser wahrnehmen als ihre eigenen Bedürfnisse. An diesem Punkt ähnelt die NEUN der ZWEI.

Manche NEUNer haben eine spannungslose Harmonie ohne große Höhen, Tiefen und Herausforderungen erlebt oder sind so verwöhnt worden, dass sie schon frühzeitig sehr bequem wurden. In der Schule entwickelten sie selten große Energien. Der oben zitierte junge Pfarrer erzählt:

„In der ersten Klasse übten wir Kopfrechnen um die Wette. Wer als Erster die Lösung hatte, durfte sich melden. Bei mir ging es langsamer; ich blieb im hinteren Drittel. Deshalb hielt ich mich für einen schlechten Rechner und meine Karriere als Mathematiker war beendet. Ich erinnere mich an grässliche Mathestunden im Gymnasium. Es blieb beim Gerade noch! Ich weigerte mich, mich anzustrengen. Ich verwendete meine Energie vielmehr darauf, nichts lernen zu müssen und gerade so gut aufzupassen, dass es ausreichte. In anderen Fächern war es ähnlich. Äußerlich sah es so aus, als hätte ich die Schulzeit durchgeschlafen, aber heute scheint mir ungeheure Energie darin zu stecken, echte Arbeit zu vermeiden."

NEUNer sind auf den ersten Blick „pflegeleicht"; man muss sie einfach gern haben. Manchmal allerdings wirken sie so ungreifbar, dass sie als Person verschwimmen. Die meisten von ihnen werden die Welt nicht verändern, weil sie den Weg des geringsten Widerstandes vorziehen und Angst vor Entscheidungen haben, die sie festlegen könnten. Sie lieben es, wichtige Aufgaben vor sich herzuschieben und vermeiden alles, was zu schwierig ist und zu viel Energie kostet. NEUNer sind ehrlich; es gibt bei ihnen keine versteckten Motive. Sie sagen, was sie empfinden, auch wenn sie es erst mühsam in sich entdecken müssen. Aber das, was sie dann sagen, ist wirklich das, was sie meinen. Manche NEUNer berichten, dass sie manchmal geradezu unter einem inneren Zwang stehen, auf Fragen ehrlich zu antworten. Im Nachhinein können sie sich unter Umständen ärgern, dass sie sich jemandem preisgegeben haben, der eigentlich nicht vertrauenswürdig ist.

Dilemma

Die **Versuchung** der NEUN besteht darin, *sich* – vor allem vor sich selbst – *herabzusetzen*. NEUNer wirken auf den ersten Blick demütig. In Wirklichkeit steckt dahinter oft falsche Bescheidenheit und die Angst, sich zu zeigen. Weil sie von sich selbst oft nicht sehr überzeugt sind, halten sie sich gern im Hintergrund und pflegen das Selbstbild, nichts Besonderes zu sein. Sie können ein Zimmer betreten und wieder verlassen, ohne dass jemand von ihnen Notiz nimmt. Sie ziehen die Aufmerksamkeit anderer nicht auf sich und tun nichts, um aufzufallen. NEUNer sind darauf angewiesen, dass andere sie bemerken und auf sie zugehen. Wenn das geschieht, sind sie überrascht („oh, du hast mich bemerkt!“) und werden fähig, aus ihrem inneren Versteck herauszukommen.

Es gibt deshalb auch wenige prominente NEUNer. Weil sich NEUNer selbst nicht so wichtig nehmen, werden sie auch von anderen oft übersehen. Der US-amerikanische Präsident Gerald Ford war eine NEUN. Man fragt sofort: Gerald Ford? Wer war das? Man erinnert sich irgendwie nicht an ihn.

Der **Abwehrmechanismus** der NEUN ist *Betäubung*. Weil sie sich den vielen Anstrengungen und Anforderungen des Lebens oft nicht gewachsen fühlen, fliehen sie unter Umständen in irgendeine Sucht. Sie können sich nur schwer in Bewegung setzen und sind deshalb leicht versucht zu denken: „Vielleicht hilft es mir, wenn ich ein Gläschen trinke oder einen kleinen Joint rauche.“ NEUNer greifen nach Stimulanzien und starken Reizen von außen, weil sie sich selbst nur schwer stimulieren können.

NEUNer machen manchmal den Eindruck, geistesabwesend oder leicht benebelt zu sein. Wenn um sie herum nichts geschieht, können sie auch am helllichten Tage plötzlich einschlafen. Schlaf kann der ideale Zufluchtsort sein, wenn einem das Leben zu aufreibend wird. Nachts kämpfen sie dagegen oft mit Schlaflosigkeit.

In Notsituationen ziehen sich viele NEUNer zurück; sie wollen anderen nicht zur Last fallen und rechnen nicht damit, dass sie jemand versteht und ihnen helfen kann – oder dass sich jemand überhaupt für ihre Probleme interessiert. Wenn sie an jenen toten Punkt kommen, an dem sie wie gelähmt sind und sich überhaupt nicht mehr bewegen können, brauchen sie unbedingt Hilfe von außen. Liebe und Zuwendung sind wahre Wundermittel, um eine ausgelaugte NEUN wieder auf die Beine zu bringen. Allerdings kann diese Liebe nur die Starthilfe sein. Die Lebensaufgabe der NEUN besteht darin, ihr Selbstwertgefühl und den eigenen inneren Antrieb zu entdecken und zu entwickeln, um unabhängig zu werden von ständigen Außenimpulsen.

Die **Wurzelsünde** der NEUN ist die *Faulheit*. *Evagrius Ponticus* und die Wüstenväter sprachen von der *acedia*, dem „Mittagsdämon“:

„Der Dämon der acedia, der auch Mittagsdämon genannt wird, ist der beschwerlichste von allen. Er greift den Mönch zur 4. Stunde an und belagert die Seele bis zur 8. Stunde. Zuerst bewirkt er, dass die Sonne sich nur schwer oder gar nicht zu bewegen, und dass der Tag 50 Stunden zu haben scheint. Dann treibt er einen an, ständig zum Fenster hinauszuschauen und aus der Zelle zu springen, um die Sonne zu beobachten, ob sie noch weit von der 9. Stunde ist, und herumzuschauen, ob nicht ein Bruder käme. Weiter impft sie einem die Aversion gegen den Ort ein, an dem man lebt und gegen die Lebensweise selbst, gegen die Handarbeit, ferner die Idee, dass die Liebe bei den Brüdern verschwunden sei und dass es niemand gibt, der einen tröstet ... (Der Dämon) malt ... aus, wie lang das Leben dauert, und hält ihm (dem Mönche) die Beschwerden der Askese vor ..."[2]

Unreife NEUNer sind bequem und antriebsschwach. Das kann andere zur Weißglut bringen! Sie haben Probleme damit, Initiativen zu ergreifen, Projekte und Perspektiven zu entwickeln, Aufgaben in Angriff zu nehmen und durchzuziehen. Sie tun alles, um sich ja nicht festzulegen und auch nicht von anderen dazu gezwungen zu werden. Deshalb muss man mit ihnen klare „Verträge" abschließen: „Bis zum 9. April um 12 Uhr muss das und das erledigt sein!" Dann werden sie die Aufgabe erledigen – allerdings keinen Tag früher. Sobald man ihnen einen großen Freiraum der Selbstbestimmung lässt, besteht die Gefahr, dass nichts vorangeht.

Die **Falle** der NEUN ist *Trägheit* und *Bequemlichkeit*. Die Einstellung vieler NEUNer ist: „Die Sache ist doch den Aufwand nicht wert! Das ist alles so anstrengend und komplex. Warum soll ich stehen, wenn ich sitzen kann? Und warum soll ich sitzen, wenn ich liegen kann?" Und irgendwie haben sie ja Recht! Ich, Richard Rohr, kenne NEUNer, die zu mir gesagt haben: „Du arbeitest dich zu Tode, und ich nicht – und am Ende kommt es bei uns beiden auf dasselbe hinaus. Warum macht ihr anderen euch alle so verrückt?" Dieser Logik der NEUN kann man sich nur schwer entziehen. Ihr Motto lautet: „Nimms leicht! Kühl dich ab! Ruh dich aus! Es macht doch letztlich keinen Unterschied, ob man sich aufreibt oder nicht – und dann ist es bequemer, also besser, sich nicht aufzureiben." Das ist die Trägheit der NEUN.

Es kann einem passieren, dass man mit einer NEUN befreundet ist und sechs Monate lang kein Lebenszeichen kommt. Wenn du dann selber schreibst oder anrufst, freut sich die NEUN wie ein Schneekönig, dass du an sie denkst und mit ihr reden willst. Zumindest eine unreife NEUN kommt selten auf die Idee, Kontakte selbst anzuleiern oder eine Beziehung anzuknüpfen. Deswegen könnte man auf die Idee kommen, dass sie einen nicht mag. Aber sobald man selbst einer NEUN gegenüber die Initiative ergreift, merkt man, dass sie sich freut und reagiert – wenn auch nicht unbedingt sofort. (Wenn die Reaktion z. B. mit einer Pflicht wie Briefschreiben zusammenhängt, kann das schon mal dauern.)

Eltern, die NEUNer sind, haben manchmal zunächst Probleme damit, sich ihren Kindern aktiv zuzuwenden. So kann bei den Kindern leicht der völlig falsche Eindruck entstehen, sie seien ihren Eltern gleichgültig. Aber sobald die Kinder selber Initiative ergreifen, reagieren ihre NEUNer-Eltern und können dann sehr liebevoll und zärtlich sein.

Immer wieder fallen NEUNer auf sich selbst herein. Eine junge Frau berichtet von folgender Begebenheit: Sie steht in einem Buchladen und es fällt ihr ein Buch mit dem bezeichnenden Titel „Zauderei" in die Hand. Sie überlegt hin und her, ob sie es kaufen soll. Als sie schließlich den Laden mit dem Buch in der Tasche verlässt, weiß sie, dass sie es niemals lesen wird.

Ich, Richard Rohr, hatte jahrelang einen spirituellen Begleiter, der eine NEUN war. Er behauptete: „Wir NEUNer sind letztlich Zyniker im Blick auf uns selbst und auf die Natur des Menschen. Wir glauben, dass wir nichts wert sind, und dass im Grunde alles wertlos ist. Wir neigen zur Resignation. Wer einer NEUN helfen will, muss schauen, dass dieser tiefsitzende Zynismus transformiert wird." Man nennt die Persönlichkeitsstruktur der NEUN auch passiv-aggressiv. Die Haltung: „Wir engagieren uns nicht" enthält eine negative Botschaft. Im Grunde steht dahinter eine arrogante Einstellung zu sich selbst und zur gesamten Welt: „Ihr seid es nicht wert, dass ich mich verrückt mache!" Man darf nicht vergessen, dass die NEUNer wie auch die anderen Bauchmenschen zu *Karen Horneys* „feindseligen Typen" gehören und ein tiefsitzendes Misstrauen gegen das Leben in sich tragen. Es ist bei ihnen allerdings wirklich gut versteckt. Die passive Aggression äußert sich bei der NEUN vor allem in einer bestimmten Sturheit. Wenn eine NEUN nicht will, dann will sie nicht. Keine zehn Pferde können sie dazu bewegen, etwas zu tun, was ihr zu kompliziert oder zu anstrengend ist.

Die NEUN **vermeidet** *Konflikte.* Neben Sturheit und Schlaf hat sie mindestens noch zwei weitere Möglichkeiten, Unwillen indirekt mitzuteilen, ohne sich selbst heftigen Erschütterungen auszusetzen: Aussitzen oder sich absetzen. Eine NEUN kann sich beharrlich weigern, etwas zur Veränderung einer Situation beizutragen. Sie rührt sich nicht vom Fleck und hofft, das Problem wird sich irgendwie von selbst lösen. Oder sie setzt sich ab, zieht sich zurück und dokumentiert auf diese Weise ihren Unwillen. Da eine NEUN ganz genau spürt, was andere von ihr erwarten, kann sie ihren Ärger auch dadurch ausdrücken, dass sie so tut, als merke sie nichts; unausgesprochenen Erwartungen kommt sie einfach nicht nach. Das ist die einzige Form von „Verstellung", die von einer NEUN zu erwarten ist.

Es dauert sehr lange, bis eine NEUN ihre Wut direkt äußert. Entweder sie provoziert den anderen durch ihre Passivität so lange, bis dieser explodiert und so die Möglichkeit zu einer Auseinandersetzung eröffnet. Oder die Explosion der NEUN wird in einem längeren Prozess „vorbereitet": Zunächst einmal erscheint ihr der Standpunkt des anderen plausibel und akzeptabel. Erst in einer längeren Prüfungsphase merkt sie, dass sie doch nicht einverstanden ist. Als Nächstes muss die NEUN sich innerlich vergewissern, dass die Äußerung von Ärger berechtigt ist. Dann – aber erst dann – kann es zu einem vulkanartigen

Wutausbruch kommen, der die Umwelt einer NEUN meist in Staunen und Schrecken versetzt, weil man sich daran gewöhnt hat, dass die NEUN so unkompliziert ist.[3]

NEUNer belasten ihren Kopf nicht mit unnötigem Ballast. Sie sehnen sich danach, unnötige Lasten abzuwerfen und etwas Einfaches und Klares zu finden. NEUNern gefallen Bücher oder Vorträge, wenn sie übersichtlich und konkret sind. Alles, was unübersichtlich und zu abstrakt ist, finden sie langweilig. Sie suchen das Einfache, weil sie ihre eigene einfache Mitte suchen und Angst haben, da könnte nichts sein.

Unreife NEUNer können alles vermeiden: das Leben, die Welt, das Schlechte und das Gute, sich selbst. NEUNer haben keinen der Abwehrmechanismen zur Verfügung, mit denen die anderen acht Typen ihr Inneres vor dem Ansturm der Außenwelt zu schützen versuchen. Als Kinder des Paradieses leben sie in einer Welt, deren Gefahren und Verlockungen sie sich nicht gewachsen fühlen. Diese Schutzlosigkeit hat zur Folge, dass fast alles, was aus der Außenwelt auf die NEUN zukommt, anstrengend und kräftezehrend ist. Sie verbraucht ihre Energie dafür, innere und äußere Konflikte zu vermeiden oder zu betäuben und starke Gefühle zu unterdrücken. Während sie nach außen hin ruhig ist und auf andere beruhigend wirkt, kann es manchmal passieren, dass es in ihr brodelt und kocht. Aber es kocht nicht immer. NEUNer können in ihren besten Momenten wirkliche innere Ruhe erleben. Das sind die schönsten Augenblicke ihres Lebens.

Bei der Partnersuche erleben NEUNer oft, dass sie zwischen starken Wünschen nach Verschmelzung (Symbiose) und einem tiefsitzenden Wunsch nach Autonomie hin- und hergerissen sind. Die Folge ist, dass der Schritt zu letzter Verbindlichkeit in einer Partnerschaft schwierig ist und es Jahre dauern kann, bis alle Vorbehalte aufgegeben sind. Ebenso schwierig ist es, eine bestehende Beziehung aufzugeben und loszulassen: „Wenn ich nicht in diesem Menschen und durch diesen Menschen leben kann – wie soll ich dann überhaupt leben?“ Zur wirklichen Liebe findet die NEUN, wenn sie stärker zu ihrer eigenen Mitte gefunden hat, von der aus sie einem Partner begegnen kann, ohne mit ihm zu verschmelzen.

Unreife NEUNer haben Angst vor unkontrollierbaren Energien wie Sexualität und Aggression. Weil beide mit Konflikten verbunden sind, neigt die NEUN dazu, sie unter Kontrolle zu halten, sodass sie als Antriebskräfte weitgehend ausfallen.

Viele NEUNer sind hoch begabt; aber ihre Gaben kommen oft nicht zur Geltung, weil sie es unterlassen, sie einzubringen. Das *Gleichnis von den anvertrauten Pfunden* hat Jesus wahrscheinlich NEUNern erzählt:

Ein Edelmann zog in ein fernes Land, um dort König zu werden und dann zurückzukehren. Er ließ zehn seiner Sklaven rufen und gab jedem von ihnen ein Pfund und sagte zu ihnen: „Treibt damit Handel, bis ich wiederkomme.“... Nach seiner Rückkehr... kam der erste Sklave zu ihm und sagte: Herr, dein Pfund hat zehn eingebracht.“ Der Herr sagte: „Du bist ein tüchtiger Sklave. Du warst im Kleinen treu und sollst deshalb Herr über zehn Städte werden.“ Der zweite kam und sagte: Herr, dein Pfund hat fünf Pfund erwirtschaftet.“ Da sagte der Herr: „Du sollst über fünf Städte herrschen!“ Der dritte aber kam und sagte: „Hier hast du dein Pfund zurück. Ich habe es in einem Tuch aufgehoben. Ich hatte Angst vor dir, weil du hart bist: Du nimmst, was du nicht angelegt hast; du erntest, wo du nicht gesät hast.“ Da sagte der Herr: „Mit deinen eigenen Worten will ich dich richten ... Wenn du weißt, dass ich hart bin und nehme, wo ich nichts angelegt habe und ernte, wo ich nichts gesät habe: Warum hast du dann das Geld nicht auf die Bank gebracht? Dann hätte ich nach meiner Rückkehr wenigstens die Zinsen gehabt.“ Zu den Umstehenden sagte er: „Nehmt sein Pfund und gebt es dem, der zehn Pfund hat.“ Da sagten sie: „Herr, der hat doch schon zehn Pfund!“ Jesus beschloss das Gleichnis: „Wer hat, dem wird noch mehr gegeben werden. Wer aber nichts hat, dem wird auch das genommen werden, was er hat“ (Lukas 19, 11–26).

Man kann dieses Gleichnis sehr unterschiedlich interpretieren. Die gängige Auslegung zielt darauf ab, davor zu warnen, die Talente verkommen zu lassen, die Gott einem geschenkt hat. Dann wäre das Gleichnis eine Mahngeschichte, die sich an „unerlöste“ NEUNer richtet. Freilich gibt es auch eine andere spannende Deutung, die aus der lateinamerikanischen Befreiungstheologie stammt: Der „Edelmann“ verdient sein ungeheures Vermögen durch Wucher und Zinsen. Genau das aber galt in den Augen der biblischen Propheten (und bis ins hohe christliche Mittelalter hinein in den Augen der christlichen Kirche) als Gottlosigkeit und Mangel an Nächstenliebe! Zinsnahme und Wucher sind Sünde! In diesem Falle wäre also der „Edelmann“ der „böse Bube“ in der Geschichte. Während alle Sklaven dieses sündige Spiel der Zinswirtschaft mitspielen, weigert sich der Letzte, sich der Mechanismen der Ausbeutung zu bedienen. Sehr klar sagt er seinem Herrn ins Gesicht, dass diese Art der Geldvermehrung Unrecht ist. Und er ist bereit, die Konsequenzen zu tragen. Jesus formuliert dieser Deutung zufolge am Ende nicht etwa göttliches Recht (denn der Gott, den er verkündigt hat, schafft Ausgleich, demütigt die Großen und erhöht die Niedrigen!). Er formuliert vielmehr die „kapitalistischen“ Gesetze der Welt. Der letzte Satz wäre dann nicht als Zustimmung zu dieser Maxime zu verstehen, sondern im Gegenteil als Kritik. Jesus sagt gleichsam: „So geht es in der Welt zu. Wohl dem, der sich diesem Spiel entzieht und bereit ist, den Preis dafür zu bezahlen. Denn die Welt wird ihm alles nehmen, was er hat.“ In diesem Falle wäre die Passivität des Dieners ein stiller, aber wirkungsvoller Protest einer erleuchteten NEUN.

Wenn die römisch-katholische Kirche ein SECHSer-System ist, dann trägt vor allem der liberale Protestantismus viele Züge der NEUN. Er vermeidet klare dogmatische Aussagen, versucht es allen recht zu machen und für alle und alles offen zu sein. Die häufig anzutreffende Profillosigkeit evangelischer Volkskirchlichkeit trägt dazu bei, dass viele Menschen dieser Form von Christentum den Rücken kehren, die wie ein „Supermarkt der Möglichkeiten“ wirkt und den Pluralismus zum Selbstzweck erhebt. Es ist umgekehrt wahr, dass viele Menschen diese Offenheit als wohl tuend empfinden und die evangelische Kirche als Freiraum sehen, wo sie einfach so sein dürfen, wie sie nun einmal sind. Um nicht belanglos zu werden, muss sich der Protestantismus immer wieder auf seine reformatorischen Wurzeln (EINS) besinnen und neben einer profillosen Offenheit, die alle und alles einlädt und umarmt, die Frage nach der Wahrheit und Gerechtigkeit (ACHT) wach halten.

An diese Stelle passt wohl auch die Geschichte jenes jüdischen Rabbis, der eine NEUN gewesen sein muss. Eines Tages kommt ein Mann zu ihm und beklagt sich bitter über sein zänkisches Weib. Die Klage gipfelt in der verzweifelten Ankündigung: „Ich lass mich scheiden!“ Der Rabbi hat aufmerksam und voller Anteilnahme zugehört. Am Ende nickt er bedächtig und sagt: „Ja, da hast du ganz Recht.“ Am nächsten Tag kommt die Frau zu ihm und lamentiert über die Untugenden ihres Gatten. Auch ihre Tirade endet mit der Drohung: „Ich werde mich scheiden lassen!“ Und wieder hat der Rabbi zugehört, wieder nickt er und wieder sagt er: „Ja, da hast du Recht!“

Sein Schüler, der Zeuge beider Begegnungen gewesen ist, stellt den Rabbi hinterher zur Rede: „Du kannst doch nicht heut’ zu *ihm* sagen, dass er Recht hat – und morgen zu ihr sagen, dass *sie* Recht hat! Das geht doch nicht!“ Wieder hat der Rabbi aufmerksam zugehört, und wieder nickt er: „Ja, da hast *du* auch Recht!“

Die Gabe oder **Geistesfrucht** der NEUN ist überraschenderweise die *Tat,* eine Form entschlossener Aktion. Zunächst zaudern und zögern die NEUNer und schieben alles vor sich her. Wenn sie aber einen Entschluss fassen, dann geschieht das in einem Augenblick absoluter Klarheit. Ohne weitere Überlegungen, ohne Revision und ohne den leisesten Zweifel wissen sie schlagartig, was „dran“ ist – und sie werden es tun, ohne dass sie jemand aufhalten kann.

Mein (Richard Rohr) Paradebeispiel ist ein junger Mann in New Jerusalem. Ich war als Leiter der Gemeinschaft nebenbei auch ein kräftiger Kuppler – das ist mein ZWEIer-Flügel. Ich wusste, dass dieser Bursche, mit dem ich im selben Haus lebte, ein Auge auf ein bestimmtes Mädchen geworfen hatte. Ich sprach ihn immer wieder an und fragte: „Hast du schon mit ihr geredet?“ Aber er wich immer wieder aus: „Nein, nein, noch nicht – alles zu seiner Zeit.“ Das ging mindestens ein Jahr so – und der Junge war damals 27! Eines Abends, aus heiterem Himmel, kam er an und sagte: „Richard, ich habe sie angesprochen. Wir wollen ausgehen!“ Ich habe ihn nach dem ersten Rendezvous ermutigt, wieder was mit ihr zu unternehmen. So trafen sie sich wieder und wieder – und auch das dauerte ein paar Jahre. Ich hakte immer wieder nach: „Wirst du ihr heute Abend die große Frage stellen?“ Antwort: „Nein, nein, noch nicht, setz mich nicht unter Druck, Richard!“ Und wieder kam er eines Abends völlig überraschend an und sagte: „Jetzt habe ich sie gefragt! Wir heiraten!“ Er wird ihr ewig treu sein. Er weiß, was er will. Die Sache ist ein für alle Mal entschieden.

Die positive Seite ihres Harmoniestrebens besteht darin, dass NEUNer vorzügliche Vermittler und Friedensstifter sind. Sie wünschen sich eine Welt, in der man konfliktarm und im Frieden miteinander leben kann. Was sie selbst suchen, das wünschen sie auch allen anderen. Sie glauben nicht daran, dass es unüberbrückbare Gegensätze gibt.

Gerade weil die NEUN selbst oft keinen ganz klaren Standpunkt hat, ist sie fähig, sich in jeden beliebigen Standpunkt hineinzuversetzen und ihn zu akzeptieren. Sie vermittelt durch ihre ganze Art den Eindruck: „Ich bin fähig, beide Seiten zu verstehen und unter einen Hut zu bringen – dann müsstet ihr das doch auch schaffen.“ Viele Menschen berichten, dass sie in der Gegenwart einer NEUN auf unerklärliche Weise zur Ruhe kommen und sich entspannen können. Es ist tatsächlich schwer, in Anwesenheit einer NEUN richtig aggressiv zu werden. NEUNer verstehen das oft selbst nicht, weil sie sich – wie erwähnt – innerlich zerrissen und unharmonisch fühlen können und dann gar nicht glauben, dass ausgerechnet sie Ruhe ausstrahlen.

NEUNer sind eine große Bereicherung für Gruppen, die sich für Gerechtigkeit und Frieden einsetzen. Man darf nie vergessen, dass die NEUN zwei energiegeladene Hochspannungsflügel hat, ACHT und EINS, die von der Leidenschaft und vom Engagement für Recht und Gerechtigkeit und für eine bessere Welt strotzen. NEUNer sind sanfte Propheten. Aber sie sind Propheten! Ihre friedliche Ausstrahlung entwaffnet. Sie können gerade dadurch sehr effektiv arbeiten, dass sie indirekt sind. Die EINS und vor allem die ACHT schrecken andere oft ab; die Leute fühlen sich von ihnen bedroht. Die NEUN dagegen erweckt Vertrauen. Ihr lässt man viel mehr „durchgehen“.

Unter den klassischen Gestalten der Weltliteratur findet sich der Prototyp einer NEUN: *Iwan A. Gontscharows „Oblomow“*. Der Roman ist 1859 erschienen.[4] Oblomow, ein Gutsbesitzer, der fern von seinem Gut Oblomowka in Petersburg lebt, vegetiert passiv, träge und entschlusslos vor sich hin. Das Bett und ein orientalischer Morgenmantel sind seine Welt. Es dauert mehr als 200 Romanseiten, bis der „Held“ das Bett endlich verlässt!

Sieben Personen erscheinen im Lauf des Vormittags und versuchen, ihn zum Aufstehen zu bewegen. „In Analogie zu den sieben Todsünden verkörpern sie verschiedene weltliche Versuchungen und Schwächen.“[5] Aber all ihre verlockenden Angebote können Oblomow nicht wirklich motivieren. Er versinkt in einen Traum vom verlorenen Paradies und der heilen Welt im Oblomowka seiner Kindheit.

Schließlich erscheint Oblomows deutscher Freund *Stolz* und bewegt ihn, sich ins Gesellschaftsleben zu stürzen. Aber Oblomow vermisst dort den „Mittelpunkt, um den sich alles dreht", er bemerkt die Leere, Langeweile und Sinnlosigkeit des geschäftigen Lebens.

Erst die Liebe zu *Olga* weckt Oblomow auf, macht ihn zu einem „Wahnsinnigen, einem von Leidenschaft Besessenen". Olga weiß, was sie will. Oblomow verfällt ihrem Denken und Wollen ganz und gar. Aber er hält nicht durch. Diese Frau ist auf Dauer zu anstrengend für ihn. Sie will ihn nur heiraten, wenn er verspricht, ein Leben lang „durchzuhalten". Er dagegen fordert von ihr: „Nimm mich, wie ich bin, liebe das Gute in mir!" Das kann Olga nicht.

Bei seiner mütterlichen Zimmerwirtin *Agafja* („die Gute!") erwacht schließlich die Idylle seiner Kindheit gleichsam zu neuem Leben. „Wie einst in Oblomowka fließt das Leben Oblomows im Kreislauf religiöser und weltlicher Festtage dahin und endet eines Tages still, ohne Schmerz und ohne Aufhebens."[6]

Die russisch-orthodoxe Schriftstellerin *Tatjana Goritschewa* hebt hervor, dass Oblomow eine „verborgene und paradiesische Seele" hat, und „von innen heraus leben" will, diesen Schritt freilich nicht schafft.[7] Dennoch ist sein Traum vom Paradies, seine „Utopie" wichtig. Oblomows Ideal ist für die Christin Goritschewa „realer als alle Sentenzen des Alltags".[8] Der Münchner Dramatiker *Franz Xaver Kroetz*, den diese Romanfigur seit Jahrzehnten beschäftigt hat, lässt in seinem Stück „Oblomow" offen, ob es sich bei der „Untugend" der „Oblomowerei" nicht vielleicht doch um eine Tugend handelt. Offensichtlich neigt er zu dieser Ansicht, denn er gestaltet die Rolle des Oblomow – im Gegensatz zu seinen „Gegenspielern" Olga und Stolz – mit viel Sympathie.[9]

Symbole und Beispiele

Tiere der NEUN sind der behäbige *Elefant*, der im Zoo herumsteht, ohne viel zu tun, der nicht sonderlich angriffslustig wirkt, von dem aber bekannt ist, dass er ein sehr weiches Gemüt hat und sehr nachtragend sein kann; natürlich das *Faultier* und alle *Wale*, vor allem die *Delphine*. Wale und Delphine sind die Tierpatrone der erlösten NEUN.

Von *Günter Bruno Fuchs* stammt das schöne Gedicht „Faultier im Zoo":

> Märsche und Reiterkolonnen mögen sich also begatten.
> Wer mich besiegen will, stolpert über mein Gähnen.
>
> Noch immer
> ein Schrecken der Kegler von gestern, heute und morgen,
> schieb ich die ruhigste Kugel.
>
> Oblomow
> hat meinen Pelz gestreichelt,
> ich bete zu ihm.[10]

Über *Wale* und *Delphine* ist viel geschrieben worden. Die faszinierende Welt dieser Tiere verdient eine etwas ausführlichere Darstellung. Das prächtig ausgestattete Buch „Kontinent der Wale" von *Heathcote Williams*[11] ist ein Hymnus auf diese Tiergattung, die der Autor „Außerirdische" nennt, „die bereits auf unserem Planeten gelandet sind".

Wale verbringen dreimal so viel Zeit mit Spielen wie mit Nahrungssuche. Sie sind musikalisch und haben ein hochkompliziertes Verständigungssystem, das sich offensichtlich ständig weiterentwickelt. Ihr Ohr ist zwanzigmal empfindlicher als das des Menschen, das Hirn zumindest von vergleichbarer Größe und Komplexität – das Hirn des Finnwals ist sogar sechsmal so groß wie das menschliche Hirn.

Wale halten die Ökologie des Planktons aufrecht. Ohne sie würde es wild wuchern und dem Meer den Sauerstoff nehmen. Wale pflanzen sich nur in dem Maß fort, wie Nahrung für die Nachkommen vorhanden ist. Die Männchen werben mit Gesang und waghalsigen Kunststücken um ihre Geliebte. Stirbt ein Walkalb vorzeitig, trägt es die Mutter auf dem Rücken, bis der tote Körper zerfallen ist.

Schon oft haben Wale, vor allem Delphine, Menschen das Leben gerettet. Soweit bekannt ist, hat noch nie ein Wal einen Menschen angegriffen. Die Menschen dagegen haben dem Wal einen „Holocaust der Meere" bereitet, um seinen kostbaren Körper auszuschlachten. „Weil er im Meer keine Feinde hat, weigert sich ein Wal, an einen Angriff zu glauben, ähnlich wie einst die Indianer und die australischen Ureinwohner."[12] Die Eskimos sagen: „Es tut dem Menschen wohl, an einen Wal zu denken."[13]

Wir Menschen können von den Walen lernen, dass intelligente Wesen überleben können, ohne sich gegenseitig auszurotten und ohne die Umwelt für die eigenen Ziele zu zerstören. Diese Nicht-Aggressivität trifft man unter Menschen selten an; reife NEUNer verkörpern sie mehr als alle anderen.

Länder der NEUN sind erstens alle Länder, bevor sie von der Zivilisation heimgesucht werden. Ein ethnisches Bild, das häufig benutzt wird, ist *Mexiko*, spezieller: der Mexikaner mit Sombrero, der am Nachmittag seine Siesta hält. Auch dieses Bild dient nur der Illustration und hat nicht die Absicht, völkische Vorurteile zu schüren! Im europäischen Kontext hat man *Österreich* als NEUNerland bezeichnet. In der Geschichte ist Österreich häufig mit dem Strom geschwommen. Als Hitler kam, wurde er bejubelt. Als die Alliierten kamen, war man sofort auf ihrer Seite und wollte von der eigenen Geschichte nichts mehr wissen. Die politische Neutralität passt voll in dieses Bild. Touristen lieben die Gemütlichkeit und Naturverbundenheit der Österreicher und bemerken dabei häufig nicht ihre heimliche (passive) Aggressivität gegenüber Fremden.

Die **Farbe** der NEUN ist *Gold*, die Farbe der Götter, Könige und Heiligen. Buddhistische Mönche tragen als Symbol der Erleuchtung safrangoldene Gewänder. So wie das Gold in den Tiefen der Erde gesucht werden muss, müssen die NEUNer nach ihren Gaben suchen und sie ans Licht bringen. Das goldene Zeitalter und die Goldene Stadt sind archetypische Bilder für Friede, Glück, Harmonie und Erfüllung.

Der **biblische Patron** der NEUN ist der „Prophet wider Willen" *Jona*[14]. Er bekommt von Gott den Auftrag, in die babylonische Stadt Ninive zu gehen, Inbegriff der Gottlosigkeit, und ihr das göttliche Strafgericht anzukündigen. Jona will sich diesem unbequemen Auftrag entziehen und besteigt ein Schiff in die Gegenrichtung, nach Tarsis. Gott lässt einen Sturm aufkommen. Der Schiffbruch scheint unaufhaltsam; alle Seeleute flehen ihre Götter um Rettung an. Nur Jona schläft (!); der Kapitän muss ihn eigens aufwecken. Die Seeleute werfen das Los, um herauszubekommen, ob einer der Passagiere die Schuld an dem Unheil trägt. Es fällt auf Jona. Er schlägt selbst vor, dass sie ihn ins Meer werfen sollen; was sie erst ablehnen, aber schließlich dann doch tun. Sofort hört der Sturm auf. Ein großer Fisch verschluckt den Propheten; er überlebt im Bauch des Tieres und wird nach drei Tagen an Land gespuckt an der Küste Ninives. Nun führt er seinen Auftrag aus und predigt, die Stadt würde in 40 Tagen untergehen. Überraschenderweise hören die Menschen auf ihn. Der König, das ganze Volk und sogar die Tiere beginnen zu fasten und Bußgewänder anzulegen.

Gott reut sein Entschluss und er verschont die Stadt. Das missfällt Jona. Wieder will er sterben. Er verlässt die Stadt und setzt sich bequem unter ein selbst gebasteltes Laubdach um zu sehen, ob der Untergang doch noch kommt. Gott lässt eine Rizinusstaude wachsen, die Jona Schatten spendet und unter der er Siesta halten kann. Diese spezielle Zuwendung freut den Propheten. Aber am nächsten Morgen nagt ein Wurm an der Wurzel des Strauches, sodass er eingeht. Der heiße Ostwind plagt Jona; er wünscht sich abermals den Tod (!). Gott aber erteilt ihm eine Lektion der bedingungslosen Liebe: *„Dir ist es leid um den Rizinusstrauch, für den du nicht gearbeitet und den du nicht großgezogen hast. Über Nacht war er da, über Nacht ist er eingegangen. Mir aber sollte die große Stadt Ninive nicht Leid tun, in der 120 000 Menschen leben, die völlig orientierungslos sind und außerdem so viele Tiere?“* (Jona 4, 10 f).

Jonas Trägheit ist in Wirklichkeit Resignation und Todesverliebtheit. Weder das eigene Leben noch das Leben der Stadt Ninive bedeuten ihm etwas. Der Schlaf und der Tod scheinen alle Konflikte des Lebens zu beenden. Gott fordert Jona zur Liebestat heraus, die beide erlösen kann: den Prophet und die Stadt.

Jona wird vom Wal an Land gebracht (Brueghel) Prophet wider Willen

Der Psychologe *Abraham Maslow* sprach davon, dass viele Menschen die eigene Größe fürchten und deshalb dem vollen Leben ausweichen. Er nannte diese Lebenshaltung das *Jonas-Syndrom*: „Wir fürchten uns vor unserem größten Potential (und vor unserem geringsten). Gewöhnlich haben wir Furcht, das zu werden, was wir in unseren vollkommensten Augenblicken nur flüchtig zu sehen bekommen. Wir genießen, ja begeistern uns für die gottähnlichen Potentiale, die wir in diesen Höhepunkten in uns entdecken. Trotzdem zittern wir gleichzeitig vor Schwäche, Ehrfurcht und Furcht vor ebendiesen Potentialen ... Wir sind einfach nicht stark genug, um noch mehr zu ertragen! Es ist zu erschütternd, zu mühsam. Deshalb sagen Menschen in ... Augenblicken der Ekstase: ‚Es ist zu viel' oder: ‚Ich halte es nicht aus' oder: ‚Ich könnte sterben'... Unser Organismus ist eben einem Übermaß an Größe nicht gewachsen ... Für manche Menschen sind dieses Zurückschrecken vor dem eigenen Wachstumspotential, dieses Zurückschrauben eigener Erwartungen, diese Furcht, sich völlig aufzugeben, die freiwillige Selbstverstümmelung, die angebliche Dummheit, die falsche Bescheidenheit in Wahrheit nichts als Furcht vor der Großartigkeit ...“[15]

Umkehr und Erlösung

Die **Einladung** an die NEUN heißt (bedingungslose) *Liebe*. NEUNer brauchen die Erfahrung, dass sie erwünscht sind, dass sie wichtig sind und dass sie etwas zu geben haben. Sie müssen erleben, dass andere – Gott und ihre Mitmenschen – an sie glauben, damit sie an sich selbst glauben können. Erlöste NEUNer können wie kein anderer Typ bedingungslos lieben. Schon das Verhalten unerlöster NEUNer ähnelt oft dieser totalen Liebe: Weil es Stress und Konflikte bedeutet, andere zu verurteilen oder mit ihnen zu streiten, ist die Annahme anderer Menschen unter Umständen der Weg des geringsten Widerstandes. Wieder sehen wir, wie ambivalent jede Gabe ist: In diesem Fall besteht die Gefahr, dass NEUNer auch völlig unakzeptables Verhalten anderer Menschen hinnehmen, um sich die Mühe einer Konfrontation zu ersparen.

NEUNer wissen besser, was sie nicht wollen, als das, was sie wollen. Deswegen können sie sich am besten entscheiden, wenn sie verschiedene Optionen haben, sie prüfen und all das eliminieren können, was bei ihnen auf innere Abwehr stößt. Die Möglichkeit, die dieses Ausleseverfahren übersteht, sollte dann ausprobiert werden.

Zu den *Lebensaufgaben* der NEUN gehört es, ihren verborgenen Zynismus zu überwinden. NEUNer müssen lernen, daran zu glauben, dass in ihnen ein Kern aus Gold steckt und dass sie eine innere Energiequelle besitzen, die sie fähig macht, zielbewusst und entschlossen zu handeln. NEUNer sind Bauchtypen. Sie müssen mutig und risikofreudig agieren, um sich selbst zu erfahren. Solange sie herumsitzen und nachdenken, werden sie immer tiefer resignieren und letztlich versumpfen. Ihre Energie braucht einen Orientierungspunkt. Sie brauchen etwas, worauf sie ihre gesamte Kraft ausrichten können. NEUNer berichten, dass es sie selbst glücklich macht, wenn sie es schaffen, Wesentliches von Unwesentlichem zu unterscheiden, klare Prioritäten zu setzen und konsequent zu handeln.

Die positive Seite der zweischneidigen Sehnsucht der NEUN nach Harmonie und Ruhe ist der Wunsch, alles, was widerständig, komplex und ungelöst ist, zusammenzubringen, die Gegensätze zu vereinen und zu integrieren. NEUNer suchen nach Ganzheit. Der Psychoanalytiker Carl Gustav Jung war eine NEUN. Er sah eine seiner wichtigsten Aufgaben darin, einen Beitrag zur Integration der menschlichen Seele zu leisten: Gut und Böse, Männliches und Weibliches – alles versuchte er zu vereinen. Er entdeckte auch das „kollektive Unbewusste", jenen tiefsten Seelengrund, in dem die Gegensätze aufgehoben sind, weil dort alle Menschen gleich und „eins" sind. NEUNer fühlen sich tief verbunden mit dem Urgrund des Seins. Sie können anderen helfen, zu diesem Urgrund zurückzufinden.

Es hilft einer NEUN, wenn sie bewusst darum kämpft, einen eigenen Standpunkt zu finden, anstatt sich an anderen zu orientieren. Geordnete Strukturen und eine gleich bleibende Tagesroutine verhindern, dass die gesamte Energie bereits in der Planung verbraucht wird oder dass ständig neue Ablenkungen das „Eigentliche" verzögern. NEUNer dürfen sich nicht dem passiven Fatalismus überlassen, sich nicht gehen lassen, einigeln oder gar selbst aufgeben. Es ist eine schwierige, aber lohnende Aufgabe für eine NEUN, angefangene Projekte konsequent zu Ende zu führen. Statt das viele zu wollen und zu planen, sollten sie versuchen, das Nächstliegende in Angriff zu nehmen und den ersten Schritt zu machen. *Helen Palmer* empfiehlt der NEUN außerdem, Wut und Aggressionen in der Phantasie so lange auszuleben und auszudrücken, bis sich die Blockaden lockern.[16]

Reife NEUNer wären vielleicht die Einzigen, denen man die Welt guten Gewissens anvertrauen könnte, ohne Angst haben zu müssen, dass sie sich bereichern, andere ausbeuten oder den eigenen Vorteil suchen. Sie könnten die Welt womöglich retten; das Problem ist nur: Sie sind die Letzten, die sich dazu aufraffen werden oder die den Ehrgeiz entwickeln, in einflussreiche Positionen aufzusteigen.

Paradebeispiel für eine „erlöste" NEUN ist *Papst Johannes XXIII.* (1881–1963), der „Papst, dem keiner etwas zugetraut hatte".[17] Angelo Roncalli stammte aus einer armen, bäuerlichen Großfamilie und hat sich zeitlebens die Bedürfnislosigkeit des Bauernsohnes bewahrt. Mit der Sache der Armen war er von Herzen verbunden; schon in seinem ersten Amt als Bischofssekretär in Bergamo unterstützte er streikende Hüttenarbeiter. Kirchlicher Ehrgeiz fehlte ihm völlig; am liebsten wäre er Landpfarrer geworden.

Aber es kam anders: 1925 wurde er als vatikanischer Gesandter nach Bulgarien, kurz danach nach Istanbul geschickt. In diesen Jahren musste er ständig zwischen den Interessen der römisch-katholischen Kirche und einer andersgläubigen (orthodoxen und islamischen) Umwelt vermitteln. Man nannte ihn den „Monsignore, dessen Motto lautet: Lasst uns Verständnis füreinander haben." Während des Krieges trug er durch die Erstellung fingierter Taufscheine dazu bei, dass über 200 000 Juden vor den Nazis gerettet werden konnten.

In Rom hatte man ihn mittlerweile anscheinend vergessen. So waren alle – und er selbst am meisten – überrascht, dass man ihn 1944 als Nuntius nach Paris schickte. Wieder ging es um schwierige Vermittleraufgaben. Die katholische Kirche hatte sich zu sehr mit der deutschen Besatzungsmacht eingelassen und musste gleichsam „entnazifiziert" werden, um ihre Glaubwürdigkeit wiederzugewinnen. Er meisterte diese Aufgabe mit viel Geschick und entwaffnendem Charme.

Mit 72 Jahren wurde Roncalli Patriarch von Venedig. Endlich konnte er den Menschen wieder nah sein. Sein Bischofspalast hatte immer offene Türen; der Kardinal fuhr mit öffentlichen Verkehrsmitteln und suchte Kontakt zu den einfachen Leuten. 1958 wurde er nach langem zähen Ringen im Konklave – offensichtlich als Kompromisskandidat und wegen seines hohen Alters von 77 Jahren – zum „Übergangspapst" gekürt. Das wurde er in einem ganz anderen Sinne, als man sich das gedacht hatte: Er sorgte dafür, dass sich die Kirche radikal erneuerte und den Übergang ins 20. Jahrhundert vollzog.

Johannes XXIII. wusste, was er wollte: Öffnung der Kirche zur Welt, Vereinfachung und Vermenschlichung der Umgangsformen, Kooperation: „Vereinfache das Komplizierte und mach das Einfache nicht kompliziert!" war seine Devise. Wie aus heiterem Himmel überraschte er eines Tages seine Kardinäle mit der Idee, ein Konzil abzuhalten. Fortan verfolgte er diese Inspiration hartnäckig und unbeirrbar. Sein Ziel war es, die Fenster weit aufzureißen und „frische Luft" in die Kirche zu bringen. Durch das Konzil erhielt die Ökumene neue Impulse, der Dialog mit den Weltreligionen und mit den Atheisten kam in Gang, die Bischöfe bekamen mehr Mitspracherechte, die Stellung der Laien in der katholischen Kirche änderte sich grundlegend. Heute, wo die katholische Kirche wieder sehr restaurative Tendenzen hat, kann man nur mit Wehmut an Johannes zurückdenken.

Daneben beschäftigte den „guten Papst", wie ihn mittlerweile alle nannten, vor allem der Weltfriede. Während der Kubakrise vermittelte er insgeheim zwischen *Chruschtschow* und *Kennedy*. Seine Friedensenzyklika *Pacem in terris* enthält Sätze wie: „Daher fordern Gerechtigkeit, gesunde Vernunft und der Sinn für die menschliche Würde, dass das allgemeine Wettrüsten aufhört; dass ferner die Waffen, die in verschiedenen Staaten bereits zur Verfügung stehen, auf beiden Seiten und gleichzeitig reduziert werden; dass die Atomwaffen verboten werden und schließlich von allen eine wirksame gegenseitige Abrüstungskontrolle vereinbart wird."[18]

Aussagen wie die folgenden lesen sich wie das Glaubensbekenntnis einer erlösten NEUN: „Geduld und Ruhe, das sind zwei schöne Eigenschaften. Immer beschäftigt zu sein und nicht unter der Eile zu leiden, das ist ein Stück Himmel auf Erden. Außer dem Willen Gottes gibt es nichts Interessantes für mich." Und: „Angelo, nimm dich nicht so ernst!"[19]

Das erinnert an die heilige *Teresa von Avila*, die wohl auch eine NEUN (oder eine ACHT?) war und mit Johannes XXIII. den Sinn für Selbstironie teilte (eine Konsequenz der Tatsache, dass NEUNer sich nicht so wichtig nehmen). Teresas Motto lautete: „Nichts soll dich beunruhigen. Nichts soll dich erschrecken. Gott allein genügt."

Dritter Teil

TIEFENDIMENSIONEN

Umkehr und Neuorientierung

Das Enneagramm unterscheidet Bauch-, Herz- und Kopftypen (sexuell – sozial – selbsterhaltend), je nachdem, von welchem der drei Lebenszentren sie primär bestimmt werden. Zugleich ist jeder einzelne Mensch ein Mikrokosmos, in dem alle drei Zentren angelegt sind und auf jeweils spezifische Weise „funktionieren“: Alle neun Typen denken, fühlen und handeln, haben einen Sexualtrieb, einen Selbsterhaltungstrieb und soziale Antriebe. Alle neun Typen begehen Irrtümer des Kopfes und Irrtümer des Herzens. Wir wollen uns im Folgenden den drei Zentren einzeln zuwenden und zeigen, welche spezifischen Fehlhaltungen und Entwicklungsmöglichkeiten in den einzelnen Typen angelegt sind. Vieles von dem, was bereits in den Typenbeschreibungen gesagt wurde, wird auf diese Weise noch einmal systematisiert.

Fallen und Einladungen

Als Jesus die Menschen zur Buße gerufen hat, tat er das mit den Worten: *„Das Reich Gottes ist da! Kehrt um und glaubt an die gute Botschaft!“* (Markus 1, 15). Das griechische Wort *metanoete*, das an dieser Stelle im Urtext des Neuen Testaments steht, bedeutet wörtlich: „Ändert euren Sinn, denkt um!“ Jesus lädt die Menschen ein, sich selbst, die Welt und Gott völlig

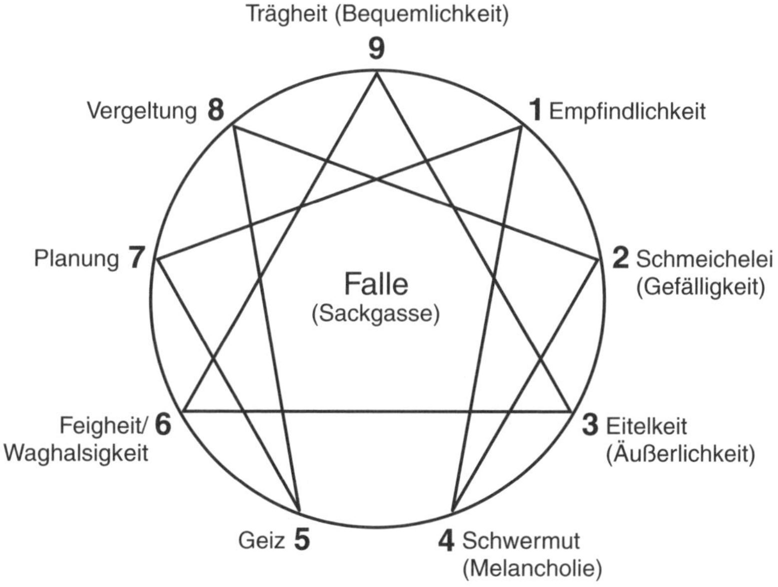

Figur 3: Die 9 Fallen

neu und anders zu sehen, als sie es bisher gewohnt waren. Er ruft sie auf, aus ihren bisherigen Denkschablonen auszubrechen und „neues Denken" zu wagen, das der guten Botschaft Rechnung trägt, dass Gottes Reich der Liebe nah ist.

Das Enneagramm benennt die neuen **Fallen** oder Sackgassen des Denkens. Gleichzeitig ergeht an jeden Typ eine spezifische Einladung oder Berufung zur Umkehr. Diese **Einladungen** werden in der Enneagramm-Literatur meist „heilige Ideen" oder „Ideen des höheren geistigen Zentrums" genannt. Der Begriff „Einladung", den wir wählen, unterstreicht, dass wir den Ruf zur Freiheit primär als ein Angebot Gottes verstehen. Ausführungen und Erklärungen zur jeweiligen Falle und Einladung finden sich oben in den Beschreibungen der neun Typen.

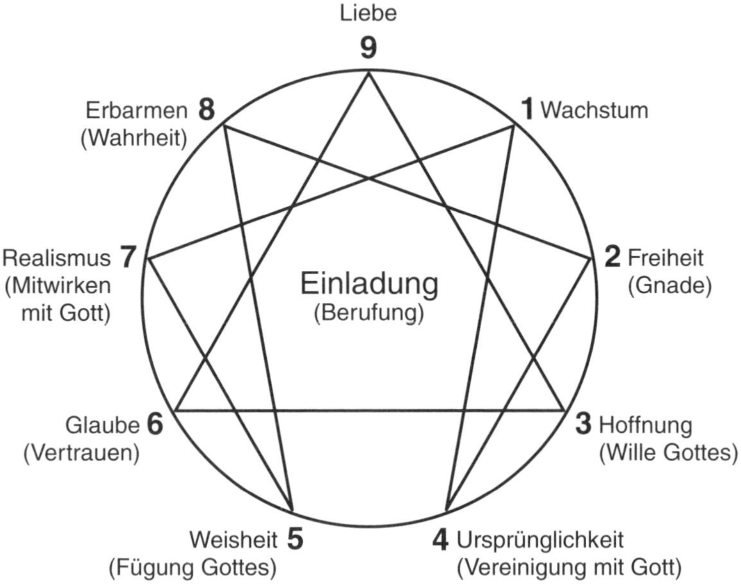

Figur 4: Einladung (Berufung)

Es ist aufschlussreich, dass das Dreieck, welches die Zentraltypen des Bauch-, Herz- und Kopfzentrums miteinander verbindet (9–3–6–9), von den drei „theologischen Tugenden" gebildet wird, die Paulus 1. Korinther 13, 13 aufzählt: *„So bleiben nun Glaube, Hoffnung und Liebe – diese drei. Aber die Liebe ist die größte unter ihnen."* Auch im Enneagramm ist die Liebe „die größte". Sie steht am Scheitelpunkt, der Anfang und Ende des Kreises bezeichnet.

Wurzelsünden und Geistesfrüchte
Mit **Wurzelsünden** sind unsere primären emotionalen Zwänge oder Fehlhaltungen gemeint. „Sünde" bedeutet Trennung oder Zielverfehlung. Die neun Sünden versprechen Lebenssteigerung, bewirken aber in Wirklichkeit genau das, was sie verhindern wollen: Einsamkeit, Sinnlosigkeit, Leere. Sie trennen uns von Gott, von unseren Mitmenschen, von der Schöpfung und zutiefst auch von uns selbst. Sie verhindern, dass wir das Ziel unseres Lebens erreichen: Versöhnung mit uns selbst, mit unserem Nächsten und mit Gott.

Figur 5: Wurzelsünde

Die neun **Geistesfrüchte** sind Bilder der erlösten Leidenschaft oder Sünde. Sie lassen sich nicht „produzieren", sondern können nur wachsen. Sie sind Geschenke der göttlichen Gnade. Das verdammt uns nicht zur Passivität. Paulus fordert die Korinther auf: *„Strebt nach den höheren Gnadengaben!"* (1. Korinther 12, 31). Dieses „Streben" kann verschiedene Formen annehmen: wir können Gott um seine Gaben bitten; wir können auch anfangen zu leben, „als ob" wir diese Gaben schon hätten und so das „neue Sein" gleichsam einüben. Diese Früchte sind Ausdruck unseres wahren Selbst, das nicht von der Macht der Sünde entstellt ist.

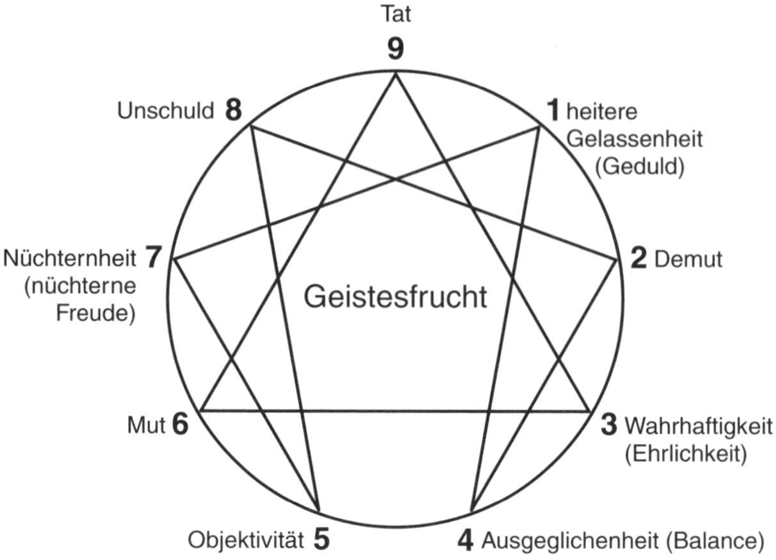

Figur 6: Geistesfrucht

Untertypen: sexuell – sozial – selbsterhaltend

Den drei Enneagramm-Zentren sind drei Grundtriebe zugeordnet: Sexualtrieb, Sozialtrieb und Selbsterhaltungstrieb. Diese Triebe gehören zum „Rohmaterial" unseres Wesens; sie sind deshalb nicht bekehrbar. Versuche, die Triebe „abzutöten", wie es die Asketen aller Zeiten versucht haben, führen zur Verstümmelung der Gesamtperson. Unser Ansatz geht davon aus, die Triebe zu integrieren, damit sie das Leben nicht zerstören, sondern ihm dienen. Unsere Triebe erscheinen uns manchmal wie böse Ungeheuer, die unkontrollierbar im Untergrund der Seele lauern. Das Symbol des Drachens wurde immer wieder verwendet, um das Wesen der Triebe zu beschreiben. Man kann versuchen, die Drachen zu töten – wie es St. Georg und der Erzengel Michael tun. Das ist gleichsam der „männliche" Weg. Aber es gibt auch eine andere Möglichkeit: in der Marthalegende wird berichtet, wie die Heilige einen Drachen zähmt, sodass er ihr schließlich willig folgt. Von Franz von Assisi wird erzählt, wie er einst mit dem Wolf von Gubbio, vor dem alle Welt Angst hatte, Freundschaft geschlossen hat.

Das Enneagramm geht davon aus, dass jeder Mensch unabhängig von seinem spezifischen Enneagramm-Typ von einem der drei Grundtriebe dominiert wird. Dadurch entstehen bei jedem der neun Typen drei Untertypen. Die jeweilige Lebenssituation bestimmt mit, zu welchem

Untertyp man augenblicklich primär gehört; es ist anzunehmen, dass jemand im Berufsleben hauptsächlich seinen sozialen Untertyp auslebt, in der Partnerschaft den sexuellen und in Augenblicken des Alleinseins und des Rückzugs den selbsterhaltenden. Aber darüber hinaus dominiert ein bestimmter Sub-Typus die gesamte Persönlichkeit. Auf diese Weise entstehen insgesamt 27 Untertypen.

a. Sexuelle Untertypen

EINS: *Eifersucht.* Die sexuelle EINS versucht, den Partner zu kontrollieren. Sie beobachtet ihn auf Schritt und Tritt und fürchtet, andere könnten attraktiver sein. Sie kocht innerlich vor Eifersucht und Verlustangst, ist aber unfähig, dieses „unvollkommene" Gefühl zuzulassen und zu äußern. Die Eifersucht entstammt der Angst, ein anderer könnte „perfekter" und deshalb attraktiver sein. Sexuelle EINSer können dieses „Eifern" auch auf ihre „Sache" ausdehnen und sehr hitzig sein wie *Paulus,* der vor seiner Bekehrung gegen die *„Jünger des Herrn mit Mord schnaubte und wütete"* (Apostelgeschichte 9, 1).

ZWEI: *Verführung/„Anmache".* Die sexuelle ZWEI bemüht sich ständig darum, Zeichen von Zuneigung und Nähe zu ergattern, und tut alles, um beispielsweise eine attraktive Umgebung für ein Rendezvous zu schaffen. Mit aller Gewalt versucht sie, die objektiven Hindernisse zu ignorieren und zu überwinden, die eine Beziehung unmöglich machen, und ist dabei keinen Vernunftargumenten zugänglich („die Liebe überwindet alles!"). Die Liebe der sexuellen ZWEI besteht hauptsächlich darin, Hindernisse zu überwinden. Als Helfer sind diese Untertypen dominant, nehmen andere bei der Hand und wissen, was für ihre Klienten am besten ist.

DREI: *Männlichkeit/Weiblichkeit.* Sexuelle DREIer versuchen, dem sexuellen Idealimage ihrer Zeit und Bezugsgruppe zu entsprechen. Sie spielen die Männer- oder Frauenrolle perfekt, die in ihrer Umgebung oder in der Gesellschaft belohnt wird. Sexuelle Eroberungen sind als Symbole des Erfolgs wichtig für ihr Selbstwertgefühl.

VIER: *Konkurrenzkampf.* Die sexuelle VIER bezieht ihr Selbstwertgefühl aus dem Vergleich mit anderen. Sie ist deshalb versucht, Menschen, um deren Gunst sie sich bemüht, auf ihrem eigenen Gebiet zu schlagen, um sie dadurch zu beeindrucken. Die andere Seite empfindet das oft als gegen sie gerichteten Konkurrenzkampf. Die destruktive Seite einer unerlösten sexuellen VIER kommt zum Vorschein, wenn sie andere verführt, um sie dann fallen zu lassen. Die gelungene Verführung reicht als Beweis, dass sie dem begehrten Menschen „ebenbürtig" oder überlegen ist.

FÜNF: *Zuversicht.* FÜNFer vertrauen sich nur wenigen Menschen an. Nur in sehr wichtigen Beziehungen teilen sie ihre Geheimnisse mit. Nur einen Menschen, dem sie wirklich vertrauen, laden sie in ihre „Burg" ein. Sexualität ist für sie eine nonverbale Form der Kommunikation, die sie von der schwierigen Aufgabe entlastet, ihre Gefühle in Worte fassen zu müssen. Eine sexuell orientierte FÜNF wirkt auf ihre Umwelt „cool" und selbstbewusst, kann anderen sehr überzeugend erscheinen und dadurch Einfluss gewinnen.

SECHS: *Stärke/Schönheit.* Die Verwundbarkeit einer intensiven Beziehung mobilisiert das Misstrauen der SECHS. Der sexuelle SECHSer-Mann ist in der Regel kontraphobisch orientiert. Durch eine gewisse Kälte, Härte und aufgesetzte Stärke kann er dokumentieren, dass er die Kontrolle behält. Die sexuelle SECHSer-Frau kann ihre Macht als Kunst der Verführung ausspielen. Sie nimmt gern die Rolle des sanften, scheuen Rehs ein, das unnahbar wirkt. Auf diese Weise kann sie ihr Gegenüber zugleich anziehen und zurückweisen.

SIEBEN: *Empfänglichkeit.* Die sexuelle SIEBEN steigert das eigentliche Erlebnis der Beziehung durch ausgeprägte Phantasien, die wichtiger sind als die Fakten. Sexuelle SIEBENer sind Fetischisten: ein „Auslöser" kann interessanter sein als eine erlebte und gelebte Beziehung. In sexu-

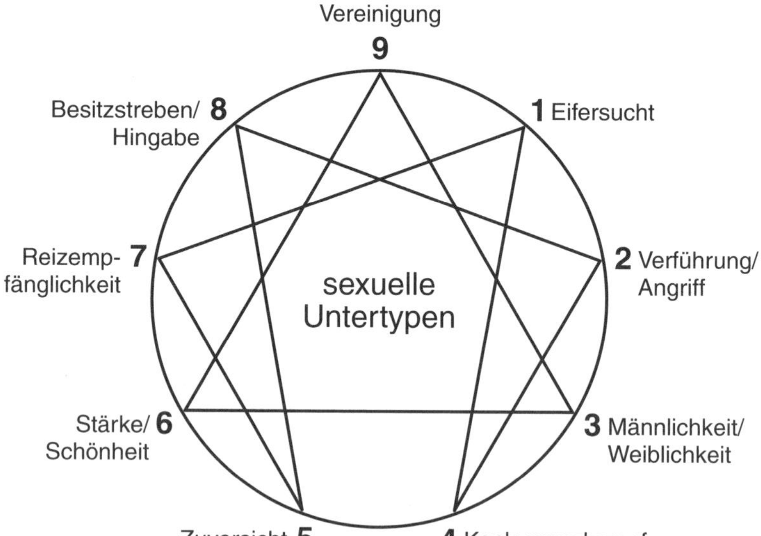

Figur 7: sexuelle Untertypen

ellen Beziehungen sind sie für Impulse seitens des Partners offen, solange sie nicht mit Schmerz, zu viel Tiefe oder anstrengenden Forderungen verbunden sind.

ACHT: *Besitzstreben/Hingabe.* Sexuelle ACHTer wollen alles kontrollieren und in Besitz nehmen, auch ihren Partner. Sie erwarten von ihm seelische, körperliche und geistige Hingabe. Zu derselben Hingabe sind sie bereit, wenn sie das Gefühl haben, dass ihr Partner ihnen ebenbürtig ist und diese „Machtposition" nicht ausnutzen wird. Es gibt – nicht nur in Karikaturen (Hägar und Helga!) – ACHTer-Männer, die in der Außenwelt stark sind, in der Partnerschaft dagegen zu Pantoffelhelden werden. Sexuelle ACHTer stehen auf „schnelle Autos, einen unerschöpflichen Vorrat an Getränken, schöne Frauen und Männer. Sie sind stolz auf ihre Härte und der rebellischste aller Typen."[1]

NEUN: *Vereinigung.* Die sexuelle NEUN möchte am liebsten in einem anderen und durch einen anderen leben, sei es ein Mensch, sei es Gott. Sie nimmt die Gefühle des/der anderen deutlicher wahr als die eigenen Gefühle und spürt geradezu körperlich, was im Geliebten vor sich geht. Die sexuelle NEUN macht den Partner glücklich und wird durch die Rückstrahlung dieses Glücks selbst beglückt. Allerdings darf der Partner sie nicht überanstrengen; die Beziehung darf keinen großen Einsatz von ihrer Seite erfordern.

b. Soziale Untertypen

EINS: *Unangepasstheit.* EINSer sind nicht bereit, sich bedingungslos mit einem sozialen System zu identifizieren, das unvollkommen ist. Es käme ihnen so vor, als würden sie sonst dessen Fehler decken. Sie sehen vielmehr ihre Aufgabe darin, das System ständig zu reformieren, und haben einen Hang zum Moralisieren. Gleichzeitig haben sie Angst, dass ihnen die Hüter des Systems etwas vorzuwerfen hätten. Es ist die Position der „kritischen Solidarität" und des „Ja-Aber".

ZWEI: *Ehrgeiz.* Soziale ZWEIer streben nach sozialem Einfluss. Wie der Jünger Johannes wollen sie dem Meister nah sein und an seiner Stärke partizipieren. Sie müssen nicht selbst erfolgreich sein, wollen aber eine wichtige Rolle im Leben signifikanter Menschen spielen und sich im Hintergrund unentbehrlich machen. Soziale ZWEIer haben einen untrüglichen Instinkt dafür, wer die „wichtigen Leute" sind, und suchen ihre Nähe.

DREI: *Prestige.* Soziale DREIer wollen gut ankommen und ein hohes soziales Prestige haben. Sie sind Trendsetter und Meinungsmacher und haben eine Nase für das, was „in der Luft liegt". Soziale DREIer können den Gruppenkonsens formulieren, bevor das Problem überhaupt diskutiert wurde. Ihre Rollen und Verhaltensweisen können sie wie ein Chamäleon kurzfristig ändern und dabei ein glänzendes öffentliches Image aufrechterhalten. Ihr Verhalten wird von den möglichen Reaktionen anderer bestimmt, deren Beifall für sie lebenswichtig ist.

VIER: *Scham.* Soziale VIERer schämen sich, ohne den genauen Grund dafür zu kennen. Unreife soziale VIERer fühlen sich missverstanden; sie glauben, dass sie von anderen verachtet werden, und haben Angst, ihre Mitmenschen könnten ihre Gedanken und Gefühle lesen und missbilligen. Sie fürchten auch, dass ihr Äußeres abgelehnt werden könnte. Die Tatsache, dass sie ihren eigenen elitären Maßstäben nicht gerecht werden, beschämt sie ebenfalls. Soziale VIERer setzen ihren – oft unwiderstehlichen – Charme ein, um den sozialen Druck zu mildern, der auf ihnen lastet.

FÜNF: *Totems.* Sozialen FÜNFern ist es wichtig, zu irgendeiner „Ingroup" zu gehören, die durch esoterisches Wissen oder dasselbe (abstruse) Hobby miteinander vernetzt ist und in enger Beziehung zum „Guru" steht. Sie suchen die Nähe anderer Wissender und der Resource-Personen einer Gruppe und hoffen auf Anerkennung durch die wahren Meister ihrer Gilde. Soziale FÜNFer genießen den Austausch in einer Codesprache, die nur Insidern bekannt ist. Dieser Untertyp strebt nach Titeln, Diplomen und anderen Symbolen geistiger Macht.

SECHS: *Pflicht.* Soziale SECHSer tun ihre Pflicht und halten sich an die Gesetze einer Gruppe, umso die Zuwendung der Gruppe zu erlangen. Sie sind auch gegenüber minimalen Regelverstößen empfindlich, die ihrer Meinung nach das System bedrohen. Uniformen (auch zivile!) und korrekte Haltung sind Hilfen, um die Gruppe zusammenzuhalten. Auch in Zweierbeziehungen versuchen sie sich an die Regeln zu halten, die ihrer Meinung nach dem Wertesystem des anderen entsprechen. Soziale SECHSer sind konservativ und können aggressiv reagieren, wenn „Neuerungen" eingeführt werden sollen.

SIEBEN: *Opferbereitschaft.* Soziale SIEBENer können im Notfall die Ärmel hochkrempeln und für ihre Familie, ihre Gruppe, ihre Firma oder ihr Volk große Opfer bringen. Ihr Optimismus sagt ihnen, dass alle Einschränkungen nur temporär sind und dem Ziel dienen, dass bald wieder alle glücklich sind und sich viele neue Optionen eröffnen. Für eine „gute Sache" und das Wohlergehen der Menschheit kann eine

SIEBEN sogar das Leben lassen. Gleichzeitig ist sie sich bewusst, dass jedes „Opfer“ ihre eigenen Möglichkeiten einschränkt.

ACHT: *Freundschaften.* Soziale ACHTer legen Wert auf harmonische Beziehungen und darauf, dass alle „glücklich“ sind und keinen Anlass haben, sich gegenseitig Unrecht zu tun. Sie pflegen Freundschaften und sind bereit, für ihre Freunde das letzte Hemd herzugeben. Soziale ACHTer können hervorragende Leiterfiguren sein, die die Gemeinschaft zusammenhalten und den Schwächeren erlauben, sich bei ihnen anzulehnen.

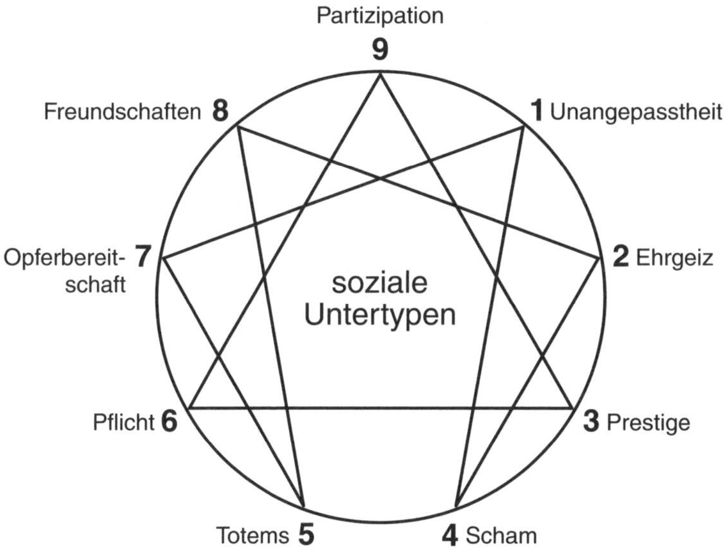

Figur 8: soziale Untertypen

NEUN: *Partizipation.* Soziale NEUNer wollen dabei sein und dazugehören. Wenn sie sich aufraffen, einer Gemeinschaft beizutreten, genießen sie die Tatsache, dass sie ständig von der Lebensenergie anderer profitieren können und dass sie nicht selbst überlegen müssen, wie sie sich die Zeit vertreiben sollen. Sie neigen dazu, nur einen Bruchteil ihrer selbst ins Gruppengeschehen einzubringen und müssen lernen, immer aktiver und „vollständiger“ dabei zu sein.

c. Selbsterhaltende Untertypen

EINS: *Ängstlichkeit.* Selbsterhaltende EINSer fürchten um ihr Durchkommen. Ein einziger Fehler könnte alles verderben. Aufgrund ihrer

Unvollkommenheit haben sie den Untergang sowieso verdient, denn Unvollkommenheit ist böse. EINSer leben in der ständigen Sorge, sie könnten einen Fehler machen, der ruinös wäre. Deswegen neigen sie unter anderem dazu, sich beim Reden ständig selbst zu unterbrechen und zu verbessern.

ZWEI: *Privileg.* Selbsterhaltende ZWEIer meinen, dass sie wegen ihrer Güte, Heiligkeit und Menschenfreundlichkeit besondere Privilegien verdienen („ich habe ein Anrecht auf ..."). Sie gehen davon aus, dass andere ihre Aufmerksamkeit und Hingabe belohnen müssen. Selbsterhaltende ZWEIer fürchten, sie könnten zu kurz kommen, wenn sie nicht selbst dafür sorgen, dass sie vorne dran sind. Hinter der selbstlosen Fassade der ZWEI steckt ein Mensch, der es hasst, zu verzichten. Bei ihnen wird der verborgene Egoismus der „Altruisten" besonders spürbar.

DREI: *Sicherheit.* Selbsterhaltende DREIer versuchen ihren Status, ihren Erfolg und ihr Ansehen abzusichern. Geld und Besitz sichern die Zukunft. Für diese Sicherheit sind DREIer zu großen Opfern bereit. Sie arbeiten hart, um ihren sozialen Status zu bewahren oder auszubauen. Sozialer Abstieg und berufliches oder finanzielles Scheitern sind Angstvisionen, deren Eintreten mit allen Mitteln verhindert werden muss.

VIER: *Abwehr.* Selbsterhaltende VIERer weigern sich hartnäckig, ihr Selbstbild aufzugeben, dass sie etwas Besonderes sind. Wer oder was auch immer ihnen in den Weg kommt, um sie zu verändern, muss mit Widerstand rechnen. Selbsterhaltende VIERer fühlen sich missverstanden, ziehen sich zurück und leiden still. Ihre Phantasie wird von der Klage über die Tragik ihrer Existenz beherrscht.

FÜNF: *Zuflucht.* „My home is my castle": Selbsterhaltende FÜNFer brauchen zu ihrer Selbsterhaltung eine Privatsphäre, in die sie sich ungestört zurückziehen können und nicht von den Erwartungen oder der Gegenwart anderer abgelenkt werden. In den Stunden des Rückzugs laden sie ihre Batterien auf, damit sie den Stress der Begegnung mit anderen besser aushalten können. In diesem abgegrenzten Bereich können sie sich verbergen und ihren oft sehr ungewöhnlichen Gedanken nachgehen.

SECHS: *Wärme.* Selbsterhaltende SECHSer strahlen Wärme und Freundlichkeit aus, um potentielle Angreifer zu entwaffnen. Das Verhalten einer selbsterhaltenden SECHS hängt mit ihrem tiefen Misstrauen zusammen und ähnelt dem der ZWEI: „Wenn mich die anderen gern haben, dann greifen sie mich nicht an." Mitunter setzen sie einen skurrilen Humor ein, um die Zuneigung anderer zu gewinnen.

SIEBEN: *Verteidigung.* Um die Bedrohung durch potentielle Feinde und Störer der eigenen heilen Welt gering zu halten, umgibt sich die selbsterhaltende SIEBEN gerne mit Gleichgesinnten, die dieselben Interessen verteidigen und sich für die gleichen Ziele begeistern lassen. Die Familie ist für diesen Untertyp besonders wichtig. Diese SIEBENer sind Vereinsmeier: Das kann ein Karnevals- oder Kegelclub sein, ein Gesangverein oder ein charismatischer Gebetskreis, wo man gemeinsam fröhlich ist: „Gemeinsam sind wir unschlagbar."

ACHT: *Befriedigendes Überleben.* Die selbsterhaltende ACHT findet es ungerecht, wenn sie das nicht bekommt, was sie „verdient". Durch Kontrolle ihres Lebensraums versucht sie, der Bedrohung ihres „Besitzstandes" entgegenzutreten. Sie kann es nicht ertragen, wenn kleine Dinge nicht „stimmen". Wenn heute wieder jemand vergessen hat, Zahnpasta zu kaufen, dann kann schon morgen das ganze System zusammenbrechen.

NEUN: *Appetit.* Selbsterhaltende NEUNer mildern die Bedrohungen des Lebens durch Narkotisierung, sei es durch Essen, Trinken oder Fernsehen. Wenn sie zum Beispiel damit beschäftigt sind, einen interessanten Roman zu „verschlingen", können sie die ganze Welt um sich her vergessen und ihre eigentlichen Aufgaben und Bedürfnisse vernachlässigen. Diese NEUNer sind die „vernachlässigten Kinder", die

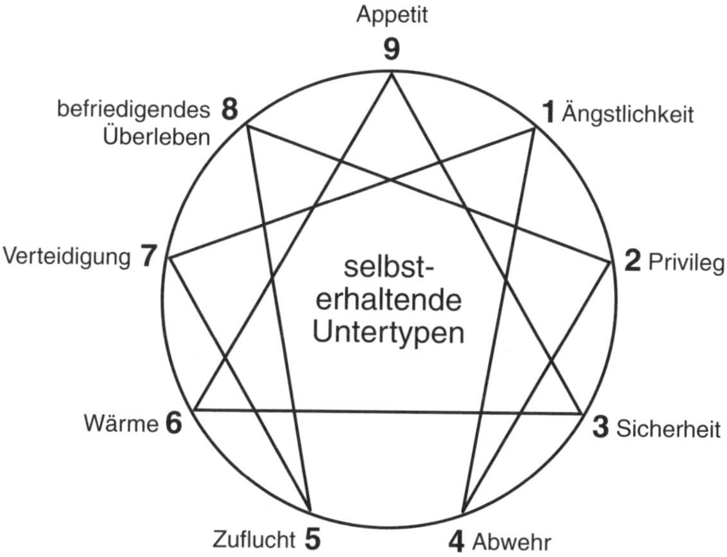

Figur 9: selbsterhaltende Untertypen

Angst haben, zu kurz zu kommen. Sie legen Vorrat an (Essen, Trinken, Bücher), der sie „beruhigt“ und sammeln Dinge, die sie niemals benutzen, die aber „für alle Fälle“ bereitliegen. Selbsterhaltende NEUNer können schon nach kurzen Aktivphasen oder nach Erledigung kleiner Aufgaben völlig ausgelaugt sein.

Idealisiertes Selbstbild und Schuldgefühle

Die Voraussetzung des Enneagramms, dass es neun grundlegende Menschentypen gibt, läßt eine Reihe von Fragen offen: Wie kommt es, dass es in jeder dieser neun Gruppen dennoch so unterschiedliche Menschen gibt? Gibt es Mischtypen? Trägt nicht jeder Mensch Züge aller neun Enneagramm-Nummern in sich? Wie kann ich erkennen, zu welcher Gruppe ich selbst gehöre? Was muss ich tun, damit ich meine Zwänge überwinden kann? Manche dieser Fragestellungen haben wir bereits gestreift. In diesem dritten Teil des Buches wollen wir versuchen, sie systematisch zu vertiefen. Darüber hinaus werden noch einige Aspekte nachgetragen, die aus Gründen der Übersichtlichkeit nicht in die Typenbeschreibungen aufgenommen wurden.

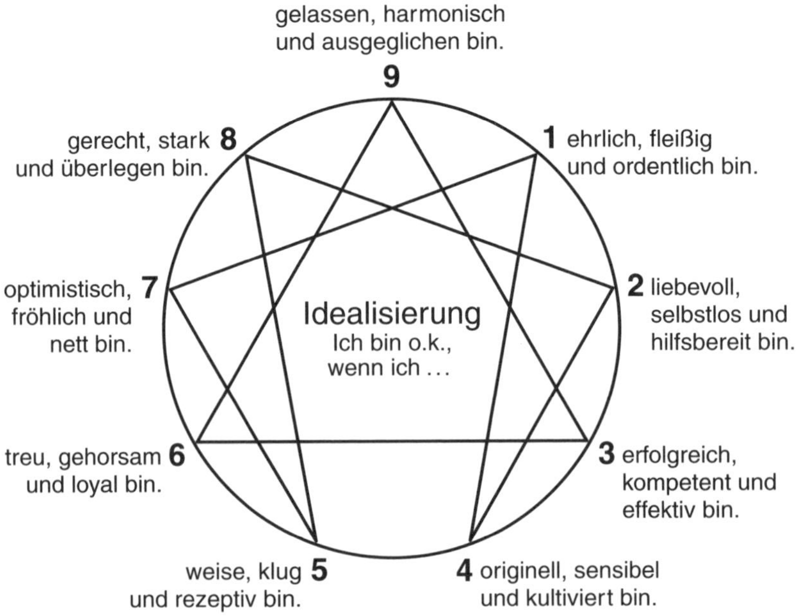

Figur 10: Idealisierung

Aufgrund seiner Anlagen, der Eltern- und Umweltstimmen und gesellschaftlicher Faktoren bilden sich für jeden Menschen im Lauf seiner Entwicklung gewisse Ideale heraus, auf deren Erfüllung er oder sie hinlebt. Unser Selbstbild wird primär von diesen Idealen bestimmt. An diesen Idealen messen wir auch andere Menschen.

Schuldgefühle entstehen, wenn wir hinter unseren Idealen zurückbleiben. Vorwürfe gegen andere erheben wir ebenfalls dann, wenn sie unsere Ideale nicht beachten. Leider sind diese anerzogenen oder angenommenen Ideale oft falsch oder zumindest übertrieben. Ausgerechnet beim Versuch, unser Ideal zu verwirklichen, stehen wir in der Gefahr, voll in die Sackgasse unserer Falle und unserer Wurzelsünde zu laufen. Schuldgefühle entwickelten wir meist nur, wenn wir unser Ideal nicht erreichen, nicht aber, wenn wir „in die Falle fallen".

Eine ZWEI zum Beispiel entwickelt Schuldgefühle, wenn sie das Gefühl hat, nicht genug für andere zu tun; ihre Identifikation mit der Helferrolle ist aber gerade der Punkt, an dem sie leicht ihrem Stolz verfällt.

Idealisierungssätze lassen sich so formulieren: „Ich bin gut, wenn ich …". Die beiden Diagramme 10 und 11 enthalten die neun Idealisierungssätze und die neun Selbstbilder. Diese „Selbstdefinitionen" sind übrigens für viele eine gute Hilfe, den eigenen Enneagramm-Typ zu finden.

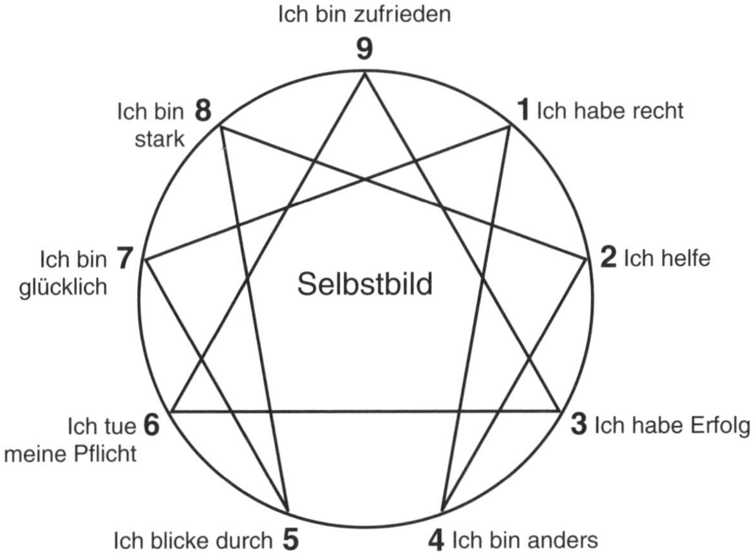

Figur 11: Selbstbild

Versuchung – Vermeidung – Abwehr

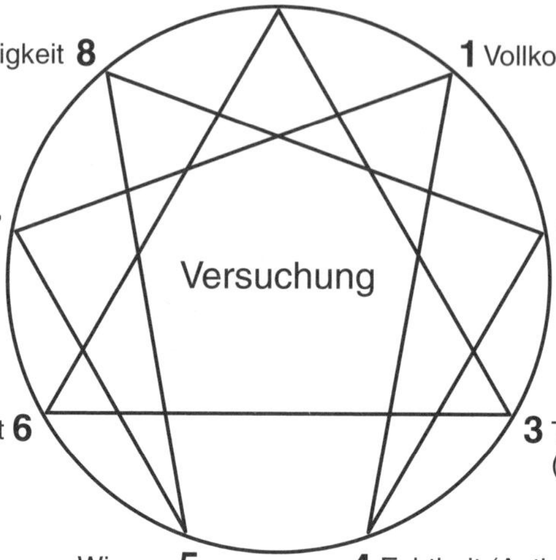

Figur 12: Versuchung

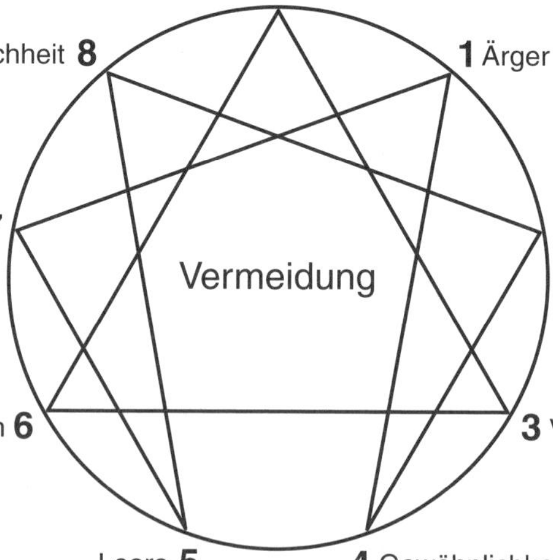

Figur 13: Vermeidung

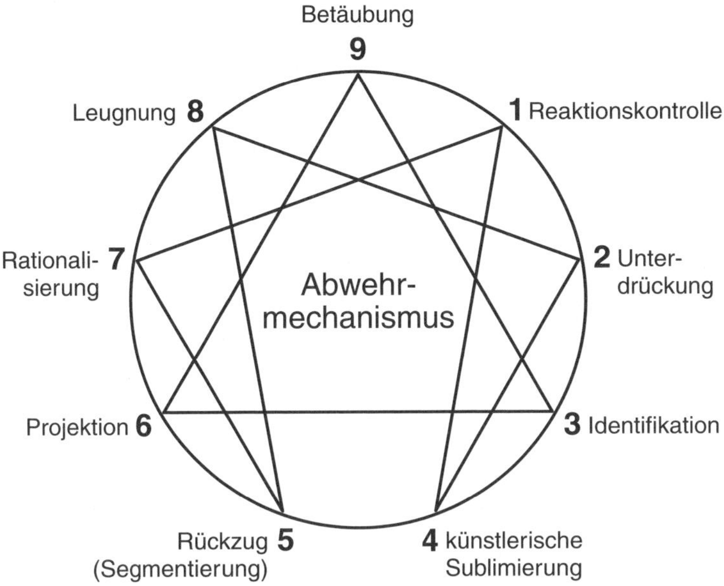

Figur 14: Abwehrmechanismus

Aus Gründen der Übersichtlichkeit haben wir hier nochmals die spezifischen Versuchungen, Vermeidungen und Abwehrmechanismen der neun Typen in Diagrammform dargestellt.

Unreif – „normal" – gereift

Es wurde bereits erwähnt, dass jeder der neun Typen ein Kontinuum darstellt, d. h. innerhalb jedes Typs gibt es verschiedene Abstufungen. Sie bewegen sich zwischen zwei Polen: auf der einen Seite steht die unreife oder gar kranke Persönlichkeit, auf der anderen Seite die gereifte oder gesunde Persönlichkeit. Zwischen beiden Polen liegt der Weg der Reifung; die „normalen" oder durchschnittlichen Vertreter eines Typs befinden sich irgendwo zwischen den beiden Extremen.

Wir alle durchlaufen – wenn es gut geht – einen Prozess der Integration; es gibt aber auch Lebensphasen der Stagnation oder des Rückfalls in ein unreifes Stadium (Regression, Desintegration). Reife und unreife Persönlichkeitsanteile mischen sich zudem in jedem/jeder von uns.

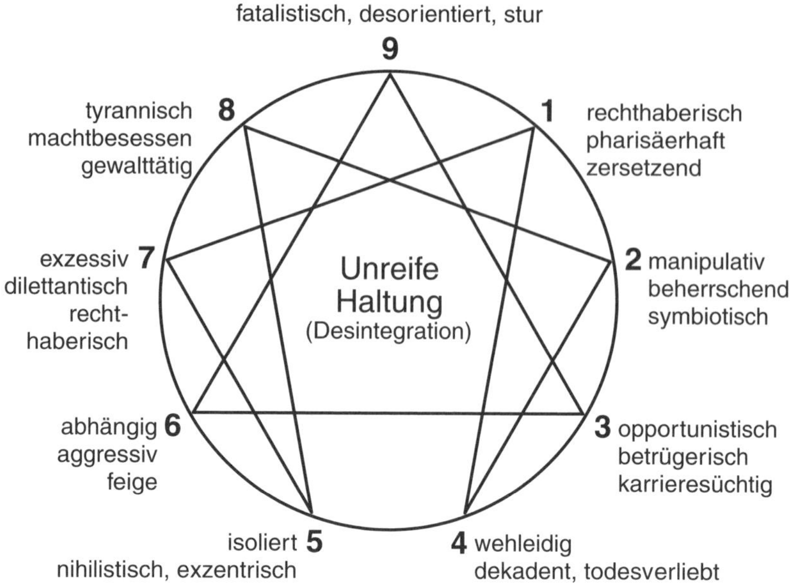

Figur 15: Unreife Haltung

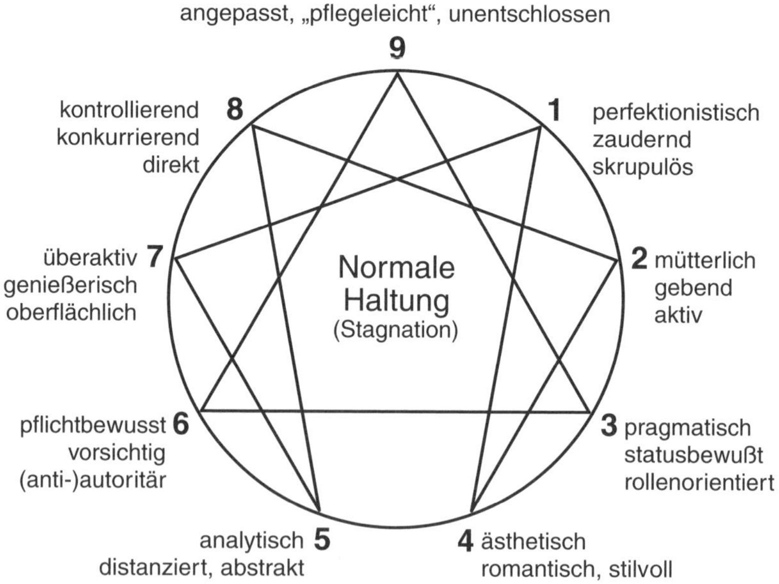

Figur 16: „Normale“ Haltung

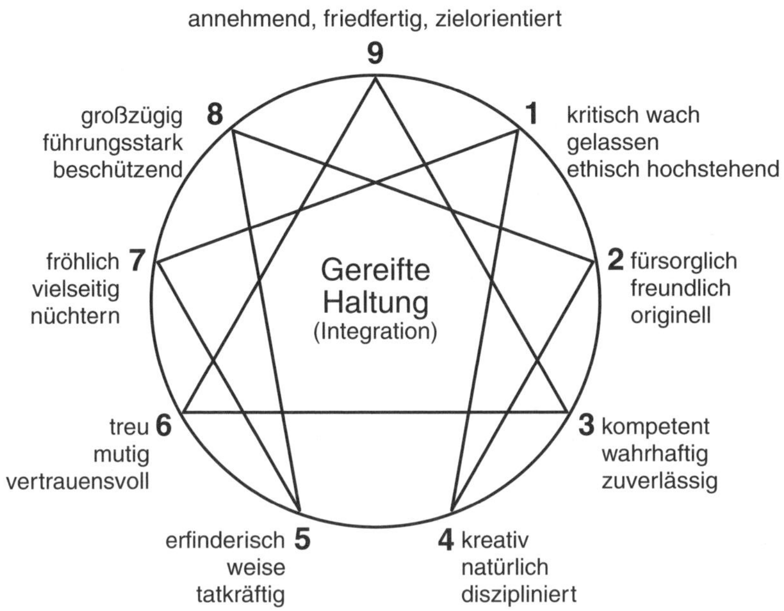

Figur 17: Gereifte Haltung

Die Flügel

Der Gesamtkreis, den das Enneagramm beschreibt, ist eine Art *perpetuum mobile*, ein sich selbst erneuerndes zyklisches System: Während man diesen Kreis in die eine oder andere Richtung durchläuft, verändern sich die „Energien" allmählich und kontinuierlich. Das Enneagramm macht zwischen den einzelnen Typen keine Sprünge. Das hat zur Folge, dass jedes Muster Anteile ihrer beiden Nachbarmuster enthält und von ihnen mitbestimmt und ausbalanciert wird. Die mir unmittelbar benachbarten Muster sind meine Flügel. Die FÜNF hat zum Beispiel Anteile ihrer Flügel VIER und SECHS in sich. Während sie primär von den Energien, Blockierungen und Gaben der FÜNF bestimmt wird, gibt es noch zwei „Nebenkriegsschauplätze". Auch die beiden Flügelenergien können – unabhängig vom Entwicklungsgrad der Hauptenergie – in unreifer, „normaler" oder gereifter Form wirksam sein.

Die Arbeit mit den Flügeln ist ein wichtiger erster Schritt zur Integration der Gesamtpersönlichkeit. Eine EINS zum Beispiel wird leicht arrogant, selbstgerecht und hyperkritisch und will der ganzen Welt klarmachen, was richtig und was falsch ist. Der ZWEIer-Flügel gleicht das aus. Er sorgt dafür, dass die EINS nicht nur an ihren moralischen Idealen klebt, sondern auch die Liebe und Zuneigung anderer Menschen sucht und ihnen dienen will. Der NEUNer-Flügel auf der anderen Seite gleicht die Arbeitssucht der EINS aus. Der Workoholiker hat einen trägen Flügel, der – wenn er zu seinem Recht kommt – für die notwendige Erholung sorgt.

Meist wird in der ersten Lebenshälfte nur einer der beiden Flügel ausgebildet. Eine der Lebensaufgaben der zweiten Lebenshälfte besteht darin, sich dem bisher unterentwickelten zweiten Flügel zuzuwenden. Auch Menschen, die das Enneagramm nicht kennen, tun das oft unbewusst.

Die Tatsache, dass jeder Typ zwei Flügel hat, ist eine Hilfe zur Bestimmung der eigenen Enneagramm-Nummer. Oft schwanken Neulinge zwischen zwei oder drei Mustern, die direkt nebeneinander liegen. Sind es nur zwei Muster, dann handelt es sich wahrscheinlich um den tatsächlichen Typ und einen der Flügel; sind es drei, bezeichnet oft das mittlere den eigentlichen Typ. Wer zwischen zwei Mustern schwankt, die durch ein drittes voneinander getrennt sind, zum Beispiel zwischen NEUN und ZWEI, sollte sich mit der mittleren Zahl (in unserem Fall: der EINS) beschäftigen. Da wir für unsere Hauptsünde oft blind sind, kann es geschehen, dass wir uns zunächst mit diesen „Nebensünden" identifizieren.

Die Tatsache, dass der Enneagramm-Kreis sich kontinuierlich verändert, hat eine weitere Folge. Um zu einem Energiepunkt zu gelangen, der nicht mein direkter Nachbar ist, muss ich die dazwischen liegenden Punkte durchlaufen.

Als ich, Andreas Ebert, vor 12 Jahren ein Sabbatjahr begann, um mich von achtjähriger pastoraler Arbeit zu erholen, suchte ich, eine ZWEI, unbewusst Punkt NEUN. Um zur NEUN zu kommen, musste ich die EINS durchlaufen. Das hieß für mich praktisch: Ich habe aufgeräumt, Rechnungen bezahlt, Akten geordnet. Erst nachdem Ordnung geschaffen war (EINS), kam ich zur Ruhe (NEUN). Gleichzeitig hat sich in dieser Zeit die Beziehung zu Menschen intensiviert, die NEUNer waren.

Die Vorherrschaft eines der beiden Flügel kann das Persönlichkeitsbild stark beeinflussen: eine SIEBEN mit einem dominierenden SECHSer-Flügel unterscheidet sich auffällig von einer SIEBEN, deren ACHTer-Flügel wirksamer ist. Es gibt auch Menschen, die sich lange Zeit mit einem ihrer Flügel so identifiziert haben, dass sie zunächst dazu „erlöst" werden müssen, ihre eigentliche Hauptenergie anzunehmen.

In Figur 18 „Die Flügel" wird in jeweils drei Stichworten dargestellt, wie ein dominanter Flügel das jeweilige Persönlichkeitsbild beeinflussen kann. Sie bezeichnen jeweils einen typischen Zug unreifer, „normaler" und reifer Vertreter des Flügel-Typs und erheben keinen Anspruch auf Vollständigkeit.[2]

mit NEUNer-Flügel	**EINS**	mit ZWEIer-Flügel
intolerant	unreif	heuchlerisch
unpersönlich	normal	kontrollierend
gerecht	reif	barmherzig
mit EINSer-Flügel	**ZWEI**	mit DREIer-Flügel
verurteilend	unreif	berechnend
ehrgeizig	normal	angepasst
ermutigend	reif	freundlich
mit ZWEIer-Flügel	**DREI**	mit VIERer-Flügel
heimtückisch	unreif	großspurig
attraktiv	normal	anspruchsvoll
sensitiv	reif	intuitiv
mit DREIer-Flügel	**VIER**	mit FÜNFer-Flügel
manisch	unreif	abgeschottet
erfolgssüchtig	normal	rätselhaft
gewinnend	reif	schöpferisch
mit VIERer-Flügel	**FÜNF**	mit SECHSer-Flügel
hoffnungslos	unreif	misstrauisch
empfindlich	normal	blockiert
inspiriert	reif	fleißig
mit FÜNFer-Flügel	**SECHS**	mit SIEBENer-Flügel
arrogant	unreif	panisch
gesetzlich	normal	mürrisch
sachverständig	reif	warmherzig
mit SECHSer-Flügel	**SIEBEN**	mit ACHTer-Flügel
bestätigungssüchtig	unreif	habgierig
defensiv	normal	weltläufig
fröhlich	reif	führungsstark
mit SIEBENer-Flügel	**ACHT**	mit NEUNer-Flügel
explosiv	unreif	kaltblütig
geschäftstüchtig	normal	sanft dominierend
großherzig	reif	gütig
mit ACHTer-Flügel	**NEUN**	mit EINSer-Flügel
rachsüchtig	unreif	willkürlich
sinnlich	normal	selbstzufrieden
sanft *und* stark	reif	rein

Figur 18: DIE FLÜGEL

Die Pfeile (Misstrost und echter Trost)
Das Enneagramm-Symbol besteht aus einem Kreis und aus Verbindungslinien (Pfeile), die die Punkte 9 – 6 – 3 – 9 (inneres Dreieck) und die Punkte 1 – 4 – 2 – 8 – 5 – 7 – 1 (unregelmäßiger sechszackiger Stern) miteinander verbinden.

Die Pfeilrichtung markiert den Weg der Regression und Desintegration. In Stresssituationen bewegen sich Menschen auf der Suche nach Entlastung und Trost in Pfeilrichtung auf einen anderen Typ zu. An diesem Punkt finden sie aber nur „Misstrost", der zwar vordergründig entlastet, aber auf Dauer kontraproduktiv ist. Der Weg gegen die Pfeilrichtung hingegen bezeichnet die Integration. In Augenblicken eines positiven Lebensgefühls, nach befreienden Gipfelerlebnissen *(peak experiences)* und auf dem Weg spiritueller Reifung findet ein Mensch echten Trost bei den positiven Qualitäten jenes Musters, das er erreicht, wenn er sich gegen die Pfeilrichtung bewegt. Zum Beispiel: Eine ZWEI, die überlastet und am Ende ist, nimmt Züge einer unreifen ACHT (Pfeilspitze) an: sie wird autoritär, aggressiv, triebgesteuert und im schlimmsten Fall gewalttätig. Ihr Misstrost liegt im Selbstbild der unreifen ACHT: „Ich bin mächtig! Ich bin potent" Dieselbe ZWEI gelangt zu echtem Trost und zur Integration, wenn sie gleichsam zur VIER geht,

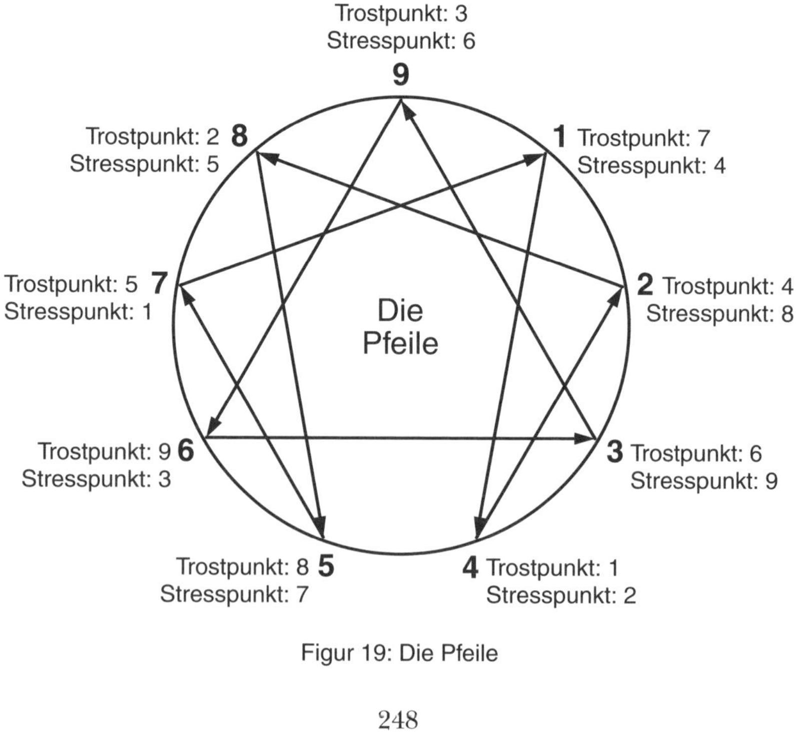

Figur 19: Die Pfeile

die eigene kreative und ästhetische Seite lebt und entdeckt: „Ich bin etwas Besonderes, auch wenn ich einmal nicht für andere da bin!“ Die „Unterscheidung der Geister“, von der *Paulus* und *Ignatius* gesprochen haben, bedeutet, eine geistliche „Instinktsicherheit“ dafür zu entwickeln, welche meiner Impulse wirklich Leben schaffen und welche letztlich Leben zerstören. Miss-Trost äußert sich nach Ignatius in geistlicher Verwirrung, Aufruhr und Dunkelheit, in Unruhe und Ekel oder in Verzweiflung und Selbstsucht. Echter Trost manifestiert sich dagegen als Erfahrung innerer Wärme, Dankbarkeit, Freude und Kraft.

Die folgenden Ausführungen setzen die Kenntnis der Persönlichkeitsbeschreibungen voraus und knüpfen mitunter an dort bereits ausgeführte Beispiele an.

EINS

Misstrost: EINS geht nach VIER. Unreife EINSer wollen um jeden Preis Recht haben und verurteilen andere. Sie sind übereifrig, unpersönlich und voller unterdrückter Wut. Wenn die EINS am Ende ist, richtet sie ihre Aggressionen gegen sich selbst und nimmt die subjektivistischen, schwermütig-depressiven und selbstzerstörerischen Züge einer unerlösten VIER an (*Luthers* Selbstkasteiungen im Kloster!). Das überhebliche Selbstbild der VIER („ich bin etwas Besonderes“) kann auch dazu führen, dass „gestresste“ EINSer beginnen, sich selbst zu beweihräuchern. *Paulus* ist in seiner unerquicklichen Auseinandersetzung mit der Gemeinde von Korinth dieser Gefahr nicht immer entgangen: *„Keiner soll mich für einen Narren halten, wenn aber doch: gut, dann lasst mich den Narren spielen und auch ein wenig prahlen ... Ihr klugen Leute habt ja die Narren so gerne. Womit andere angeben – ich rede als Narr –, kann ich auch angeben: Sie sind Hebräer – ich auch. Sie sind Israeliten – ich auch. Sie sind Nachfahren Abrahams – ich auch. Sie sind Diener Christi – ich rede jetzt ganz verrückt –, ich noch mehr. Ich habe mehr Leiden ertragen, war öfter im Gefängnis, wurde mehr geschlagen, war oft in Todesgefahr ... dreimal wurde ich ausgepeitscht, einmal gesteinigt, dreimal erlitt ich Schiffbruch, einen Tag und eine Nacht trieb ich auf hoher See. Ich war auf Reisen oft in Gefahr durch Flüsse, Räuber, das eigene Volk, Heiden, gefährdet in der Stadt, in der Wüste, auf hoher See, durch falsche Brüder. Mühsal und Plage habe ich durchlitten, durchwachte viele Nächte, ertrug Hunger und Durst, häufiges Fasten, Kälte, Blöße ...“* (2. Korinther 11,16ff.). Im schlimmsten Fall enden desintegrierte EINSer in völliger Resignation und sind nicht mehr bereit, irgendetwas zur Verbesserung ihrer Lage (oder gar der Welt) zu tun.

Echter Trost: EINS geht nach SIEBEN. Die angespannte und kontrollierte EINS muss es lernen, sich zu entspannen, fröhlich zu sein, zu feiern und „fünf gerade sein zu lassen“. Die erlöste EINS arbeitet zwar immer noch hart, aber sie hat zu einer gewissen Leichtigkeit und zu innerem Frieden gefunden und kann es hinnehmen, unterwegs zu sein und noch nicht am Ziel. Gelassene Lebensfreude kann man bei Luther nach seinem befreienden Turmerlebnis spüren: Er ist gesellig, hat gerne Gäste an seinem Tisch, musiziert und feiert. Berühmt ist sein Ausspruch: „Ich sitze da und trinke mein Wittenbergisches Bier, während das Reich Gottes von alleine läuft und wächst, ohne dass man es merkt." Töne der Freude klingen auch bei *Paulus* an, wenn er an die Gemeinde in Philippi schreibt, die ihm – im Gegensatz zu den Korinthern – immer mit Liebe und Respekt begegnet ist: *„Ich danke meinem Gott, wenn ich an euch denke; und wenn ich für euch bete, tue ich das voller Freude ... Freut euch allezeit im Herrn. Noch einmal sage ich: Freut euch! ... Sorgt euch um nichts, sondern bringt in jeder Lage betend und flehend eure Anliegen mit Dank vor Gott!"* (Philipper 1, 3–4; 4, 4.6).

ZWEI

Misstrost: ZWEI geht nach ACHT: Unerlöste ZWEIer machen sich „unersetzlich" und wollen, dass andere in ihrer Schuld stehen. In ihnen kocht viel unerkannte Wut, weil ihre Mitmenschen (und Gott!) so undankbar sind. Normalerweise sind ZWEIer lieb, um keinen Liebesverlust zu erleiden. Aber wenn sie sich zu lange gedemütigt, abgewiesen oder ausgenützt fühlen, holen sie zum Gegenschlag aus und gleichen neurotischen ACHTern („ich bin mächtig!"). In solchen Zeiten werden ZWEIer von einer Dunkelheit regiert, die ihre Liebesfähigkeit auslöscht. Der Hass und die Bitterkeit gegenüber den Menschen, die ihre Liebe nicht „angemessen" erwidert haben, kann maßlos sein. Er äußert sich meistens in passiv-aggressiven Verhaltensweisen, kann aber in Ausnahmefällen auch gewalttätig werden. Oder Zweier „holen" sich Liebe durch exzessiven Sex. Wir haben bereits oben geschildert, wie die dienstfertige Martha ihre Schwester Maria und auch ihren Besucher Jesus angreift, weil sie das Gefühl hat, ausgenutzt zu werden und selbst zu kurz zu kommen. Auch die aggressive Seite des Lieblingsjüngers *Johannes* haben wir bereits gesehen: Er würde das Dorf, in dem Jesus und die Seinen abgewiesen wurden, am liebsten vernichten.

Echter Trost: ZWEI geht nach VIER. Die ZWEI auf dem Weg zur Integration gibt den Zwang auf, es allen recht machen und die Welt retten zu müssen. Auch ihr unrealistisches Selbstbild: „Ich bin die Liebe in Person!" kann endlich relativiert werden. Die VIER stellt sich der dunklen Seite der eigenen Seele, anstatt – wie die ACHT – die Schuld bei anderen zu suchen. Die Einsicht in die eigene Gebrochenheit und Sündhaftigkeit bricht den Stolz der ZWEI und öffnet ihr die Augen dafür, dass auch sie erlösungsbedürfig ist und aus Gottes Gnade lebt. Die Erfahrung der Liebe Gottes führt zu echter Selbstannahme („ich bin etwas Besonderes!"), die sich vor allem darin äußert, dass die ZWEI mit sich selbst Freundschaft schließt, das Alleinsein aushält, eigene Bedürfnisse entdeckt und zulässt und ihre kreativen Seiten um ihrer selbst willen entwickelt – und nicht nur, um anderen damit „Gutes" zu tun. Die ZWEI an Punkt VIER ist fähig, dankbar zu sein und sich des Lebens zu freuen. Die Liebe einer integrierten ZWEI ist nicht mehr klammernd und berechnend, sondern erlaubt dem geliebten Menschen die eigene Entwicklung. Eine „getroste" ZWEI kann sich über kleine Zeichen der Zuwendung freuen und überfordert sich und andere nicht mit überzogenen Erwartungen. Wenn sie Gutes tut, dann hat sie vor allem den Menschen im Blick, der Hilfe braucht, und nicht den einklagbaren Dank.

Ich, Andreas Ebert, hatte als 26-Jähriger ein Erlebnis, das illustriert, was einer ZWEI an ihrem Trostpunkt VIER widerfahren kann: Ich war im Urlaub zu Gast im Elternhaus eines norwegischen Freundes und wurde dort sehr herzlich aufgenommen. Stress und Ansprüche fielen von mir ab. In dieser Situation der Geborgenheit setzte ich mich eines Morgens ans Klavier und schrieb innerhalb einer Stunde das „Kindermutmachlied", das bis heute bei Kindern und Erwachsenen recht populär ist:

1. Wenn einer sagt: „Ich mag dich, du; ich find' dich ehrlich gut!",
   dann krieg' ich eine Gänsehaut und auch ein bisschen Mut.
2. Wenn einer sagt: „Ich brauch' dich, du; ich schaff' es nicht allein",
   dann kribbelt es in meinem Bauch, ich fühl' mich nicht mehr klein.
3. Wenn einer sagt: „Komm, geh mit mir; zusammen sind wir was!",
   dann werd' ich rot, weil ich mich freu', dann macht das Leben Spaß.
4. Gott sagt zu dir: „Ich hab dich lieb. Ich wär' so gern dein Freund!
   Und das, was du allein nicht schaffst, das schaffen wir vereint."[3]

Dieses Lied ist inhaltlich das Credo einer ZWEI. Aber ich habe eine Situation der Geborgenheit gebraucht, um meine Bedürftigkeit zuzugeben, in Worte zu fassen, sie kreativ zu gestalten und um Gott als die Quelle zu erkennen und zu benennen, die meinen Liebesdurst stillen kann.

DREI

Misstrost: DREI geht nach NEUN. DREIer tun sich wegen der vielen Rollen, die sie darstellen, von Haus aus schwer, ihre wirklichen Gefühle wahrzunehmen. Am Stresspunkt NEUN geraten sie in den Sog der Verzweiflung, verlieren das Interesse an sich selbst und können ihr Image, das ihnen ihre Identität verschafft hat, nicht mehr aufrechterhalten. Das geschieht vor allem, wenn die Anerkennung ausbleibt. Die Rollen funktionieren nicht mehr, aber es ist keine Motivation und Kraft da, sich um das „wahre Selbst" zu bemühen. Das Leben einer desintegrierten DREI erscheint leer und sinnlos. Am Stresspunkt NEUN richtet die DREI all den Hass und die Feindseligkeit, die sie sonst gegenüber ihren Konkurrenten entwickeln kann, gegen sich selbst. Extrem regressive

DREIer, deren Spiel aufgedeckt wird oder nicht mehr funktioniert, sind selbstmordgefährdet: Der Tod als der „endgültige Schlaf“ ist der einzige verbleibende Zufluchtsort. Es kann auch geschehen, dass sich eine desintegrierte DREI gehen lässt, verwahrlost oder einer Sucht verfällt. Sie braucht Menschen, die sie lieben und ihr helfen, lohnende und „ehrliche“ Werte und Lebensziele zu entdecken und neue Lebensvisionen zu entwickeln, um aus diesem Loch wieder herauszufinden.

Echter Trost: DREI geht nach SECHS. DREIer haben Schwierigkeiten mit Treue, Abhängigkeit und Vertrauen. Treue bedeutet ja, mit einem anderen „durch dick und dünn“ zu gehen. Für eine Ehe heißt das zum Beispiel, zusammenzustehen „in guten wie in bösen Tagen“. DREIer neigen aber dazu, Projekte abzubrechen, wenn sie vom Scheitern bedroht sind und wie ein Verlustgeschäft wirken. Verbindlichkeit bewirkt außerdem, dass die eigenen Rollen und Masken irgendwann durchschaut werden und damit ihre Wirkung verlieren. Die Angst der DREI, außer diesen vielfältigen Masken kein eigenes „Selbst“ zu haben, kann sich als Bindungsangst manifestieren. In Wirklichkeit aber ist Verbindlichkeit die einzige Möglichkeit für eine DREI, ihre Rollenfixierung zu überwinden und innerlich zu wachsen. Besonders hilfreich ist es, wenn der Partner oder die Gruppe der DREI erlauben, ihre unterentwickelte und bedürftige Innenseite zu zeigen. Punkt SECHS („ich bin loyal!“) hilft der DREI ferner, ihre Gaben in den Dienst einer Sache zu stellen, die größer ist als sie selbst, anstatt sie nur für die eigene Karriere zu gebrauchen. „Durch die Anerkennung von Werten, die über sie selbst hinausgehen, entwickeln integrierende DREIer ihr Gewissen. Sie erkennen ihre eigenen Grenzen an und die Grenzen dessen, was sie von anderen, von sich selbst und vom Leben zu erwarten haben.“[4] Ohne Einbindung und Unterordnung steht die DREI in Gefahr, Opfer des eigenen Ehrgeizes zu werden.

VIER

Misstrost: VIER geht nach ZWEI. Die ungeläuterte VIER ist schwermütig, verwirrt und entfremdet und zweifelt an sich selbst. Wenn eine VIER am Ende ist, dann kann es geschehen, dass sie versucht, den Kontakt zur Realität dadurch wiederzuerlangen, dass sie die eigene Unabhängigkeit aufgibt, sich für andere unentbehrlich macht („ich helfe!“) oder sich an andere klammert. Wie die Karikatur einer ZWEI versucht sie auf diese Weise, ihre Identität durch fremde Liebe und Zuwendung zu erlangen. Die Schwierigkeiten, die VIERer von Haus aus mit verbindlichen Beziehungen haben, verstärken sich jedoch, wenn sie desolat sind. In diesem Zustand sind sie völlig unfähig, auf einen anderen Menschen wirklich einzugehen, und wollen nur noch bemitleidet und unterstützt werden. Zugleich beginnen sie den Menschen zu hassen, von dem sie abhängig sind. Auf diese Weise muss jede Beziehung früher oder später zerbrechen.

Diese Dynamik sehen wir in der Liebesbeziehung des 24-jährigen *Søren Kierkegaard* zu *Regine Olsen*, dem 15-jährigen Mädchen. Er ist ihr völlig verfallen und will sie heiraten. Aber der Gedanke, dass die Ehe zu absoluter Offenheit verpflichtet, schreckt ihn ab. Er macht sich schließlich selbst schlecht, in der Hoffnung, dass sie ihn dann verstößt, löst die Verlobung und bleibt doch zeitlebens in dieser Beziehung gefangen. Die Tatsache, dass sie nicht von ihm abhängig bleibt, sondern sich anderweitig bindet, setzt ihm besonders zu. Sein Verhalten entspricht der Distanz- und Näheproblematik des unreifen ZWEIer-Musters.

Echter Trost: VIER geht nach EINS. Die EINSer-Welt der Werte, der Zuversicht und des Gewissens ist eine heilsame Balance für das Gefühlschaos, die Selbstzweifel und den Subjektivismus der VIER. Die Idealisierung der EINS („ich habe Recht!") hilft der VIER zu gesunder Selbstannahme. Für die EINS sind Werte wichtiger als Gefühle, Fleiß wichtiger als Genialität, Vernunft wichtiger als Inspiration. Die Nüchternheit der EINS hilft der VIER, Abstand zu sich selbst zu gewinnen und die Fähigkeit zu erwerben, die eigene Phantasiewelt kritisch zu prüfen. Ein Künstler, der eine VIER ist, braucht den Fleiß und den Perfektionismus der EINS, um seine genialen Eingebungen auch handwerklich umsetzen zu können. Das „Rohmaterial", das die Seele der VIER ständig produziert, bedarf der Läuterung durch die „Form" der EINS. Zur EINS zu gehen bedeutet für die VIER daher, sachgerechte Kritik zuzulassen ohne sich deshalb als Person niederzumachen. Die Naturbezogenheit der EINS hilft der VIER, mit der eigenen Natürlichkeit und Ursprünglichkeit in Kontakt zu kommen.

Für das Wachstum eines *Thomas Merton* war es lebensentscheidend, sich der Zucht eines strengen Klosters zu unterwerfen. Der Kampf mit seinem Abt, der immer wieder den Subjektivismus dieses genialen Mönches in die Schranken verwiesen hat, war eine harte, aber notwendige Schule. Er hat wahrscheinlich dazu beigetragen, dass die subjektiven Erfahrungen Mertons so geläutert und geformt wurden, dass sie zur Allgemeingültigkeit gelangten und bis heute für viele eine Quelle der Inspiration sind.

FÜNF

Misstrost: FÜNF geht nach SIEBEN. Die desintegrierende FÜNF nimmt nihilistische, schizoide und autistische Züge an. Sie droht, den Kontakt zur Realität zu verlieren und in illusionären Gedankenspielen und irrealen Traumwelten zu leben. Um sich zu entlasten, wird die neurotische FÜNF unter Umständen selbstsüchtig, sucht Zerstreuung und Vergnügen und zieht sich in jenes ihrer vielen Denksegmente zurück, das sagt: „Ich bin o. k.!" Statt gezielt aktiv zu werden, verliert sich die gestresste FÜNF in ziellosem Aktivismus oder kultiviert alberne Spleens. In diesem Stadium versucht sie unter Umständen auch, in sinnlichen Genüssen „Trost" zu finden. Damit begeht die FÜNF Verrat an ihrer eigentlichen Stärke: Tiefe der Reflexion, Kontemplation und nüchterne Weisheit. Außerdem bleibt sie im Bereich des Kopfes, anstatt die eigenen Emotionen wahrzunehmen und den Schritt vom Denken zum Tun zu wagen. Das Bild des dekadenten englischen Dandy trifft in etwa diesen Zustand der FÜNF.

Echter Trost: FÜNF geht nach ACHT. Das Denken der FÜNF tendiert dazu, das Tun zu verhindern. Eine FÜNF, die nach ACHT integriert, ist bereit, ihre Erkenntnis – so unvollständig und vorläufig sie erscheinen mag – in die Praxis umzusetzen. Das ist Ausdruck einer gesunden Kühnheit. Reife FÜNFer vertrauen darauf, dass sie nicht immer nur nehmen müssen, sondern etwas Originelles und Unverzichtbares zu geben haben, das die Welt bereichern oder verändern kann. Das kann so aussehen, dass eine Hildegard von Bingen ihre Visionen der Außenwelt mitteilt und mit ihren Einsichten aktiv in die verworrene Kirchen und Weltpolitik ihrer Zeit eingreift. Das kann dazu führen, dass ein *Dietrich Bonhoeffer* zum Verschwörer wird und sogar bereit ist, sich die Hände schmutzig zu machen und den Tyrannen eigenhändig zu ermorden. Das Wagnis der Tat an Punkt ACHT besteht darin, bisherige und vorläufige Erkenntnisse umzusetzen und darauf zu vertrauen, dass aus der Erfahrung neue Erkenntnisse gewonnen werden können, die sich am Schreibtisch nicht einstellen. Der Schritt zur Tat bedeutet, dass die FÜNF Hautkontakt mit der Realität aufnimmt und dass Kopf und Bauch sich finden.

SECHS

Misstrost: SECHS geht nach DREI. Die unerlöste SECHS ist autoritär und krankhaft misstrauisch. Weil sie wenig Selbstwertgefühl besitzt, begibt sie sich in die Abhängigkeit irgendeiner „größeren Macht". Der Faschismus ist die historische Illustration für das, was geschehen kann, wenn ein krankes SECHSer-System nach DREI desintegriert und erfolgsorientiert wird. Die SECHS gelangt an Punkt DREI nicht zu Kompetenz und Effizienz, sondern verfällt in die versteckte Feindseligkeit der DREI: Aus Masochisten werden Sadisten, die ihren geballten Hass gegen andere richten und ihre Minderwertigkeitsgefühle durch einen Überwertigkeitskomplex kompensieren: Aus Angsthasen werden Angstmacher.

In diesem Stadium achtet die SECHS nicht mehr auf ihre innersten Warnsignale, ist zu Lüge, Verrat und Untreue fähig, um die eigene Haut zu retten – und am Ende zu verlieren. Der Augenblick, in dem Petrus in die DREIer-Sünde fällt und seinen Herrn verleugnet, ist der absolute Tiefpunkt seines Lebens.

Echter Trost: SECHS geht nach NEUN. Die Ruhe und Gelassenheit der NEUN ist die beste Medizin gegen die Angst der SECHS. In der Geschichte von der Stillung des Sturmes schläft Jesus auf einem Kissen am Bug des Bootes, während der See um das Boot herum hohe Wellen schlägt. Die Jünger wecken den Meister, er schilt ihren Kleinglauben und bringt das Meer mit seinem Wort zur Ruhe (Markus 4, 35–41). In einer anderen Geschichte geht Jesus über das Wasser und fordert den ängstlichen *Petrus* auf, das Boot zu verlassen und zu ihm zu kommen. Solange Petrus auf Jesus sieht, geht alles gut. Sobald er auf die Wellen sieht und seine eigene Angst realisiert, versinkt er (Matthäus 14, 22–33). *Oscar Romero* ist das Paradebeispiel dafür, wie Gottvertrauen aus einem Funktionär des Systems einen freien und todesmutigen Menschen machen kann. „Integrierende SECHSer erlangen nicht nur Sicherheit, sondern auch die Fähigkeit, anderen zu vertrauen.“[5]

SIEBEN

Misstrost: SIEBEN geht nach EINS. Der Verdrängungsmechanismus einer unerlösten SIEBEN funktioniert nicht mehr; deshalb verstärkt sich die Angst, mit Schmerz und Finsternis in Berührung zu kommen. Der bloße Gedanke an Seelsorge oder Therapie löst Panik aus. Das alles verstärkt den hektischen Aktivismus der SIEBEN und/oder ihren Hang zu exzessivem Genuss. Der Schritt zum Stresspunkt EINS kann der Versuch sein, die Kontrolle über die eigene Gefühlswelt wiederzuerlangen. An Punkt EINS kann die SIEBEN ein „wasserdichtes“ ideologisches System übernehmen, das sie aggressiv verteidigt. Desintegrierende SIEBENer können alles verdammen, was ihrem Bedürfnis nach einer „positiven“ Weltsicht im Wege steht. In Teilen der charismatischen Bewegung kann man diese merkwürdige Mischung aus Fröhlichkeit und Intoleranz beobachten. Ähnlich wie bei der ZWEI, die zu ACHT geht, lautet das Motto in dieser Konstellation: „Und willst du nicht mein Bruder sein, dann schlag ich dir den Schädel ein!“ Immer noch lächelnd und im Namen des Guten sind solche Menschen schlimmstenfalls fähig, andere – und am Ende sich selbst nachhaltig zu schädigen.

Echter Trost: SIEBEN geht nach FÜNF. Der Optimismus der SIEBEN entstammt ihrer Angst vor Tiefe; denn in der Tiefe lauert – so fürchten sie – der Schmerz. Die „Reise nach innen“ bedeutet, auf einen Teil der falschen Tröstungen der Außenwelt zu verzichten. *Franz von Assisi* zog sich nach seiner Bekehrung in die Einsamkeit zurück und betete unablässig: „Herr, wer bist du – und wer bin ich?“ Er wählte Gebetsorte von außerordentlicher Schönheit, um sich dort der eigenen Tiefe zu stellen. Überraschenderweise entdeckte er in sich keine bestialischen Abgründe – sondern die Quelle wirklicher und tiefer Freude. Wenn die SIEBEN zu FÜNF geht, hört sie auf, den Schmerz zu verdrängen und vertraut darauf, dass ihre grundlegende Fröhlichkeit und Dankbarkeit für das Leben tragfähig genug sind, um eine gründliche Auseinandersetzung mit dem gesamten Leben auszuhalten. An Punkt FÜNF wird die SIEBEN gesammelter und nüchterner. Sie konsumiert die Welt nicht mehr, sondern lernt es, für ihre Erhaltung Verantwortung zu übernehmen.

ACHT

Misstrost: ACHT geht nach FÜNF. Die Energie der neurotisch-regressiven ACHT ist feindselig und gewalttätig. An Punkt FÜNF („ich bin weise!") beginnt die ACHT zu grübeln, zu zweifeln und nachzudenken. Ängste kommen hoch, vor allem die Angst, die Macht zu verlieren. Nur wenige ACHTer ziehen sich freiwillig in die Stille zurück. Oft ist es die Folge von Krankheit oder körperlicher Schwäche; im Falle von Gewaltverbrechern kann es auch die unfreiwillige Isolation einer Gefängniszelle sein. In diesem Stadium erlebt die ACHT unter Umständen erstmals eine tiefsitzende Ohnmacht, die sie bisher nie zugelassen hat. Die Befürchtung, dass andere ihre Schwäche ausnützen und sich für bisherige Demütigungen rächen könnten, nimmt überhand. Schuldgefühle kommen auf. Der Sinn der ACHT für Gerechtigkeit lässt sie plötzlich das eigene Unrecht sehen, das Bestrafen und Vergeltung fordert. Schließlich richtet die ACHT ihre Aggressionen gegen sich selbst. Eine unerlöste ACHT ohne Macht, ohne Aktionsradius, ohne Angriffsziele und ohne „Untertanen" ist unter Umständen suizidgefährdet.

Echter Trost: ACHT geht nach ZWEI. Die ZWEI entschärft den Machtinstinkt der ACHT und fördert ihre „weiche" Seite, die helfen, nähren und beschützen will. Eine ACHT, die zu ZWEI geht, will nicht mehr nur herrschen, sondern auch heilen; sie verlässt ihre selbst gewählte Isolation, wird umgänglicher, sanfter und verwundbarer. Martin Luther King ist das Beispiel einer integrierten ACHT, die ihre Führungsgaben in den Dienst der Gerechtigkeit und gleichzeitig in den Dienst der Liebe gestellt hat. Integrierte ACHTer sind fähig, eine Revolution der Liebe anzuzetteln. King hatte die Lektion von Jesus gelernt, freiwillig auf Gewaltherrschaft zu verzichten und statt dessen als Herr zugleich Diener zu sein. Schwach, verwundbar und zärtlich zu sein, ist die größte Heldentat, die eine ACHT vollbringen kann.

NEUN

Misstrost: NEUN geht nach SECHS. Die desintegrierte NEUN kann jeglichen Kontakt zum Leben verlieren. Sie war ein Leben lang damit beschäftigt, allzu starke Impulse positiver und negativer Art zu unterdrücken. Nun bricht ihr einziger Verteidigungsmechanismus zusammen, den sie hat: der Rückzug. Alle Ängste der Welt überschwemmen sie; die Orientierungslosigkeit ist nicht mehr auszuhalten. Auch die Tendenz der SECHS, sich selbst zu bestrafen, kann wirksam werden. Weil die NEUN im eigentlichen Sinne keine Abwehrmechanismen hat, kann auch ihr Hang zur Narkotisierung überhand nehmen oder gar der Tod – als der „endgültige Schlaf" – attraktiv werden. Wir sehen beim Propheten *Jona*, wie er in Krisensituationen jedes Mal sterben will. Eine andere Möglichkeit besteht darin, dass die NEUN an diesem Punkt – wie die unerlöste SECHS – masochistisch abhängig wird von anderen „Autoritäten", die stellvertretend für sie leben und entscheiden und ihren Seelenfrieden wiederherstellen sollen.

Echter Trost: NEUN geht nach DREI. Die DREI vermittelt der NEUN das, was sie lernen muss: zielgerichtetes und konstruktives Handeln. An Punkt DREI überwindet die NEUN ihr Jonas-Syndrom, hört auf, sich unter Wert zu verkaufen und beginnt, ihre Gaben zu entdecken und einzusetzen. Die NEUN, die zu DREI geht, wird autonom und selbstbewusst und definiert sich nicht mehr von den Erwartungen und Impulsen anderer her. Sie ergreift Initiative und stellt erstaunt fest, dass sich andere dadurch bereichert fühlen. Integrierende NEUNer können die Welt verändern. Jona hat den Untergang Ninives aufgehalten, als er die Prophetenrolle angenommen hat. Johannes XXIII. hat die katholische Kirche umgekrempelt. Einer integrierenden NEUN vertraut man sich gerne an, weil man spürt, dass sie ihre Gaben aus Liebe einsetzt und nie, um sich selbst zu dienen.

Ich, Andreas Ebert, habe einen Freund und Kollegen, der eine recht integrierte NEUN ist. Er hatte lange nur eine halbe Pfarrstelle inne, weil er Zeit „zum Leben" brauchte. Seine wenigen, aber gezielten Aktionen waren so angelegt, dass Laien viel Verantwortung übernehmen mussten und konnten. Delegation war für ihn Entlastung. Seine Predigten waren teilweise äußerst provokativ. Aber mein Freund trug das alles in einem so gelassenen Ton vor, dass es keine Aggressionen geweckt hat, sondern Nachdenklichkeit. Was dieser Freund gemacht hat, das gelang. Bei alledem ging von ihm eine große Ruhe aus, die er – wie er sagte – selbst oft gar nicht bemerkt hat. Viele Menschen lernten ihn als verschwiegenen und aufmerksamen Seelsorger schätzen. Nach 14 Jahren Pfarramt gönnt er sich jetzt ein Sabbatjahr, um in der Routine des Amtes nicht völlig auszubrennen.

Aus dem Gesagten geht hervor, dass die Auseinandersetzung mit den eigenen Regressions- und Integrationspunkten ein wichtiger Beitrag zum persönlichen Wachstum ist. Wir müssen lernen, für das sensibel zu sein, was uns wirklich aufbaut und tröstet und für das, was uns zerstört. *Helen Palmer* hat allerdings mit Recht davor gewarnt, dabei so zu verfahren, dass man sich auf seinen Trostpunkt stürzt und den Stresspunkt verdrängt.

In diesem Fall kann es beispielsweise geschehen, dass ich mich als

ZWEI mit der „positiven" Energie der VIER identifiziere und versuche, selbst eine Art VIER zu werden. Dabei nehme ich aber unbewusst auch die negativen Seiten der VIER an, werde melancholisch, narzisstisch und übersensibel. Plötzlich meine ich, ich hätte als ZWEI durch meinen Trostpunkt VIER ein Recht darauf, „etwas Besonderes" zu sein – und nähre damit meine Wurzelsünde, den STOLZ.

Wenn ich umgekehrt die ACHT meide, dann kann ihre destruktive Energie in meinem Unbewussten ungehindert wirken und eines Tages gewaltsam durchbrechen. Außerdem sind die Tatkraft, die Klarheit und die Entschlossenheit der reifen ACHT Gaben, die gerade die „weiche" ZWEI nötig hat (um beispielsweise zu lernen, Nein zu sagen). „Die Heilungsgaben des so genannten Stress-Punktes zu kultivieren ist Teil von Techniken wie Gestalt-Therapie ..., in denen negative Emotionen absichtlich ... eingesetzt werden. Die Absicht hinter dieser Methode ist, unsere Leidenschaften gezielt zum Überfließen zu bringen und eine zwanghafte schlechte Gewohnheit dadurch zu erlösen, dass sie einmal vollständig . . . durchlebt wird."[6]

Wachsen mit dem Enneagramm

Mit dem Enneagramm kann man auf sehr verschiedenen Ebenen und in den unterschiedlichsten Zusammenhängen arbeiten. Die folgenden Anregungen sind Hinweise darauf, wie das Enneagramm bereits erfolgreich eingesetzt wurde oder wie es möglicherweise genutzt werden kann.

Selbststudium

Das Enneagramm ist in erster Linie ein Schlüssel zur Selbsterkenntnis. Es geht nicht darum, dass ich andere festlege oder mich von anderen festlegen lasse, sondern dass ich mich selbst frage, wer ich bin, welche Gefahren und Möglichkeiten in mir stecken und wie ich zu meinem „wahren Selbst" finden kann, das Gott in mir angelegt hat. Letztlich kann nur ich selbst mich mit einem bestimmten Typ oder Lebensprogramm des Enneagramms identifizieren. Das kann sehr schnell gehen oder sehr lange dauern. Das Tempo bestimme ich. Auch wer nicht sofort seinen oder ihren Typ herausfindet, kann die eigene Lebensgeschichte im Spiegel der neuen Typenbeschreibungen betrachten und daraus Gewinn ziehen. Manchen wird es helfen, wenn sie – angeregt vom Enneagramm – Schlüsselerlebnisse der eigenen Biographie aufschreiben, über sie nachdenken oder mit anderen – zum Beispiel einem Seelsorger/einer Seelsorgerin – darüber reden.

Partnerschaft
Es ist ein Manko, dass zwei Singles dieses Buch geschrieben haben. Aus unserem Freundeskreis wissen wir aber, dass das Enneagramm eine hervorragende Kommunikationshilfe für das Gespräch zwischen Partnern sein kann. Viele Konflikte, die eine Partnerschaft belasten, aber bisher nicht formuliert werden konnten, erscheinen – so berichten Paare – in einem neuen Licht. Das Enneagramm hilft, die Eigenarten des anderen barmherziger und die eigenen Eigenarten kritischer zu betrachten. Eine Frau, die sich intensiver mit dem Enneagramm beschäftigt hat, sagte: „Je länger ich die neun Typen studiere, desto mehr spüre ich: man muss sie alle lieb haben!"

Das Spiel „Wer passt zu wem" lässt sich nicht aufs Enneagramm übertragen. Es gibt keine „Superpartner", die automatisch gut zusammenpassen. Unreife Typen werden es mit allen anderen schwer haben – gereifte Personen sind hingegen in der Lage, alle zu achten und zu lieben.

Das Enneagramm hilft allerdings, die spezifische Dynamik einer bestimmten Beziehungskonstellation besser zu verstehen. Es würde den Rahmen dieses Buches und unseren bisherigen Erfahrungshorizont sprengen, wenn wir das im Einzelnen und für alle Typen ausführen würden. Zu diesem Thema gibt es inzwischen ausgezeichnete Spezialliteratur.[7] Deswegen folgen hier nur einige grundlegende Hinweise:

„Gleich und gleich gesellt sich gern": Die Erfahrung spricht dagegen, dass dies im Bereich von Partnerschaften stimmt. Es gibt nur wenige Menschen, die den gleichen Enneagramm-Typ wirklich attraktiv finden. Solch eine Partnerschaft birgt drei spezifische Gefahren: 1. Die einseitige Energie des jeweiligen Typs wird verdoppelt und beherrscht die gesamte Partnerschaft. 2. Da beide Partner dasselbe „Spiel" spielen, können sie sich nur wenig herausfordern und ergänzen. 3. Wenn sie die eigenen Mechanismen beim Partner entdecken, kann sie das womöglich sehr aufregen (Schatten-Projektion). Die letztgenannte Gefahr enthält aber auch eine spezifische Chance: Partner des gleichen Typs verstehen einander „durch und durch" und können auf Dauer einander nichts vormachen.

„Gute Nachbarschaft": Benachbarte Typen verstehen sich oft sehr gut. Sie sind sich unähnlich genug, um füreinander nicht langweilig zu werden; sie sind sich aber auch ähnlich genug, um sich gut zu verstehen; solche Partner können sich gegenseitig helfen, ihren Flügel zu integrieren und dadurch das eigene Potential voller zu leben.

„Pfeiltypen": Typen, die im Enneagramm durch Pfeile verbunden sind, stehen in einer besonderen Dynamik. Das Problem dabei ist, dass in diesen Beziehungen Partner A den Stresspunkt von Partner B repräsentiert, während Partner B der Trostpunkt von Partner A ist. Klassisches

Beispiel: Ein ACHTer-Mann und eine ZWEIer-Frau. Sie leidet unter seiner Härte, Unnahbarkeit und aufbrausenden Art; er findet bei ihr Wärme und Geborgenheit. Für sie wird diese Partnerschaft mit mehr subjektivem Leid verbunden sein als für ihn. Aber beide können von dieser Konstellation bereichert werden: er, indem er bei ihr seine weiche und zärtliche Seite entdeckt und zulässt; sie, indem sie von ihm herausgefordert wird, sich mit eigenen Aggressionen und Machtansprüchen auseinander zu setzen, einen klaren Standpunkt zu finden und eigene Bedürfnisse und Grenzen zu formulieren.

„Gegensätze ziehen sich an“: Viele Menschen suchen sich unbewusst Partner, die „ganz anders“ sind. Solche Beziehungen sind niemals langweilig; beide Partner haben allerdings mit dem besonderen Problem zu kämpfen, dass sie manchmal das Gefühl haben, auf zwei verschiedenen Sternen zu leben, einander nicht unmittelbar zu verstehen und sich im Tiefsten fremd zu bleiben. Andererseits fordern sie einander zu Toleranz heraus und zu der wichtigen Lebensaufgabe, sich dem „Ganz Anderen“, dem Nicht-Ich zu öffnen. In der Dynamik des Enneagramms begegnen sich solche Menschen nur indirekt: über ihre Flügel oder Pfeile. Zwei Beispiele zur Illustration:

ZWEI und NEUN: Sie sind zwar nicht direkt, aber dreifach *indirekt* miteinander verbunden: A) EINS ist ihr gemeinsamer Flügel; sie können sich zum Beispiel bei der politischen Aktion zur Verbesserung der Welt oder zu Reformen innerhalb der Familie oder einer größeren Gemeinschaft begegnen und sind wahrscheinlich beide „progressiv“ eingestellt. B) ACHT ist der Stresspunkt der ZWEI und zugleich ein Flügel der NEUN. Die NEUN kann die ZWEI unmittelbar verstehen und annehmen, wenn die ZWEI in ihren Stresspunkt fällt. Die Energie der ACHT macht der NEUN keine Angst; sie kann der ZWEI in solchen Augenblicken Annahme vermitteln. C) DREI ist der Trostpunkt der NEUN und zugleich ein Flügel der ZWEI. Die ZWEI kann die NEUN motivieren, gezielt und konzentriert zu arbeiten und Erfolge anzustreben. Ein weiterer Punkt kann in der Konstellation ZWEI/NEUN zum Tragen kommen: die ZWEI lebt oft für andere, sehnt sich aber nach bedingungsloser Annahme. Das kommt der NEUN entgegen: Sie ist wahrscheinlich der einzige Typ, der der ZWEI diese Annahme voll vermitteln kann; zugleich kommt die ZWEI dem Wunsch der NEUN entgegen, von außen stimuliert und motiviert zu werden.

DREI und SIEBEN: Diese beiden Typen begegnen sich nur an einem Punkt indirekt: SECHS ist Flügel der SIEBEN und zugleich Trostpunkt der DREI. Die Suche der DREI nach Sicherheit und die Tendenz der SIEBEN, die Familie zu verteidigen, begegnen sich an dieser Stelle. Beide Typen sind Optimisten, Arbeitstiere und „wachstumsorientiert“. Sie müssen darauf achten, dass sich Tendenzen zur Oberflächlichkeit und zur Außenorientierung, die in beiden Mustern stecken, nicht gegenseitig verstärken. Eine gute Chance dafür bietet die FÜNF, die zwischen beiden Typen liegt. Die SIEBEN findet in der FÜNF ihren Trostpunkt, kann sich hier sammeln und auf die wesentlichen Dinge beschränken. Die DREI kommt über ihren VIERer-Flügel zur FÜNF: äußere Harmonie und innere Balance helfen der DREI, ihre Gefühlswelt zu „läutern". Der Schritt zur FÜNF fördert die Distanzfähigkeit der DREI, bremst ihren Überaktivismus und hilft ihr, sich mit sich selbst kritisch auseinander zu setzen. SIEBEN und DREI können bei FÜNF gemeinsam den Blick in die Tiefe wagen. Eine gemeinsame Weltanschauung oder Glaubenshaltung stabilisiert diese Partnerschaft, die Erfindungsreichtum und Tatkraft kreativ verbinden kann.

Es ist äußerst hilfreich, das Enneagramm bei der seelsorgerlichen Arbeit mit Ehepaaren und zum Verstehen und Bearbeiten von Partnerschaftskonflikten heranzuziehen. Marion Küstenmacher beispielsweise hat unter anderem mit der amerikanischen christlichen Bewegung „Marriage Encounter" zusammengearbeitet, die ein äußerst effektives Kommunikationstraining für Paare entwickelt hat. Angebote in diesem Bereich kann man erfragen beim

„Ökumenischen Arbeitskreis Enneagramm (ÖAE)",
Eveline Schmidt,
Ententeich 8,
D-29225 Celle,
Tel. + Fax: 05141-42234.

Autoritätsbeziehungen und Familie
Die Beziehungsdynamik, die zum Beispiel zwischen Vorgesetzten und Untergebenen, aber auch zwischen Eltern und Kindern oder SchülerInnen und LehrerInnen am Werk ist, lässt sich mit Hilfe des Enneagramms ebenfalls besser verstehen und bearbeiten. Interessante Perspektiven ergeben sich mit dem Enneagramm für Familientherapien. Wenn man einen Familienstammbaum aufstellt, kann man feststellen, dass sich bestimmte Enneagramm-Typen innerhalb einer Familie häufen, während andere selten oder gar nicht auftauchen (man denke nur an Musikerfamilien wie die *Bachs*, Gelehrtenfamilien wie die *Bonhoeffers*, die geniale Nachkommenschaft des Malers *Lucas Cranach* oder Kaufmannsgeschlechter wie die *Fugger*). So sehen wir im Enneagramm eine wichtige Hilfe bei der Aufarbeitung und Bewältigung von Familienkonflikten. *Bert Hellingers* „Systhemische Familientherapie" geht davon aus, dass wir oft unbewusst das Muster, die Rolle und das Geschick eines Vorfahren „übernehmen". Seine Erkenntnisse sind sowohl ein Beitrag zur Frage,

woher die Muster eigentlich kommen, als auch eine Erklärung für die Existenz von Familienmustern, die sich generationenlang wiederholen.

Exerzitien und geistliche Begleitung
Das Enneagramm findet seit vielen Jahren in der Exerzitienarbeit Verwendung. Exerzitien sind mehrtägige „Einkehrzeiten", bei denen durch Vorträge, Meditationen, stille Stunden des Alleinseins, seelsorgerliche Gespräche und Gottesdienste geistliche Hilfestellungen angeboten werden. Exerzitien fördern den Einzelnen dabei, sich selbst und Gott näher zu kommen und konkrete Schritte auf dem geistlichen Weg zu wagen. Meditation und Gebet spielen dabei eine zentrale Rolle, da sich das Enneagramm nicht einmal von einer FÜNF rein intellektuell bewältigen lässt. Es geht um einen Erfahrungsweg, bei dem ich durch eine Art „inneres Hören" herausfinde, welche „Stimmen" in mir am Werk sind. Die „Unterscheidung der Geister" ist jene geistliche „Instinktsicherheit", die mir hilft zu erkennen, welche dieser Stimmen mich zu einem *„Leben in Fülle"* (Johannes 10, 10) befreien und welche mich ins Gefängnis und in den Tod führen. *Suzanne Zuercher* hat in einem großartigen Buch[8] die Dynamik in therapeutischen und seelsorgerlichen Beziehungen vom Enneagramm her aufgeschlossen. Dieses Buch ist eine wahre Fundgrube für alle, die andere Menschen beraten und begleiten. Insbesondere zeigt es auf, welche Stärken und Gefährdungen das eigene Enneagramm-Muster im Rahmen des therapeutischen Geschehens mit sich bringt. Informationen über Angebote im Zusammenhang mit dem Enneagramm erhalten Sie ebenfalls über den „Ökumenischen Arbeitskreis Enneagramm".

Gemeindearbeit und Gemeindewachstum
Manche ChristInnen versuchen, das Enneagramm für die Gemeindearbeit fruchtbar zu machen. Strömungen und Gruppierungen innerhalb der Gemeinde lassen sich mit Hilfe des Enneagramms besser verstehen. Wenn im Kirchenvorstand, Presbyterium oder Pfarrgemeinderat Konflikte auftreten, liegt das oft an den unterschiedlichen Temperamenten der Gemeindeglieder und deren Visionen von Kirche. Hier hilft das Enneagramm, den Blick zu weiten und auf Einseitigkeiten und Defizite aufmerksam zu machen. Es zeigt, welche „Energien" in einer Gemeinde verschüttet sind und wo es deshalb insgesamt an Kraft und Ausstrahlung fehlt. Im Band „Erfahrungen mit dem Enneagramm" sind wir auch diesem Aspekt umfassender nachgegangen.[9]

Gesprächsgruppen
Es gibt zahlreiche Gesprächsgruppen, die über einen gewissen Zeitraum das Enneagramm studieren, zum Beispiel, indem sie sich jeweils

einen Abend mit einem der neun Typen beschäftigen. Bibel- und Gebetskreise könnten über die neun Gesichter Jesu und die entsprechenden Bibeltexte einsteigen, die wir im folgenden Kapitel „Jesus und das Enneagramm“ darstellen. Der Rundbrief des „Ökumenischen Arbeitskreises Enneagramm“ enthält neben zahllosen Angeboten und Kursen zum Enneagramm auch regelmäßige Hinweise auf solche Kreise.

Jesus und das Enneagramm[10]

Die Sufis nannten das Enneagramm angeblich das „Angesicht Gottes“, weil sie die neun Energien, die sich in den neun Persönlichkeitstypen manifestieren, als neun Eigenschaften Gottes (neun Brechungen des göttlichen Lichts) ansahen. ChristInnen erkennen in Jesus Christus das Angesicht des menschgewordenen Gottes, den Offenbarer und die Offenbarung der göttlichen Liebe: *„Er ist das Ebenbild des unsichtbaren Gottes, der Erstgeborene der ganzen Schöpfung. In ihm wurde alles erschaffen, was im Himmel und auf der Erde ist, das Sichtbare und das Unsichtbare, Throne und Herrschaften, Mächte und Gewalten; alles ist durch ihn und auf ihn hin geschaffen. Er ist vor aller Schöpfung da gewesen, in ihm hat alles Bestand ... Gott wollte mit seiner ganzen Fülle in ihm wohnen, um durch ihn alles zu versöhnen“* (Kolosser 1, 15–17, 19f.).

Christus repräsentiert Gott und damit die Essenz der Welt, das wahre Sein. Zugleich aber war Jesus von Nazareth wirklicher Mensch, der die Bedingungen der Existenz mit ihren Bedrohungen, Versuchungen und Abgründen ausgehalten hat: *„Wir haben ja nicht einen Hohenpriester, der nicht mitleiden könnte mit unserer Schwachheit, sondern einen, der in allem versucht wurde wie wir, aber nicht gesündigt hat“* (Hebräer 4, 15).

Wenn wir im Folgenden das Enneagramm gleichsam als Ikone Christi darstellen, interpretieren wir es wie die Kirche der Frühzeit zugleich als „Angesicht Gottes“ und als „Angesicht des (wahren) Menschen“.

Ein lutherischer Bischof, der mich, Andreas Ebert, wegen des Enneagramms heftig kritisierte, nahm besonders Anstoß an dem, was über „Jesus und das Enneagramm“ in diesem Buch steht. „Bruder Ebert“, sagte er (Bischöfe neigen dazu, Pfarrer als „Bruder“ anzureden, wenn es unangenehm wird), „Sie wissen mir zu viel über Jesus. Seit *Rudolf Bultmann* (einem Neutestamentler dieses Jahrhunderts, der der Meinung war, der größte Teil der Evangelienberichte sei unhistorisch) ist doch klar, dass das, was wir über Jesus wissen, auf 'ne Postkarte passt. Wir wissen doch nicht, wie oft der täglich aufs Klo gegangen ist.“ Ich war auf alle möglichen Kritikpunkte gefasst gewesen, aber nicht gerade auf diesen – noch dazu vorgetragen in dieser Form. Dennoch möchte ich mich zu diesem Vorwurf äußern:

Es ist klar, dass die Evangelien einige Jahrzehnte nach Ostern geschrieben wurden. Es handelt sich nicht um Reportagen oder hieb- und stichfeste Recherchen, sondern um Glaubenszeugnisse. Sie berichten nicht nur, sondern sie deuten die Person Jesu im Nachhinein. Aber ich bin erstens überzeugt, dass sie dabei mündliche Überlieferungen aufgreifen, die in der Regel einen historischen Kern haben und nicht frei erfunden sind. Zweitens jedoch – und das ist noch wichtiger – sind sie vom auferstandenen und „erhöhten" Christus inspiriert, sodass sie in der Lage sind, in ihm tatsächlich die Fülle des Menschseins und zugleich die Fülle Gottes zu entdecken. Sie erzählen ihre Geschichten nicht nur, um mitzuteilen, wer der irdische Jesus *war*, sondern vor allem, um darzustellen, wer Jesus Christus für alle Zeiten *ist*. Jede Jesusgeschichte knüpft am Leben des irdischen Jesus an, um dann etwas Zeitloses und allgemein Gültiges mitzuteilen. In diesem Sinne – und nicht aus einem naiven Festhalten an der buchstäblichen Historizität biblischer Geschichten – referiere ich im Folgenden die Erzählungen des Neuen Testaments.

Man sagt, die Sufis hätten Jesus als „erlöste ZWEI" bezeichnet und das Christentum in erster Linie als ZWEIer-Religion empfunden. Ohne diesen Aspekt zu leugnen, gehen wir einen Schritt weiter: Jesus Christus hat unseres Erachtens das „wahre Menschsein" in einer Weise verwirklicht, die die Festlegung auf einen einzigen Persönlichkeitstyp sprengt. Gereifte VertreterInnen ihrer Muster werden sich ohnehin in gewisser Weise immer ähnlicher, da sie bereits Gegensätzliches „integriert" haben. Jesus ist am Ende der wahre Mensch, bei dem Sein und Handeln eins geworden sind. Dennoch ist auch er offenkundig einen Entwicklungsweg gegangen.

Tatsächlich finden sich in den Evangelienberichten Hinweise darauf, dass er sich mit verschiedenen Versuchungen auseinander gesetzt und – in verschiedenen Situationen – alle neun „Früchte" des Enneagramms hervorgebracht hat. Er ist Inbegriff eines Menschen, der die Einladung Gottes gehört hat und die Freiheit hatte, zu antworten. Wäre es anders, könnten sich bestimmte Typen in ihrer spezifischen Situation nicht an Christus orientieren.

Wir wollen im Folgenden darstellen, inwiefern sich die neun Typen des Enneagramms jeweils an Jesus Christus festmachen lassen. Die Meditation der jeweils angeführten Bibelstellen kann hilfreich sein, um im Spiegel seiner Person und im Gebet eigene Versuchungen zu erkennen und einen Blick für die Gaben zu entwickeln, die in jeder und jedem von uns angelegt sind.

EINS: Pädagogik, Toleranz, Geduld

Jesus war praktizierender Jude, der das jüdische Gesetz (die Tora) nicht auflösen, sondern *„erfüllen"* wollte (Matthäus 5, 17). Seine Predigt ruft zur Umkehr aus den geistigen und geistlichen Sackgassen dieser Welt. Es geht ihm dabei nicht um „moralische Aufrüstung". Er will vielmehr, dass das Gesetz nicht nur formal und äußerlich erfüllt wird, da es auf diese Weise leicht zum religiösen Überbau des eigenen Egoismus wird. So fordert er in der Bergpredigt von den Seinen eine *„bessere Gerechtigkeit"* als die der Pharisäer (Matthäus 5, 20) und „gute Werke", die aus einem versöhnten Herzen kommen und nicht nur Pflichterfüllung sind.

In der Bergpredigt steht auch der viel diskutierte Satz: *„Seid vollkommen, wie euer Vater im Himmel vollkommen ist"* (Matthäus 5, 48). Auch den reichen Jüngling ruft Jesus zur Vollkommenheit (Matthäus 19, 21). Der Weg zu christlicher Vollkommenheit führt immer über den Zusammenbruch eigener moralischer Versuche und selbst gesetzter Ideale. Nur die Erfahrung der bedingungslosen Liebe Gottes führt zur echten Erkenntnis der eigenen Sünde, wirkt Reue und macht Umkehr möglich. „Für EINSer ist ein Schlüsselparadox des Evangeliums die Tatsache, dass wir dadurch vollkommen werden, dass wir unsere Unvollkommenheit annehmen. Wir müssen anerkennen, dass es zum Wachstumsprozess gehört, dass wir viele Fehler machen."[11]

Jesus hat seinen Zorn nicht unterdrückt oder hinter einer freundlichen Fassade versteckt. In der Geschichte von der Heilung des Mannes mit der verdorrten Hand (Mark. 3, 1–6) sieht er die Pharisäer und Schriftgelehrten mit *„Zorn und Trauer"* an, weil sie ihn in eine Falle locken wollen und ihre eigentlichen Motive verbergen. Als es seine Jünger nicht schaffen, einen besessenen Jungen von seinen Leiden zu befreien, zeigt er deutliche Anzeichen von Ungeduld: *„O du ungläubiges Geschlecht! Wie lange muss ich euch noch aushalten?"* (Markus 9, 19).

Jesus lebte keine Doppelmoral. Das, was er predigte, hat er glaubwürdig verwirklicht. Er hat sich selber nichts geschenkt und in seinen drei letzten Jahren einen enormen physischen und psychischen Einsatz geleistet.

Jesus war ein begabter Lehrer. Parabeln und Gleichnisse und nicht zuletzt sein Vorbild machten seinen Jüngerkreis zu einer spirituellen Lebensschule. Trotz ihrer Schwerfälligkeit hat er seinen Freundinnen und Freunden nie die Liebe entzogen und immer neue Versuche unternommen, ihnen seine Botschaft noch plastischer zu verdeutlichen.

Anders als die Pharisäer hat er sündige und „gefallene" Menschen nie verdammt, sondern angenommen. Die bedingungslose Annahme verbindet er mit einer klaren Herausforderung. Er toleriert niemals die Verdammung von Menschen durch Menschen; aber er toleriert auch kein objektiv destruktives Verhalten, mit dem Menschen sich selbst zugrunde richten. Vergebung und Versöhnung sind seine Schlüssel zu Umkehr und Neuanfang: Als er eine Frau, die wegen Ehebruchs gesteinigt werden sollte, vor ihren Verfolgern gerettet hat, sagt er zu ihr: *„Ich verdamme dich nicht. Und nun geh und sündige in Zukunft nicht mehr!"* (Johannes 8, 11).

Jesu Gleichnisse vom Wachstum (Markus 4) sind eine Einladung an alle Perfektionisten, nicht ständig in Panik zu sein, sondern auf die Evolution des Gottesreiches zu vertrauen. Geduld macht aus grantigen Weltverbesserern effektive Reformatoren und visionäre Lehrer der Wahrheit und Gerechtigkeit.

ZWEI: Fürsorge, Barmherzigkeit, Solidarität
Der Name Jesus bedeutet: „Jahwe hilft" oder „Jahwe rettet". Uns allen sind die Bilder des Heilands vertraut, der die körperliche und geistliche Not der Menschen sieht und behebt, der als Hirte das verlorene und verirrte Schaf sucht, der die Kinder „herzt" und segnet. Es ist kein Zufall, dass man Jesus für eine ZWEI halten könnte. Jesus hat sich als Diener der Menschen verstanden und betont: *„Ich bin nicht gekommen, um mich bedienen zu lassen, sondern um zu dienen"* (Matthäus 20, 28). Der Tod am Kreuz ist der letzte Akt seiner Hingabe.

In der Geschichte von der Heilung der zehn Aussätzigen (Lukas 17, 11–19) erleben wir seine Enttäuschung darüber, dass nur einer von zehn Geheilten, noch dazu ein Samariter, den Weg zurückfindet, um sich zu bedanken. Auch Jesus hat Dank erwartet. Er ist aber fähig, seine Enttäuschung direkt auszusprechen – und damit scheint die Sache erledigt zu sein.

Jesus war trotz seiner Fürsorglichkeit und Solidarität kein „hilfloser Helfer". Es ist offensichtlich, dass das Hauptmotiv seiner Zuwendung Barmherzigkeit und Freundschaft war und nicht das versteckte Bedürfnis, andere zu manipulieren oder Gottes Liebe und menschliche Anerkennung zu „kaufen".

Jesus hat seine eigenen Bedürfnisse wahrgenommen und gelebt. Wenn er vom Kontakt mit den Menschen ausgelaugt war, zog er sich in die Stille zurück, um in der Zwiesprache mit Gott neue Kräfte zu sammeln. Jesus konnte Liebe nicht nur geben, sondern auch annehmen: Bevor er seinen Jüngern die Füße wusch (Johannes 13,1 ff.), ließ er zu, dass eine Frau seine Füße mit kostbarem Parfum salbte und mit ihrem Haar trocknete (Johannes 12,1 ff.). An dieser Stelle wies er das ZWEIer-Argument barsch zurück, man hätte das Parfum verkaufen und den Erlös den Armen geben sollen.

Im Garten Gethsemane mutete er seinen Jüngern zu, mit ihm zu wachen und seine seelischen Kämpfe mitzutragen. Er hat seine Ängste mit ihnen geteilt und war traurig darüber, dass sie in den Schlaf geflüchtet waren, als er sie wirklich gebraucht hätte.

Jesus konnte loslassen. Er hat Menschen wieder nach Hause geschickt, die sich vorschnell an ihn binden wollten. Nach nur drei Jahren des gemeinsamen Lebens traut er seinen Jüngern zu, das begonnene Werk ohne seine physische Gegenwart weiterzuführen.

Die Einladung an die ZWEI ist der Ruf zur Freiheit. Es geht um die Freiheit sich zu binden und andere loszulassen, um die Freiheit zu helfen und sich helfen zu lassen, um die Freiheit allein zu sein und in der Gemeinschaft mit anderen. ZWEIer finden bei Jesus das Modell eines Menschen, der liebt, ohne die Freiheit zu verlieren und ohne die Freiheit anderer zu missbrauchen.

DREI: Ehrgeiz, Tatkraft, Vision
Jesus wollte etwas erreichen. Er hatte die Vision vom Reich Gottes und setzte alles daran, diese Vision zu verkündigen und unter Einsatz seines ganzen Lebens zu verfolgen. Er hat die Rolle, die ihm Gott im Heilsgeschehen zugedacht hat, angenommen und sich mit ihr identifiziert. Bei seiner „Antrittspredigt" in der Synagoge seiner Heimatstadt Nazareth gibt er sein Programm unmissverständlich bekannt. Er zitiert eine Passage aus dem Jesajabuch: *„Der Geist des Herrn ruht auf mir; denn der Herr hat mich gesalbt. Er hat mich gesandt, damit ich den Armen das Evangelium bringe, den Gefangenen die Entlassung verkünde, den Blinden das Augenlicht, damit ich die Unterdrückten befreie und ein Gnadenjahr des Herrn ausrufe."* Dann beginnt er seine Predigt mit dem Satz: *„Heute hat sich dieses Schriftwort vor euren Ohren erfüllt"* (Lukas 4, 16–21). Die Bergpredigt (Matthäus 5–7) kann als Regierungserklärung oder *Magna Charta* des Gottesreiches verstanden werden.

Weil Jesus sich ganz auf seine Rolle und Aufgabe konzentrierte, drohte an dieser Stelle die einzige Versuchung, die von den Evangelien direkt überliefert wird. Nach 40-tägigem Fasten in der Wüste fordert ihn der „Versucher" auf, aus Steinen Brot zu machen, um seinen Hunger zu stillen. Jesus weist ihn mit den Worten zurück: *„Der Mensch lebt nicht vom Brot allein, sondern von Gottes Wort."* Dann führt ihn der Teufel auf die Zinne des Tempels und fordert ein Schauwunder. Er soll herunterspringen, um zu beweisen, dass er Gottes Sohn ist. Jesus kontert wieder mit einem Bibelzitat: *„Du sollst Gott nicht versuchen!"* Schließlich zeigt ihm der Teufel alle Reiche der Welt und verspricht ihm die Weltherrschaft, wenn er niederfällt und ihn anbetet. Jesus antwortet: *„Weiche, Satan! Du sollst allein Gott anbeten und ihm dienen!"* (Matthäus 4, 1–11). Als die Menschen Jesus nach der wunderbaren Brotvermehrung zum König küren wollen, entzieht er sich (Johannes 6,15). Das ist nicht sein Weg. Jesus hat der Versuchung der DREI widerstanden: Erfolg zu suchen ohne Scheitern und Versagen, das Wunder als Public-Relations-Show, den Sieg ohne das Kreuz, das Leben ohne den Tod. Deshalb nennt er auch Petrus *„Satan"*, als dieser nicht wahrhaben will, dass der Weg seines Meisters zum Kreuz führt (Markus 8, 33).

Jesus hatte Führungsqualitäten. Er suchte sich seine Mitstreiter aus und befähigte sie, eigenverantwortlich zu handeln. Er delegierte seine

Predigt- und Heilungstätigkeit schon zu Lebzeiten an seine Jünger und vermittelte ihnen durch seine Lehre und sein Beispiel jenes „Know-how“ des Reiches Gottes, das sie später brauchen sollten, um sein Werk fortzuführen. Jesus ließ sie allerdings auch nicht im Zweifel darüber, dass sie eines Tages sein Geschick teilen würden: Ablehnung, Verhaftung, Ermordung. Jesus hat mit offenen Karten gespielt und keine Versprechungen gemacht, die später nicht einzulösen waren.

Seine kommunikativen Fähigkeiten waren erstaunlich. Er konnte die Massen erreichen und fand in jeder Situation die passende Sprache, um seine Botschaft an die Leute zu bringen. Er konnte mit Gelehrten diskutieren und das Herz einfacher und ungebildeter Leute vom Lande anrühren.

Erfolglosigkeit ließ Jesus nicht gleichgültig. Nach dem Einzug in Jerusalem weint er über die Stadt, die nicht erkannt hat, *„was ihrem Frieden dient“* (Lukas 19, 41 f.). Er klagt die Stadt an: *„Jerusalem, Jerusalem ... Wie oft wollte ich deine Kinder um mich sammeln, so wie eine Glucke ihre Küken unter ihre Flügel sammelt; aber ihr habt nicht gewollt“* (Matthäus 23, 37).

Dennoch wusste Jesus: der Sieg, den er erringen sollte, war ein Sieg durch das Paradox der Niederlage hindurch. Er wählte einen Weg, der wie Scheitern aussah. Das konnte er nur tun, weil die Hoffnung auf seinen Vater, der aus dem Tod Leben schaffen kann, größer war als die Angst vor Verlust und Versagen. Nur diese Hoffnung kann die DREI davor bewahren, sich an vordergründige Erfolge und an die „Sicherheit“ von Status und Geld zu klammern und so die viel größeren Möglichkeiten des Reiches Gottes zu verpassen.

VIER: Kreativität, Sensibilität, Natürlichkeit

Jesus nahm seine Umgebung sensibel wahr und hatte ein reiches Gefühlsleben. Er konnte „himmelhoch jauchzend“ sein (sein „Jubelruf“ Matthäus 11, 25–27!) – und „zu Tode betrübt“: Er zitterte, zagte und schwitzte Blut und Wasser, als er sich im Garten Gethsemane auf seinen letzten Kampf vorbereitete (Lukas 22, 39–46). Mehrmals berichten die Evangelien davon, dass er geweint hat. Als er vom Tod seines Freundes Lazarus hörte, *„gingen ihm die Augen über“* (Johannes 11, 35); die trostlose Lage seines Volkes *„jammerte“* ihn, wie *Luther* übersetzt (Matthäus 9,36; 15,32). Er ließ diese Traurigkeit zu und schämte sich seiner Tränen nicht.

Jesus hatte einen Blick für die Schönheit der Natur. Flora und Fauna inspirierten ihn: die Lilien auf dem Felde, die prächtiger gekleidet sind als *Salomo* (Matthäus 6, 28 f.) oder der Spatz, der ohne Gottes Willen nicht zu Boden fällt (Matthäus 10, 29).

Auch einen besonderen Sinn für Symbole und dramatische Effekte kann man Jesus nicht absprechen. Das Wasser im Brunnen, die Suche einer Hausfrau nach einem verlorenen Groschen, Lohnauseinandersetzungen von Gelegenheitsarbeitern – alles, was Jesus sieht, regt ihn zu Bilderreden und Gleichnissen an, die das Einfache und Zufällige aufgreifen, um allgemein gültige göttliche Geheimnisse und Wahrheiten zu illustrieren. Alles kann zur Chiffre Gottes werden. Das Johannesevangelium versteht die Wunder Jesu als *„Zeichen"*, die über sich selbst hinausweisen. Gesten wie die, dass Jesus einem Blindgeborenen einen Brei aus Speichel und Erde auf die Augen streicht, wirken besonders dramatisch (Johannes 9,6). Als Jesus auf einem Esel in die Heilige Stadt Jerusalem einzieht, wirkt auch dieses scheinbar so zufällige Schauspiel wohl durchdacht (Matthäus 21, 1–9). Jeder Jude kannte die Verheißung vom messianischen König, der einst auf einem Esel kommen würde (Sacharja 9, 9) und war sich sofort über die Verbindung dieses „Einzugs" mit dem alten Schriftwort klar. Kurz danach lässt Jesus einen Feigenbaum verdorren, an dem er keine Frucht findet (Matthäus 21,18–22). Das erinnert an die Zeichenhandlungen der alttestamentlichen Propheten. Beim letzten Passahmahl im Jüngerkreis schließlich benutzt Jesus Brot und Wein als Realsymbole: In diesen Elementen will er über seinen Tod hinaus greifbar, sichtbar und sinnlich erfahrbar geheimnisvoll unter den Seinen sein.

Nach der Auferstehung erwartet Jesus die Jünger am See Genezareth. Er hat am Ufer ein Frühstück arrangiert; ein Kohlenfeuer brennt – wie damals in der Nacht, als Petrus ihn an einem Kohlenfeuer verleugnet hat. An diesem Feuer stellt Jesus Petrus dreimal die Frage: *„Hast du mich lieb?"* (Johannes 21,1–17). Die Szene wirkt wie ein Vorgriff auf die moderne Methode des Psychodramas.

Trotz aller dramatischen Effekte war Jesu Art zu leben und zu reden ungekünstelt und natürlich. Wie alle VIERer ließ er nicht zu, dass die Welt in „profane" und „sakrale" Bereiche aufgespaltet wurde. Die ganze Welt war für ihn heilig und stand unter dem Anspruch Gottes. Das Heiligste war für ihn zugleich das Natürlichste von der Welt.

Die Berufung eines inneren Kreises wirkt auf den ersten Blick so, als hätte Jesus Interesse daran gehabt, eine elitäre oder esoterische Gruppe um sich zu scharen (das Elitebewusstsein der VIER!). Bei genauerem Hinsehen fällt jedoch auf, dass ihm das fern lag. Die Zusammenstellung der Jüngergruppe lässt alle elitären Kriterien vermissen. Es waren meist einfache Fischer; „besondere" Menschen fehlten. Als die Jünger miteinander um ihren Rang streiten, ruft Jesus ein Kind herbei und sagt: *„Wer so klein sein kann wie dieses Kind, der ist im Himmelreich der Größte"* (Matthäus 18, 4).

Trotz der Ablehnung durch seine Familie, sein Dorf und die Machteliten Israels, trotz der Tatsache, dass ihn selbst seine Jünger nicht verstehen, verfällt Jesus nicht in melancholisches Selbstmitleid. Trotz aller Verlustängste weicht er dem Weg nicht aus, den er gehen muss.

FÜNF: Distanz, Nüchternheit, Weisheit
Jesus konnte sich wie die FÜNF distanzieren, zurückziehen, einen ungestörten Raum für sich beanspruchen und überzogene Beziehungsforderungen seiner Familie und seiner Umwelt zurückweisen.

Die Geschichte vom Besuch des zwölfjährigen Jesus im Tempel schildert den Jungen als einen begabten und frühreifen Nachwuchs-Schriftgelehrten. Seine Eltern nehmen ihn erstmals mit zum Passahfest nach Jerusalem. Auf dem Heimweg merken sie, dass ihr Sohn fehlt. Sie kehren um und finden ihn nach dreitägiger Suche im Tempel, wo er *„mitten unter den Lehrern"* sitzt, zuhört, Fragen stellt und alle durch seine Klugheit in Erstaunen versetzt. Für die Vorwürfe seiner Mutter hat er kein Verständnis: *„Warum habt ihr mich gesucht?", fragte er, „wusstet ihr nicht, dass ich in dem sein muss, was meinem Vater gehört?"* Der Evangelist Lukas rahmt diese Geschichte mit dem zweimaligen Hinweis auf die außergewöhnliche und ständig zunehmende *„Weisheit"* des Kindes Jesu ein (Lukas 2, 40–52).

Von familiären Ansprüchen hat er sich noch häufiger abgegrenzt. Als Jesus eines Tages zum Volk predigt, lassen ihm seine Mutter und seine Brüder sagen, dass sie da sind und ihn sprechen wollen. Er weist sie zurück: *„Wer sind meine Mutter und meine Brüder?", und deutet auf die Jünger: „Das hier sind meine Mutter und meine Brüder. Wer den Willen meines himmlischen Vaters tut, der ist mir Bruder, Schwester und Mutter"* (Matthäus 12, 46–50).

Jesus hat Menschen zurückgewiesen und nach Hause geschickt, die sich ihm in schwärmerischer Begeisterung anschließen wollten (z.B. Lukas 9, 57f.). Er fordert alle auf, die ihm nachfolgen wollen, die „Kosten" dieses Unternehmens nüchtern zu überschlagen: *„Wenn einer von euch einen Turm bauen will, setzt er sich erst einmal hin und rechnet aus, ob seine Mittel für das Vorhaben ausreichen. Sonst kann es passieren, dass er das Fundament legt, aber den Bau nicht vollenden kann"* (Lukas 14, 28–30). In der Bergpredigt ermahnt er seine Jünger, *„weise"* zu sein und ihr Leben nicht auf Sand zu bauen, sondern auf soliden Felsgrund, damit es krisenfest ist (Matthäus 7, 24–27).

Die Lehre Jesu war wohl durchdacht – und durchlebt. Er konnte die Menschen fesseln, weil man spürte, dass er wusste, wovon er redete. Am Ende der Bergpredigt berichtet Matthäus: *„Als Jesus diese Rede beendet hatte, war die Menge sehr betroffen von seiner Lehre; er lehrte nämlich wie einer, der Autorität hat – und nicht wie ihre Schriftgelehrten"* (Matthäus 7, 28f).

Jesus hat sich immer wieder in die Stille zurückgezogen, um seine Eindrücke zu ordnen und im Gebet zu seiner Mitte zurückzufinden. Dieser Rückzug war kein Selbstzweck. Er diente der „Nachbereitung" und „Vorbereitung" seines aktiven Dienstes für die Menschen. Jesus erlag nicht der Versuchung, unbeteiligter Zuschauer oder Beobachter des

Weltgeschehens zu bleiben. Die christliche Lehre von der Inkarnation Gottes in Christus offenbart einen Gott, der Hautkontakt mit den Menschen sucht und sich hineinziehen lässt in den Schmutz und die „Niederungen" der Geschichte. Das „Wort" bleibt nicht Wort, Gedanke, philosophische Welterklärung oder metaphysische Idee, sondern wird „Fleisch" und weltverändernde Tat.

Jesus verzichtet auf intellektuelle Arroganz und weigert sich nicht, eigene Erkenntnisse mit anderen zu teilen, selbst wenn sie ihn oft nicht verstehen. In seinen „Abschiedsreden" verspricht er den Jüngern, seinen Geist zu senden, der sie *„in alle Wahrheit leiten"* wird (Johannes 16, 13).

SECHS: Treue, Gehorsam, Vertrauen

Jesus hatte eine „innere Autorität", die aus der vertrauensvollen Beziehung zu seinem himmlischen Vater erwachsen war. Diese innere Autorität befreite ihn gegenüber äußeren Autoritäten und Normen: Er hatte die Freiheit, sich an Gesetze, Regeln und Traditionen zu halten, solange diese nicht für das „Eigentliche" gehalten wurden. So besuchte er regelmäßig die Gottesdienste in der Synagoge (Lukas 4, 16). Er konnte aber auch gegen alle Normen und Regeln verstoßen, wenn sie den Menschen nicht dienten, sondern von religiösen Machthabern zur Unterdrückung der Menschen missbraucht wurden. Das zeigt sich besonders an seinem Umgang mit dem Sabbat. Mit Vorliebe heilte er am geheiligten Ruhetag des Judentums Kranke, um zu demonstrieren: Der Sabbat ist von Gott eingesetzt worden, damit sich die Schöpfung regenerieren und erholen kann. Die Heilungen dienen diesem Ziel und sind Zeichen, dass Gott die ursprüngliche Ganzheit wiederherstellen will: *„Der Sabbat ist für den Menschen da, nicht der Mensch für den Sabbat"* (Markus 2, 27).

Während Jesus mit den religiösen Führern um die rechte Auslegung des Gesetzes stritt, hatte er für weltliche Machtstrukturen wenig übrig. König Herodes nennt er einen *„Fuchs"* (Lukas 13, 32); die Fangfrage, ob man Steuern bezahlen soll, beantwortet er auf rätselhafte Weise: Er lässt sich eine Steuermünze mit dem Abbild des Kaisers geben und sagt: *„Gebt dem Kaiser, was des Kaisers ist und Gott, was Gottes ist!"* (Markus 12, 17). Dieses Wort, das so oft dazu missbraucht wurde, christlichen Untertanengeist zu legitimieren, stellt in Wirklichkeit eine ungeheure Relativierung staatlicher Autorität dar: Die Münze, die das Bild des Kaisers trägt, mag dem Kaiser gehören. Aber der Mensch, der das Ebenbild Gottes trägt und ist, gehört Gott. Seine Gegner haben das ganz richtig verstanden. Die Haltung Jesu zur Steuerfrage führt zu einer der Anklagen in seinem Prozess: *„Er verbietet, dem Kaiser Steuer zu zahlen"* (Lukas 23, 2).

Gehorsam im eigentlichen Sinne war Jesus nur Gott und seiner eigenen Berufung. Im Philipperbrief interpretiert Paulus das Leben Jesu mit einem Christushymnus der Urgemeinde als Akt des Gehorsams: *„Er war Gott gleich, klammerte sich aber nicht daran, wie Gott zu sein, sondern entäußerte sich, wurde wie ein Sklave, ein Mensch unter Menschen. Er erniedrigte sich selbst und war gehorsam bis zum Tod, ja bis zum Tod am Kreuz"* (Philipper 2, 6–8).

Immer wieder hat Jesus die Menschen eingeladen, ihre Furcht zu überwinden und auf Gott zu vertrauen: *„Fürchte dich nicht, glaube nur!"* (Markus 5, 36) oder: *„In der Welt habt ihr Angst; aber seid getrost: ich habe die Welt überwunden!"* (Johannes 16, 33). Auch die eigene Todesangst hat er im Vertrauen überwunden, dass Gottes Weg zwar unverständlich scheint, sich aber dennoch als richtig und gut erweisen wird: *„Abba, Vater! Alles ist dir möglich. Nimm diesen Kelch von mir! Aber nicht, was ich will, sondern was du willst, soll geschehen"* (Markus 14, 36).

In seinem Jüngerkreis wollte Jesus keine Hierarchie: *„Ihr wisst, dass die Herrscher ihre Völker unterdrücken und die Mächtigen ihre Macht über die Menschen ausnützen. So soll es bei euch nicht sein. Wer bei euch groß sein will, der soll euer Diener sein. Wer bei euch der Erste sein will, der sei euer Sklave"* (Matthäus 20, 25–27). Es ist kaum zu fassen, dass die Kirche, die Jesus Christus nachfolgen will, im Laufe der Geschichte so viel Wert auf Macht, Hierarchie und Normen gelegt hat. Die Amtskirche scheint in vielfacher Hinsicht einfach in die Fußtapfen der damaligen Pharisäer und Schriftgelehrten getreten zu sein – und nicht in die Fußtapfen Jesu. Alles, was Jesus klar gelehrt hat – insbesondere im Blick auf Macht und Geld –, wurde und wird von den Amtskirchen mehr oder weniger ignoriert. Die Dinge aber, über die Jesus wohlweislich keine Silbe verloren hat (insbesondere eine Reihe von sexualethischen Fragen), wurden oft zu alles entscheidenden Moralfragen hochstilisiert. Auf ihren Gründer kann sich die Kirche an diesem Punkt kaum berufen.

SIEBEN: Festlichkeit, Lebensfreude, Schmerz

Jesus war kein Kind von Traurigkeit; er war auch kein Asket. Seine Bewegung unterschied sich unter anderem darin vom Jüngerkreis des Täufers Johannes, dass bei Jesus nicht gefastet wurde. Als ihn die Johannesjünger deswegen zur Rede stellen, sagt er: *„Können die Hochzeitsgäste trauern, solange der Bräutigam bei ihnen ist?"* (Matthäus 9, 15). Seine Botschaft vom nahen Gottesreich ist eine frohe Botschaft; am liebsten kleidet er die Schilderung dieses Reiches ins Bild eines Hochzeitsfestes.

Die Lebens- und Genussfreude Jesu und seiner Jünger war so auffällig, dass man ihm unterstellte, ein *„Fresser und Weinsäufer"* zu sein (Matthäus 11, 19). Tatsächlich ließ er sich gern zu Tisch einladen und machte dabei keinen Unterschied, ob die Einladung von einem gesetzestreuen Pharisäer, einem Aussätzigen oder einem politisch suspekten Zöllner kam.

Bei der Hochzeit in Kana (Johannes 2, 1–11) versorgte er eine Festgesellschaft mit Unmengen von bestem Wein (ungefähr 600 Liter!). Die mehrfach überlieferte Geschichte von der wunderbaren Brotvermehrung (z. B. Johannes 6, 1–15) zeigt, dass ihm nicht nur das geistliche, sondern auch das leibliche Wohl der Menschen am Herzen lag.

Man könnte die Botschaft Jesu in dem Satz zusammenfassen: Gott möchte, dass sich die Menschen freuen und echtes Glück finden. Schon bei seiner Geburt verkündet der Engel den *Hirten „große Freude, die allen Menschen gilt“* (Lukas 2, 10). In den „Abschiedsreden“ verspricht er seinen Jüngern, dass ihre *„Traurigkeit in Freude verkehrt“* und ihre *„Freude vollkommen werden“* wird (Johannes 16, 20; 15, 11). Die Bergpredigt (Matthäus 5) beginnt mit den „Seligpreisungen“: *„Glücklich sind die ...“*.

Aber Jesus warnt auch vor einer falschen und oberflächlichen Freude. Neben der ursprünglicheren Fassung der „Seligpreisungen“, die sich in der „Feldrede“ des Lukasevangeliums niederschlägt, finden sich vier „Wehe-Worte“: *„Weh euch, die ihr reich seid! Ihr habt keinen Trost mehr zu erwarten. Weh euch, die ihr satt seid! Ihr werdet hungern. Weh euch, die ihr jetzt lacht! Ihr werdet klagen und weinen. Weh euch, wenn euch alle Menschen loben! So haben es ihre Väter mit den falschen Propheten gemacht.“* (Lukas 6, 24–26). Es ist deutlich, welche Art von „Lebensfreude“ hier angeklagt wird: der hemmungslose Genuss auf Kosten der Armen. Es ist die Schuld, die wir reichen Christen des Westens bis heute gegenüber dem „armen Lazarus“ an den Rändern unserer Gesellschaft und in der Dritten Welt tragen. Die Freude, die Jesus verspricht, geht durchs Nadelöhr der Entäußerung und des geschwisterlichen Teilens.

Die österliche Freude, für die die Welt bestimmt ist, gibt es nicht ohne das Kreuz. Der Kreuzestod Christi ist kein „stellvertretendes Leiden“ in dem Sinne, dass wir nunmehr von Kreuz und Leiden dispensiert wären und ohne den „Umweg“ über Angst, Schmerz und Verlust „in den Himmel“ kommen könnten. Der griechisch-orthodoxe Theologe Kallistos Ware drückt es so aus: „Jesus zeigt uns keinen Weg um das Leiden herum, sondern durch das Leiden hindurch, das bedeutet, kein ersatzweises Leiden, sondern rettendes Begleiten.“[12]

Matthäus berichtet, dass sich Jesus noch kurz vor seinem Tod geweigert hat, das damals gängige Betäubungsmittel, eine Mischung aus Galle und Wein, zu trinken. Er hat körperliche und seelische Schmerzen ertragen und am Ende den tiefen Schmerz der Gottesferne ausgehalten: *„Mein Gott, warum hast du mich verlassen?“* (Matthäus 27, 34.46). Dieser Tiefpunkt, den Jesus durchlebt und durchlitten hat, ist paradoxerweise das Tor zur Osterfreude.

ACHT: Konfrontation, Klarheit, Vollmacht

Jesus wusste, was er wollte. Er hat seinen Standpunkt kompromisslos vertreten und die Konsequenzen seines Redens und Handelns standhaft ertragen. Er hat nie um den heißen Brei herumgeredet. Wenn er von seinen Jüngern verlangt: *„Eure Rede sei: Ja, ja; nein, nein!"* (Matthäus 5, 37), dann ist auch das etwas, was er selbst praktiziert hat. Paulus hat es so ausgedrückt: *„Gottes Sohn war nicht Ja und Nein zugleich"* (2. Korinther 1,19).

Die Entschiedenheit Jesu war für die herrschenden Kreise bedrohlich. Das Volk spürte seine innere Autorität; vor allem die einfachen Menschen, die unter den sozialen und religiösen Ungerechtigkeiten besonders litten, liefen ihm in Scharen nach. Immer wieder versuchten seine Gegner, Jesus mit Fangfragen in die Falle zu locken. Er drehte in solchen Situationen meist den Spieß um, sodass die scheinheiligen Frager am Ende selbst die Demaskierten waren.

Jesus schenkte seinen Gegnern nichts und konfrontierte sie in der Tradition der alttestamentlichen Propheten mit dem kompromisslosen Anspruch Gottes. Kurz vor seiner Verhaftung spitzen sich seine Provokationen zu. Er reitet wie der verheißene Messias auf einem Esel in Jerusalem ein. Er begibt sich mit einer Peitsche in den Tempel, treibt die Geldwechsler aus dem Gotteshaus und lässt die Opfertauben frei. Er erzählt eine Reihe von Gleichnissen, deren Pointen die religiösen Führer Israels brüskieren; dabei fallen Sätze wie: *„Zöllner und Dirnen gelangen eher ins Reich Gottes als ihr"* oder: *„Das Reich Gottes wird euch weggenommen und einem Volk gegeben, das die erwarteten Früchte bringt"*. Über die Schriftgelehrten und Pharisäer sagt er unter anderem: *„Alles, was sie tun, tun sie nur, damit die Menschen es sehen"*; *„Ihr Heuchler! Ihr verschließt den Menschen das Himmelreich. Ihr selbst kommt nicht hinein und lasst auch die nicht hinein, die hineinwollen"*; *„Wehe euch, ihr seid blinde Blindenführer!"* (Matthäus 21–23) Es verwundert einen nicht, dass Jesus verhaftet wurde. Das Bild vom sanften und „süßen" Heiland Jesus ist ganz und gar einseitig. Er konnte im Ton und in der Sache überaus scharf sein.

Steht das im Widerspruch dazu, dass Jesus in der Bergpredigt – wie es scheint – zur Passivität und zum Verzicht auf Widerstand aufruft? Er fordert ja seine Zuhörerinnen und Zuhörer auf, die linke Backe hinzuhalten, wenn sie auf die rechte Backe geschlagen werden; eine zweite Meile mitzugehen, wenn sie von einem Besatzungssoldaten gezwungen werden, sein Gepäck eine Meile zu schleppen; auch das Hemd vor Gericht auszuziehen, wenn ihnen jemand den Mantel nimmt (Matthäus 5, 39–41). *Walter Wink* hat nachgewiesen, dass es bei diesen Forderungen gerade nicht um Passivität geht, sondern um höchst subversive Formen des gewaltfreien Widerstandes. Wink vergleicht sie mit den Aktionsformen, die der amerikanische Bürgerrechtler Saul Alinsky entwickelt hat. Durch solche überraschenden Handlungen nimmt das „Opfer" dem Täter die Möglichkeit, das Gesetz des Handelns zu bestimmen, gewinnt die eigene Würde zurück und bietet dem Täter die Chance, sich ohne Gesichtsverlust zu verändern.[13] Jesus selbst hat jedenfalls nicht stumm „die andere Backe hingehalten", als er beim Verhör geschlagen wurde (Johannes 18, 23). In der Bergpredigt preist er diejenigen *„selig"*, die *„hungern und dürsten nach der Gerechtigkeit"* (Matthäus 5, 6).

Jesus steht auf der Seite der Schwachen und ergreift ihre Partei. Er mag noch so rau mit den Machthabern umgehen – Schwachen und Schutzbedürftigen wendet er sich in zärtlicher Weise zu (vgl. die Kindersegnung Markus 10,13ff.; die Ehebrecherin Johannes 8,3ff.). Jesus war stark, aber nicht unverwundbar. Er hat der Versuchung der Macht widerstanden, die ihm zugefallen wäre, wenn er gewollt hätte. Er hat darauf verzichtet, *„Legionen von Engeln"* (Matthäus 26, 53) zu seinem Schutz abzukommandieren. Seine Kirche ist der Versuchung der Gewalt, der Machtpolitik und des Militarismus oft erlegen. Jesus dagegen hat die Macht der Ohnmacht gewählt, um die Ohnmacht der Macht zu demaskieren: *„Die Fürsten und Gewalten hat er entwaffnet und öffentlich zur Schau gestellt"* (Kolosser 2, 15). ACHTer wie *Martin Luther King* sind seinem Vorbild bis zur letzten Konsequenz gefolgt.

NEUN: Gelassenheit, Friedfertigkeit, Liebe

Trotz seiner unermüdlichen Schaffenskraft strahlte Jesus Ruhe und Frieden aus. In seinem „Heilandsruf" fordert er die Menschen auf: *„Kommt her zu mir alle, die ihr mühselig und beladen seid. Ich will euch erquicken. Nehmt mein Joch auf euch und lernt von mir. Denn ich bin sanftmütig und von Herzen demütig. So werdet ihr Ruhe finden für eure Seele. Denn mein Joch ist sanft und meine Last ist leicht"* (Matthäus 11, 28–30). Jesus war in schwierigsten Situationen „die Ruhe selbst". Mitten im Sturm liegt er auf einem Kissen am Bug des Fischerbootes und schläft. Diese Ruhe ist Ausdruck eines tiefen inneren Friedens und seines Gottvertrauens. Die aufgeregte Angst seiner Jünger nennt er *„Kleinglauben"* (Markus 4, 35–41).

Schon im Ersten („Alten") Testament wird der Schlaf als Gottesgabe angesehen: *„Ich liege da und schlafe ganz im Frieden, denn du, Jahwe, sorgst dafür, dass ich geborgen bin"* betet ein Psalmist (Psalm 4, 9); *„seinen Freunden gibt's der Herr im Schlaf"* weiß ein anderer (Psalm 127,2). Aber auch die dunkle Seite des Schlafs ist bekannt: Der Schlaf wird in der Bibel bisweilen als Zeichen der Stumpfheit oder als Zufluchtsort gebrandmarkt, an dem man Entscheidungen und der Verantwortung ausweichen kann. Jona auf dem Schiff nach Tarsis will sich schlafend aus der Affäre ziehen. Die Jünger in Gethsemane fliehen in den Schlaf, weil sie

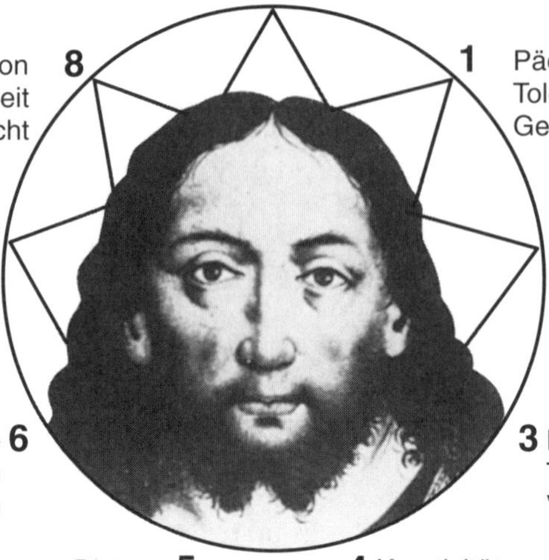

Figur 20: Das Christus-Enneagramm

sich den Konflikten nicht gewachsen fühlen (Matthäus 26, 40–45). *„Wacht und betet, damit ihr nicht in Versuchung geratet!"*, verlangt Jesus von ihnen. Ähnlich steht es später im Epheserbrief: *„Wach auf, du Schläfer und steh auf von den Toten, so wird dich Christus erleuchten"* (Epheser 5, 14). Die Ruhe Jesu war alles andere als Tatenlosigkeit. Die Liebe aktivierte ihn. Er handelte zielbewusst und entschlossen. „Passiv" war Jesus insofern, als er immer nur das weitergab, was er sich zuvor von seinem Vater hatte schenken lassen. Aber diese „Passivität" sollte man lieber als „Durchlässigkeit" bezeichnen.

Seine Liebe urteilte nicht und schloss niemanden aus. Sein Lebensauftrag war die Versöhnung zwischen Mensch und Gott und die Versöhnung der Menschen untereinander. Paulus bringt es auf den Punkt: *„Gott versöhnte in Christus die Welt mit sich und hat uns den Dienst der Versöhnung aufgetragen ... Deshalb sind wir Botschafter an Christi statt ... und bitten an Christi statt: Lasst euch versöhnen mit Gott!"* (2. Korinther 5, 18–20); *„Christus stiftete Frieden und versöhnte die beiden* (Juden und Nichtjuden) *durch das Kreuz mit Gott in einem einzigen Leib; er hat in seiner Person die Feindschaft vernichtet. Er kam und verkündete den Frieden: denen, die Gott fern waren und denen, die Gott nahe waren"* (Epheser 2, 15–17).

NEUNer lieben Gemeinschaft und brauchen Gemeinschaft, um motiviert und inspiriert zu werden. Christus hat Gemeinschaft gelebt und seinen Jüngern zugetraut, dass sie aktiv werden. Jeder Mensch war ihm kostbar; er hat auch die „NEUNer“ bemerkt, die sonst so leicht übersehen werden.

Enneagramm und Gebet

In allen Weltreligionen gibt es drei Grundtypen von Gebet und Meditation: 1. Von außen nach innen: Es kommt etwas von außen auf mich zu, ein Bild, ein Symbol, ein Text. Anhand dieses Impulses, den ich in mich aufnehme, geschieht etwas in mir. 2. Von innen nach außen: Ich setze mich hin und lasse aufsteigen, was in mir ist. Ich erlaube meinen inneren Stimmungen und Bildern, sich zu entfalten und drücke das dann aus, zum Beispiel durch Worte oder durch Malen. 3. Leere: Der dritte Weg ist der Weg der Leere, bei dem es darum geht, äußere und innere Impulse loszulassen, um in die völlige Stille zu gelangen. Dazu gehört auch der gegenstandslose Zen-Weg.

Diese drei Wege lassen sich den drei Zentren des Enneagramms zuordnen.[14] Herztypen wollen sich ausdrücken, Bauchtypen suchen die Leere, Kopftypen suchen Input von außen. Der „natürliche“ Zugang zu Meditation und Gebet wird von dem Zentrum bestimmt, das mich primär beherrscht. Deswegen empfiehlt es sich, mit dem anzufangen, was mir leicht fällt. Auf lange Sicht kann das allerdings zur Falle werden. Ein Herztyp, der sich immer nur ausdrückt, muss auf seinem Weg zur Integration und Erlösung diesen Raum verlassen und sich auf andere Räume einlassen, die ihm ferner liegen (zum Beispiel Formen der Meditation, die ihm helfen, sich zu sammeln und still auf sich selbst zu besinnen).

Gerry Pierse[15] hat in einem sehr anregenden kleinen Buch das Enneagramm und die Praxis christlicher Mantra-Meditation verbunden. Humorvoll und anschaulich zeigt er die spezifischen Zugänge der neun Typen zum spirituellen Leben auf – aber auch ihre charakteristischen Gebetsblockaden.

Das Ende der Determination

Das Enneagramm sagt, wie es wirklich ist. Und unsere Heilung und Reifung beginnt immer damit, dass wir „anerkennen, was ist“ *(Bert Hellinger)*. Als eine Art „Beichtspiegel“ macht uns das Enneagramm auf die Blockaden und Abgründe aufmerksam, die uns versklaven. Alle Religionen empfinden die Versklavung und Erlösungsbedürftigkeit der Menschen. Hinduismus und Buddhismus sprechen vom Karma, das im Verlauf vieler Reinkarnationen „abgearbeitet“ werden muss, bis wir in den

Zustand der Wunsch- und Leidenschaftslosigkeit (Nirwana) eingehen können. Selbst der atheistische Marxismus geht von der ökonomisch bedingten „Entfremdung“ der Menschen aus, die im Geschichtsprozess zu überwinden ist, damit es am Ende zum Paradies auf Erden, zur „klassenlosen Gesellschaft“ kommt. Das Christentum nennt den unerlösten Zustand die „Herrschaft des Gesetzes“.

Paulus beschreibt den Menschen „unter dem Gesetz“: *„Ich weiß nicht, was ich tue. Ich tue nicht das, was ich eigentlich will, sondern das, was ich hasse. Das Wollen habe ich wohl, aber das Gute vollbringen kann ich nicht. So finde ich folgendes Gesetz: Ich will das Gute tun, bringe aber oft nur Böses zustande. In meinem Inneren habe ich zwar Gefallen an Gottes Gesetz, aber in mir sehe ich ein anderes Gesetz, das mit dem Gesetz meiner Vernunft im Streit liegt und mich im Gesetz der Sünde gefangen hält“* (Römer 7,15 ff.). Am Ende stöhnt Paulus stellvertretend für uns alle: *„Ich elender Mensch! Wer wird mich erlösen ...?“*

Das Neue Testament verkündet, dass Gott selbst dieses Dilemma auf sich genommen hat. In Jesus Christus begab er sich „unter das Gesetz“ und setzte sich den Zwängen, Versuchungen und Strafen dieses Gesetzes aus, *„... um die, die unter dem Gesetz waren, zu erlösen“* (Galater 4, 4 f.).

Christus ist das Urbild des neuen, befreiten Menschen. Der Glaube an ihn, das heißt eine lebendige, persönliche und vertrauensvolle Beziehung, führt uns aus den Zwängen des unerbittlichen Gesetzes heraus. Wir können unsere Fallen und Abwehrmechanismen ehrlicher anschauen und allmählich lockern und loslassen, weil der auferstandene Christus uns sagt: „Der Krieg ist aus! Ihr könnt eure Waffen abliefern, die einst euer Überleben gesichert haben! Gott ist nicht euer Feind, sondern euer Freund.“

Wenn wir Christus vertrauen, brauchen wir uns nicht mehr als Sklaven des Gesetzes, als Produkte unserer Eltern, als Opfer unserer Umwelt und als determinierte Rädchen im Weltgetriebe zu verstehen. All das ist zwar *auch* wahr, aber nicht die letzte Wahrheit. Wir sind nicht mehr Sklaven, sondern freigelassene Söhne und Töchter Gottes. Als Kinder Gottes können wir Gott „Vater“ nennen, ohne wieder Angst haben zu müssen, dass uns diese Vaterfigur klein macht, bevormundet, bestraft oder einengt. *„Weil ihr nun Kinder Gottes seid, hat Gott den Geist seines Sohnes in unsere Herzen gesandt, der ruft: Abba, lieber Vater!“* (Galater 4, 5).

Ein Pharisäer namens Nikodemus, Mitglied des Hohen Rates der Juden, kommt eines Nachts zu Jesus und sagt: „Rabbi, wir wissen, dass du ein gottgesandter Lehrer bist. Denn keiner kann die Zeichen tun, die du tust – es sei denn Gott mit ihm.“ Jesus antwortet ihm: „Wahrhaftig, ich sage dir: wenn jemand nicht von oben her geboren wird, kann er das Reich Gottes nicht sehen.“ Da fragt ihn

Nikodemus: „Wie kann ein Mensch noch einmal geboren werden, wenn er schon alt ist? Soll er etwa nochmals in den Bauch der Mutter gehen, um geboren zu werden?" Jesus antwortet: „Wenn jemand nicht durch Wasser und Geist geboren wird, kann er nicht in das Reich Gottes kommen. Was irdisch ist, bleibt irdisch. Was aber vom Geist geboren wird, ist selbst Geist. Wundere dich nicht über meine Behauptung: Ihr müsst noch einmal geboren werden. Der Wind weht, wo er will. Du hörst zwar sein Sausen. Aber du weißt nicht, woher und wohin er weht. So ist es bei jedem Menschen, der aus dem Geist geboren ist" (Johannes 3, 1–8).

Nikodemus ist offenbar ein Suchender. Er ist ein Vertreter des religiösen und öffentlichen Gesetzes, ein Pharisäer und Ratsherr. Es genügt ihm aber wohl nicht mehr, Gesetze und Normen zu erfüllen. Seine heimliche Sehnsucht treibt ihn „nachts" zu Jesus. Er beginnt damit, dass er dem Meister Komplimente macht („wir wissen ..."), die die meisten seiner Kollegen so sicher nicht unterschrieben hätten. Aber Jesus kommt sofort zur Sache. Er spürt, worum es seinem Gesprächspartner wirklich geht und zeigt ihm den Weg aus dem Gefängnis des Gesetzes in die Freiheit. Diesen Weg nennt Jesus „neue Geburt" oder „Geburt von oben". Diese neue Geburt versteht er nicht als Reinkarnation (Rückkehr in den Mutterleib), sondern als Wirken des Geistes, das zu einer totalen Transformation führt. Die Taufe mit Wasser ist das äußere Zeichen dafür, dass der „alte Mensch" stirbt; die innere Erfahrung des Geistes ist die Bestätigung und Bevollmächtigung des neuen, befreiten Menschen.

Jesus vergleicht das Leben dieses neuen Menschen mit dem Wehen des Windes. Die Windrichtung lässt sich immer nur ungefähr und eine kurze Zeit lang bestimmen; dann kann sie sich plötzlich ändern: *„Du weißt nicht, woher und wohin er weht!"* Solange wir unter der Herrschaft des Gesetzes stehen, wissen wir selbst und andere, die ein wenig Menschenkenntnis haben, ziemlich schnell, „woher bei uns der Wind weht". Wir leben wie Maschinen *(Gurdjieff)* und folgen Zwängen und Programmen, auf die wir festgelegt wurden und uns selbst festgelegt haben. Der geisterfüllte Mensch dagegen ist für Überraschungen gut. Er ist zu Dingen fähig, die ihm nicht „an der Wiege gesungen wurden". Sein wahres, göttliches Potential beginnt sich zu entfalten.

Der geisterfüllte Mensch bleibt dennoch immer auch ein Kind seiner Prägungen. Der neue und der alte Mensch stehen in einer Kontinuität; die Erneuerung ist ein lebenslanger Prozess, der Momente der Stagnation und Regression kennt. *Luther* sprach davon, dass der Mensch immer Sünder und Gerechter zugleich ist *(simul justus et peccator)*. Aber die alten Gesetze beherrschen die Identität nicht mehr: *„Wo der Geist des Herrn ist, da ist Freiheit„* (2. Korinther 3, 17).

Auch das Enneagramm ist jener Größe zuzurechnen, die die Bibel

„Gesetz“ nennt. Es deckt auf, was ist. Es ist nicht die Freiheit, kann aber gerade durch präzise Benennung unserer Unfreiheit Wegweiser zur Freiheit werden. Einen Wegweiser können wir vergessen, wenn wir das Ziel selbst vor Augen haben, das in der Bibel in vielen Bildern und Farben beschrieben wird: als Gottesstadt, als rauschendes Fest, als Reich der Freiheit, als Leben in Fülle.

Eine enneagrammatische Weihnachtspredigt

Als Jesus zur Welt gekommen ist – da hören auch die neun großen Sünden der Menschheit von der Geburt des Erlösers. Das Gerücht fährt ihnen unter die Haut. Es weckt Sehnsucht in ihnen. Aber gleichzeitig Angst. Ein Erlöser! Der würde sie womöglich ausmerzen, ihnen die Lebensgrundlage entziehen. Sollten sie fliehen? Aber wohin? Oder sollten auch sie sich aufmachen zum Kind?

Der Zorn tritt vor und sagt: „Na, immerhin fällt es dem lieben Gott endlich mal ein, was zu unternehmen! Seht euch diese schlechteste aller denkbaren Welten an! Warum hat er sie und vor allem die Menschen nicht gleich besser gemacht? Aber ich wette: Dieser Jesus wird auch nichts ändern!“

Und der Hochmut sagt: „Ich brauche keinen Erlöser. Ich hab mir noch immer selbst zu helfen gewusst. Außerdem hätte man mir eine persönliche Einladung schicken können. Einige gute Ratschläge für ihn hätte ich schon. Die wird er brauchen!“

Da tritt die Lüge vor, die sich selbst gern „die Erfolgreiche“ nennt: „Ein Erlöser im primitiven Stall!“, ereifert sie sich. „Das ist doch von vornherein zum Scheitern verurteilt. Und wie die das aufziehen! Nicht mal 'ne Pressemeldung! Das müsste man ganz anders vermarkten!“

Der Neid ist erblasst, als er das Gerücht gehört hat. „Ein Erlöser für *alle* Welt!“, rümpft er die Nase: „Wenn ich da hinginge, wäre ich ja nur einer von vielen. Aber vielleicht sollte ich ihm ein außergewöhnliches Präsent mitnehmen … Dann würden die *anderen* erblassen.“

Da lässt sich der Geiz aus dem Hintergrund vernehmen. „Geschenk!“, murmelt er. „Man wird ein Geschenk von mir erwarten. Mir schenkt auch keiner was!“ Dann hüllt er sich wieder in Schweigen.

Da hebt die Furcht bebend zu reden an. „Wenn der Herr des Himmels kommt“, sagt sie, „wird das den Herren der Welt nicht passen. Denn man sagt, der Messias wird Recht schaffen. Wenn wir da hingehen, machen wir uns verdächtig und werden in die Sache reingezogen. Ich halte mich da raus!“

Und nun mischt sich die wohlgenährte Verschwendung ein: „Ein

Stall!“, sagt sie, „das klingt muffig und düster und depressiv. Ich will leben! Feiern! Man gönnt sich ja sonst nichts.“

Da poltert die Gewalttätigkeit los: „Wie soll denn ein hilfloses Kind die Welt verändern? Macht braucht man. Geld. Panzer. Das Kind braucht ja selber Schutz. Ich geh hin und nehm die Sache in die Hand! Und ich poliere jedem die Fresse, der dem Kind was antun will!“

Als letzte meldet sich die Trägheit: „Der Weg ist anstrengend“, sagt sie. „Ich bezweifle, dass sich die Mühe lohnt. Außerdem: Für mich wird sich der Erlöser bestimmt nicht interessieren. Machen wirs uns gemütlich und lassen alles, wie wir's gewohnt sind!“

Von Aufbruchstimmung kann also nicht die Rede sein. Aber seltsamerweise sind die neun Sünden ihren eigenen Widerständen zum Trotz plötzlich doch auf den Beinen und ziehen los. Oder besser gesagt: Irgendetwas zieht sie magnetisch zum Kind.

Als sie zum Stall kommen, steht die Tür einen Spalt weit offen. Von innen dringt warmes Licht ins Freie. Sachte treten sie nacheinander ein. Nur der Geiz bleibt draußen und beobachtet alles durchs Fenster.

Im Stall ist es sehr still. Josef steht im Halbschatten. Maria scheint von den Gästen kaum Notiz zu nehmen. Das Kind aber liegt da und lächelt und breitet die Arme aus, als wollte es die Ankommenden begrüßen. Und dann sieht es sie an. Sie alle – aber so, dass jeder meint, der Blick gilt nur ihm. Und sie erwidern ihn. Es geht gar nicht anders. Und da ist ihnen plötzlich, als ob das Kind zu jedem von ihnen spräche. Ohne den Mund zu öffnen, und doch klarer als Worte es könnten.

Das Kind sieht zuerst den *Zorn* an, und dem ist, als sagt das Kind: „Du bist wütend über Gott und die Welt, über die Schlamperei der Menschen, über die Arroganz der Regierenden und die Dummheit der Regierten. Und vor allem über deine eigenen Mängel. Gib mir deinen Groll. Brich deine Wut in Stücke und leg sie ins Kohlenbecken, damit ihre Glut den Stall erwärmt. Ich schenke dir meine Geduld. Sie rettet die Welt, langsam – aber sicher. Hab Geduld mit dir selbst. Und verzeih deinen Mitmenschen ihre Unvollkommenheit! Verzeihung ist das Einzige, was verändert! Hab Vertrauen! Das Gute wächst längst, wenn auch langsam!“ Da sinkt der Zorn auf die Knie und spürt eine unendliche Gelassenheit – wie nie zuvor.

Dann sieht das Kind den *Stolz* an. Und dem ist, als sagt das Kind: „Du hast dich unersetzlich gemacht, bist ständig zur Hilfe geeilt, auch wo du gar nicht gerufen warst, hast andere an dich gekettet. Und du bist gekränkt, wenn man dir nicht dankt. Gib mir deine Krone! Schau: Ich bin einfach da. Für dich. Lass dir das schenken! Das ist echte Demut. Da beugt auch der Stolz die Knie. Und sein Herz ist plötzlich unendlich weit und er fühlt sich frei, wirklich frei.

Dann trifft der Blick des Kindes der *Lüge*. Und der ist, als höre sie: „Du hast Angst, dein Ziel zu verfehlen, zu scheitern. Mit deinen kleinen Tricks willst du verhindern, als Versager dazustehen. Für mich aber bist du ganz durchsichtig. Ich sehe auch das in dir, was nicht strahlt. Gib mir deine Angst zu versagen!" Da beugt sich auch die Lüge vor dem Kind. Und es wird plötzlich ganz hell und hoffnungsfroh in ihr und sie weiß: Alles wird gut.

Als Nächstes sieht das Kind dem *Neid* in die Augen. Und dem ist, als sagt das Kind: „Du musst dich ständig vergleichen, weil du an dir selber zweifelst. Du bemitleidest dich selbst, weil es sonst keiner zu tun scheint. Du bist ein Spielball deiner Gefühle. Gib sie mir! Deine emotionalen Höhenflüge und Tiefschläge. Dein Fernweh und dein Heimweh. Und nimm meine unkomplizierte Schönheit an! Sei einfach da!" Da wird es ganz still im Herzen des Neides. Alle Stürme sind verstummt. Und ganz schlicht und ungekünstelt kniet auch er vor dem Kind.

In diesem Augenblick ist dem *Geiz* draußen vor der Tür, als riefe das Kind auch ihn. Scheu tritt er in den Stall. Und als das Kind ihn ansieht, ist ihm, als sagt es: „Dein Herz wurde nie wirklich gewärmt. Du musstest immer für dich selber sorgen. Du hast Besitz und Wissen gehortet, um zu überleben. Lass dich wärmen. Lass dich berühren!" Und das Kind streckt dem Geiz die Händchen entgegen, und der Geiz – küsst sie. Und dann zieht er seinen kostbarsten Ring vom Finger und legt ihn Maria zu Füßen. Da wird ihm ganz warm ums Herz – und er fühlt sich zum ersten Mal wirklich zu Hause.

Zögernd tritt nun auch die *Furcht* vor. Das Kind sieht auch sie an, aber sie wagt den Blick nicht zu heben. Und doch ist ihr, als sagt das Kind: „Du misstraust Gott und der Welt und dir selber. Du fürchtest die Autoritäten. Du passt dich an, um nicht aufzufallen. Du sehnst dich nach Sicherheit. Sieh mich an! Mir kannst du vertrauen. Und auch dir selbst! Hab keine Angst vor dem Risiko. Ich bin bei dir!" Da spürt die Furcht eine starke, gute Kraft in der Brust, wie nie zuvor. Aber sie kniet nicht nieder, sondern steht plötzlich aufrecht da und sieht dem Kind fest in die Augen – und schwört ihm im Stillen ewige Treue.

Und auch die *Verschwendung* merkt nun den Blick des Kindes und hört die Stimme: „Siehst du, mit wie wenig ich auskomme? Spürst du den heiligen Ernst dieses Ortes? Gib mir deine Angst vor dem Dunkel, vor Leiden und Tod! Gib mir den Zwang, dich mit Konsum zu betäuben! Wage, deine verborgenen Kindheitsschmerzen zu betrauern. Und ich schenke dir echte Freude, die das Dunkle nicht scheuen muss." Da bricht ein Strahlen aus der Tiefe der Verschwendung hervor und erleuchtet ihr Gesicht. Und gleichzeitig fließen Tränen der Trauer über ihre Wangen. Und beides ist gut.

Die *Gewalttätigkeit* ist bisher erstaunlich ruhig geblieben. Aber jetzt schiebt sie sich nach vorn: „Ich kann nicht länger warten! Ich sehe deine mir völlig unbegreifliche Machtlosigkeit. Und doch scheinst du mehr Macht zu haben als ich. Ich kapituliere. Ich bringe dir meine Übergriffe, meine Selbstherrlichkeit. Wie viele Menschen habe ich überfahren und niedergebügelt und missbraucht! Ich staune über deine Reinheit. Und ich will dich um etwas bitten, was ich noch zu keinem gesagt habe: Vergib mir meine Schuld! Mach mich rein! Ich will dir dienen!" Die Gewalt kniet sich vor das Kind. Da ist ihr, als würde sie von der Unschuld des Kindes ganz und gar durchdrungen. Und das Kind muss nichts mehr sagen.

Und schließlich trifft der Blick des Kindes die letzte aller Sünden, die *Trägheit*. Und es ist ihr, als sagt das Kind: „Sieh her, wie unbequem ich es habe. Und trotzdem bin ich voller Energie. Ich habe mich entschieden zu lieben, mich hinzugeben. Und ich brauche dich. Du sollst den Menschen meinen Frieden bringen, auch wenn du dabei ein paar Schrammen abkriegst. Du zählst. Und ich zähle auf dich. Gib mir deine Resignation und Gleichgültigkeit. Du meinst du bist die Letzte. Du sollst eine Erste werden!"

Da gibt die Trägheit den anderen ein Zeichen, und gemeinsam erheben sie sich und nehmen einander bei der Hand. Sie stehen um das Kind herum und sehen es voll Freude an und können sich nicht satt sehen. Und dann sehen sie einander an und umarmen sich und wünschen einander den Frieden. Und alle neun Sünden sind erlöst durch den Anblick und die Anbetung des menschgewordenen Gottes.

(Dietrich Koller, bearbeitet von Andreas Ebert)

DIE REUE, DIE KEINEN GEREUT

Perspektiven der spirituellen Arbeit (Dietrich Koller)

Dieses Buch ist nur ein Buch. Es enthält viele Informationen. Man kann sie interessant, hilfreich oder zweifelhaft finden. Man kann sie zustimmend oder ablehnend zur Kenntnis nehmen. Man kann dies Buch verwenden als typologisches *Know-how* and *who*, und so der Versuchung folgen, sich und anderen ein Etikett, eine Nummer auf die Stirn zu kleben. Man kann dies Buch aber auch wie eine Landkarte verwenden, um sich auf einen persönlichen Weg zu machen. Auf einen Weg der Heimkehr zu sich selbst, heraus aus dem Land und der Zeit der Entfremdung von sich selbst. Bevor dies Buch ein Buch wurde, war es ein uraltes Weisheitswissen der Seelenbegleiter, die ihre eigene Seele und die Seelen ihrer Ratsuchenden in einer allmählichen oder blitzartigen Erleuchtung zu Gesicht bekamen. Wie kann dies geronnene Buch wieder „flüssig" werden? Wie kann Papier zu Leben, Buchstabe zu Geist werden? Es geht um eine „Verwandlung von Staubleben in Geistleben." So hat sich der griechische Mönch und kappadokische Kirchenvater *Gregor von Nazianz* in einer Rede des Jahres 362 ausgedrückt. Darin begründete er vor seiner Gemeinde seine mehrmalige Flucht aus dem Geistlichen Amt. Denn er war immer wieder zutiefst erschrocken vor der Größe der seelsorgerlichen Aufgabe, „den Staub dem Geist zu geben".

Nun, kein Buch und kein Seelenbegleiter, kein Therapeut und keine Enneagramm-Tagung kann mir die Arbeit abnehmen, mich selbst zu verwandeln. *Transformation* ist eine Arbeit und eine Gnade zugleich. Ohne meine Selbstarbeit kommt die göttliche Gnade nicht zum Tragen und ohne die göttliche Gnade ist meine Arbeit vergeblich. Die Reue ist ein Prozess, in welchem meine Arbeit und Gottes Arbeit gleichzeitig werden. Gott schenkt Umkehr[1], aber ich muss davon Gebrauch machen und konkret umkehren. Das ist eine „Reue, die keinen gereut"[2]. Man bereut sie deswegen nicht, weil sie Heilung und Rettung schafft. *Paulus* war froh, dass er seine korinthische Gemeinde betrübt hatte, denn die Schmerzen, die er dem schlafenden Gewissen der Gemeinde bereiten musste, haben nicht zum resignierenden Weltschmerz geführt („Ach ja, wir sind alle allzumal Sünder!"). Vielmehr hat Paulus die Gemeinde zu glückseligen Geburtsschmerzen der Transformation erweckt.

Dieses christliche Enneagramm-Buch möchte ebenfalls einen Raum schaffen für die persönliche „Reue, die keinen gereut." Dazu fünf Hinweise:

Die Typologie steht nicht im Dienst von Selbstbespiegelung, sondern im Dienst von Transformation

Natürlich ist das Enneagramm ein Spiegel. Ich schaue hinein, um das verborgene Gesicht meiner Seele zu erkennen. Aber ich will meinen Typ nicht erkennen, um ihn zu verbessern, sondern um ihn zu verwandeln. Ich will nicht selbstverliebt mein Muster pflegen. Ich will mich von meinen Zwängen und Gewohnheiten erlösen lassen. Ich will mich in die neun Energieplätze integrieren. Ich will die drei Hauptzentren, mein Herz, meinen Kopf und meinen Bauch in Koordination und Balance bringen. Ich will mein „Kopfgehirn", mein „Gefühlsgehirn" und mein „Körpergehirn" gleichmäßig entwickeln. Ich will meinen Anteil an allen neun Gesichtern der menschlichen Kollektivseele entdecken. Ich will mich nicht spezialisieren und noch „typischer" werden. Das wäre ein Fall in die Falle der falschen Selbstliebe. Ich will mich vielmehr erweitern und mit meinem Typ eintauchen, ja auflösen in der weiten Welt von Glaube, Hoffnung und Liebe. Das wäre ein Erwachen der wahren Selbstliebe. Es wäre eine Erkenntnis des Zieles aller Entwicklung. Nicht von ungefähr ist es so, dass das Profil eines unentwickelten Menschen zunächst viel schärfer, anstößiger, karikierbarer ist als das Profil eines ganzheitlich entwickelten Menschen. Der Neurotiker wirft schärfere und längere Schatten als der Verwandelte, der direkt unter der Sonne seiner Gnade steht und wenig Schatten mehr wirft. Ein Machtmensch, der sein altes ACHTER-Muster transformiert hat und seine Potenz in den einfühlsamen Dienst einer selbstlosen Parteinahme gestellt hat, kann auf der Ebene der Erscheinungen einer helfenden ZWEI zum Verwechseln ähnlich sehen. Auf der Ebene der Motivation aber liegen Welten zwischen beiden.

Es wäre gut, wir würden das Enneagramm nicht nur als Typologie verwenden, mit welcher wir uns selbst und andere permanent fixieren und festnageln. Vielmehr will das Enneagramm mit seinen neun Mustern ein Hilfsmittel zur transformatorischen Arbeit sein. Es beschreibt nicht neun isolierte Energieplätze, sondern es beschreibt einen Weg mit neun verschiedenen Anfängen. Von jedem Ausgangspunkt bewegen wir uns gleichsam in Tanzschritten auf dem Kreis durch neun verschiedene Welten, die alle eine einzige Welt der Vollkommenheit bilden. Das Ziel unserer Entwicklung ist die göttliche Vollkommenheit, der wir ähnlich werden sollen und die Jesus in der Bergpredigt so beschreibt: Der väterliche, mütterliche Gott im Himmel lässt seine Sonne aufgehen über Böse und Gute und lässt regnen über Gerechte und Ungerechte.[3] So sollen auch wir unsre innere Sonne überall hin scheinen (bzw. unsere innere Wohltatswolke auf alles regnen) lassen, ohne zu berechnen, wer wie viel oder wie wenig davon „verdient" hat. Das ist eine gottähnliche Vollkommenheit, die das genaue Gegenteil von einem moralistischen Perfektionismus ist. Es ist die bedingungslose Liebe, in die wir uns allmählich hineinverwandeln und die letztlich die alles verwandelnde Kraft im Universum ist.

Die Selbstbegegnung geschieht nicht auf dem Felde der Ichbezogenheit, sondern auf dem Felde der Gottesbegegnung.

Das Enneagramm stellt mich vor mein eigenes Angesicht, vor das Angesicht meiner Mitmenschen und vor das Angesicht Gottes. Bevor mich das befreit, erschreckt und schmerzt es. „Da wurden ihnen die Augen geöffnet und sie nahmen wahr, dass sie nackt waren."[4] Nach dem dialogischen Prinzip *Martin Bubers* gibt es kein isoliertes Ich an sich, sondern nur das Ich des Grundwortes Ich-Du oder des Grundwortes Ich-Es.

„Wir werden in den Zeichen des widerfahrenden Lebens angeredet. Wer redet? Es würde uns nicht frommen, zur Entgegnung die Vokabel Gott herzusetzen, wenn wirs nicht von jener entscheidenden Stunde der persönlichen Existenz aus tun, wo wir alles vergessen mussten, was wir von Gott zu wissen wähnten, nichts Überkommenes, nichts Gelerntes, nichts Selbstersonnenes behalten durften, keinen Fetzen Wissen, und eingetaucht wurden in die Nacht ... Wenn wir aus ihr ins neue Leben steigen ... so ist es immer der Gott eines Augenblicks, ein Augenblicksgott."[5]

Nun vermittelt mir das Enneagramm nicht mehr nur rein psychologische Erkenntnisse, sondern eine geistliche Wirklichkeit. Der delphische Spruch: „Erkenne dich selbst!" ist ja durchaus ironisch gemeint – im Sinne der Unmöglichkeit, sich selbst beim Schopfe aus dem Sumpf zu ziehen. Echte Selbstarbeit kann nur gelingen, wenn ich nicht nur mir selber, sondern dem *Nicht-Ich*, dem *Ganz Anderen*, dem Angesicht meines Urbildes, also Gott, begegne.

Nun hängt es freilich entscheidend davon ab, dass „mein Gott" nicht eine Projektion meines unbewussten Ich ist. Sonst würde ich im Augenblick der enneagrammatischen Selbsterkenntnis entweder stolz oder verzweifelt werden. Es kommt darauf an, dass ich dem Angesicht des Mensch gewordenen Gottes, des Menschensohnes, wie er in Jesus Fleisch geworden ist, begegne. Diese Gottesbegegnung holt mich vom Wahn der Eitelkeit herunter und aus dem Loch der Depressivität heraus und stellt mich auf den Urgrund der hochgemuten Demut. Dort bin ich frei, dort kann ich mich entwickeln, jenseits von Lob und Tadel. Hier, ganz unten, stehe ich vor dem alles verstehenden und alles verzeihenden Angesicht des Gottes unerschöpflicher Neuanfänge und sage zu ihm: Hier bin ich, so wie ich bin. Ich bereue. In dir fange ich neu an.

Der Unterschied zwischen monologischer und dialogischer Selbstarbeit ist enorm. Meiner Erfahrung nach löst der Dialog die schöpferischen Prozesse der Transformation in mir viel schneller und tiefer aus als der Monolog der Selbstbezogenheit. Immer wenn ich aus dem Seinsschlaf aufwache und „vor Gott" komme, schäme ich mich meiner Seinsvergessenheit und erfreue mich meines Kontaktes mit meinem Ursprung und Ziel. Die Scheinziele der Selbsttäuschung entlarven sich. Die Weisheit des „Predigers Salomo" (Kohelet), der die Macht der Nichtigkeiten durchschaut hat, wird absolut klar: „Es ist alles ganz eitel, *vanitas vanitatum!*". Die Ehrfurcht vor Gott wird zum Anfang der Weisheit.[6] Überall, wo in den heiligen Schriften von der „Gottesfurcht" die Rede ist, liegt kein autoritär kontrollierendes strenges Gottesbild vor. Vielmehr geht es hier um die liebende Aufmerksamkeit für das jeweilige Hier und Jetzt des Augenblickgottes. Es handelt sich nicht um „Ehrfurcht", sondern um Achtsamkeit. Jetzt erst entfliehe ich nicht mehr in die Vergangenheit oder in die Zukunft, ich erwache jetzt in der Gegenwärtigkeit. Psychologisch gesprochen sind es die egozentrischen Wahnideen und die idealistischen Ansprüche, die sich jetzt auflösen. Ich erwache aus meiner Trunkenheit und werde stocknüchtern. Ich erkenne meine unbewussten Besetzheiten und werde frei.

Für diese spirituelle Selbstarbeit am Sein ist uns ein Werkzeug mitgegeben – die Wahrnehmungsfähigkeit:

Das Werkzeug der Transformation ist nicht die moralische Selbstreflexion, sondern die inhaltsleere Selbstwahrnehmung.

Jedem Menschen ist unabhängig von Intelligenz, Bildung, Kultur und Religion eine Fähigkeit angeboren, die man bildlich gesprochen den „Inneren Beobachter" nennen kann. Bei den meisten Menschen schläft er, aber wenn er erwacht, dann ist ein Teil meiner psychischen Kraft in der Lage, die anderen vielfältigen, von Gedanken und Gefühlen heimgesuchten Ich-Anteile gleichsam von außen zu erkennen und zu benennen. Mit Hilfe des inneren Beobachters kann ich jeden Gedankenkomplex und jede Gefühlsmischung wahrnehmen. In dem Moment, wo ich anfange, das Wahrgenommene zu zensieren, positiv oder negativ zu bewerten, zieht sich der Beobachter zurück. Denn er urteilt nicht, er stellt nur fest, dass ich jetzt urteile. Er ist weder das Gewissen noch das Eltern-Ich, noch der verurteilende Pharisäer, noch der analysierende Richter in mir. Er macht nur bewusst, welche dieser Rollen gerade auf meiner inneren Bühne agiert. Durch diese neutrale Tätigkeit entsteht Raum, mich von den Besetztheiten und Verhaltenszwängen meines Musters von Fall zu Fall zu entkoppeln. Mithilfe des inneren Beobachters schaffe ich einen leeren Zwischenraum, eine breite Fahrrinne zwischen den beiden automatischen Reaktionen: Verdrängen auf der einen Seite, Sich-Identifizieren auf der anderen Seite. In diesen freien Raum kann dann die bedingungslose Liebe einströmen, die da sagt: Es ist, wie es ist. Frei nach *Erich Fried* kann man dann sagen:

Es ist eine Undankbarkeit, sagt der verletzte Stolz der ZWEI.
Es ist ein Unglück, sagt die Berechnung der DREI.
Es ist eine Tragik, sagt die Schwermut der VIER.
Es ist, wie es ist, sagt die Liebe des göttlichen Herzens.

Es ist Unsinn, sagt die Vernunft der FÜNF.
Es ist leichtsinnig, sagt die Vorsicht der SECHS.
Es ist nicht so schlimm, sagt die Trostkunst der SIEBEN.
Es ist, wie es ist, sagt die Liebe des Geistes.

Es ist erbärmlich, sagt die Selbstherrlichkeit der ACHT.
Es ist aussichtslos, sagt die Trägheit der NEUN.
Es ist ein Fehler, sagt die Moral der EINS.
Es ist, wie es ist, sagt die leibhaftige Liebe.

Übrigens ist das Wahrnehmen und Annehmen dessen, was ist, alles andre als eine falsche Schicksalsergebenheit. Es ist vielmehr der Anfang einer Umwälzung. Denn, so sagt die pazifistische Revolutionärin *Rosa Luxemburg* im Gefolge von Ferdinand Lasalle: „Sagen, was ist, ist die erste revolutionäre Tat in einer gesellschaftlichen Situation." Es ist auch der erste Schritt zur innerpsychischen Transformation in mein wahres Wesen. Denn alles, was angenommen wird, wie es ist, kann auch erlöst und verwandelt werden. Dies ist sowohl therapeutischer wie auch christologischer Grundsatz. Man kann es am Verhalten des Jesus von Nazareth studieren, von dem die Moralisten entsetzt sagen: „Jesus nimmt die Sünder an und isst sogar mit ihnen!" Worauf Jesus bekanntlich, statt in moralischer in therapeutischer Sprache antwortet: „Die Gesunden brauchen den Arzt nicht, sondern die Leidenden."[7]

Der innere Beobachter benennt den reichen Pharisäer in mir mit der Fülle seiner gedanklichen und gefühlsmäßigen Urteile. Wenn ich dann darüber erschrecke und mich wenigstens für einige Augenblicke entkoppele von den Reaktionsmustern meines Typs, kann ich an den Ort der ersten Seligpreisung Jesu kommen, die da lautet: „Glücklich zu preisen sind die arm sind im Geist, denn das Himmelreich gehört ihnen."[8] Meister Eckehart, der altdeutsche Mystiker, legt das in einer Predigt so aus:

„Arm im Geiste – das heißt: So wie das Auge arm und bloß ist an Farbe und empfänglich für alle Farben, so ist der, der arm im Geiste ist, empfänglich für allen Geist, und aller Geister Geist ist Gott. Frucht des Geistes ist Liebe, Freude, Friede."

Der innere Beobachter ist also das erste Instrument für die transformatorische Arbeit.

Mit dem Erwachen des inneren Beobachters beginnt überhaupt erst der Eintritt in die Welt der Gewahrsamkeit, beginnt überhaupt erst die eigentliche spirituelle Entwicklung jenseits bisheriger religiöser Prägungen. Ein junger bayerischer Pfarrer hatte in seinem Kriegstagebuch für das tägliche Gebet eine Liste aufgestellt. Da lautete die erste Bitte unter der Rubrik „Persönlich“: „Geschenk der Entleerung von mir selbst.“ Dies göttliche Geschenk will erbeten, aber auch erarbeitet sein. Die Arbeit besteht in der Unterbrechung unserer ewig selbigen Musterreaktionen mit Hilfe des inneren Beobachters. *Erich Kästners* Epigramm „An die Maus in der Falle“ ist ein Aufruf zu dieser Entkopplungs- und Unterbrechungsarbeit:

> „Du rennst im Kreis und suchst ein Loch?
> Du rennst umsonst! Begreif es doch!
> Besinn dich!
> Ein einz'ger Ausweg bleibt dir noch:
> Geh in dich!“[9]

Aber es kann gefährlich sein, in sich zu gehen, wenn man nicht zugleich zu dem Gott geht, der alle so annimmt, wie sie gerade sind. Ebenso unfruchtbar kann es sein, frommen Sinnes zu Gott zu fliehen, um sich dabei selbst auszuweichen. Eine seelenlose Theologie und eine gottlose Psychologie helfen uns nicht.

Wenn ich mein enneagrammatisches Muster wahrgenommen und angenommen habe, wenn mir die innere Entkoppelung und Entleerung immer häufiger geglückt ist, dann tritt zur inneren Beobachtungsfähigkeit eine weitere Fähigkeit, die anlagemäßig allen Menschen mitgegeben ist, aber bei den meisten noch nicht entwickelt ist: die Gabe der Unterscheidung der Geister:

IV. In der transformatorischen Reuearbeit werden nicht Ideale angestrebt, sondern Geister unterschieden

Das neue Menschsein entsprechend unserer „heiligen Idee“, an der wir frühzeitig und ungewusst zu Fall gekommen sind, lässt sich nicht bewerkstelligen. Denn das ist ein Werk der Gnade allein. Es ist der selbstwachsenden Saat des Reiches Gottes vergleichbar. Es kommt „auto-matisch“, wie der griechische Text in Markus 4,28 für „selbstwachsend“ formuliert. Was wir tun können und tun müssen, ist: Dornen und Disteln zu beseitigen, indem wir die Automatik unseres falschen Musters immer wieder unterbrechen. So schaffen wir Platz für das selbsttätige Wunder eines neuen Seins. Der Idealist strebt hehre Ideale an – und scheitert daran. Die spirituelle Entwicklungsarbeit der transformatorischen Reue verfällt nicht blindlings den Idealen, sondern verharrt in der nüchternen Aufmerksamkeit, vor der sich die Geister entlarven. *Nicephorus der Einsiedler*, ein Mönch und Meister des 13. Jahrhunderts auf dem heiligen Berg Athos, hat die wichtigsten Worte der Wüstenheiligen, der Abbas und Ammas des 5. Jahrhunderts über die Aufmerksamkeit, die geistige Nüchternheit gesammelt:

„Hört mir gut zu. Die Achtsamkeit ist das Zeichen einer vollendeten Reue, sie ist ein Sichzurückfinden der Seele, Hass gegen die Welt und Hineilen zu Gott ... Sie ist unerschütterliche Gewissheit über die Verzeihung der Sünden ... Ihretwegen neigt sich Gott über den Geist, um sich ihm zu offenbaren. Die Achtsamkeit ist die Ruhe des Geistes, das Stillwerden oder das Schweigen, das durch Gottes Barmherzigkeit der Seele geschenkt wird. Sie ist die Reinigung der Gedanken, der Tempel für die Erinnerung an Gott und die Kraftquelle zum Ertragen von Prüfungen.“[10]

Die *Wüstenväter* wussten, dass das, was wir unser „Muster“ nennen, zwanghafte Automatismen der Seele sind, ja „Dämonen“, die sich in unseren Nervenenden Gewohnheitsrechte angeeignet haben und uns „besetzt“ halten. So sind wir „besoffen“ von unseren Identifikationen und werden erst durch die Gabe der Gewahrsamkeit „nüchtern“. Die falschen „Mustergeister“ haben keine eigene schöpferische Kraft, sie können nur unsere heiligen Gaben übertreiben oder verfälschen. Alles kann verfälscht werden – und wir merken es lange nicht, denn wir schlafen vor lauter Aktivismus unseres Musters. Mit dem *Charisma* der „Unterscheidung der Geister“ diagnostizieren wir: Beherrscht mich jetzt echter Stolz oder falscher Stolz? Echte Selbstliebe oder Narzissmus? Geistliche Schulderkenntnis oder neurotisches Schuldgefühl? Realistische oder depressive Resignation? Prophetische Hoffnung oder schwärmerischer Illusionismus? Vollkommene Freude oder gemachter Genuss? Untertanengeist oder mündiger Gehorsam? Reife Liebe oder symbiotische „Affenliebe“? Kreative Reue oder fruchtloses Selbstmitleid? Echte Leidenstoleranz oder feige Anpassung? Traurigkeit der Welt, die zum Tode führt, oder göttliche Traurigkeit, die eine selige Reue bewirkt, die keiner bereut? Die Liste ließe sich unendlich verlängern. Kenne deine Falle mit Hilfe des Enneagramms und du wirst die dir gegebene Gabe der Unterscheidung der Geister durch Praxis (besonders durch eine fehlerfreundliche Praxis!) immer mehr entwickeln und verfeinern – bei dir selbst und im Dienst an den Menschen, die sich dir anvertrauen.

Die Achtsamkeit hält Wache an den Toren und lässt nur den Geist der

Unterscheidung eintreten. Da ist zuerst die Wache an den Toren des sinnlichen Körpers. Was und wie sehe, höre, rieche, schmecke, esse und trinke ich jetzt gerade? Sie hält Wache an den weiter innen gelegenen Toren der Psyche. Welche Gefühle und Emotionen wollen mich jetzt überwältigen? Sie hält Wache an den innersten Toren des Geistes. Welche Urteile, Vorurteile, Vergleiche, Unterstellungen, Absichten, Erinnerungen, Ansprüche und Ideale wollen mich jetzt beherrschen? Die Achtsamkeit bewahrt mich davor, ständig in offene Fallen zu laufen. Die Unterscheidungsgabe hilft mir, die Verführungen, Verfälschungen und Selbsttäuschungen (in der Sprache der Wüstenväter: „die Blendwerke des Teufels"), zu erkennen. Die Reue hilft mir, nach dem Fall wieder aus den Fallen herauszukommen.

In der Anwendung der Unterscheidungsgabe bin ich im spirituellen Krieg nicht mehr Opfer der Mächte. Ich habe das Schwert des Geistes in die Hand bekommen. Ich werde überwältigt – und ich erhebe mich wieder. Ich falle immer seltener und siege immer öfter. Ich entwickle mich in mein wahres Selbst, in das Bild des neunfachen Christus in mir. Lange wogt der Kampf hin und her. Aber letztendlich ist der Sieg gewiss. Eine solch „militante" Sprache ist heute bei vielen verpönt. Aber der Archetyp des Kriegers oder der Kriegerin spielt in der transformatorischen Arbeit seine unersetzliche Rolle. In einer so gearteten spirituellen Kultur würden die sinnlosen Kriege auf der Außenbühne der Gruppen und Nationen absterben.

Die erste abendländische Autobiographie und zugleich die erste psychologische Selbstdarstellung der Weltliteratur stammt aus der Feder von *Aurelius Augustinus*. Es handelt sich um die Geschichte der Umkehr einer VIER, von der Kindheit angefangen. Das Ganze ist durchgehend als Dialog vor dem Angesicht der göttlichen Liebe, also in Gebetssprache formuliert. Augustin beschreibt die letzten Tage vor seinem geistlichen Durchbruch in Mailand im Jahre 386 folgendermaßen:

„So war ich krank und marterte mich mit Vorwürfen gegen mich selbst, bitterer als sonst, und wand und wälzte mich in meiner Fessel, dass sie nun endlich, dem Gebundenen schon so dünn geworden, ganz zerrisse. Aber ich blieb doch gebunden. Da warst Du es Herr, der in strenger Milde meinen geheimen Tiefen sich nahte ... Ich sprach in meinem Innern: Ja, gleich solls geschehen, und im Worte schritt ich schon zum Entschlusse. Hart schon war ich dran, es auch zu tun – ich tat es nicht ... und griff es nicht und hielt es nicht, immer noch im Zaudern, dem Sterben abzusterben und zum Leben aufzuleben. Mehr vermochte über mich das altgewohnte Schlechtere als das ungewohnte Bessere, und je näher es hereinkam, das spitze Nun der Zeit, da ich etwas anderes sollte sein, desto mächtiger schlug in mich sein Schauder, aber es schlug mich nicht zurück und nicht in die Flucht – es hielt mich in der Schwebe. Noch hielten sie mich auf, Torheit über Torheit und Eitelkeit über Eitelkeit, sie meine alten

Freundinnen, und zupften heimlich am Gewande meiner Sinnlichkeit und raunten: Schickst du uns weg?"[11]

Was für eine Wahrnehmungs- und Unterscheidungsgabe, kurz vor dem entscheidenden Durchbruch wenige Tage später!

Im spirituellen Krieg scheuen wir keine Strapazen mehr. Wir erkennen:

„Die Leiden sind tatsächlich notwendig, doch kann der Mensch dies erst einsehen, wenn er sich durch ... Reue ... läutert ... So oft wir auch wieder stürzen – verzagen wir darob nicht. Bereuen wir und führen wir den Kampf weiter, so können wir aus dem Sturze sogar Nutzen ziehen."

So schreibt der in der Verfolgungszeit unter Chruschtschow wirkende russische Seelenführer *Igumen Nikon*. In einem anderen Seelsorgebrief schreibt er den erstaunlichen Satz:

„Bitte Gott, den Herrn, innig um die größte und notwendigste aller Gaben. Die eigenen Sünden zu sehen und darüber zu weinen. Wer diese Gabe besitzt, hat alles."[12]

Das Selbstmitleid sucht falschen, äußeren Trost. Spirituelle KriegerInnen aber schonen sich nicht. *Thomas a Kempis*, der spirituelle Meister der neuen spätmittelalterlichen Laienfrömmigkeit, schreibt in seiner „Nachfolge Christi" den umwerfenden Satz: „Der äußerliche Trost ist eine nicht geringe Verhinderung und Schade des inwendigen göttlichen Trostes".[13] Die Unterscheidung der Geister geschieht also auch auf der Ebene des Trostes. Igumen Nikon kann sogar schreiben: „Wer einen berechtigten oder unberechtigten Vorwurf zurückweist, weist seine Erlösung zurück."[14] Denn: „Das Maß des geistlichen Wachstums des Menschen ist seine Demut. Je höher er im Geiste steht, desto demütiger ist er."[15]

Wir treten ein in die weite Welt der alles ergreifenden Liebe

Lange lebten wir in unseren unbewussten Mustern, dienten unseren Leid verursachenden Leidenschaften, praktizierten unsere scheinbar bewährten Überlebenstechniken und zahlten hohe Preise dafür. Das *Ego*, dieses trotzige und verzagte Ding, wurde sich schließlich seiner Krise bewusst. Eine ahnungsvolle Sehnsucht nach dem wahren Selbst war erwacht. Gleichzeitig war der innere Beobachter erschienen und besah sich alles ohne Lob und ohne Tadel.

Wir verließen die Welt der Selbsttäuschungen, die wahnhafte Welt des kindlichen Egozentrismus. Ja, auch die Welt des gesunden Egoismus, in der wir gesellschaftlich gut zu funktionieren gelernt hatten, erschien uns auf einmal nicht mehr als unsere Heimat, sondern als ein vorläufiger Ansiedlungsort. Wir traten durch die enge Pforte der Reue in die Welt der Aufmerksamkeit und Gewahrsamkeit ein. Wir gingen bewusst in den spirituellen Krieg gegen die falschen Geister, die uns in raffinierte Fallen gelockt hatten. Mit jedem neuen Erleuchtungsvorgang, mit jedem kleinen Sieg über die Zwänge der Verführungsmächte, mit jedem neuen kreativen Reueakt geraten wir nun weiter hinein in die Welt der Wahrheit. Indem sich unser wahres Selbst nach dem Urbild des Gottmenschen entwickelt, entwickelt sich die neunfache Geistesgabe in ihrer je einmalig individuellen Ausprägung. Ich entdecke meine wahre Berufung, die „heilige Idee", für die ich schon in meinem Genprogramm speziell erschaffen bin. Daraus entwickeln sich dann die neun Geistesfrüchte, ebenfalls in ihrer je einmaligen individuellen Konkretion. Alle meine Charismen werden nicht mehr vom Ego, sondern von der selbstlosen Liebe gesteuert. Jetzt endlich kann ich sachgemäß und positiv auf die unvermeidlichen Negativitäten des Lebens reagieren. Ich verstehe die Bergpredigt als eine reale Möglichkeit des „In-der-Welt-Seins", ohne von der Welt zu sein. Ich finde mich unter den acht Seligpreisungen Jesu vor. Ich fühle mich vernetzt und verbunden mit der unsichtbaren „Gemeinschaft der Heiligen", die Gottes Geist innerhalb und außerhalb der Kirche gesammelt hat. Ich kann mit Christus leiden, ohne beleidigt zu sein, bin wie er verwundbar geworden, ohne gekränkt zu sein. Nun ist mir nicht mehr so wichtig, dass ich verstanden und geliebt werde, sondern dass ich verstehe und liebe. Hier ist sogar die Feindesliebe ganz natürlich und kein psychischer Krampf. Die voraussetzungslose, unbedingte Liebe, *Agape*, hat mich ergriffen. Es ist die Liebe, mit der Gott den Sünder liebt, mit der er die ganze Welt so sehr geliebt hat, dass er sich ihr in seinem Sohn dahin gab. Nur von hier aus verstehe ich jetzt, dass die Liebe tatsächlich die größte Macht im Universum ist. Das Gericht ist vorbei. Das gewaltlose Lamm mit der Schächtwunde am Hals thront im Zentrum der Allmacht. Dieses wirksame Symbol stammt aus der Vision der letzten Welt hinter den apokalyptischen Kulissen der vorletzten Welt.

Der Brasilianer *Paulo Coelho* beschreibt in dem Tagebuch seiner Pilgerreise, wie er unter den Strapazen des Jakobsweges und unter der Begleitung seines spirituellen Meisters die Agape kennen gelernt hat. „Agape ist die Liebe, die verschlingt ... Alles, was du von nun an tun wirst,... wird nur Sinn machen, wenn du von der alles verschlingenden Liebe berührt wirst."[16]

Doch auch in der Welt der Agape bin ich nicht davor gefeit, wieder in meine alten Fallen früherer Entwicklungswelten zu fallen. Innerhalb einer Sekunde kann ich abstürzen in die Bewusstseinswelt des natürlichen Egoismus oder gar der neurotischen Egozentrik. Die Haltung der Gewahrsamkeit ist zusammengebrochen, die Achtsamkeit durch den inneren Beobachter ist verloren gegangen. Eine alte blinde Leidenschaft flammt wieder auf, mein altes Reaktionsmuster hat noch einmal funktioniert. Aber innerhalb der nächsten Stunde, Minute oder Sekunde vermag ich mich zu erheben und zurückzukehren in die Bewusstseinswelt der Wahrheit. Der psychische „Fahrstuhl" geht ebenso schnell nach oben wie nach unten. Ich werde aber immer seltener und immer kürzer in meinen alten Fallen hocken.

Die kreative Reuearbeit wird bis zum Tode nicht aufhören. Der leibliche Tod wird eines Tages begrüßt werden als der Vollender meiner Transformation. Wird der Läuterungsprozess nach dem Tode weitergehen? Wäre das eine Gnade oder eine Strafe? Das *Purgatorium* hat ja schon auf Erden begonnen und war immer ein Gnadengeschenk, wenn auch mit Reue- und Liebesschmerzen verbunden. Auch evangelische Christen glauben mit der katholischen Kirche an das Wort des Apostel Paulus: „Von welcher Art eines jeden Lebenswerk ist, wird das Feuer offenbaren."[17] Das Purgatorium, volkstümlich Fegfeuer genannt, besteht aus den Flammen der kreativen Reue. Es gilt als der Vorraum des Paradieses und vollendet die „unerledigten Geschäfte" der Reue. Himmel – das ist die unendliche Entfaltung der alles verschlingenden Integration der Liebe. Hölle – das ist schon jetzt Verweigerung und Blockade von Entwicklung, in Trotz, Trägheit, Selbstmitleid oder Eifersucht stecken gebliebenes Wachstum, jede fest sitzende Neurose des Ich, das sich selbst idealisiert hat. Wie wahr: „Die Traurigkeit der Welt wirkt den Tod. Aber die Traurigkeit nach Gottes Willen wirkt zur Seligkeit eine Reue, die niemanden reut."

ANMERKUNGEN

VORWORT: EIN SPIEGEL DER SEELE

1 *Teresa von Avila*, Die innere Burg, herausgegeben und übersetzt von Fritz Vogelsang, Zürich 1979, 21 f.
2 Unter „Taufe" verstehe ich, dass jemand oder etwas aus dem ursprünglichen Kontext gelöst, Christus zugeeignet und in seinen Dienst gestellt wird. Das Christentum hat keine eigene Sprache. Alle Versuche, sie zu schaffen, führen zu jener gräulichen und oft karikierten „Sprache Kanaans", die auf Außenstehende abstoßend wirkt. Das Christentum hat kein eigenes „Material". „Christlich" wird zum Beispiel ein Bild nicht dadurch, dass der Maler andere Farben verwendet, sondern durch das, was er mit diesen Farben darstellt. So sind auch viele wissenschaftliche Erkenntnisse oder religiöse Erfahrungen nicht „an sich" christlich oder unchristlich; sie werden es durch die Art, wie wir mit ihnen umgehen.
3 *Ole Hallesby*, Dein Typ ist gefragt – Unsere Veranlagungen und was wir daraus machen können, Wuppertal 1986.
4 *Fritz Riemann*, Grundformen der Angst, 14. Aufl., München 1979.

1. TEIL: DER SCHLAFENDE RIESE

1 Vergleiche *Richard Bents* und *Reiner Blank*, „MBTI" – Claudius Verlag München 1997.
2 Literatur (Auswahl): *Ernst Kretschmer*, Körperbau und Charakter. Untersuchungen zu Konstitutionsproblemen und zur Lehre von den Temperamenten, Berlin 1921; *Carl Gustav Jung*, Psychologische Typen, Gesammelte Werke Bd. VI, Zürich 1950; *Isabel Briggs Myers*, Introduction to Type, Gainesville 1976; *dies.*, Gifts Differing. Palo Alto 1980; *Karen Horney*, Unsere inneren Konflikte, Frankfurt/Main 1984 (Dreierschema); *dies.*, Neurose und menschliches Wachstum, Frankfurt/Main 1985 (Dreierschema); *dies.*, Der neurotische Mensch unserer Zeit, Frankfurt o. J., (Viererschema). *Axel Denecke* hat Horney und Riemann miteinander verknüpft und untersucht, wie bei PfarrerInnen die Zugehörigkeit zu einem bestimmten Typus die Art des Predigens beeinflusst: Persönlich predigen, Gütersloh 1979, v. a. 62–67.
3 Enneagram Monthly, Vol. 2, Nr. 1, 2 und 5.
4 *Helen Palmer*, „Growing the Enneagramm – The Californian Experience", All Points Bulletin, Aug./Sept. 1995, S. 13.
5 *Anselm Grün*, Geistliche Begleitung bei den Wüstenvätern, Münsterschwarzach 1992, S. 78.
6 *Aurelius Augustinus*, Brief LV an Januarius, Kap. XVII 31.
7 *Theodor Pindl*, Hg.: Ramon Lull, Das Buch vom Heiden und den drei Weisen, Stuttgart 1998, S. 282.
8 Auf deutsch ferner erschienen: *Ramon Lull*, Vom Freund und dem Geliebten – Die Kunst der Kontemplation, Zürich/Düsseldorf 1998.
9 Vgl. *Idries Shah*, Die Sufis – Botschaft der Derwische, Weisheit der Magier, 8. Aufl. Köln 1989, 200 ff.
10 *Annemarie Schimmel*, Gärten der Erkenntnis – Das Buch der vierzig Sufi-Meister, Düsseldorf und Köln 1982, 21.
11 Das Standardwerk über die Sufis ist *Annemarie Schimmel*, Mystische Dimensionen des Islam – Die Geschichte des Sufismus. Köln 1985. Zur Einführung: *Idries Schah*, Die Sufis (siehe Fußnote 2); *William Stoddart*, Das Sufitum – Geistige Lehre und mystischer Weg, Freiburg im Breisgau 1979.
12 Zitiert bei *P. D. Ouspensky*, Auf der Suche nach dem Wunderbaren, München 1978, 422.
13 Darstellung der Methode *Oscar Ichazos* bei *Sam Keen*, Oscar Ichazo and the Arica Institute, in: Psychology Today, Juli 1973, 66–72.
14 Vgl. *Christian Wulf*, Lebensentscheidung – Entscheidung zum Leben. Exerzitien des Ignatius als Herausforderung und Weg, in: Korrespondenz zur Spiritualität der Exerzitien Heft 53, 38. Jg. 1988, 84 ff.
15 *Dietrich Bonhoeffer*, der Theologe und Widerstandskämpfer gegen Hitler, hat 1944 in seiner Tegeler Gefängniszelle das Gedicht „Wer bin ich?", geschrieben. Ihn beschäftigt die Frage: Bin ich eher der, den die anderen in mir sehen, „gelassen, heiter und fest", „frei und freundlich und klar", „gleichmütig, lächelnd und stolz" – oder bin ich der, den ich erlebe, wenn ich allein bin, „unruhig, sehnsüchtig, krank, wie ein Vogel im Käfig, ringend nach Lebensatem ..., hungernd nach Farben, nach Blumen,

nach Vogelstimmen, dürstend nach guten Worten, nach menschlicher Nähe, zitternd ..., ohnmächtig ..., müde und leer ...“? Am Ende kommt er zu dem Schluss, dass weder andere noch er selbst seine Identität definieren können, sondern allein Gott: „Wer bin ich? Einsames Fragen treibt mit mir Spott. Wer ich auch bin. Du kennst mich, Dein bin ich, o Gott!“ (*Dietrich Bonhoeffer*, Widerstand und Ergebung, München 1951, 179).

16 Der amerikanische Pastoraltheologe *Donald Capps* hat die traditionelle katholische Lehre von den sieben Hauptsünden mit der psychologischen Entwicklungstheorie *Erik H. Eriksons* verbunden und ist zu dem Schluss gekommen, dass sich in jeder Entwicklungsstufe des Menschen eine bestimmte Fehlhaltung oder Blockierung verfestigen kann. Umgekehrt kann sich auch auf jeder Stufe eine ganz bestimmte „Tugend“ entwickeln. (*Donald Capps*. Deadly Sins and Saving Virtues. Philadelphia 1987).

17 Zu den sieben Geistesgaben vgl. *Jörg Splett*, Zur Antwort berufen, Frankfurt/Main 1984, 94–110. Splett ordnet im Anschluss an *Bonaventura* die sieben traditionellen *Geistesgaben* den sieben *Hauptsünden* zu. Dadurch werden die sieben traditionellen *Tugenden* erwirkt. Je eine Vaterunser-Bitte dient diesem Prozess. Ferner wird jeder Gruppe eine der Seligpreisungen Jesu aus Matthäus 5 zugeordnet. So entstehen folgende sieben Fünferreihen: Gottesfurcht, Hochmut. Mäßigkeit, geheiligt werde dein Name, Armut; Frömmigkeit, Neid, Gerechtigkeit, dein Reich komme, Sanftmut; Wissenschaft, Zorn, Klugheit, dein Wille geschehe, Trauer; Stärke, Trägheit, Starkmut, unser täglich Brot, Hunger und Durst; Rat, Habsucht, Hoffnung, vergib uns unsere Schuld, Barmherzigkeit; Verstand, Unmäßigkeit, Glaube, führe uns nicht in Versuchung, Herzensreinheit; Weisheit, Unkeuschheit, Liebe, erlöse uns von dem Bösen, Friedenswille.

18 Das spiegelt sehr stark die mittelalterliche Kirchenlehre wider. Gleichzeitig finden sich aber in Chaucers Erzählungen deutliche Anklänge an sufistische Texte, vor allem an das *Parlament der Vögel* des Sufi-Meisters *Attar*. Vgl. Zusammenfassung der Predigt bei *Geoffrey Chaucer*, The Canterbury Tales, Harmandsworth (England) 1977, 505f.; *Idries Shah*, Die Sufis, 98.

19 *Karen Horney*, Unsere inneren Konflikte, Frankfurt am Main 1984, 15. In ihrem Buch „Neurose und menschliches Wachstum“ (Frankfurt am Main 1985, besonders 208 bis 326) spricht sie von „expansiven Lösungen“ (Bauch), „Selbstverleugnung als Lösung“ (Herz) und „Resignation“ (Kopf).

20 Vgl. *Palmer*, 48.

21 Die Ausführungen zu den drei Zentren stützen sich zum Teil auf ein unveröffentlichtes Arbeitspapier (Dezember 1988) von *Hildegard Ehrtmann*; Verwendung mit freundlicher Genehmigung der Autorin.

22 *Dietrich Bonhoeffer*, Gemeinsames Leben, 19. Aufl. München 1983, 64.

23 Vergleiche *Dietrich Bonhoeffers* Gedicht „Wer bin ich“. Anm. 10. Bonhoeffer war ein „Kopfmensch“.

24 Gemeinsames Leben, 65.

2. TEIL: DIE NEUN TYPEN

TYP EINS

1 Teile des „Überblicks“ lehnen sich jeweils an unveröffentlichte Materialien des *Institute for Spiritual Leadership Chicago* (1984) in der Bearbeitung von *Hildegard Ehrtmann* (1987) an.

2 *Alice Miller*, Das Drama des begabten Kindes und die Suche nach dem wahren Selbst, Frankfurt am Main 1979.

3 Vgl. *Riso*, 326.

4 *Erich Kästner*, Dr. Erich Kästners lyrische Hausapotheke, © Atrium Verlag Zürich, und Thomas Kästner.

5 *Palmer*, 91.

6 Unter anderem abgedruckt in *Robert L. Short*, The Gospel According to Peanuts, New York 1964, 15f.

7 *Erik H. Erikson*, Der junge Mann Luther, Reinbek 1970, 62.

8 Ebenda, 69.

9 Ebenda, 174.

10 Ebenda. 226f.

11 Zu jedem der neun Typen gehört jeweils eine „Integrationsenergie“ und eine „Regressionsenergie“. Diese Verbindungen sind durch die Linien bzw. Pfeile gekennzeichnet, die die Nummern des Enneagramms miteinander verbinden. Die Integrationsenergie der EINS ist die SIEBEN, ihre Regressionsenergie ist die VIER. Diese „Pfeiltheorie“ wird im dritten Teil des Buches eingehend erklärt.

12 Thomas Merton, Conjectures of a Guilty Bystander, Garden City 1968, 11f. © by The Abbey of Gethsemane, Bardstown, Kentucky, USA.

TYP ZWEI

1 Vgl. *Dan Greenberg.* How to be a Jewish Mother, Los Angeles 1964. Der Autor betont, dass „eine jüdische Mutter weder jüdisch noch Mutter zu sein braucht. Auch eine irische Kellnerin oder ein italienischer Friseur kann eine jüdische Mutter sein"; zitiert nach: *Paul Watzlawick,* Anleitung zum Unglücklichsein, München 1983, 15.
2 Reinbek 1977.
3 Zitiert in der bayerischen Ausgabe des alten Evangelischen Kirchengesangbuchs, 469.
4 Reinbek 1987.
5 Vgl. *Nogosek,* Nine Portraits of Jesus. Im dritten Teil unseres Buches ist dem Verhältnis zwischen Jesus und dem Enneagramm ein eigener Abschnitt gewidmet.
6 *Heinrich E. Benedikt,* Die Kabbala als jüdisch-christlicher Einweihungsweg, Bd. 1: Farbe, Zahl, Ton und Wort als Tore zu Seele und Geist, Freiburg im Breisgau 1985, 98.
7 Zum *Lieblingsjünger Johannes* als Symbolfigur „weicher Männlichkeit" vgl. *Richard Rohr,* Der wilde Mann – geistliche Reden zur Männerbefreiung, München 1986, 38–41.
8 Die Diskussion über die Frage, wer das Johannesevangelium verfasst hat, kann an dieser Stelle nicht dargestellt werden. Auch wenn es nicht Johannes selbst war, wird doch gemeinhin angenommen, dass es auf seine Schüler zurückgeht, die Jesus *mit den Augen des Johannes* betrachtet haben. Unser Verfahren, aus den oft wenigen Angaben zu bestimmten biblischen Personen Persönlichkeitsprofile zu erstellen, ist natürlich in der Regel historisch nicht tragfähig. Diese Charakterskizzen beanspruchen deshalb nicht, die „historische" Gestalt korrekt zu treffen. Es geht vielmehr um diejenigen Wesenszüge, die die Autoren der Bibel an bestimmten Gestalten festgemacht haben.
9 Aus Hitlers Rede vom 30. 1. 1939, zitiert in der ZEIT vom 27. 1. 1989, 41.
10 Das Nein in der Liebe – Abgrenzung und Hingabe in der erotischen Beziehung, Stuttgart 1985.
11 Ausgebrannt – die egoistische Aufopferung, München 1988.
12 *Christian Feldmann,* Träume beginnen zu leben – Große Christen unseres Jahrhunderts, Freiburg-Basel-Wien 1983, 76. (Im folgenden immer zitiert *Feldmann,* Träume).
13 Ebenda, 78f.
14 Ebenda, 81.
15 Ebenda, 86.
16 Ebenda, 88.
17 Ebenda, 94.
18 *Diethard H. Klein,* Das große Hausbuch der Heiligen, Augsburg 1995, S. 479.

TYP DREI

1 Es scheint einen Zusammenhang von körperlicher Konstitution und Charaktertyp zu geben, wie Ernst Kretschmer schon in den 20er Jahren gesagt hat. Es würde sich lohnen, dieser Vermutung anhand des Enneagramms methodisch und systematisch nachzugehen, was bisher noch nicht geschehen ist.
2 Der Prototyp des erfolglosen DREIers ist *Donald Duck.* Sein Wertesystem ist an Glanz und Erfolg orientiert, aber immer kommt etwas dazwischen: entweder Vetter *Gustav Gans,* der Glückspilz, der Erfolg hat, ohne sich anzustrengen – oder die drei Neffen *Tick, Trick* und *Track,* die erfolgreiche und kompetente Jung-DREIer sind, müssen ihm aus der Patsche helfen.
3 *Dante Alighieri,* Die Göttliche Komödie, deutsch von Karl Vossler. München 1941. Dante war vom Werk des Sufi-Meisters *Ibn El-Arabi* beeinflusst. Nach *Miguel Asīn Palacios* (Islam and the Divine Comedy, New York 1926) übernahm er „den Inhalt des literarischen Werkes von Ibn El-Arabi und kondensierte ihn innerhalb eines für seine Zeit akzeptablen Bezugrahmens. Dadurch beraubte er die Botschaft Ibn-El Arabis ihrer sufischen Überzeugungskraft und hinterließ ... nur ein einbalsamiertes Exempel eines – nach modernem Verhältnis – literarischen Raubes." (Zitat nach *Idries Shah,* die Sufis, 128). Wie dem auch sei – auffallend ist jedenfalls, dass *Inferno, Purgatorio* und *Paradiso* bei Dante jeweils in neun (!) Stufen gegliedert sind. Dante selbst deutet sein Werk als den mühsamen Weg einer verirrten Seele zum Heil. Die Frage, ob die *Göttliche Komödie* eine literarische Version des Enneagramms darstellt, wäre eine eingehende Untersuchung wert, von der aus auch neues Licht auf die Herkunft des Enneagramms fallen könnte.
4 *M. Scott Peck,* Die Lügner: eine Psychologie des Bösen und die Hoffnung auf Heilung, München 1990.
5 *Heinrich E. Benedikt,* Kabbala, 101.
6 *Johannes Itten,* Kunst der Farbe, Ravensburg 1961/1970, 85.

7 Segen ist nach alttestamentlicher Auffassung Lebenskraft, die den „Schalom" vermittelt: Gesundheit, langes Leben, Wohlstand, Glück, Erfolg – also alles das, was das Herz einer DREI begehrt.
8 Die Jakobsgeschichte ist im Laufe der Zeit aus vielen, zum Teil sehr archaischen, Elementen zusammengewachsen. Ich gehe von jener Endgestalt aus, die schließlich kanonisiert wurde. *Walter Hollenweger* hat den Entstehungsprozess der Geschichte vom Jakobskampf am Jabbok in seinem Buch „Geist und Materie" eindrücklich nachgezeichnet und gezeigt, wie bereits innerhalb der Bibel diese Geschichte immer wieder neu verstanden und interpretiert wurde: *Walter Hollenweger.* Geist und Materie, München 1988, 226–232. *Walter Wink* betont mit Recht: „Es hieße Psychologisieren, wollte man anhand der Jakobsgeschichte ... ein Persönlichkeitsprofil dieses Mannes Jakob erstellen. Und zwar ganz einfach deshalb, weil wir nichts darüber aussagen können, bis zu welchem Ausmaß die Überlieferungen durch Legende und Volksglauben ausgeschmückt oder vielleicht sogar überhaupt erst hervorgebracht werden. Es ist allerdings legitim zu versuchen, die psychodynamischen Vorgänge in der Geschichte, so wie sie uns vorliegt, herauszuarbeiten: wie ihrer Intention nach die Zuhörer diese Geschichte verstehen und inwiefern sie durch diese Geschichte in Bewegung versetzt werden sollen." *Walter Wink,* Bibelarbeit – ein Praxisbuch für Theologen und Laien, Stuttgart 1982, 137.
9 *Isaac B. Singer,* Der Büßer, München und Wien 1987, 8.
10 Ebenda, 7.
11 *Feldmann,* Träume, 138.
12 Ebenda, 139.
13 *Jim Wallis,* Wiederbelebung – Meine Pilgerreise, Moers 1984, 142; 146.
14 *Feldmann,* Träume, 144.
15 *Jim Wallis,* Wiederbelebung, 143.
16 *Feldmann,* Träume, 151. Leider ist bisher in Deutschland noch keine Biographie dieser bemerkenswerten Frau erschienen; auch ihre zahlreichen Schriften warten noch auf die Übersetzung.

TYP VIER

1 Zum Gral vgl.: *Emma Jung* und *Marie Louise von Franz,* Die Gralslegende in psychologischer Sicht, Zürich 1960; *Gerhard Wehr,* Wörterbuch der Esoterik, Freiburg im Breisgau 1989, 62f.
2 Vgl. *Idries Shah,* Die Sufis, 99f.
3 Der Rosenroman, übersetzt und eingeleitet durch *Gustav Ineichen,* Berlin 1959.
4 *Novalis,* Heinrich von Ofterdingen, in: Gedichte, Romane, Zürich 1968, 164f. Novalis hat die Suche nach Lebenserfüllung verinnerlicht: „Nach *innen* geht der geheimnisvolle Weg. In uns oder nirgends ist die Ewigkeit mit ihren Welten, die Vergangenheit und Zukunft."
5 *Palmer,* 191.
6 Der Dichter war zeitlebens auf der Suche nach „Erlösung durch Form" und damit auf dem Weg von der Romantik zur Klassik. Das berühmte Gedicht „Tristan" (1825) ist stilistisch von vollendeter Klassik; dadurch wird das „romantische" Thema der unerfüllten Sehnsucht noch gesteigert.
7 Besonders aufschlussreich sein „Tagebuch eines Verführers" in seiner Schrift „Entweder – Oder" (München 1975, 351–521).
8 Vgl. *Palmer,* 177.
9 Vgl. *Palmer,* 178.
10 *Elisabeth Kübler-Ross* hat in ihren „Interviews mit Sterbenden" (Stuttgart 1971) fünf Phasen des Sterbens entwickelt: Nichtwahrhabenwollen, Zorn, Verhandeln, Depression und Zustimmung. Der Prozess, der zur Verarbeitung frühkindlicher Verluste notwendig ist, kann in denselben fünf Phasen beschrieben werden, wie es die amerikanischen Jesuiten *Matthew* und *Dennis Linn* in ihrem Buch „Beschädigtes Leben heilen" (Graz 1981) eindrücklich gezeigt haben. Das Sterbenlassen traumatischer Erinnerungen kann zur inneren Heilung führen.
11 Vgl. *David Dalton.* James Dean, seine Filme – sein Leben, München 1987.
12 *Ernesto Cardenal* und *Dorothee Sölle,* Gebet für Marilyn Monroe – Meditationen, Wuppertal 1984.
13 *Benedikt,* Kabbala, 123; 126.
14 Die VIER gehört zu jenen Typen, die eine besondere intuitive Begabung haben. In der Welt der Traum-Bilder und Symbole bewegen sich VIERer oft sicherer als in der realen Welt. Zum Thema *Träume und Traumdeutung* vgl. *Richard Rohr,* „Träume – Gottes ungebetene Boten" in: Der nackte Gott – Plädoyers für ein Christentum aus Fleisch und Blut, München 1987, 76ff.
15 Zu den prophetischen Zeichen- und Symbolhandlungen vgl. *Gerhard von Rad,* Theologie des Alten Testaments Bd. II, München 1960, 104ff.
16 *Daniel Berrigan,* Zehn Gebote für den langen Marsch zum Frieden, Stuttgart 1983, 9f.

17 *Christian Feldmann*, Träume, 277.
18 Zürich-Einsiedeln-Köln 1985.
19 *Feldmann*, 294.

TYP FÜNF

1 *Wilhelm Weischedel*, Die philosophische Hintertreppe, München 1975, 70. Die meisten Informationen über die im Laufe dieses Kapitels erwähnten und zitierten Philosophen entstammen diesem vorzüglichen (und preiswerten) Buch, das auf heitere und doch tiefsinnige Art in das Leben und Denken von 34 großen Philosophen einführt. Ein Drittel bis die Hälfte von ihnen lässt sich nach meiner Einschätzung der FÜNF zuordnen.
2 Vgl. ebd., 90ff.
3 Ebd., 116.
4 Ebd., 117.
5 Zitiert ebd., 238.
6 Ebd., 274.
7 Wörterbuch der Religionen, Kroners Taschenbuchausgabe 125, 1976[3].
8 *Wehr*, Wörterbuch der Esoterik, 100. Das Verhältnis mystischer Bewegungen zu den Großreligionen, von denen sie oftmals als häretisch verurteilt wurden, und Gemeinsamkeiten und Unterschiede der verschiedenen „Mystiken" kann an dieser Stelle nicht diskutiert werden. Eine ausgezeichnete Einführung in die Problematik bei *Joseph Sudbrack*, Mystik, Mainz und Stuttgart 1988.
9 Vgl. *Weischedel*, 291ff.; *Joachim Schulte*, Wittgenstein – Eine Einführung, Stuttgart 1989, v.a. 9–56.
10 Vgl. *Alexander Walker*, Greta Garbo – ein Porträt, München 1981.
11 *Abraham H. Maslow*, Psychologie des Seins, München 1973, 125.
12 *Friedrich Dürrenmatt*, Die Physiker, Frankfurt 1962.
13 *Palmer*, 227.
14 *Charles Dickens*, Weihnachtserzählungen, München ohne Jahr, 9ff. In seiner Erzählung „Weihnachtslied" schildert Dickens die Bekehrung des reichen Geizhalses *Ebeneezer Scrooge*. Scrooge ist im angloamerikanischen Raum zum Inbegriff des Geizes schlechthin geworden. Auch *Dagobert Duck*, der „reichste Mann der Welt" in *Walt Disneys* Zeichenserie, heißt im amerikanischen Original *Uncle Scrooge*.
15 Zitat bei *Ingrid Riedel*, Farben in Religion, Gesellschaft, Kunst und Psychotherapie, Stuttgart 1983, 53.
16 Vgl. *Richard Rohrs* Betrachtungen über Maria: „Let it Be! – Maria und die Protestanten" in: Der nackte Gott, München 1987, 37–44.
17 Vgl. zum Thema „Distanz und Nähe", das – vom jeweils entgegengesetzten Pol her – vor allem die ZWEI und die FÜNF betrifft: *Wolfgang Schmidbauer*, Die Angst vor Nähe, Reinbek 1985.
18 *Morton Kelsey*, Lieben lernen, Metzingen 1986.
19 *Dietrich Bonhoeffer*, Widerstand und Ergebung, München 1951, 184. Eine sachkundige Kurzbiographie Bonhoeffers: *Eberhard Bethge*, Dietrich Bonhoeffer (Rowohlts Monographien). Reinbek 1976.

TYP SECHS

1 Die Begriffe „Angst" und „Furcht" werden in der Umgangssprache fast als Synonyme verwendet. Präziser ist es, wenn man Angst als unbestimmtes Gefühl einer Lebensbedrohung definiert, während die Furcht objektbezogen ist. Wir verwenden die Begriffe Angst und Furcht in unserem Zusammenhang dennoch synonym.
2 *Riso*, 163.
3 Vgl. *Palmer*, 255–257.
4 *Karl Ledergerber* hat drei Formen der Flucht vor der Angst beschrieben: 1. *Flucht nach vorn* oder *Aggression* (als Beispiel führt er den amerikanischen Senator *McCarthy* an, der in den 50er Jahren „eine Atmosphäre der Angst verbreitete, da er in jedem zweiten Politiker, Intellektuellen, Diplomaten und Beamten einen verkappten moskauhörigen Kommunisten sah"); 2. *Flucht nach rückwärts* oder *Lebensverzicht* (z.B. Tiere, die sich in der Gefahr tot stellen; Ledergerber spricht in diesem Zusammenhang von „freiwilliger" Verdummung, Regression und Depression); 3. *Flucht ins Abseits* oder *Ersatzhandlungen* (Zwangshandlungen, Süchte, Zweckangst). Alle drei Formen der Flucht vor der Angst finden sich bei der SECHS. *Karl Ledergerber*, Keine Angst vor der Angst – Ihre Überwindung durch Einsicht und Vertrauen, Feiburg im Breisgau 1976, 102–115.

5 Vgl. *Paul Watzlawick*, Anleitung zum Unglücklichsein, München 1983, 37f.
6 *Thomas Meyer*, Fundamentalismus – Aufstand gegen die Moderne, Reinbek 1989.
7 *Walter Wink* hat die Wechselwirkung von „Projektion" und „Introjektion" untersucht, die zur Entstehung von Feindbildern führt. Einerseits projizieren wir unseren eigenen unerkannten und nicht angenommenen „Schatten" auf andere; zugleich nehmen wir aber in der direkten Konfrontation auch die negative Energie des anderen in uns auf. „Ohne es zu merken, verwandeln wir uns selbst in das, was wir bekämpfen. Wir werden, was wir hassen." *Walter Wink*. Angesichts des Feindes – Der Dritte Weg, Jesu in Südafrika und anderswo, München 1988, 15.
8 *Fjodor M. Dostojewski*, Die Brüder Karamasow, übersetzt von *Hans Ruoff* und *Richard Hoffmann*, München (dtv) 1978, 337ff.
9 *Umberto Eco*, Der Name der Rose, München-Wien 1982, 602f.
10 *Tilmann Moser*, Gottesvergiftung, Frankfurt 1976, 15–38.
11 *Raymond Franz*, ehemaliges Mitglied der leitenden Körperschaft der Zeugen Jehovas in New York, hat die „theokratische Organisation" verlassen, weil er mit den Unregelmäßigkeiten an der Spitze nicht mehr zurecht kam, die im Widerspruch zu ihrem Unfehlbarkeitsanspruch standen. Mit einer Sorgfalt und Akribie, die nur einer SECHS zur Verfügung sieht, hat er das belastende Material zusammengetragen und juristisch hieb- und stichfest dokumentiert. Sein Buch hat den bezeichnenden Titel „Der Gewissenskonflikt – Menschen gehorchen oder Gott treu bleiben?" (München 1988).
12 Aus *Luise Rinsers* Beitrag in: Reden über das eigene Land: Deutschland Bd. 5, München 1987, 90f.
13 Vgl. *Benedikt*, Kabbala, 146.
14 Vgl. das Märchen der *Gebrüder Grimm* „Rumpelstilzchen". Sobald die Königstochter den Namen des Kobolds kennt, kann er ihr Leben nicht mehr zerstören.
15 Hirnforschungen haben ergeben, dass die linke Gehirnhälfte, die die rechte Körperhälfte steuert, für zergliederndes, analytisches und abstraktes Denken zuständig ist, während die rechte Gehirnhälfte eher in Bildern und Symbolen „denkt" und „synthetisch" orientiert ist. Die westliche Gesellschaft fördert – zum Beispiel in ihren Schulen – viel stärker die linke Gehirnhälfte, sodass die zweite wichtige Seite stark verkümmert ist – am meisten angeblich bei den Deutschen! Eine gute Einführung in diese „Split-Hirn-Theorie" und ihre Folgen für die Auslegung der Bibel findet sich bei *Walter Wink*, Bibelarbeit – ein Praxisbuch für Theologen und Laien, Stuttgart 1982, 21–35.
16 *Christian Feldmann*, Träume, 29.
17 Ebenda, 35.
18 Ebenda, 39.

TYP SIEBEN

1 Die Weigerung vieler Männer, „erwachsen" zu werden, hat *Dan Kiley* in seinem Buch „Das Peter-Pan-Syndrom" aufs Korn genommen (München-Hamburg 1987).
2 *Antoine de Saint-Exupéry*, Der kleine Prinz, Düsseldorf o. J.
3 Fünfter Satz seines „Katechismus" in *Epikur*, Von der Überwindung der Furcht, München 1983, 59. Vgl. zu Epikur insgesamt *Weischedel*, Hintertreppe, 60–66.
4 Zitiert in *Weischedel*, Hintertreppe, 64.
5 Vgl. *Norman Vincent Peate*, Die Kraft des positiven Denkens, Zürich 1986. Dieser Ansatz geht davon aus, dass unser Denken unser Befinden wesentlich beeinflusst. Durch bewusstes Denken „positiver Gedanken" habe ich die Möglichkeit, glücklich, zufrieden und erfolgreich zu werden. Eine ganze Welle von Büchern, die diesem Ansatz verpflichtet sind, hat in den letzten Jahren den Büchermarkt überschwemmt.
6 Am extremsten *Catherine Ponder*, Bete und werde reich, München 1981. Die Autorin redet in ihrem Buch von „dynamischem Beten" und verspricht: „Ihre universelle Gott-Kraft ist in Ihrer Reichweite!" Ein „Engel des Wohlstands und der Heilung" stehe uns zur Verfügung, wenn wir nach ihrer Methode beten. Und: „Nach dem Beten kommt unfehlbar das Licht!"
7 Vgl. *William Backus/Marie Schapian*, Die befreiende Wahrheit, Praxis Kognitiver Seelsorge, Hochheim 1983.
8 Einen beachtenswerten Beitrag zu diesem Thema liefert *Anselm Grün* in seinem kleinen Buch „Einreden – Der Umgang mit den Gedanken" (Münsterschwarzach 1983). Er erliegt nicht der Versuchung, die Kontrolle der Gedanken zur einzigen oder wichtigsten Methode des Umgangs mit sich selbst zu ernennen, zeigt aber, wie wichtig die Auseinandersetzung mit dem, was wir denken, für unser geistliches Wachstum ist.
9 *Palmer*, 276.

10 *Eric Carles* köstliches Bilderbuch „Die kleine Raupe Nimmersatt“ schildert den Prozess der SIEBEN von ihrer unerlösten Unersättlichkeit bis zur tatsächlich erlangten „Leichtigkeit des Seins“. Sieben (!) Tage lang frisst sich die Raupe durch Unmengen leckerer Dinge, ohne satt zu werden. Jeden Tag muss es mehr sein. Bauchschmerzen sind die Folge. Erst nach einer Zeit völliger Ruhe im hässlichen Kokon verwandelt sie sich in einen wunderschönen Schmetterling.
11 Zitat nach *Stefan Siegert* und *Niels Frédéric Hoffmann*, Mozart – Die einzige Bilderbiographie, Hamburg 1988, 48. Diese Biographie mit ihren herrlichen Mozartanekdoten und -karikaturen ist ein „Muss“ für jede SIEBEN, die sich über ihren musikalischen Schutzpatron informieren will. Die Autoren müssen selber SIEBENer sein!
12 Aus einem Brief, zitiert ebenda, 103.
13 Ebenda, 152.
14 *Karl Barth*, Der reiche Jüngling, herausgegeben und eingeleitet von *Peter Eicher*, München 1986, 13.
15 Ebenda, 17f. Diese – nicht nur für SIEBENer – wichtige biblische Geschichte kann im Rahmen dieses Buches nicht ausführlich ausgelegt werden. Der Katholik *Peter Eicher* hat in seiner ausführlichen Einleitung zu *Karl Barths* Betrachtungen das Wesentliche zusammengetragen. Vgl. auch *Dietrich Bonhoeffers* Auslegung in „Nachfolge“, München 1988[17], 43–52.
16 Eine allgemein verständliche biblisch-theologische Analyse ökonomischer Fragen mit einer Reihe von praktischen Vorschlägen für einen einfacheren Lebensstil hat *Ronald Sider* verfasst: Der Weg durchs Nadelöhr – Reiche Christen und Welthunger, Wuppertal 1978.
17 Zusammenfassung nach *Wagner*, 97.
18 *Franz von Assisi*, Arm unter Armen, München-Zürich 1987, 48.
19 Vgl. *Richard Rohr*, Die unverbundenen Wunden – ein Franziskaner über Franz von Assisi. In: Der nackte Gott, 62–75.

TYP ACHT

1 *Giovannino Guareschi*, Don Camillo und Peppone, Reinbek 1957; ders.: Don Camillo und seine Herde, Reinbek 1957.
2 *Kenneth Walker*, zitiert bei *Palmer*, 14. Vgl. zu *Gurdjieff Palmer*, 10–24.
3 Vgl. *Ruth C. Cohn* und *Alfred Fahrau*, Gelebte Geschichte der Psychotherapie, Stuttgart 1984, 299–322. Zitate: 300–304.
4 *Frings Keyes*, 65.
5 Ebenda.
6 *Nikos Kazantzakis*, Griechische Passion, Reinbek 1977; Alexis Sorbas, Reinbek 1955; Mein Franz von Assisi, Reinbek 1980; Die letzte Versuchung, Reinbek 1981.
7 Z. B.: Tod am Nachmittag, Reinbek 1957; Gefährlicher Sommer, Reinbek 1986.
8 Vgl. *Walter H. Nelson*, Ernest Hemingway – 100 Blitzlichter aus seinem Leben. München und Eßlingen 1971, 23.
9 Ebenda, 56.
10 Ebenda, 78.
11 Ebenda, 109.
12 *Kenneth S. Lynn*, Hemingway – Eine Biographie, Hamburg 1989.
13 *Sigrid Löffler*, Kein ganzer Kerl – Eine neue Hemingway-Biographie versetzt dem Mythos vom Macho den Todesstoß, in der ZEIT vom 3. 3. 1989, 108.
14 *Frings Keyes*, 64.
15 Eine Reihe von lateinamerikanischen Befreiungstheologen hat das Thema *machismo* aufgegriffen und damit begonnen, es psychologisch und theologisch aufzuarbeiten. *Elsa Tamez* (Hg.), Against Machismo, Bloomington 1987.
16 Die folgenden Gedanken stützen sich auf einen Artikel von *Johanna Haberer*. Befreiung braucht Poesie – Auf den Spuren der Sprachgewalt biblischer Frauen. Sonntagsblatt der ev. luth. Kirche in Bayern vom 26. 3. 89, 16f.; Zitate daselbst.
17 Als „Richter“ werden im Alten Testament jene Gestalten bezeichnet, die in der verstaatlichen Zeit Israels in Notsituationen von Jahwe berufen werden, um das Volk in den Kampf zu führen. Nach dem Sieg, der durch göttliches Eingreifen zustande kommt, treten sie meist ins Alltagsleben zurück.
18 *Gerhard von Rad*, Theologie des Alten Testaments Bd. 1, München 1969, 346.
19 *Frings Keyes*, 67. Vgl. im Folgenden ebenda die Ausführungen über König David als ACHT. Zwei große David-Romane illustrieren die ACHTer-Energie Davids und die Machtpolitik seiner Regierung: *Stefan Heym*, Der König David Bericht, Frankfurt 1987[10]; *Josef Heller*, Weiß Gott, München 1985.

20 *Frings Keyes*, a. a. O.
21 Zitiert nach *Christian Feldmann*, Träume, 110.
22 Ebenda, 115.
23 Ebenda, 119.
24 Zur Theorie und Praxis des gewaltfreien Widerstandes im Sinne Martin Luther Kings vgl. *Walter Wink*, Angesichts des Feindes – der Dritte Weg Jesu in Südafrika und anderswo, München 1988.

TYP NEUN

1 Der Papalagi – Die Reden des Südseehäuptlings Tuiavii aus Tiavea, Zürich 1977, 64f.
2 *Evagrius Ponticus*, Capita practica ad Anatolium, zitiert nach *Anselm Grün*, Der Umgang mit dem Bösen, Münsterschwarzach 1979, 37f.
3 Vgl. *Palmer*, 360.
4 *Iwan A. Gontscharow*, Oblomow, Aus dem Russischen von *Joseph Hahn*, Nachwort von *Rudolf Neuhäuser*, München 1980.
5 *Rudolf Neuhäuser* im Nachwort, ebenda 665.
6 Ebenda, 668.
7 *Tatjana Goritschewa*, Die Kraft christlicher Torheit – Meine Erfahrungen, Freiburg-Basel-Wien 1985, 97.
8 Ebenda, 98.
9 *Franz Xaver Kroetz*, Oblomow, München 1989. Der müde Beifall und die Gesichter vieler Theaterbesucher aus der Münchner Schickeria bei der Uraufführung lassen vermuten, dass sie sich selbst in den „erfolgreichen" Aufsteigern Stolz und Olga wieder entdeckt haben.
10 In: Brevier eines Degenschluckers, Hanser Verlag, München 1960.
11 Frankfurt/Main 1988.
12 Ebenda, 55.
13 Ebenda, 50.
14 Das Buch Jona im Alten Testament ist kein historischer Bericht, sondern eine theologische Parabel über den Auftrag des Volkes Israel, den Heilswillen Gottes allen Völkern zu verkünden.
15 *Abraham Maslow*, Neurosis as a Failure of Personal Growth, zitiert nach *Ernest Becher*, Dynamik des Todes – Die Überwindung der Todesfurcht, Olten 1976, 85.
16 *Palmer*, 377.
17 So die Überschrift bei *Christian Feldmann*, Träume 186.
18 Zitiert ebenda, 209.
19 Ebenda, 197; 200.

3. TEIL: TIEFENDIMENSIONEN

1 *Wagner*, 104.
2 Eine wesentlich ausführlichere Darstellung findet sich bei Riso jeweils im Anschluss an seine Typenbeschreibungen. Riso geht allerdings im Gegensatz zu uns davon aus, dass jeder Typ nur *einen* Flügel hat.
3 Meine Lieder – Deine Lieder, Rechte: Hänssler-Verlag, Neuhausen–Stuttgart.
4 *Riso*, 101.
5 *Riso*, 185.
6 *Palmer*, 44f.
7 *Helen Palmer*: Das Enneagramm in Liebe und Arbeit; *Margaret Frings Keyes*: Enneagramm und Partnerschaft; *Neidhardt/Gallen*: Das Enneagramm der Beziehungen.
8 *Suzanne Zuercher*, Spirituelle Begleitung – Das Enneagramm in Seelsorge, Beratung und Therapie, Claudius Verlag München 1999.
9 *Andreas Ebert* und *Marion Küstenmacher*, Hg., Erfahrungen mit dem Enneagramm, Sich selbst und Gott begegnen, 6. Auflage, Claudius Verlag München 1999; hier besonders: *Dietrich Koller*, Die neun Gesichter der Seele Christi, Ein Beitrag zum Enneagramm der Kirche, S. 159ff., *Andreas Ebert*, Enneagramm und Kirche, Anstöße zum Gemeindeaufbau, S. 213ff. Dietrich Koller hat in seinem neuen Buch „Heilige Anarchie ...", Claudius Verlag München 1999, unter anderem eine enneagrammatische Typologie der Gemeindeleitung entwickelt.
10 *Robert J. Nogosek*, C. S. C. hat herausgefunden, dass mit dem Enneagramm die verschiedenen Seiten

Jesu zu entdecken sind. Er hat diesem Thema ein ganzes Buch gewidmet: Nine Portraits of Jesus, Denville/New Jersey 1987. Wir verdanken diesem Buch eine Reihe von Einsichten und biblischen Belegstellen, die nicht im Einzelnen gekennzeichnet sind.
11 Ebenda, 39.
12 *Kallistos Ware*, Aufstieg zu Gott. Glaube und geistliches Leben nach ostkirchlicher Überlieferung, Freiburg 1986.
13 Vgl. *Walter Wink*, Angesichts des Feindes – Der Dritte Weg Jesu in Südafrika und anderswo, München 1988; *Saul D. Alinsky*, Anleitung zum Mächtigsein, Bornheim-Menen 1984.
14 Vgl. die ausführliche Darstellung in *Metz/Burchill*, Enneagram and Prayer.
15 *Gerry Pierse*, Neun Türen zum Gebet – Enneagramm und christliche Meditation, Claudius Verlag München 1997.

DIE REUE, DIE KEINEN GEREUT

1 Apostelgeschichte 5,31 und 11,18
2 2. Korinther 7,10
3 Matthäus 5,45–48
4 1. Mose 3,7
5 *M. Buber*, Das Dialogische Prinzip S. 159f., Gütersloher Verlagshaus, Gütersloh.
6 Sprüche Salomos 1,7
7 Vgl. Matthäus 9,12 parr.
8 Matthäus 5,3
9 *Erich Kästner*, Kurz und bündig, © Atrium Verlag und Thomas Kästner.
10 Kleine Philokalia, Benziger Verlag S. 128f.
11 *Augustinus*, Bekenntnisse, Frankfurt/Main 1956, 146.
12 *Igumen Nikon*, Briefe eines russischen Starzen an seine geistlichen Kinder, Verlag Herder, Freiburg 1988, S. 50 und S. 79
13 1. Buch 10. Kapitel
14 *Nikon*, a.a.O. 92.
15 *Nikon*, a.a.O. 81
16 aus: *Paulo Coelho*, Auf dem Jakobsweg. Aus dem Brasilianischen von Maralde Meyer-Minnemann. Copyright © 1999 by Diogenes Verlag AG Zürich.
17 1. Kor. 3,13.

NAMENSREGISTER

Alinsky, S. 195, 275
Allen, W. 157
Aquin, Thomas von 43, 139
von Arnim, B. 124
Attar, F. 121
Augustinus 26, 49, 133

Barth, K. 76f.
Bennett, J. G. 21f.
Berrigan, D. 132f.
Bonaventura 50
Bonhoeffer, D. 41, 53, 151f., 254
Bosch, H. 48
Briggs Myers, I. 17
Bronsberg, B. 96
Bultmann, R. 263

Calvin, J. 67
Capa, R. 199
Cardenal, E. 128, 133
las Casas, B. 32
Cassian, J. 48
Castro, F. 195
Chagall, M. 182
Chaucer, G. 48, 50, 121
Clinton, B. 105

Dalai Lama 134
Dante 48, 105, 121
Day, D. 113ff.
Dean, J. 127
Dederich, Ch. 194
Descartes, R. 139
Dickens, Ch. 145
Dostojewski, F. 160
Dürrenmatt, F. 144

Eckhart (Meister) 140
Eco, U. 137
Ehrtmann, H. 10, 63
Eichmann, A. 156
Einstein, A. 32
Eliot, T. S. 129
Epiktet 153
Epikur 153
Erikson, E. 72f.
Eschenbach v., W. 121
Evagrius Ponticus 9, 22ff., 212

Feuerbach, L. 139
Forman, M. 182
Franz von Assisi 187f.
Freud, S. 63
Frings Keyes, M. 173
Fromm E. 163
Fuchs, G. B. 219f.

Gandhi, M. 205
Garbo, G. 121
Getty, J. P. 145
Goethe, J. W. von 67, 124, 129
Gontscharow, T. A. 218
Goritschewa, T. 219
Greenberg, D. 82
Gregor der Große 48
Grün, A. 22
Grünewald, M. 23
Guareschi, G. 166
Guevara, Che 195
Guillaume de Lorris 121
Gurdjieff, G. I. 20, 33f., 51, 194

Hallesby, O. 13
Heidegger, M. 139
Hellinger, B. 81f., 87, 261
Hemingway, E. 199
Heym, S. 302
Hildegard von Bingen 151, 182
Hippokrates 13, 17
Horney, K. 17, 51ff., 214
Hughes, H. 145
Hugo, V. 124

Ichazo, O. 21, 25, 28, 34
Ignatius von Loyola 36, 75f., 249

James, W. 187
Johannes vom Kreuz 32
Johannes XXIII. 223f.
Johannes Paul II. 106, 167
Jung, C. G. 17

Kandinsky, W. 147
Kästner, E. 64f.
Kazantzakis, N. 199
Kennedy J. und R. 128
Kierkegaard, S. 126, 253
King, M. L. 196, 205f., 256, 275
Kretschmer, E. 17
Kübler-Ross, E. 126
Küng, H. 29
Küstenmacher, M. 10, 148, 261

Lessing, G. E. 29
Lewinsky, M. 105
Löhe, W. 85
Lull, R. 29ff., 35
Luther, M. 55, 68, 72f., 249f.
Lynn, K. S. 200

Maslow, A. 143f.
Merton, Th. 76f., 253
Miller, A. 63
Mitscherlich, A. 132
Monroe, M. 128
Morus Th. 115f.
Moser, T. 160f.
Mozart, W. A. 76f., 182ff.
Musil, R. 129

Naranjo, C. 22, 34
Nelson, W. H. 200
Nightingale, F. 98
Nikolaus v. Kues 32
Novalis 5, 122

Ochs, R. 22, 34

Palmer, H. 123f., 144, 162
Peck, M. S. 106
Perls, F. 194
Petrarca, F. 124
Pierse, G. 277
Platen, A. Graf von 125
Plotin 139
Popper 139
Pythagoras 11, 21, 26f.

Quirolo, Lynn 22ff.

Rabia al-Adawiyya 34
Reagan, R. 106
Riemann, F. 13
Rinser, L. 163
Riso, D. R. 19, 63, 155
Romero, O. 167f.

Schmidbauer, W. 83
Schopenhauer, A. 32
Shakespeare, W. 129
Singer, I. B. 111f.
Späth, L. 97
Spinoza, B. 139

Tauler, J. 12
Teerstegen, G. 140

(Mutter) Teresa 96f.
Teresa von Avila 11, 32, 225

Vestlund, N. 96
Vinzenz von, Paul 98

Wagner, R. 121
Wehr, G. 140
Williams, H. 219
Wink, W. 274
Wittgenstein, L. 140

Zuercher, S. 52, 134

Genesis (1. Mose)
1, 31 18
25–33 109f.
37–50 130f.

Exodus (2. Mose)
15, 21 201

Richter
5, 7 201
13–16 201f.

Samuel
1 Sam 9–2 Sam 24 202ff.
1 Sam 2, 4 201
1 Sam 11, 6f. 202
2 Sam 12, 1–7 204

1. Könige
5, 2f. 184
10, 1 184
11, 5 184

Psalmen
4, 9 275
73, 23 182
127, 2 275

Prediger (Kohelet)
9, 7–9 185

Hoheslied
(insgesamt) 130

Jesaja
11, 2 49
40, 31 108

Jona
4, 10f. 221

Matthäus
4, 1–11 267
4, 26–29 75
5–7 267, 273
5, 6 275
5, 17 264
5, 20 265
5, 37 274
5, 39–41 274
5, 48 265
6, 3 94
6, 6 53
6, 28f. 268
6, 33 110
7, 3–5 70
7, 17 50
7, 24–27 270
7, 28f. 270
9, 15 272
9, 36 268
10, 29 268
11, 19 272
11, 25–27 268
11, 28–30 275
12, 43–45 25
12, 46–50 270
14, 22–33 255
15, 32 268
18, 4 269
19, 21 264
20, 25–27 272
20, 28 266
21–23 274
21, 1–9 269
21, 18–22 269
23, 37 268
26, 35 164
26, 40–45 276
26, 51 164
26, 53 275
26, 69–75 164
27, 34.46 273

Markus
1, 15 229
2, 27 271
3, 1–6 264
264
4, 35–41 255, 275
5, 36 272
8, 33 267
9, 19 264
10, 13ff. 275
10, 17–31 185
10, 37 93
12, 17 271
14, 36 272

Lukas
1, 46–55 147, 201
2, 10 273
2, 19 147
2, 40–52 270
4, 16 271
4, 16–21 267
6, 24–26 273
9, 54 93
9, 57f. 270
10, 38–42 93f.
13, 32 271
14, 28–30 270
17, 11–19 266
19, 1–10 148
19, 11–26 216f.
19, 41f. 268
22, 39–46 268
23, 2 271

Johannes
1 12
2, 1–11 273
3, 1–8 278f.
6, 15 267
8, 3ff. 275
8, 7 69
8, 11 264
8, 44 94
9, 1ff. 19
9, 6 269
10, 10 262
11, 16 147
11, 35 268
12, 1ff. 266
13, 1ff. 266
15, 11 273
16, 13 271
16, 20 273
16, 33 272
18, 23 275
18, 38 110
20, 17 91
20, 27 147
21, 1–17 269
21, 18 40f.

Apostelgeschichte
4, 19f. 164
5, 29 164, 167
9, 1 233
15, 1ff. 164

Römer
6, 23 48
7, 15ff. 278

1. Korinther
3, 21ff. 12
11, 17–34 180
12, 31 231
13, 13 50, 230

2. Korinther
1, 19 274
3, 17 279
3, 17f. 14
4, 10 187
4, 17f. 110
5, 18–20 276
7, 10 132
11, 16ff. 249

Galater
2, 11–21 164
2, 11 73
4, 4f. 278
5, 22 50

Epheser
5, 14 276

Philipper
1, 3–4; 4, 4.6 250
2, 6–8 272
2, 12f. 13, 258

Kolosser
1, 15–17, 19f. 263
2, 15 275
3, 14 69

1. Thes.
5, 21 12

1. Tim.
1, 3–7 164
1, 18–20 164
3, 1–7 164
4, 14 164

1. Johannes
1, 1 93
4, 1 12
4, 16 93
4, 17b.18 167
5, 16 48

Hebräer
4, 15 263

Jakobus
1, 13–15 48

Offenbarung
21, 26 13

Einander besser verstehen in Seelsorge und Beratung

Suzanne Zuercher
Spirituelle Begleitung
Das Enneagramm in
Seelsorge, Beratung
und Therapie

164 S., Pb., 14 x 22 cm
ISBN 3-532-62237-8

In Lebenskrisen ist das persönliche Gespräch unendlich wichtig. Dabei steht immer die Frage im Raum: Versteht mich mein Gegenüber auch wirklich?

Kein Mensch kann sich völlig in einen anderen hineinversetzen. Immer beherrscht die eigene Persönlichkeit die Sichtweise der Probleme.

Mit Hilfe des Enneagramms zeigt die Autorin einen neuen Weg, um eigene Denkmuster, Verhaltensweisen und Gefühle sowie die des Gegenübers besser erkennen zu können. Sie erläutert anhand aller möglicher Konstellationen der neun Enneagramm-Typen, wo die jeweils spezifischen Missverständnisse auftreten und wie sie vermieden werden können.

Eine wichtige Hilfe für alle, die im Bereich Seelsorge, Therapie und Beratung tätig sind und für Menschen, die nach spiritueller Begleitung suchen.

claudius

Claudius Verlag · Birkerstraße 22 · 80636 München

ROHR/EBERT
DAS ENNEAGRAMM
DIE 9 GESICHTER DER SEELE
Zu beziehen bei Ihrem Buchhändler oder
direkt beim Verlag
CLAUDIUS VERLAG
BIRKERSTR. 22
80636 MÜNCHEN

© Claudius Verlag München 1989
Alle Rechte, auch die des auszugsweisen
Nachdrucks, der photomechanischen Wiedergabe
und der Übersetzung, vorbehalten.

Richard Rohr · Andreas Ebert

DAS ENNEAGRAMM

die 9 Gesichter der Seele

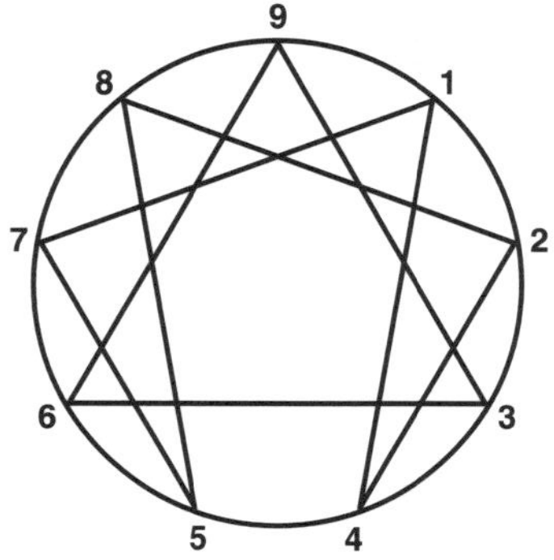

CLAUDIUS

Typ	Selbstbild	Vermeidung	Versuchung	Eigenschaften Christi	Vaterunser
EINS	Ich habe recht	Ärger	Vollkommenheit	Pädagogik, Toleranz, Geduld	im Himmel
ZWEI	Ich helfe	Bedürftigkeit	Helfen	Fürsorge, Barmherzigkeit, Solidarität	geheiligt werde dein Name
DREI	Ich habe Erfolg	Versagen	Tüchtigkeit (Effizienz)	Ehrgeiz, Tatkraft, Vision	dein Reich komme
VIER	Ich bin anders	Gewöhnlichkeit	Echtheit (Authentizität)	Kreativität, Sensibilität, Natürlichkeit	dein Wille geschehe, wie im Himmel so auf Erden
FÜNF	Ich blicke durch	Leere	Wissen	Distanz, Nüchternheit, Weisheit	unser täglich Brot gib uns heute
SECHS	Ich tue meine Pflicht	Fehlverhalten	Sicherheit	Treue, Gehorsam, Vertrauen	und vergib uns unsere Schuld, wie auch wir vergeben unseren Schuldigern
SIEBEN	Ich bin glücklich	Schmerz	Idealismus	Festlichkeit, Lebensfreude, Schmerz	und führe uns nicht in Versuchung, sondern erlöse uns von dem Bösen
ACHT	Ich bin stark	Schwachheit	Gerechtigkeit	Konfrontation, Klarheit, Vollmacht	denn dein ist das Reich und die Kraft und die Herrlichkeit in Ewigkeit
NEUN	Ich bin zufrieden	Konflikt	Sich-Herabsetzen	Gelassenheit, Friedfertigkeit, Liebe	Amen Vater unser

Typ	Tiere	Land	Farbe	Abwehrmechanismus	Falle	Wurzelsünde
EINS	Terrier, Ameise Biene	Rußland	Silber	Reaktionskontrolle	Empfindlichkeit	Zorn
ZWEI	Esel, Katze, Hundebaby	Italien	Rot	Unterdrückung	Schmeichelei (Gefälligkeit)	Stolz
DREI	Chamäleon, Pfau, Adler	USA	Gelb	Identifikation	Eitelkeit (Äußerlichkeit)	Lüge (Betrug)
VIER	Basset, Taube, Auster, Schwarzes Pferd	Frankreich	Hellviolett	künstlerische Sublimierung	Schwermut (Melancholie)	Neid
FÜNF	Hamster, Fuchs, Eule	Großbritannien	Blau	Rückzug (Segmentierung)	Geiz	Habsucht
SECHS	Hase, Reh, Maus, Ratte, Wolf, Schäferhund	Deutschland	Beigebraun	Projektion	Feigheit/ Waghalsigkeit	Furcht (Angst)
SIEBEN	Affe, Otter, Schmetterling	Irland Brasilien	Grün	Rationalisierung	Planung	Unmäßigkeit (Völlerei)
ACHT	Stier, Nashorn, Tiger, Klapperschlange	Spanien Unterdrückte Natio-nen	Schwarz-Weiß	Leugnung	Vergeltung	Schamlosigkeit (Unkeuschheit)
NEUN	Faultier, Elefant, Delphin	Mexiko	Gold	Betäubung	Trägheit (Bequemlichkeit)	Faulheit

Typ	Einladung	Geistesfrucht	Redestil	Untertyp sexuell	Untertyp sozial	U. selbsterhaltend
EINS	Wachstum	heitere Gelassenheit (Geduld)	belehrend moralisierend	Eifersucht	Unangepaßtheit	Ängstlichkeit
ZWEI	Freiheit (Gnade)	Demut	schmeichelnd beratend	Verführung Angriff	Ehrgeiz	Privileg
DREI	Hoffnung (Wille Gottes)	Wahrhaftigkeit (Ehrlichkeit)	werbend begeisternd	Männlichkeit/ Weiblichkeit	Prestige	Sicherheit
VIER	Ursprünglichkeit (Vereinigung mit Gott)	Ausgeglichenheit (Balance)	lyrisch lamentierend	Konkurrenzkampf	Scham	Abwehr
FÜNF	Weisheit (Fügung Gottes)	Objektivität	erklärend systematisierend	Zuversicht	Totems	Zuflucht
SECHS	Glaube (Vertrauen)	Mut	warnend begrenzend	Stärke/ Schönheit	Pflicht	Wärme
SIEBEN	Realismus (Mitwirken mit Gott)	Nüchternheit (nüchterne Freude)	schwatzhaft Geschichten erzäh-lend	Reizempfänglichkeit	Opferbereitschaft	Verteidigung
ACHT	Erbarmen (Wahrheit)	Unschuld	herausfordernd demaskierend	Besitzstreben/ Hingabe	Freundschaften	befriedigendes Überleben
NEUN	Liebe	Tat	monoton abschweifend	Vereinigung	Partizipation	Appetit

MARKUS BECKER

ENNEAGRAMM
Typen-Test

Sonderdruck aus
»Erfahrungen mit dem Enneagramm.
Sich selbst und Gott begegnen«
von Andreas Ebert, Richard Rohr u.a.

CLAUDIUS VERLAG

Die Aussagen auf den folgenden Seiten beschreiben Verhaltensweisen, Einstellungen, Gefühle oder allgemeine Beobachtungen. Sie können auf einer Skala von 0 bis 6 ausdrücken, wie sehr eine Aussage auf Sie zutrifft, also „typisch" für Sie ist (0 = völlige Ablehnung, 6 = völlige Zustimmung, 1 bis 5 = die Abstufungen zwischen den Extremen). Prüfen Sie dabei die durchgängigen, „übergreifenden" Muster Ihres Lebens. Paßt diese Aussage zu mir, oder paßt sie nicht?
Überlegen Sie ruhig einen Moment, aber grübeln Sie nicht lange darüber nach, ob Sie einen Punkt mehr oder weniger geben. Es geht um die spontane Reaktion, ob die Aussage „typisch" für Sie und Ihr Leben ist. Dabei gibt es keine „richtigen" oder „falschen" Antworten. Bitte beantworten Sie alle Fragen! Auch wenn eine Fragestellung nicht ganz auf Sie zutrifft, kreuzen Sie in der Skala bitte trotzdem den Wert an, der Ihnen noch am passendsten erscheint.

Haben Sie alle Fragen beantwortet,
blättern Sie bitte weiter bis zur
TESTAUSWERTUNG Seite 13
und lesen Sie die Anweisungen zur
Auswertung.

Bitte erst alle 115 Fragen beantworten, dann Streifen rechts nach hinten falten und Auswertung vornehmen.	◄——► stimmt nicht … stimmt
1. Das Leben gelingt besser, wenn man das Positive sieht, anstatt sich am Negativen aufzuhalten	0 1 2 3 4 5 6
2. Ich kann auch emotional sehr angespannte Situationen nüchtern und mit Abstand betrachten	0 1 2 3 4 5 6
3. Ich arbeite gerne innerhalb einer Institution	0 1 2 3 4 5 6
4. Wichtig an einem Menschen ist, daß er etwas „darstellt"	0 1 2 3 4 5 6
5. Ich möchte unabhängig sein	0 1 2 3 4 5 6
6. Am wichtigsten ist mir, daß sich die Menschen bei mir wohlfühlen	0 1 2 3 4 5 6
7. Für mich ist es wichtig die Zukunft zu planen, damit ich weiß, was auf mich zukommt	0 1 2 3 4 5 6
8. Wenn jemand meine Hilfe braucht, bin ich bereit, meine ganze Kraft für ihn einzusetzen	0 1 2 3 4 5 6
9. Ich möchte leidenschaftlich, emotional und mit allen Sinnen leben – auch wenn es schmerzt	0 1 2 3 4 5 6
10. Eigene oder fremde Unvollkommenheiten kann ich nur schwer ertragen	0 1 2 3 4 5 6
11. Erfolg und Status (Orden, Ämter, Titel) spielen für mich eine große Rolle	0 1 2 3 4 5 6
12. In der Liebe sind vor allem Anstand und Benehmen wichtig	0 1 2 3 4 5 6
13. Ich kann mich gut auf die Erfordernisse einer neuen Situation einstellen	0 1 2 3 4 5 6
14. Ich engagiere mich für Randgruppen, Benachteiligte und Rechtlose (Asylsuchende, Kinder in der 3. Welt, Ausländer etc.)	0 1 2 3 4 5 6
15. Das Leben ist wie ein Theaterstück, bei dem ich gleichzeitig Zuschauer und Schauspieler bin	0 1 2 3 4 5 6
16. Für mein berufliches Fortkommen bin ich bereit, Ehe, Familie oder Freunde hintenanzustellen	0 1 2 3 4 5 6
17. Mich plagt oft ein schlechtes Gewissen	0 1 2 3 4 5 6
18. Ich habe den Eindruck, daß sogenannte „Autoritäten" oft inkompetent sind, aber ich zögere meist, gegen sie vorzugehen	0 1 2 3 4 5 6
19. Ich lasse die Dinge gerne auf mich zukommen – vieles regelt sich dann schon ganz von alleine	0 1 2 3 4 5 6
20. Ich muß wissen, wohin ich gehöre	0 1 2 3 4 5 6
21. Ich genieße es, die Aufmerksamkeit anderer zu erregen und im Mittelpunkt zu stehen	0 1 2 3 4 5 6
22. Ich halte meinen Ärger oft zurück	0 1 2 3 4 5 6
23. Ich habe das Gefühl, nie „ganz erfüllt" sein zu können	0 1 2 3 4 5 6
24. Oft erahne ich, was in anderen vorgeht, bevor sie es aussprechen	0 1 2 3 4 5 6

Nach Beantwortung aller Fragen
HIER NACH HINTEN UMFALTEN
und Auswertung vornehmen ▷

Tragen Sie hier bitte Ihre Werte ein									
Frage Nr.	Eins	Zwei	Drei	Vier	Fünf	Sechs	Sieben	Acht	Neun
1									
2									
3									
4									
5									
6									
7									
8									
9									
10									
11									
12									
13									
14									
15									
16									
17									
18									
19									
20									
21									
22									
23									
24									
Übertrag									
Typ	Eins	Zwei	Drei	Vier	Fünf	Sechs	Sieben	Acht	Neun

Bitte erst alle 115 Fragen beantworten, dann Streifen rechts nach hinten falten und Auswertung vornehmen.

		◄──► stimmt nicht … stimmt
25.	Wenn ich etwa tue, dann meist mit Begeisterung	0 1 2 3 4 5 6
26.	Ich muß jemanden schon sehr gut kennen, bevor ich ihn an meinem Privatleben teilnehmen lasse	0 1 2 3 4 5 6
27.	Für mich ist es wichtig, daß immer „etwas los" ist	0 1 2 3 4 5 6
28.	Es fällt mir leicht zu teilen	0 1 2 3 4 5 6
29.	Ich schätze es, komplexe Zusammenhänge in einfachen Bildern auszudrücken	0 1 2 3 4 5 6
30.	Manchmal überschwemmt mich eine ungewisse Angst	0 1 2 3 4 5 6
31.	Wenn mir Projekte oder Beziehungen zu langweilig sind oder „nichts mehr bringen", gebe ich sie auf	0 1 2 3 4 5 6
32.	Auch beim Spiel ist es mir am wichtigsten zu „gewinnen"	0 1 2 3 4 5 6
33.	Für neue Ideen und ungewöhnliche Gedanken kann ich mich begeistern	0 1 2 3 4 5 6
34.	Viele Menschen schütten bei mir ihr Herz aus	0 1 2 3 4 5 6
35.	Ich vermeide auffälliges, abweichendes Verhalten	0 1 2 3 4 5 6
36.	Ich bin besonders sensibel	0 1 2 3 4 5 6
37.	Bei sich widersprechenden Sachverhalten erscheinen mir oft beide Seiten gleich einleuchtend	0 1 2 3 4 5 6
38.	Ich habe das Gefühl, etwas an mir zu haben, was mich von anderen Menschen absondert	0 1 2 3 4 5 6
39.	„Wenn das Leben mir saure Zitronen liefert, mache ich eben Limonade daraus"	0 1 2 3 4 5 6
40.	Ich bringe meine guten Ideen oft nicht zu Papier, und Projekte, die ich im Kopf habe, bleiben in der Planung stecken	0 1 2 3 4 5 6
41.	Ich setze mich eher herab, als daß ich meine Fähigkeiten irgendwie zeige	0 1 2 3 4 5 6
42.	Viele Menschen oder Nähe empfinde ich (auch wenn es schön ist) als anstrengend: Ich brauche danach einige Zeit des Alleinseins zum „auftanken"	0 1 2 3 4 5 6
43.	Wenn einer meiner Freunde ein Problem hat, spreche ich ihn darauf an	0 1 2 3 4 5 6
44.	Man wirft mir vor, in persönlichen Beziehungen besonders dramatisch zu sein	0 1 2 3 4 5 6
45.	Es ist wichtig, sich gut zu „verkaufen"	0 1 2 3 4 5 6
46.	Ich glaube, daß andere Menschen meine tiefen Gefühle mißverstehen	0 1 2 3 4 5 6
47.	Ich drücke meinen Ärger spontan aus und dann ist die Sache für mich auch erledigt	0 1 2 3 4 5 6

Nach Beantwortung aller Fragen
HIER NACH HINTEN UMFALTEN
und Auswertung vornehmen ▷

Tragen Sie hier bitte Ihre Werte ein									
Frage Nr.	Eins	Zwei	Drei	Vier	Fünf	Sechs	Sieben	Acht	Neun
Übertrag									
25									
26									
27									
28									
29									
30									
31									
32									
33									
34									
35									
36									
37									
38									
39									
40									
41									
42									
43									
44									
45									
46									
47									
Übertrag									
Typ	Eins	Zwei	Drei	Vier	Fünf	Sechs	Sieben	Acht	Neun

Bitte erst alle 115 Fragen beantworten, dann Streifen rechts nach hinten falten und Auswertung vornehmen.

		← stimmt nicht — stimmt →
48.	Ich fühle mich eigentlich nie wirklich ganz „zu Hause“	0 1 2 3 4 5 6
49.	Das Leben ist ein Konkurrenzkampf	0 1 2 3 4 5 6
50.	Ich unternehme keine Schritte, bevor ich nicht alle Eventualitäten durchdacht habe	0 1 2 3 4 5 6
51.	Ich möchte bestimmen, „wo es langgeht“	0 1 2 3 4 5 6
52.	Ich habe den Hang, mich mit Vorwürfen und niederdrückenden Gedanken selbst „fertigzumachen“	0 1 2 3 4 5 6
53.	Andere sagen manchmal, es sei schwer mit mir zu leben, weil ich so „stark“ bin	0 1 2 3 4 5 6
54.	Mich erfaßt manchmal das Gefühl des Staunens und der Dankbarkeit für das Wunder des Lebens	0 1 2 3 4 5 6
55.	Ich beschäftige mich viel mit Gesundheit, Erziehung und Wohlergehen meiner Freunde	0 1 2 3 4 5 6
56.	Ich kann Spannungen nicht gut aushalten	0 1 2 3 4 5 6
57.	Ich stehe manchmal gleichsam „neben mir“ und beurteile mich	0 1 2 3 4 5 6
58.	Ich fühle mich wohl, wenn ich in einer Gemeinschaft einfach „mitschwimmen“ kann	0 1 2 3 4 5 6
59.	Ich kann gut „Nein“ sagen	0 1 2 3 4 5 6
60.	Ich telefoniere gerne und viel	0 1 2 3 4 5 6
61.	Es macht mir nichts aus, wenn die Mehrheit anderer Meinung ist als ich	0 1 2 3 4 5 6
62.	Wenn ich ein Gesetz unsinnig finde, habe ich keine Skrupel, es zu brechen	0 1 2 3 4 5 6
63.	Andere sagen, ich rede schnell	0 1 2 3 4 5 6
64.	Verhandeln und „Geschäftemachen“ liegt mir	0 1 2 3 4 5 6
65.	Ich versuche Menschen für eine Sache zu begeistern und zu motivieren	0 1 2 3 4 5 6
66.	Mir ist wichtig, meine Fähigkeiten zu vervollkommnen (akademisch, physisch, kulturell, beruflich)	0 1 2 3 4 5 6
67.	Für meine persönlichen Maßstäbe bin ich bereit, auch Nachteile in Kauf zu nehmen	0 1 2 3 4 5 6
68.	Andere Menschen sind gerne in meiner Gesellschaft	0 1 2 3 4 5 6
69.	Ich verliere mich manchmal in Details (z.B. beim Aufräumen), und merke dann plötzlich, daß schon Stunden vergangen sind	0 1 2 3 4 5 6
70.	Wenn jemand falsche Stärke demonstriert, hole ich ihn erst einmal von seinem „hohen Roß“	0 1 2 3 4 5 6

Nach Beantwortung aller Fragen
HIER NACH HINTEN UMFALTEN
und Auswertung vornehmen ▷

Tragen Sie hier bitte Ihre Werte ein

Frage Nr.	Eins	Zwei	Drei	Vier	Fünf	Sechs	Sieben	Acht	Neun
Übertrag									
48									
49									
50									
51									
52									
53									
54									
55									
56									
57									
58									
59									
60									
61									
62									
63									
64									
65									
66									
67									
68									
69									
70									
Übertrag									
Typ	Eins	Zwei	Drei	Vier	Fünf	Sechs	Sieben	Acht	Neun

Bitte erst alle 115 Fragen beantworten, dann Streifen rechts nach hinten falten und Auswertung vornehmen.

		stimmt nicht ← → stimmt
71.	Mein Erscheinungsbild soll natürlich, zugleich aber chic und stilvoll sein	0 1 2 3 4 5 6
72.	In meinen Gesprächen geht es oft um die Arbeit	0 1 2 3 4 5 6
73.	Ich mag es, mir mit anderen witzige und schlagfertige „Wortgefechte“ zu liefern	0 1 2 3 4 5 6
74.	Ich bin ein Organisationstalent	0 1 2 3 4 5 6
75.	„Gerechtigkeit“ war mir schon immer ein besonderes Anliegen	0 1 2 3 4 5 6
76.	In meiner Wohnung muß alles „seinen Platz“ haben	0 1 2 3 4 5 6
77.	Meine Gefühle sind im Augenblick eines Ereignisses oft wie blockiert, so daß sie dem Geschehen sozusagen „hinterherhinken“	0 1 2 3 4 5 6
78.	In Gedanken kritisiere ich mich oft selbst	0 1 2 3 4 5 6
79.	Ich mache Entscheidungen oft kurz darauf wieder rückgängig, weil ich merke, daß ich doch etwas anderes will	0 1 2 3 4 5 6
80.	Ich habe oft eine verspannte Muskulatur (besonders Nacken, Schultern, Kiefer)	0 1 2 3 4 5 6
81.	Ich stöbere gern in Buchläden und Bibliotheken	0 1 2 3 4 5 6
82.	In meiner Phantasie spielen sich oft Szenen ab, wie etwas Schlimmes passiert	0 1 2 3 4 5 6
83.	Wenn Freunde in Not sind, wachse ich über mich selbst hinaus und wage Dinge, die ich mich sonst nicht getraue	0 1 2 3 4 5 6
84.	Ich brauche mein eigenes Arbeitszimmer oder wenigstens „meine Ecke“, wohin ich mich zurückziehen kann, wenn mir alles zuviel wird	0 1 2 3 4 5 6
85.	Andere halten mich für sportlich und attraktiv	0 1 2 3 4 5 6
86.	Ich habe einen Blick für die Gestaltung von Räumen	0 1 2 3 4 5 6
87.	Im Beruf lege ich wert auf eine gute Atmosphäre	0 1 2 3 4 5 6
88.	Ich sorge mich viel um die persönlichen Bedürfnisse und Probleme anderer	0 1 2 3 4 5 6
89.	Ich habe immer davon geträumt, Maler, Dichter, Sänger oder ähnliches zu werden	0 1 2 3 4 5 6
90.	Mir ist es wichtig, die Dinge möglichst objektiv zu sehen	0 1 2 3 4 5 6
91.	Ich reise gerne	0 1 2 3 4 5 6
92.	Manche Leute halten mich für „arbeitssüchtig“	0 1 2 3 4 5 6
93.	„Hilfsbereitschaft“ ist für mich eine Selbstverständlichkeit	0 1 2 3 4 5 6

Nach Beantwortung aller Fragen
HIER NACH HINTEN UMFALTEN
und Auswertung vornehmen ▷

Tragen Sie hier bitte Ihre Werte ein									
Frage Nr.	Eins	Zwei	Drei	Vier	Fünf	Sechs	Sieben	Acht	Neun
Übertrag									
71									
72									
73									
74									
75									
76									
77									
78									
79									
80									
81									
82									
83									
84									
85									
86									
87									
88									
89									
90									
91									
92	6								
93									
Übertrag									
Typ	Eins	Zwei	Drei	Vier	Fünf	Sechs	Sieben	Acht	Neun

Bitte erst alle 115 Fragen beantworten, dann Streifen rechts nach hinten falten und Auswertung vornehmen.

		stimmt nicht ← → stimmt
94.	Ich habe einen großen Freundeskreis	0 1 2 3 4 5 6
95.	Ich habe viele verschiedene Interessengebiete	0 1 2 3 4 5 6
96.	Andere fühlen sich von mir oft kritisiert	0 1 2 3 4 5 6
97.	Mir ist es wichtig, das große Ganze zu sehen und darin die Muster und Strukturen zu erkennen	0 1 2 3 4 5 6
98.	Bevor sich ein Streit nicht beilegen läßt, stecke ich lieber zurück	0 1 2 3 4 5 6
99.	Eine unfreundliche Bemerkung sitzt bei mir oft „wie ein Pfeil" und kann mich noch tagelang quälen	0 1 2 3 4 5 6
100.	Ich schmiede oft Zukunftspläne, um möglichst nichts von den vielen Möglichkeiten zu verpassen	0 1 2 3 4 5 6
101.	Ich bin gerne allein	0 1 2 3 4 5 6
102.	Ich ergreife selten die Initiative	0 1 2 3 4 5 6
103.	Ich kämpfe oder streite oft, einfach um für Klarheit zu sorgen	0 1 2 3 4 5 6
104.	Ich leiste mir öfter Dinge, die eigentlich zu teuer für mich sind	0 1 2 3 4 5 6
105.	Mir fällt es schwer abzuschalten, zu entspannen und einfach nur zu genießen	0 1 2 3 4 5 6
106.	Ich werde oft von Selbstzweifeln befallen	0 1 2 3 4 5 6
107.	Wenn ich eine Aufgabe zu erledigen habe, müssen die Gefühle warten	0 1 2 3 4 5 6
108.	Ich lebe ganz für meinen Partner, meine Familie, meine Freunde	0 1 2 3 4 5 6
109.	Leerlauf und Faulenzen kann ich in meinem Tagesablauf nicht gebrauchen	0 1 2 3 4 5 6
110.	Konflikte versuche ich unbedingt zu vermeiden	0 1 2 3 4 5 6
111.	In meinen Beziehungen bin ich eher der „Hammer" als der „Amboß"	0 1 2 3 4 5 6
112.	Ich bin mir oft nicht sicher, ob die Zuneigung anderer Menschen echt ist, oder ob sie mich nur mögen, weil ich nett zu ihnen bin	0 1 2 3 4 5 6
113.	Wenn ich mich nicht ab und zu zurückziehen würde, hätte ich Angst, „mich zu verlieren"	0 1 2 3 4 5 6
114.	Ich drücke meine Empfindungen gerne künstlerisch aus (Musik, Malerei, Schauspiel, Literatur)	0 1 2 3 4 5 6
115.	Ich stehe oft unter Zeitdruck	0 1 2 3 4 5 6

Prüfen Sie bitte noch einmal nach, ob Sie alle Fragen beantwortet haben.
Und nun die Auswertung!

Nach Beantwortung aller Fragen
HIER NACH HINTEN UMFALTEN
und Auswertung vornehmen ▷

© Markus Becker

Tragen Sie hier bitte Ihre Werte ein

Frage Nr.	Eins	Zwei	Drei	Vier	Fünf	Sechs	Sieben	Acht	Neun
Übertrag									
94									
95									
96									
97									
98									
99									
100									
101									
102									
103									
104									
105									
106									
107									
108									
109									
110									
111									
112									
113									
114									
115									
Zwischen-Summe									
	Eins	Zwei	Drei	Vier	Fünf	Sechs	Sieben	Acht	Neun

Testauswertung

Nun gilt es, den Enneagramm-Typen-Test auszuwerten. Dazu sind vier Schritte notwendig.

1. Falten Sie die Streifen mit Ihren Antworten von 0 bis 6 an der gestrichelten Linie nach hinten, so daß sie neben das Kästchenraster zu liegen kommen. Jede Frage ist einem bzw. mehreren Typen zugeordnet. Die entsprechenden Kästchen dafür sind weiß. Tragen Sie die angekreuzte Punktzahl als Wert für den entsprechenden Typ in die jeweiligen Kästchen ein. Beispiel: Frage 1 gilt für Typ SIEBEN. Haben Sie hier 3 Punkte angekreuzt, tragen Sie 3 Punkte in das weiße Kästchen ein. ACHTUNG! Falls Sie in einer Reihe auf ein **eingerahmtes** Kästchen stoßen, müssen Sie den Wert nach folgender Umdrehskala zählen:

↓	**0**	**1**	**2**	**3**	**4**	**5**	**6**	↑
	6	**5**	**4**	**3**	**2**	**1**	**0**	

   Haben Sie also 0 Punkte angekreuzt, schreiben Sie in das eingerahmte Kästchen den Umkehrwert 6; wenn Sie 6 Punkte angekreuzt haben, tragen Sie entsprechend 0 Punkte ein. Beispiel: Bei Frage 11 steht ein weißes Kästchen für Typ DREI und ein eingerahmtes Kästchen für Typ NEUN. Haben Sie hier 2 Punkte angekreuzt, dann tragen Sie 2 Punkte in das Kästchen der DREI und 4 Punkte (Umkehrwert!) in das eingerahmte Kästchen unter NEUN ein.

2. Addieren Sie die Werte für jeden Typ zur **Zwischensumme.**

3. Jetzt haben Sie das meiste schon geschafft. Schauen Sie nun in der **Normentabelle** nach, wie viele **Standard-Werte** (ST-WERTE) von 0 bis 9 Sie bei den einzelnen Typen für die erzielte Zwischensumme bekommen. Beispiel: Wenn Sie bei Typ DREI in der Zwischensumme 45 Punkte haben, schauen Sie in der Normentabelle entsprechend bei DREI nach, welcher Standardwert dem entspricht. 45 Punkte liegen hier zwischen 42 und 47, das ergibt somit den Standardwert 5.

4. Tragen Sie abschließend diese Standardwerte in Ihr **„Enneagramm-Profil“** ein.

Normentabelle

ST-Wert	Eins	Zwei	Drei	Vier	Fünf	Sechs	Sieben	Acht	Neun
0	0-25	0-32	0-20	0-18	0-35	0-17	0-31	0-21	0-30
1	26-31	33-37	21-26	19-25	36-41	18-24	32-36	22-27	31-36
2	32-37	38-43	27-31	26-31	42-46	25-30	37-41	28-33	37-41
3	38-42	44-48	32-36	32-38	47-51	31-37	42-46	34-39	42-47
4	43-48	49-53	37-41	39-44	52-56	38-43	47-50	40-45	48-52
5	49-54	54-59	42-47	45-51	57-62	44-50	51-56	46-52	53-58
6	55-60	60-65	48-52	52-58	63-67	51-57	57-61	53-58	59-63
7	61-66	66-71	53-58	59-64	68-72	58-64	62-66	59-64	64-68
8	67-72	72-76	59-63	65-71	73-77	65-70	67-71	65-71	69-74
9	73-90	77-90	64-90	72-90	78-90	71-90	72-90	72-90	75-90

Enneagramm-Profil

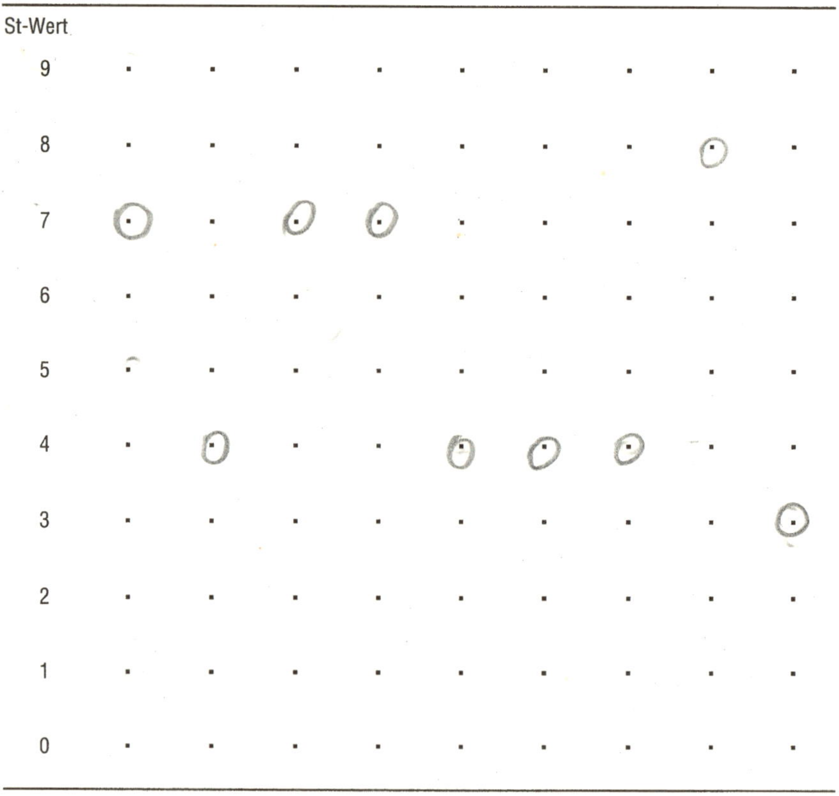

Typ	Eins	Zwei	Drei	Vier	Fünf	Sechs	Sieben	Acht	Neun
	61	50	54	61	53	32	48	66	45

Zur Bedeutung Ihres Ergebnisses

Zum Enneagramm-Profil: Manche erreichen bei fast allen Typen unterdurchschnittliche Werte, weil sie sich grundsätzlich nicht leicht mit bestimmten Aussagen und Verhaltensweisen identifizieren. Wieder andere erzielen dagegen fast bei jedem Typ überdurchschnittliche Werte.

Es kommt also auf den Vergleich an. Bei welchem Typ habe ich deutlich mehr Anteile als bei anderen? Oder ebenso interessant: Bei welchem Typ habe ich sehr wenig Punkte? Liegen dort vielleicht Eigenschaften, die mir fehlen und die wichtig für mich sein könnten?

Der „Standardwert" 5 gibt den Wert an, der *durchschnittlich* erzielt wird. Als Orientierung kann man sagen, daß ungefähr 50 % aller Personen mit ihren Werten im Bereich der Standardwerte 4, 5 und 6 liegen. Standardwerte über 6 oder unter 4 sind entsprechend seltener.

Sind Sie von Ihrem Testergebnis überrascht, enttäuscht oder hat es Ihre Selbsteinschätzung bestätigt?

Wichtig erscheint, daß ein Test sinnvollerweise immer nur ein Schritt ist, sich besser kennenzulernen, indem man – wie in einem Spiegel – sich selbst neu oder anders entdeckt. In diesem Sinne ist das „Enneagramm-Profil" kein abschließendes „Ergebnis", sondern eine Momentaufnahme, die ein Licht auf das wirft, wie ich mich selbst zur Zeit einschätze.

Apropos „Selbsteinschätzung": Es könnte sehr aufschlußreich sein, den Ehepartner, Freund oder eine/n gute/n Bekannte/n zu bitten, den Enneagramm-Typen-Test auszufüllen unter der Frage, wie er/sie *mich* sieht, was nach seiner/ihrer Meinung „typisch" für mich ist oder „zu mir paßt". Oft haben *andere* einen klareren Blick für das „Typische" an mir, als ich selbst.

Die Selbst- und Fremdeinschätzung zu vergleichen, könnte reichen und wertvollen Gesprächsstoff liefern!

Keiner von uns ist nur *ein* Typ. Wir haben Anteile von jedem in uns, auch wenn es Menschen gibt, deren Verhaltensweisen und Einstellungen fast ganz mit einem vom Enneagramm beschriebenen Typ übereinstimmen. Entscheidend ist, *daß* ich das für mich „Typische" entdecke, meine Stärken und Schwächen sehen lerne und dadurch besser mit mir und der Welt umgehen kann.

Der Enneagramm-Typen-Test soll dazu eine Hilfe sein – vor allem aber eine Ermutigung, sich weiter auf den Prozeß der Selbsterkenntnis, Veränderung und Reifung einzulassen.

Allgemeine Bemerkungen zum Testergebnis

Etwas Erläuterndes zu Ihrem Test-Ergebnis zu schreiben, ist nicht ganz einfach. Ein Test – zumal ein nach wissenschaftlichen und testtheoretischen Kriterien konstruierter Fragebogen wie der Enneagramm-Typen-Test – erfaßt und bewertet das Individuelle einer Person auf dem Hintergrund quantitativer, statistischer Größen. Deshalb gibt es Durchschnittswerte, Standardwerte etc.
Gerade deshalb braucht aber das „objektive" Testergebnis ein Gegengewicht, nämlich das ganz „subjektive" Verstehen und Einordnen. Entscheidend ist es für die Interpretation und das Verständnis des Tests, ihn mit dem Menschen, mit dem unverwechselbaren Individuum, mit seiner Geschichte und seiner augenblicklichen Lebenssituation in Beziehung zu setzen.
Ich möchte das am Vorgehen in der klinisch-psychologischen Praxis verdeutlichen. „Persönlichkeits-Tests" werden hier in aller Regel nur in Verbindung mit Gesprächen und unter Hinzuziehung anderer Informationen (zum Beispiel Verhalten auf der Station) verwendet. Gerade wer Erfahrung im Umgang mit Tests hat, weiß nämlich, daß ein Test *allein* nur einen unzureichenden Eindruck von den Problemen, Möglichkeiten und Eigenarten einer Person vermitteln kann. Aber in Verbindung mit diesen anderen Blickrichtungen kann ein Testergebnis erhellend und hilfreich sein, weil es Zusammenhänge – wie auf einem Photo – für einen Moment festhält, die sonst immer in Veränderung, in Bewegung und daher sehr verwirrend sind.
Auf der einen Seite möchte ich Sie also ermutigen, den Test nicht überzubewerten. Er ist eine *Momentaufnahme*, die Sie nicht festlegt, sondern ein Licht wirft auf die momentane Situation und wie Sie sich selbst (!) darin darstellen. Sie halten ein „Photo" von sich in der Hand – ein „Selbst-Portrait" – und wissen aus eigener Erfahrung, daß Bilder verschwommen oder „geschönt" sein können, daß wir uns auf manchen Bildern gefallen, auf anderen nicht . . .
Auf der anderen Seite will ich Sie ermutigen, nicht zu schnell mit dem

Ergebnis „fertig“ zu sein. Gerade wenn der Test anders ausfällt als Sie vielleicht erwartet haben, könnte darin ein Hinweis liegen, daß noch ganz andere Seiten in Ihnen lebendig sind als die, die Sie bisher selbst an sich wahrgenommen haben. Es ist vielleicht ein Anstoß, andere zu fragen, wie *sie* mich erleben. Erst im Zusammenhang mit anderen Informationen gewinnt der Test Be-deutung . . .
Einige Beobachtungen, die ich bei der Auswertung von Persönlichkeitstests immer wieder gemacht habe, können vielleicht dem einen oder anderen helfen, sein Testergebnis besser zu verstehen:
Es gibt Menschen, die fast bei jeder Frage die *„Mitte“*, beim Enneagramm-Typen-Test also die „3“, ankreuzen. Das kann ganz verschiedene Gründe haben.
Oft sind das Menschen, die versuchen sehr gründlich zu sein, die alles genau abwägen und möglichst keinen „Fehler“ machen wollen. Auch auf sich selbst bezogen, auf ihr Bild, wie sie sich darstellen, wollen sie alles „richtig“ machen. Sie können sich schlecht entscheiden zwischen „einerseits“ und „andererseits“. Wenn sie einer Aussage zustimmen wollen, fällt ihnen gleich noch eine Situation ein, in der sie auch ganz anders reagieren könnten . . .
Oder es sind Menschen, denen die Meinung ihrer Umgebung sehr wichtig ist. Sie überlegen bei jeder Frage, was wohl die *anderen* darüber denken, weil aber der eine so und der andere wieder anders antworten würde, kreuzen sie „diplomatisch“ die Mitte an.
Es gibt sicher noch ganz andere Möglichkeiten der Deutung. Entscheidend ist aber, daß – egal wie wir ankreuzen – die Art und Weise, wie wir antworten, auch ein Teil unserer Persönlichkeit ist, der fest zu uns gehört und zu tun hat mit unseren Wünschen und Ängsten. Vielleicht sogar mit unserer Angst, auf einen Typ festgelegt zu werden oder irgendwie „durchschaut“ zu sein.
Für das Test-Ergebnis ist die Folge meist, daß bei keinem Typ besonders viele Punkte zusammenkommen, aber auch selten ein „Standardwert“ unter „2“.
Der Test sagt nie „nichts“, sondern spiegelt selbst durch die Art und Weise wie wir ihn ausfüllen die Eigenarten unserer Person.
Auch durchgehende *Extremankreuzungen* sind in der Testpraxis immer wieder zu beobachten.
Auf der einen Seite gibt es Menschen, die fast jeder Frage zunächst einmal zustimmen. Sie identifizieren sich leicht mit allen möglichen, zum Teil auch gegensätzlichen Aussagen, sei es aus Unsicherheit oder weil sie ihre eigene Person nicht so klar abgegrenzt erleben wie

andere. Sie können schlecht sagen: „Das bin ich – und das bin ich nicht."
Auf der anderen Seite gibt es aber auch Personen, die mit der Vergabe ihrer Test-Punkte „knausern". Sie schaffen selten einmal den Sprung über die Mittellinie der Punkte-Skala.
Die Folge ist, daß sie bei *allen* Typen niedrige Standardwerte erzielen und Unterschiede folglich gar nicht deutlich werden *können*!
Was hier beschrieben ist, ist natürlich sehr plakativ und allgemein. Es sollen damit auch nur grundsätzliche Tendenzen, die beim Ausfüllen eines Fragebogens auch einen Einfluß haben, deutlich gemacht werden.
Nun aber mehr zu den Enneagramm-spezifischen Aspekten:
Der Enneagramm-Typen-Test erfaßt bestimmte *Eigenschaften*, die den Typen vom Enneagramm zugeschrieben werden.
Die „Typen" selbst setzen sich aus der *Kombination* dieser Eigenschaften zusammen, so daß es nicht verwunderlich ist, wenn beispielsweise ein SECHSer auch viele Punkte bei Typ ZWEI hat. Beide Typen sind sich nämlich insofern ähnlich, als sie in einem besonderen Maße „sozial" eingestellt sind – wenn auch aus unterschiedlichen Motiven!
So kann es sein, daß der Test bei Ihnen gleichermaßen hohe Werte bei Typen aufweist, die laut Enneagramm-Theorie eigentlich nichts miteinander zu tun haben, also weder „Flügel" noch „Streß-/Trost-Punkte" sind.
Wenn sie also bei einem Typ viele Punkte haben, können Sie sicher sein, daß Sie viel mit den Eigenschaften und Überzeugungen dieses Typs verbindet, ob Sie allerdings dieser Typ *sind* – das kann Ihnen kein Test der Welt verraten, sondern nur Ihre tiefe Überzeugung und Einsicht, wenn Sie sich da oder dort „wiedergefunden" haben.
Die Untersuchungen des Enneagramms – und die psychologische Forschung bestätigt das im allgemeinen – zeigen, daß sich nur etwa die Hälfte der Menschen klar einem „Typ" zuordnen läßt.
Es gibt einfach Personen, für die dieses System „paßt" und andere, die einfach immer „dazwischen" liegen. Sie fühlen sich beispielsweise bei Typ ZWEI, VIER und SECHS zu Hause, je nachdem in welcher Lebensphase sie sich befinden oder mit welchen Menschen sie zusammen leben.
Wichtig ist auch hier, *daß* Sie weiterfragen – nicht, um endlich Ihren Typ zu wissen und die Fragerei ein für allemal erledigt zu haben, sondern um zu verstehen, was für Eigenschaften und Eigenarten zu

Ihnen gehören. Erst das schafft die Möglichkeit, die ureigensten Begabungen zu entdecken und die „Fallen", in die man gewohnheitsmäßig tappt, wenigstens ab und zu auszulassen . . .
Nicht die *formale* Zuordnung zu einem Typ ist wichtig, sondern die *inhaltliche*!
Jemand kann, um ein anderes Beispiel zu nennen, hohe Werte bei Typ DREI *und* Typ ACHT haben. Das liegt möglicherweise daran, daß diese Person sich mit solchen Eigenschaften identifiziert, die mit „Durchsetzungsvermögen", „Realitätssinn" und „Konkurrenz-Denken" umschrieben werden. Das sind Eigenschaften, die beide der genannten Typen auszeichnen.
Das Ergebnis heißt also soviel wie: Offensichtlich identifiziere ich mich zur Zeit mit Eigenschaften, die sich verstärkt bei Typ DREI und ACHT wiederfinden.
Jetzt wäre es angebracht, noch einmal die entsprechenden Typen-Beschreibungen – sie sind meines Erachtens das „Herzstück" aller Enneagramm-Bücher – nachzulesen und herauszuspüren, ob ich mich dort tatsächlich „zu Hause" fühle.
Es könnte nämlich auch sein, daß ich eigentlich ein Typ EINS oder SECHS bin, aber meine *Lebenssituation* von mir gerade vornehmlich „Durchsetzungskraft" und „Konkurrenzfähigkeit" verlangt . . .
Oder ist es eher mein *Wunsch*, der in diesen hohen Werten zum Ausdruck kommt? Unsere Identifikation mit einem Typ hängt oftmals mehr mit unseren inneren und äußeren „Leitbildern" zusammen, als wir es uns eingestehen wollen. (Die am Anfang dieses Buches gemachten Beobachtungen über die „Verteilung" der Typen bestätigen diese Vermutung.)
Ein weiterer Hinweis für das Verständnis des eigenen „Enneagramm-Profils" ist, einmal zu schauen, wo ich *keine* oder nur *wenige* Punkte habe. Oft prägen die „Lücken" das eigene Verhalten mehr, als die stark entwickelten Seiten. Möglicherweise liegt gerade hier mein Streß- oder Trostpunkt, also etwas, was für die eigene *Entwicklung* von besonderer Bedeutung ist.

Selbstbild und Fremdeinschätzung

Unsere „Selbsteinschätzung" ist immer bestimmten Einflüssen unterworfen. Die meisten Menschen haben die Tendenz, sich in einem möglichst guten Licht darzustellen – übrigens auch, und vor allem, vor sich selbst!
Außerdem geben wir eine einmal gefaßte Meinung nicht so gerne

auf, und so wird beispielsweise ein NEUNer versuchen, sich auch im Test-Ergebnis als NEUNer zu präsentieren.
Unsere Ängste und Wünsche haben also einen großen Einfluß auf unsere Wahrnehmung, gerade wenn es um uns selber geht!
So wie das menschliche Auge seinen „blinden Fleck“ in der Mitte der Netzhaut hat, so können auch wir oft die zentralen Eigenarten unserer Person selbst nicht richtig wahrnehmen.
Darum ist eine *Fremdeinschätzung* unter Umständen aufschlußreich. Andere können uns meist „objektiver“, zumindest aber mit mehr „Distanz“ sehen, gerade was das „Typische“ an einem Menschen ausmacht, fällt ja *anderen* oft viel schneller und deutlicher ins Auge als der betreffenden Person selbst.
Das liegt in der Natur der Sache. Jede „Typisierung“ bedarf einer gewissen Distanz – dieser Sachverhalt ist ausführlich in dem Kapitel über die „Typologien“ dargestellt.
Wenn ich mir also über meinen „Typ“ im unklaren bin, kann die Einschätzung eines anderen Menschen, der mich gut kennt, eine große Hilfe sein.
Gerade der *Vergleich* zwischen Selbst- und Fremdeinschätzung kann viel nachdenkenswerten „Stoff“ liefern.
Natürlich ist die Wahrnehmung der unterschiedlichen Menschen auch wieder verschieden, und es geht auch gar nicht darum, wer denn „recht“ hat oder den Typ des anderen besser erkennt.
Wichtig ist, die Erfahrungen und Wahrnehmungen zusammenzutragen, damit ein volles Bild entsteht, zu dem nun einmal auch meine „Schatten“ gehören.
Es wird dann nämlich oft deutlich, daß man sich, ohne es zu wollen, nach außen hin ganz anders darstellt als man sich innerlich fühlt. FÜNFer beispielsweise haben die Gabe, äußerlich selbst dann noch „cool“ zu wirken, wenn sie innerlich vor Aufregung schier platzen. Das tun sie gar nicht bewußt und sind deshalb unter Umständen völlig überrascht, daß ihre Umgebung nichts von ihren Gefühlen merkt, wo sie sich selbst doch in ihrem Innersten aufgewühlt und durcheinander fühlen.
Ich möchte Sie ermutigen, die Chance einer „Rückmeldung“ von außen zu nutzen, auch weil es anregt, über das Enneagramm und was es in mir anstößt im Gespräch zu bleiben.

9783532623107.3